譯註
禮記補註

❻

明堂位·喪服小記·大傳
少儀·學記·樂記

譯註
禮記補註

❻

明堂位・喪服小記・大傳
少儀・學記・樂記

김재로金在魯 저
정병섭鄭秉燮 역

學古房

  본 역서는 조선 후기 때의 학자인 김재로(金在魯)의 『예기보주(禮記補註)』를 번역한 것이다. 역자는 2009년부터 『예기집설대전(禮記集說大全)』의 번역을 시작하였고, 2017년 구정연휴기간에 『예기집설대전』의 49번째 편인 「상복사제(喪服四制)」의 역서를 탈고하였다. 8년 이상 지속해온 작업을 마무리하고 나니 나도 모르는 사이 정신이 풀어지며 의욕이 생기지 않았다. 본래는 『예기』 번역을 마무리하고, 이어서 『의례정의』와 『주례정의』 번역에 착수하려고 계획했으나 좀처럼 몸이 움직이지 않았다. 고백하자면 이 책을 번역하기 시작한 것은 순전히 나태해진 몸과 마음을 일깨우기 위한 것이었다. 흐느적거리는 정신을 붙잡고 다시 책상에 앉아 번역의 즐거움을 만끽하기 위한 지극히도 사사로운 목적이었다. 본래의 계획은 삼례(三禮)의 번역을 마치고 한국 유학자들의 예학 관련 저서들을 번역하기로 계획했었으나 삼례 자체가 워낙 방대한 양이어서 막연한 기약만 했었는데, 사사롭기는 하지만 막상 책상 앞에 앉아 번역을 시작하니, 얼마 되지 않아 한 권 분량의 번역서가 완성되었다. 다시 열정이란 돌멩이가 뜨겁게 달궈지는 기분이다. 『의례정의』와 『주례정의』 번역의 병행으로 인해 『예기보주』의 번역에만 매진할 수 없는 상황이지만, 이왕 시작한 번역이니만큼 조만간 끝을 볼 계획이다. 지극히도 개인적이며 이기적인 목적으로 작성된 역서이지만, 이 책을 발판으로 더 좋은 번역이 나왔으면 하는 바람이다. 끝으로 『예기보주』를 출판할 수 있도록 허락해주신 도서출판 학고방의 하운근 사장님께도 감사를 전한다.

▌일러두기

- 본 책은 역주서(譯註書)로써, 『예기보주(禮記補註)』를 완역하고, 자세한 주석을 첨부했다.

- 『예기보주』는 『예기집설대전(禮記集說大全)』에 대한 주석서로, 『예기』의 경문(經文) 및 진호(陳澔)의 『집설(集說)』, 호광(胡廣)의 『대전(大全)』 기록 중에서 일부 표제어만 제시하고, 『보수(補註)』를 기록하고 있다. 표제어만 제시되어 있으므로, 『예기보주』의 본래 기록만 가지고는 관련 『보주』가 본래의 주석과 어떤 차이점이 있는지 확인하기 어렵다. 이러한 점을 해결하기 위해 표제어 앞에 관련 경문, 『집설』, 『대전』의 본문과 번역문을 함께 수록하였다.

- 『예기보주』에 기록된 표제어는 참고로 수록한 경문, 『집설』, 『대전』의 원문에 밑줄로 표시하고, 같은 문장에 여러 표제어를 제시했을 경우, ①·②·③ 등의 표시를 붙여 구분하였다.

- 『예기』 경문의 해석에 있어서 다양한 이견이 있는 경우가 있는데, 『예기보주』는 『예기집설대전』에 대한 주석서이므로, 진호의 『집설』에 따른 경문 번역을 수록하였다.

- 『예기보주』의 본래 목차는 『예기』 각 편에 대한 간략한 목차이므로, 『예기』 각 편의 장을 분류하여 별도의 목차를 수록하였다.

- 본 역서의 『예기보주(禮記補註)』 원문과 표점은 한국유경편찬센터의 자료를 사용하였다.(http://ygc.skku.edu)

- 『예기보주』의 주석 대상이 되는 『예기집설대전』의 저본은 다음과 같다. 『禮記』, 서울 : 保景文化社, 초판 1984 (5판 1995)

- **원문**으로 표시된 것은 『예기보주』에 기록된 본래의 기록이다.

- 補註로 표시된 것은 『예기보주』에 기록된 주석의 기록이다.

- 참고-經文으로 표시된 것은 『보주』의 내용이 『예기』 경문에 대한 것일 경우, 관련 경문을 수록해둔 것이다.

- 참고-集說로 표시된 것은 『보주』의 내용이 진호의 『집설』에 대한 것일 경우, 관련 『집설』의 기록을 수록해둔 것이다.

- 참고-大全으로 표시된 것은 『보주』의 내용이 호광의 『대전』에 대한 것일 경우, 관련 『대전』의 기록을 수록해둔 것이다.

- ① 등으로 표시된 것은 『예기보주』에 표시된 표제어에 해당한다. 관련 경문에 대한 첫 번째 표제어인 경우 ①로 표시하고, 두 번째 표제어인 경우 ② 등으로 표시했다.

- 원문 및 번역문 중 '▼'로 표시된 부분은 한글로 표기할 수 없는 한자를 기록한 부분이다. 예를 들어 '▼(囧/皿)'의 경우 맹(盟)자의 이체자인데, '明'자 대신 '囧'자가 들어간 한자를 프로그램상 삽입할 수가 없어서, '▼(囧/皿)'으로 표시한 것이다. 즉 '▼(A/B)'의 형식으로 기록된 경우, A에 해당하는 글자가 한 글자의 상단 부분에 해당하고, B에 해당하는 글자가 한 글자의 하단 부분에 해당한다는 표시이다. 또한 '▼(A+B)'의 형식으로 기록된 경우, A에 해당하는 글자가 한 글자의 좌측 부분에 해당하고, B에 해당하는 글자가 한 글자의 우측 부분에 해당한다는 표시이다. 또한 '▼((A-B)/C)'의 형식으로 기록된 경우, A에 해당하는 글자에서 B 부분을 뺀 글자가 한 글자의 상단 부분에 해당하고, C에 해당하는 글자가 한 글자의 하단 부분에 해당한다는 표시이다.

▌목차

禮記補註卷之十四
『예기보주』 14권

「명당위(明堂位)」 제14편 • 16

「명당위」 4장 …………… 17		「명당위」 30장 …………… 44
「명당위」 5장 …………… 18		「명당위」 31장 …………… 46
「명당위」 6장 …………… 19		「명당위」 32장 …………… 47
「명당위」 6~7장 ………… 23		「명당위」 33장 …………… 48
「명당위」 10장 …………… 27		「명당위」 34장 …………… 49
「명당위」 11장 …………… 30		「명당위」 35장 …………… 50
「명당위」 12장 …………… 31		「명당위」 36장 …………… 52
「명당위」 13장 …………… 34		「명당위」 37장 …………… 53
「명당위」 16장 …………… 36		「명당위」 38장 …………… 54
「명당위」 19장 …………… 37		「명당위」 40장 …………… 55
「명당위」 20장 …………… 38		「명당위」 42장 …………… 56
「명당위」 23장 …………… 39		「명당위」 43장 …………… 57
「명당위」 28장 …………… 40		「명당위」 44장 …………… 58
「명당위」 29장 …………… 42		「명당위」 45장 …………… 60

禮記補註卷之十五
『예기보주』 15권

「상복소기(喪服小記)」 제15편 • 64

「상복소기」 1장 ············· 65

「상복소기」 3장 ············· 68

「상복소기」 4장 ············· 69

「상복소기」 5장 ············· 71

「상복소기」 7장 ············· 72

「상복소기」 8장 ············· 73

「상복소기」 9장 ············· 74

「상복소기」 11장 ············· 76

「상복소기」 12장 ············· 78

「상복소기」 13장 ············· 80

「상복소기」 14장 ············· 82

「상복소기」 16장 ············· 83

「상복소기」 17장 ············· 86

「상복소기」 18장 ············· 87

「상복소기」 19장 ············· 90

「상복소기」 21장 ············· 91

「상복소기」 26장 ············· 95

「상복소기」 28장 ············· 96

「상복소기」 29장 ············· 99

「상복소기」 31장 ············· 100

「상복소기」 33장 ············· 102

「상복소기」 36장 ············· 105

「상복소기」 37장 ············· 106

「상복소기」 38장 ············· 107

「상복소기」 40장 ············· 108

「상복소기」 42장 ············· 111

「상복소기」 43장 ············· 115

「상복소기」 44장 ············· 118

「상복소기」 45장 ············· 119

「상복소기」 46장 ············· 121

「상복소기」 50장 ············· 122

「상복소기」 51장 ············· 124

「상복소기」 54장 ············· 126

「상복소기」 57장 ············· 129

「상복소기」 58장 ············· 132

「상복소기」 60장 ············· 134

「상복소기」 61장 ············· 135

「상복소기」 62장 ············· 137

「상복소기」 64장 ············· 139

「상복소기」 65장 ············· 140

「상복소기」 66장 ············· 142

「상복소기」 68장 ············· 143

「상복소기」 69장 ············· 144

「상복소기」 70장 ············· 145

「상복소기」 71장 ············· 147

「상복소기」 72장 ············· 148

「상복소기」 73장 ············· 150

「상복소기」 74장 ············· 151

「상복소기」 76장 ·········· 152 　　「상복소기」 85장 ·········· 170

「상복소기」 77장 ·········· 153 　　「상복소기」 86장 ·········· 171

「상복소기」 79장 ·········· 154 　　「상복소기」 87장 ·········· 173

「상복소기」 80장 ·········· 157 　　「상복소기」 88장 ·········· 174

「상복소기」 81장 ·········· 161 　　「상복소기」 89장 ·········· 175

「상복소기」 82장 ·········· 162 　　「상복소기」 91장 ·········· 176

「상복소기」 83장 ·········· 166 　　「상복소기」 92장 ·········· 179

「상복소기」 84장 ·········· 168

禮記補註卷之十六
『예기보주』 16권

「대전(大傳)」 제16편 • 182

「대전」 1장 ·············· 182 　　「대전」 12장 ·············· 204

「대전」 2장 ·············· 190 　　「대전」 13장 ·············· 206

「대전」 3장 ·············· 192 　　「대전」 18장 ·············· 209

「대전」 5장 ·············· 196 　　「대전」 19장 ·············· 210

「대전」 8장 ·············· 200 　　「대전」 20장 ·············· 211

「대전」 9장 ·············· 201 　　「대전」 21장 ·············· 212

「대전」 10장 ·············· 203

「소의(少儀)」 제17편 • 216

「소의」 1장 ·············· 217 　　「소의」 3장 ·············· 219

「소의」 2장 ·············· 218 　　「소의」 5장 ·············· 220

「소의」 6장 ·················· 221

「소의」 8장 ·················· 222

「소의」 13장 ·················· 225

「소의」 14장 ·················· 227

「소의」 15장 ·················· 228

「소의」 16장 ·················· 230

「소의」 19장 ·················· 231

「소의」 20장 ·················· 232

「소의」 21장 ·················· 233

「소의」 22장 ·················· 235

「소의」 23장 ·················· 239

「소의」 24장 ·················· 241

「소의」 25장 ·················· 242

「소의」 26장 ·················· 244

「소의」 27장 ·················· 245

「소의」 28장 ·················· 246

「소의」 29장 ·················· 248

「소의」 31장 ·················· 249

「소의」 32장 ·················· 250

「소의」 33장 ·················· 253

「소의」 34장 ·················· 256

「소의」 35장 ·················· 257

「소의」 39장 ·················· 261

「소의」 40장 ·················· 262

「소의」 41장 ·················· 265

「소의」 42장 ·················· 267

「소의」 43장 ·················· 269

「소의」 46장 ·················· 270

「소의」 49장 ·················· 271

「소의」 51장 ·················· 274

「소의」 52장 ·················· 275

「소의」 53장 ·················· 276

「소의」 56장 ·················· 277

「소의」 57장 ·················· 279

「소의」 58장 ·················· 281

「소의」 59장 ·················· 282

「소의」 60장 ·················· 283

「소의」 62장 ·················· 285

「소의」 63장 ·················· 286

「소의」 65장 ·················· 287

「소의」 66장 ·················· 288

「소의」 67장 ·················· 290

「소의」 68장 ·················· 291

「소의」 70장 ·················· 293

「소의」 71장 ·················· 296

「소의」 72장 ·················· 297

「소의」 74장 ·················· 298

「소의」 75장 ·················· 301

「소의」 78장 ·················· 302

「소의」 80장 ·················· 304

禮記補註卷之十七
『예기보주』 17권

「학기」(學記)」 제18편 · 306

「학기」 1장 ················ 307

「학기」 3장 ················ 308

「학기」 4장 ················ 309

「학기」 5장 ················ 310

「학기」 6장 ················ 313

「학기」 7장 ················ 319

「학기」 9장 ················ 321

「학기」 10장 ················ 323

「학기」 11장 ················ 325

「학기」 12장 ················ 327

「학기」 13장 ················ 329

「학기」 14장 ················ 337

「학기」 15장 ················ 338

「학기」 16장 ················ 341

「학기」 17장 ················ 344

「학기」 18장 ················ 347

「학기」 19장 ················ 350

「학기」 20장 ················ 354

「학기」 21장 ················ 355

「학기」 22장 ················ 359

「학기」 23장 ················ 361

「학기」 24장 ················ 364

「학기」 25장 ················ 366

「학기」 26장 ················ 368

「학기」 27장 ················ 371

「학기」 28장 ················ 372

禮記補註卷之十七
『예기보주』 18권

「악기」(樂記)」 제19편 · 374

「악기」 1장 ················ 376

「악기」 2장 ················ 377

「악기」 3장 ················ 380

「악기」 5장 ················ 381

「악기」 6장 ················ 385

「악기」 7장 ················ 388

「악기」 8장 ················ 391

「악기」 9장 ················ 395

「악기」 10~11장 ·········· 398

「악기」 12장 ··············· 401

「악기」 13장 ··············· 404

「악기」 14장 ··············· 405

「악기」 15장 ··············· 409

「악기」 17장 ··············· 412

「악기」 18장 ··············· 413

「악기」 19장 ··············· 414

「악기」 20장 ··············· 417

「악기」 22장 ··············· 421

「악기」 23장 ··············· 422

「악기」 28장 ··············· 424

「악기」 29장 ··············· 431

「악기」 30장 ··············· 434

「악기」 31장 ··············· 435

「악기」 32장 ··············· 437

「악기」 33~38장 ·········· 439

「악기」 39장 ··············· 443

「악기」 41장 ··············· 447

「악기」 43장 ··············· 448

「악기」 46장 ··············· 454

「악기」 47장 ··············· 456

「악기」 49장 ··············· 460

「악기」 50장 ··············· 461

「악기」 51장 ··············· 462

「악기」 52장 ··············· 464

「악기」 53장 ··············· 466

「악기」 54장 ··············· 470

「악기」 55장 ··············· 474

「악기」 56장 ··············· 475

「악기」 57장 ··············· 479

「악기」 58장 ··············· 480

「악기」 60장 ··············· 481

「악기」 66장 ··············· 485

「악기」 67장 ··············· 486

「악기」 70장 ··············· 487

「악기」 71장 ··············· 488

「악기」 72장 ··············· 490

「악기」 73~74장 ·········· 492

「악기」 74장 ··············· 495

「악기」 75장 ··············· 497

「악기」 76장 ··············· 501

「악기」 77장 ··············· 502

「악기」 78장 ··············· 504

「악기」 79장 ··············· 505

「악기」 82장 ··············· 507

「악기」 83장 ··············· 513

「악기」 84장 ··············· 516

「악기」 85장 ··············· 517

「악기」 86장 ··············· 518

「악기」 87장 ··············· 519

「악기」 88장 ··············· 523

「악기」 89장 ··············· 524

禮記補註卷之十四

『예기보주』 14권

「명당위(明堂位)」 제14편

補註 陸曰: 鄭云, "記諸侯朝周公於明堂, 所陳列之位."

번역 육덕명이 말하길, 정현은 "이 편은 제후들이 명당(明堂)에서 주공을 조회할 때, 나열되는 자리에 대해 기록했다."라고 했다.

補註 ○語類: 問, "明堂位一篇, 是有此否?" 曰, "看魯人有郊禘, 也是有此." 又問, "當時周公制禮, 父爲大夫, 子爲士, 葬以大夫, 祭以士. 父爲士, 子爲大夫, 葬以士, 祭以大夫. 不成周公制禮, 使其子亂之?" 曰, "這箇自是周公死了, 成王賜伯禽, 不干周公事." 又問, "當時不曾封公, 只是封侯, 如何?" 曰, "天子之宰, 二王之後, 方封公. 伯禽勢不得封公."

번역 ○『어류』에서 말하길, 묻기를 "「명당위」라는 편은 실제로 있었던 편입니까 아니면 후대의 위작입니까?"라고 하자 "노나라에서 교제사와 체제사를 지냈던 것을 보면 또한 이 편이 실재했었다."라고 대답했다. 또 묻기를 "당시 주공이 예법을 제정했을 때, 부친이 대부의 신분이었고 자식이 사의 신분이었다면, 장례는 대부의 예법에 따르고 제례는 사의 예법에 따르도록 했습니다. 또 반대로 부친이 사의 신분이었고 자식이 대부의 신분이었다면, 장례는 사의 예법에 따르고 제례는 대부의 예법에 따르도록 했습니다. 그런데 노나라에서 시행한 일들은 주공이 제정한 예법에 맞지 않아 자식으로 하여금 관계를 혼란스럽게 만든 것이 아닙니까?"라고 하자 "이것은 주공이 죽은 이후 성왕이 백금에게 하사해준 것이니, 주공의 일과는 관련이 없다."라고 대답했다. 또 묻기를 "당시에 노나라 군주를 공작에 분봉하지 않고 단지 후작에 분봉했던 것은 어째서입니까?"라고 하자 "천자의 재상이거나 이전 두 왕조의 후손인 경우에만 공작으로 분봉하게 된다. 당시 백금의 세력으로는 공작에 분봉할 수 없었다."라고 대답했다.

「명당위」 4장

참고-經文

九采之國, ①應門之外, 北面東上.

번역 조회를 할 때, 구주(九州)의 목(牧)들은 정문 밖에서 북쪽을 바라보며 동쪽 끝에서부터 선다.

① 應門之外.

補註 鄭註: "正門, 謂之應門." 疏曰: "明堂更無重門."
번역 정현의 주에서 말하길, "정문을 응문(應門)이라고 부른 것이다."라고 했다. 소에서 말하길, "명당에는 겹겹의 문이 없다."라고 했다.

「명당위」 5장

참고-經文

①四塞世告至. 此周公明堂之位也. 明堂也者, 明諸侯之尊卑也.

번역 구주(九州) 밖 변경 지역의 오랑캐 나라에서는 한 세대마다 한 차례 찾아와서 자신들이 왔음을 아뢰게 된다. 이러한 내용들은 주공이 제정한 명당에서의 위치에 해당한다. '명당(明堂)'이라는 것은 제후들의 서열을 나타내는 건물이다.

① ○四塞世告至.

補註 鄭註: 周禮九州之外, 謂之蕃國, 世一見.

번역 정현의 주에서 말하길, 『주례』에 따르면 구주(九州) 밖에 속한 나라를 '번국(蕃國)'이라고 부르며, 그들은 한 세대에 1번 조회를 온다.[1]

---

1) 『주례』「추관(秋官)·대행인(大行人)」: 邦畿方千里, 其外方五百里謂之侯服, 歲壹見, 其貢祀物. 又其外方五百里謂之甸服, 二歲壹見, 其貢嬪物. 又其外方五百里謂之男服, 三歲壹見, 其貢器物. 又其外方五百里謂之采服, 四歲壹見, 其貢服物. 又其外方五百里謂之衛服, 五歲壹見, 其貢材物. 又其外方五百里謂之要服, 六歲壹見, 其貢貨物. 九州之外謂之蕃國, 世壹見, 各以其所貴寶爲摯.

「명당위」 6장

참고—經文

昔殷紂亂天下, ①脯鬼侯以饗諸侯, 是以周公相武王以伐紂.
武王崩, ②成王幼弱, 周公踐天子之位以治天下. 六年朝諸侯
於明堂, 制禮作樂頒度量, 而天下大服. 七年致政於成王.

번역 옛적에 은나라 주임금은 천하를 혼란스럽게 만들었으니, 귀후를 죽여, 그 살
을 포로 떠서 제후들에게 음식으로 대접하기에 이르렀다. 그래서 주공은 무왕을 도
와서 주임금을 정벌했다. 무왕이 붕어했을 때, 성왕은 나이가 너무 어려서, 주공은
천자의 자리에 올라, 천하를 대신 다스렀다. 6년이 지난 이후 명당(明堂)에서 제후
들에게 조회를 받았고, 예악 및 도량형을 반포하여, 천하가 모두 따르게 되었다. 7
년째에 성왕에게 다시 정권을 되돌려주었다.

① ○脯鬼侯.

補註 疏曰: 鬼侯, 周本記作九侯.

번역 소에서 말하길, '귀후(鬼侯)'를 『사기』「주본기(周本記)」에서는 구후
(九侯)로 기록했다.

② 成王幼弱.

補註 疏曰: 王肅以家語之文"武王崩, 成王年十三", 鄭康成用衛宏之說,
武王崩, 成王年十歲.

번역 소에서 말하길, 왕숙은 『공자가어』에서 "무왕이 붕어했을 때, 성왕의
나이는 13세였다."[1]라고 한 기록에 따랐고, 정현은 위굉[2]의 주장에 따라, 무

---

1) 『공자가어』「관송(冠頌)」: 天子冠者, 武王崩, 成王年十有三而嗣立, 周公居冢宰,
攝政以治天下.
2) 위굉(衛宏, ?~?): 후한(後漢) 때의 학자이다. 자(字)는 경중(敬仲)이다. 저서로는

왕이 붕어했을 때 성왕의 나이는 10세라고 여겼다.

鬼, 國名. 易曰: "①高宗伐鬼方." 殺人以爲薦羞, 惡之極也, 故伐之. 六年五服一朝, 蓋始於此.

번역 '귀(鬼)'는 국가의 이름이다. 『역』에서는 "고종이 귀방(鬼方)을 정벌했다."[3]라고 했다. 사람을 죽여, 그 고기로 음식을 만들었으니, 지극히 악한 행위가 된다. 그렇기 때문에 정벌을 했다. 6년의 주기로 오복(五服)에 속한 제후들이 한 차례 조회를 한 것은 아마도 이때로부터 비롯된 것이다.

① 高宗伐鬼方.

補註 按: 引此者, 明鬼之爲國名而已, 不連下文.
번역 살펴보니, 이 기록을 인용한 것은 귀(鬼)자가 국명에 해당한다는 사실을 밝히고자 한 것일 뿐이니, 뒤의 문장과는 연결되지 않는다.

石梁王氏曰: 只以詩·書證之, 卽知周公但居冢宰攝政, 未嘗在天子位. "周公相, 踐阼而治", 文王世子此語爲是. ①詩小序之言亦不可據, ②註引魯頌, 豈盡伯禽時事哉?

번역 석량왕씨가 말하길, 『시』와 『서』를 통해 증명을 해보면, 주공은 단지 총재(冢

『고문상서훈지(古文尙書訓旨)』·「모시서(毛詩序)」 등이 있다.
3) 『역』「기제괘(旣濟卦)·효사(爻辭)」: 九三, 高宗伐鬼方, 三年克之, 小人勿用.

宰)의 지위에 있으면서 섭정을 한 것일 뿐임을 알 수 있으니, 일찍이 천자의 지위에 머문 적이 없었다. "주공이 재상이 되어, 조(阼)에 올라 다스렸다."⁴⁾라고 했는데, 「문왕세자」편의 이 기록이 옳은 주장이다. 『시』의 「소서(小序)」에서 기록한 말 또한 근거로 삼을 수 없는데, 정현의 주에서는 「노송(魯頌)」편을 인용하였으니, 어찌 이 모두가 백금 당시의 일이라 하겠는가?

① 詩·小序之言.

補註 詩·序曰: 周公東征三年而得, 攝政七年, 營洛邑, 封康叔而致政.

번역 『시』의 「소서」에서 말하길, 주공은 동쪽으로 정벌을 하여 3년 뒤에 완수를 하였고, 섭정을 7년 동안 시행하여 낙읍을 경영하였으며, 강숙을 분봉하고서 성왕에게 정권을 돌려주었다.

② 註引魯頌.

補註 按: 下章地方七百里, 革車千乘, 鄭註: "詩·魯頌曰: '王謂叔父, 建爾元子, 俾侯于魯. 大啓爾宇, 爲周室輔. 乃命魯公, 俾侯于東, 錫之山川, 土田附庸.' 又曰: '公車千乘, 朱英綠縢.'" 石梁所謂註引魯頌者, 卽此也. 但石梁說此十一字, 則當在下章, 而以其連上文爲言, 故陳氏不察, 連書於此.

번역 살펴보니, 아래문장에서는 "그 땅은 사방 700리의 크기이며, 전쟁용 수레 1,000승을 보유하는 규모이다."⁵⁾라고 했고, 정현의 주에서는 "『시』「노송(魯頌)」편에서는 '천자는 숙부여, 그대의 맏아들을 제후로 세워, 노나라의 후작으로 삼으니. 그대의 나라를 크게 일구어, 주왕실을 보필하시오. 이에

---

4) 『예기』「문왕세자(文王世子)」: 成王幼, 不能涖阼. <u>周公相, 踐阼而治</u>, 抗世子法於伯禽, 欲令成王之知父子·君臣·長幼之道也. 成王有過, 則撻伯禽, 所以示成王世子之道也, 文王之爲世子也.

5) 『예기』「명당위(明堂位)」: 成王以周公爲有勳勞於天下, 是以封周公於曲阜, <u>地方七百里, 革車千乘</u>, 命魯公世世祀周公以天子之禮樂. 是以魯君孟春乘大路, 載弧韣, 旂十有二旒, 日月之章, 祀帝於郊, 配以后稷, 天子之禮也.

노공에게 명하여, 동쪽의 후작으로 세우고, 산천을 하사하니, 토지와 부용국이다.'6)라고 했다. 또 '군주의 수레는 1,000승이며, 붉은색으로 창을 장식하고, 녹색으로 끈을 만들었다.'7)"라고 했다. 석량왕씨가 말한 주에서 인용한 「노송」편이란 바로 이것에 해당한다. 다만 석량왕씨가 말한 이에 대한 11개 글자는 마땅히 아래문장에 기록되어야 하는데, 앞 문장과 연결하여 기록하였으니, 진호가 그 내용을 자세히 살피지 못하고 이곳에 연결해서 기록한 것이다.

---

6) 『시』「노송(魯頌)‧비궁(閟宮)」: 王曰叔父, 建爾元子, 俾侯于魯. 大啓爾宇, 爲周室輔. 乃命魯公, 俾侯于東. 錫之山川, 土田附庸.

7) 『시』「노송(魯頌)‧비궁(閟宮)」: <u>公車千乘, 朱英綠縢</u>, 二矛重弓.

참고-經文

昔殷紂亂天下, 脯鬼侯以饗諸侯, 是以周公相武王以伐紂. 武王崩, 成王幼弱, 周公①踐天子之位以治天下. 六年朝諸侯於明堂, 制禮作樂頒度量, 而天下大服. 七年致政於成王. 成王以周公爲有勳勞於天下, 是以封周公於曲阜, ①地方七百里, 革車千乘, 命魯公世世祀周公以天子之禮樂. 是以魯君孟春乘大路, 載弧韣, 旂十有二旒, 日月之章, ①祀帝于郊, 配以后稷, 天子之禮也.

번역 옛적에 은나라 주임금은 천하를 혼란스럽게 만들었으니, 귀후를 죽여, 그 살을 포로 떠서 제후들에게 음식으로 대접하기에 이르렀다. 그래서 주공은 무왕을 도와서 주임금을 정벌했다. 무왕이 붕어했을 때, 성왕은 나이가 너무 어려서, 주공은 천자의 자리에 올라, 천하를 대신 다스렀다. 6년이 지난 이후 명당(明堂)에서 제후들에게 조회를 받았고, 예악 및 도량형을 반포하여, 천하가 모두 따르게 되었다. 7년째에 성왕에게 다시 정권을 되돌려주었다. 성왕은 정권을 되돌려 받은 뒤, 주공에게는 천하를 안정시킨 공로가 있다고 여겼다. 이러한 이유 때문에 노나라 곡부에 주공을 분봉했으니, 그 땅은 사방 700리의 크기이며, 전쟁용 수레 1,000승을 보유하는 규모이다. 그리고 노공에게 명령하여, 주공에게 제사를 지낼 때에는 대대로 천자만 사용할 수 있는 예악을 이용하라고 했다. 이러한 이유로 노나라 군주는 맹춘이 되면, 대로(大路)에 타고, 호독(弧韣)을 싣고, 깃발에는 12개의 깃술을 달고, 해와 달의 무늬를 새겼으며, 교(郊)에서 상제에게 제사를 지내며, 후직을 배향했으니, 이 모두는 천자가 시행하는 의례제도이다.

① 踐天子之位[又]地方七百里[又]祀帝于郊.

補註 淺見錄載黃氏日抄曰: 成王幼, 周公以冢宰聽其政, 今曰踐天子位, 周公無此事也. 周室頒爵之制, 諸侯不過百里, 今曰地方七百里, 周室無此制也. 魯惠公始請郊於東周, 至僖公然後用郊, 春秋書之以著其非. 今曰成王命魯公祀帝于郊, 成王亦未嘗有此舉也. 封爵當以孟子爲正, 魯郊當以呂覽爲正. 蓋皆周末先秦之書也. 明堂位作於漢儒, 漢儒多出於魯, 魯之僭人始於春秋, 遂有矯飾之說, 流傳至漢, 漢儒因而述之, 不考爾.

번역 『천견록』에서는 황씨의 『일초』를 수록하며, 성왕이 나이가 어렸기 때문에 주공이 총재의 직위를 맡아 정무를 처리하였는데, 이곳에서는 천자의 지위에 올랐다고 했으니, 주공은 이러한 일을 한 적이 없다. 주나라 왕실이 작위를 하사했던 제도에 있어서 제후의 영지는 사방 100리를 넘지 못했는데, 이곳에서는 그 땅이 사방 700리의 규모였다고 하니, 주나라 왕실에는 이러한 제도가 없었다. 노나라 혜공은 처음으로 교제사를 지낼 수 있도록 동주의 왕실에 청원하였고, 희공 때에 이르러서야 교제사의 예법에 따랐으며, 『춘추』에서는 이 사실을 기록하여 그것이 비례임을 드러내었다. 이곳에서는 성왕이 노공에게 명령을 하여 교에서 상제에게 제사를 지내라고 했다고 했는데, 성왕도 이러한 일을 시행한 적이 없었다. 작위를 봉해주는 것은 마땅히 『맹자』의 기록을 정론으로 삼아야 하며, 노나라에서 교제사를 지냈던 것도 『여람』을 정론으로 삼아야 한다. 둘 모두 주나라 말기와 진나라 이전의 기록물들이기 때문일 것이다. 「명당위」편은 한나라 유학자들이 작성한 것이고, 한나라 유학자들은 대부분 노나라 출신이었는데, 노나라에서 크게 참람된 예법을 사용한 것은 춘추시대 때 시작되었고, 결국 그것을 교묘히 수식하는 변설들이 발생하였는데, 그것이 유전되어 한나라에 이르렀고, 한나라 유학자들은 그에 따라 조술을 하며 옛 사적들을 살펴보지 못했던 것일 뿐이다.

論語稱伯禽爲魯公, 閟宮稱僖公爲魯侯, 又曰"俾侯于魯", 則魯本侯爵, 過稱公也. 孟子言公侯皆方百里, 又言周公封於魯地方百里, 而此云七百里者, 蓋以百里之田爲魯本國, 如後世食實封也; 幷附庸爲七百里, 所謂錫之山川土田附庸也. ①周禮,封疆方五百里之制, 當時設法未行, 不可以據. 革車, 兵車也.
千乘, 田賦所出之數也. 孟春, 周正子月也. 大路, 殷祭天所乘
之木路. ②弧, 所以開張旌旗之幅, 其形如弓, 以竹爲之. 韣, 則
弧之衣也. 旐, 屬於弧之正幅, 而畫日月以爲章也.

번역 『논어』에서는 백금을 노공(魯公)이라고 지칭했고,[1] 『시』「비궁(閟宮)」편에서
는 희공을 노후(魯侯)라고 지칭했으며,[2] 또 "노나라의 후작이 되도록 하다."[3]라고
했으니, 노나라 제후는 본래 후작의 작위를 가지고 있었지만, 공작이라고 단계를
높여 지칭한 것이다. 맹자는 공작과 후작의 영토는 모두 사방 100리의 크기라고 했
고,[4] 또 주공에 대해서는 노나라의 땅 사방 100리의 영토에 분봉을 해줬다고 했는
데,[5] 이곳에서 사방 700리라고 했다. 그 이유는 아마도 100리의 땅은 노나라의 본
래 영토이니, 후세에 식읍으로 받는 실제의 토지와 같은 것이며, 주변의 약소국들을
합하면 700리가 되니, 이른바 "산천을 하사하시니, 토지와 약소국들이다."[6]는 말에
해당한다. 『주례』에는 강역을 분봉할 때, 사방 500리로 내려주는 제도가 있는데,[7]
당시에 이러한 제도를 만들었지만 아직 시행을 하지 않았던 것으로, 근거로 삼을
수 없다. '혁거(革車)'는 전쟁용 수레이다. 1,000승은 토지에서 세금으로 산출되는
수레의 수치이다. '맹춘(孟春)'은 주나라 정월인 건자(建子)의 달이다. '대로(大

---

1) 『논어』「미자(微子)」: 周公謂魯公曰, "君子不施其親, 不使大臣怨乎不以. 故舊
無大故, 則不棄也. 無求備於一人!"

2) 『시』「노송(魯頌)・비궁(閟宮)」편의 『모서』: 閟宮, 頌僖公能復周公之宇也.

3) 『시』「노송(魯頌)・비궁(閟宮)」: 后稷之孫, 實維大王. 居岐之陽, 實始翦商. 至于
文武, 纘大王之緒, 致天之屆, 于牧之野. 無貳無虞, 上帝臨女. 敦商之旅, 克咸厥
功. 王曰叔父, 建爾元子, 俾侯于魯. 大啓爾宇, 爲周室輔.

4) 『맹자』「만장하(萬章下)」: 4天子之制, 地方千里, 公侯皆方百里, 伯七十里, 子・
男五十里, 凡四等.

5) 『맹자』「고자하(告子下)」: 周公之封於魯, 爲方百里也, 地非不足, 而儉於百里.

6) 『시』「노송(魯頌)・비궁(閟宮)」: 乃命魯公, 俾侯于東. 錫之山川, 土田附庸. 周公
之孫, 莊公之子. 龍旂承祀, 六轡耳耳. 春秋匪解, 享祀不忒. 皇皇后帝, 皇祖后
稷. 享以騂犧, 是饗是宜. 降福旣多, 周公皇祖, 亦其福女.

7) 『주례』「지관(地官)・대사도(大司徒)」: 凡建邦國, 以土圭土其地而制其域: 諸公
之地, 封疆方五百里, 其食者半; 諸侯之地, 封疆方四百里,

路)'는 은나라 때 하늘에 대한 제사를 지내며 탔던 목로(木路)를 뜻한다. '호(弧)'
는 깃발의 폭을 펴게 만드는 것으로, 그 모습이 활처럼 생겼는데, 대나무로 만든다.
'독(韣)'은 호(弧)를 입히는 천이다. '류(旒)'는 호(弧)의 정폭에 매다는 것으로, 해
와 달의 그림을 그려서 무늬로 삼는다.

① 周禮封疆方五百里.

補註 地官 · 大司徒: "諸公之地, 封疆方五百里, 其食者半." 註: "公所食
租稅得其半, 其半皆附庸小國也."

번역 『주례』「지관(地官) · 대사도(大司徒)」편에서는 "공작들의 영지는 봉지
가 사방 500리의 크기이며, 조세를 거둬들이는 것은 그 중 절반이다."라고
했고, 주에서는 "공작이 받는 조세는 그 절반이며, 나머지 절반은 모두 부용
국인 소국의 땅이다."라고 했다.

② 弧所以[止]之幅.

補註 周禮 · 考工記 · 輈人: "弧旌枉矢, 以象弧也." 註: "覲禮, 侯氏載龍
旂, 弧韣, 則旌旗之屬皆有弧也. 弧以張縿之幅, 有衣謂之韣. 又爲設矢,
象弧星有矢也."

번역 『주례』「고공기(考工記) · 주인(輈人)」편에서는 "호정(弧旌)에 왕시
(枉矢)를 두어, 이를 통해 호성(弧星)[8]을 본뜬다."[9]라고 했고, 정현의 주에
서는 "『의례』「근례(覲禮)」편에서 제후는 용기(龍旂)와 호독(弧韣)을 신는
다고 했으니, 깃발의 부류에는 모두 호(弧)가 포함되는 것이다. 호(弧)는 깃
발의 폭을 펼치는 것인데, 그것을 넣어두는 집이 있으면 독(韣)이라고 부른
다. 또한 시(矢)를 설치하는 것은 호성에 화살 모양의 별이 포함되어 있음을
본뜬 것이다."라고 했다.

---

8) 호성(弧星)은 28수(宿)에 속하지 않지만, 28수 중 하나인 정수(井宿) 근처에 있는
   별자리이다. 이리별이라고 부르는 낭성(狼星)의 동남쪽에 위치하며, 9개의 별들로
   이루어져 있다.
9) 『주례』「동관고공기(冬官考工記) · 주인(輈人)」: 弧旌枉矢, 以象弧也.

「명당위」 10장

灌, 酌鬱鬯以獻尸也. 以玉飾瓚, 故曰玉瓚. 以大圭爲瓚柄, 故
言玉瓚大圭也. 薦, 祭時所薦菹醢之屬也. 玉豆, 以玉飾豆也.
簜, 籩也. ①雕飾其柄, 故曰雕簜. 爵, 行酒之器. 夏世爵名琖,
以玉飾之. 仍, 因也. 因爵形而雕飾之, 故曰仍雕也. 加者, 夫人
亞獻於尸也. 用璧角, 卽周禮 · 內宰所謂瑤爵也. 夫人獻後, 則
賓用璧散獻尸, 散角皆以璧飾其口. 此先言散, 後言角, 便文
也. 虞俎名梡, 夏俎名嶡. 梡形②四足如桉, 嶡則加橫木於足中
央爲橫距之形也.

번역 '관(灌)'자는 울창주를 따라서 시동에게 바치는 절차를 뜻한다. 옥으로 술국
자를 장식했기 때문에, '옥찬(玉瓚)'이라고 부른다. 대규(大圭)로 술국자의 손잡이
를 만들었기 때문에, '옥찬대규(玉瓚大圭)'라고 말한 것이다. '천(薦)'자는 제사를
지낼 때, 절임이나 젓갈 등의 부류를 바치는 절차를 뜻한다. '옥두(玉豆)'는 옥을
장식한 두(豆)이다. '찬(簜)'은 변(籩)을 뜻한다. 손잡이를 조각하여 장식을 했기
때문에, '조찬(雕簜)'이라고 부른 것이다. '작(爵)'은 술을 마실 때 사용하는 술잔
이다. 하나라 때 사용한 술잔은 '잔(琖)'이라고 부르는데, 옥으로 장식을 했기 때문
이다. '잉(仍)'자는 "~에 따르다[因]."는 뜻이다. 술잔의 형태에 따라서 조각을 하
여 장식을 했기 때문에, '잉조(仍雕)'라고 말한 것이다. '가(加)'자는 부인이 시동에
게 아헌(亞獻)을 하는 절차를 뜻한다. '벽각(璧角)'을 사용한다고 했는데, 이것은
『주례』「내재(內宰)」편에서 말한 '요작(瑤爵)'[1]에 해당한다.[2] 부인이 술을 바친 이

---

1) 요작(瑤爵)은 아름다운 옥돌[瑤]을 조각하여 만든 술잔으로, 그 술잔의 중요성은
   대체적으로 옥작(玉爵) 다음이 된다. 『주례』「천관(天官) · 내재(內宰)」편에는 大
   祭祀, 后祼獻則贊, 瑤爵亦如之."라는 기록이 있는데, 이에 대한 정현의 주에서는
   "其爵以瑤爲飾."이라고 풀이했고, 『예기』「제통(祭統)」편에는 "尸飮五, 君洗玉爵
   獻卿; 尸飮七, 以瑤爵獻大夫."라는 기록이 있다.
2) 『주례』「천관(天官) · 내재(內宰)」: 大祭祀, 后祼獻則贊, 瑤爵亦如之.

후라면, 빈객은 벽산(璧散)을 이용하여 시동에게 술을 바치고, 산(散)과 각(角)은 모두 벽(璧)으로 그 주둥이 부분을 장식했다. 이곳에서는 먼저 '산(散)'을 말했고, 이후에 '각(角)'을 말했는데, 문장을 편리에 따라 기록했기 때문이다. 우 때 사용하던 도마를 '완(梡)'이라 부르고, 하 때 사용하던 도마를 '궐(嶡)'이라고 부른다. 완(梡)은 그 형태가 네 개의 다리가 있어서 책상[桉]과 같고, 궐(嶡)은 다리의 중앙에 가로로 된 나무를 더해서 횡거(橫距)의 모습처럼 만든다.

① ○雕飾其柄.

補註 鄭註: 籩, 邊屬. 雕者, 刻雕其直者也.
번역 정현의 주에서 말하길, '찬(籩)'은 변(邊)에 해당하는 그릇이다. 조(雕)라는 것은 세로로 곧게 뻗은 부분에 조각을 하여 장식을 한 것이다.

補註 ○按: 以鄭註觀之, 所謂柄, 卽指邊豆下跗. 弟子職"柄尺不跪", 註 "豆有柄長尺, 則立而進之." 少儀"進俎不坐", 鄭註"以其有足, 亦柄尺之 類." 據此, 則柄之爲下跗, 明甚.
번역 ○살펴보니, 정현의 주를 통해 보면 이른바 병(柄)이라는 것은 변(邊)과 두(豆)의 하단부에 있는 다리부분이다. 『관자』「제자직(弟子職)」편에서는 "병(柄)은 1척으로 무릎을 꿇지 않고 바친다."[3]라고 했고, 주에서는 "두에는 병이 있는데 그 길이는 1척이니, 서서 바치게 된다."라고 했다. 『예기』「소의(少儀)」편에서는 "도마에 제수를 진설할 때에는 무릎을 꿇지 않는다."[4]라고 했고, 정현의 주에서는 "도마에는 다리가 달려 있기 때문이니, 또한 1척의 병과 같은 부류이다."라고 했다. 이 말에 근거해보면 병(柄)이라는 것이 하단의 다리부분이 됨이 매우 분명하다.

---

3) 『관자』「제자직(弟子職)」: 柄尺不跪, 是謂貳紀. 先生已食, 弟子乃徹, 趨走進漱, 拚前斂祭.
4) 『예기』「소의(少儀)」: 取俎 · 進俎不坐.

② 四足如桉.

補註 桉, 與案同.

번역 '안(桉)'자는 안(案)자와 같다.

「명당위」 11장

升歌淸廟, 下管象. 朱干玉戚, 冕而舞大武. 皮弁①素積, 裼而
舞大夏. 昧, 東夷之樂也. 任, 南蠻之樂也. 納夷蠻之樂於太廟,
言廣魯於天下也.

번역 주공에게 제사를 지낼 때에는 악공이 당상에 올라가서 청묘(淸廟)라는 시를
노래로 부르고, 당하에서는 상(象)이라는 시를 관악기로 연주한다. 적색의 빙패와
옥으로 장식한 도끼를 들고, 면복(冕服)을 착용하고 대무(大武)를 춤춘다. 피변(皮
弁)과 소적(素積)을 착용하고, 석의(裼衣)를 드러내고서 대하(大夏)를 춤춘다. '매
(昧)'는 동이(東夷)의 음악이다. '임(任)'은 남만(南蠻)의 음악이다. 주공을 모신
태묘에서 동이와 남만의 음악을 연주하는 것은 노나라를 세운 주공의 업적과 공덕
을 천하에 드날리기 위함이다.

① 素積.

補註 按: 儀禮圖, 素積者, 以素爲裳, 辟積其要中. 又見郊特牲.
번역 살펴보니, 『의례도』에 따르면 '소적(素積)'이라는 것은 흰색의 옷감으
로 하의를 만들고, 허리 중앙에 주름을 잡는 것이다. 또한 『예기』「교특
생(郊特牲)」편에도 나온다.[1]

---

1) 『예기』「교특생(郊特牲)」: 三王共皮弁 · 素積.

참고-經文

①君卷冕立於阼, 夫人副褘立於房中. 君肉袒迎牲於門, 夫人薦豆籩, 卿大夫贊君, 命婦贊夫人, 各揚其職. 百官廢職, 服大刑, 而天下大服.

번역 주공에게 제사를 지낼 때, 노나라의 군주는 곤면(袞冕)을 착용하고 동쪽 계단 위에 서며, 부인은 머리에 부(副) 장식을 하고, 위의(褘衣)를 착용하여 방 안에 서 있게 된다. 군주는 옷을 걷어 신체를 노출시키고 문에서 희생물을 맞이하며, 부인은 두(豆)와 변(籩)에 음식을 담아 바치고, 경과 대부는 군주를 도우며, 명부(命婦)들은 부인을 도우니, 각자 그들의 직무를 실행한다. 모든 관료들이 각자 자신의 임무를 시행하는데, 만약 직무를 시행하지 않는 자가 있다면, 큰 형벌을 받게 되니, 천하의 모든 사람들이 주공의 덕에 감화되었다.

① ○君卷冕[止]房中.

補註 疏曰: 尸初入之時, 君待之阼階, 夫人立於東房中.

번역 소에서 말하길, 시동이 최초 들어왔을 때, 군주는 동쪽 계단에서 그를 맞이하며, 부인은 동쪽 방안에 서 있게 된다.

참고-集說

副, 首飾也. 副之言覆, 以其覆被乎首而爲名, ①詳見周禮追師, 及詩副笄六珈註疏. 褘, 褘衣也. 本王后之服, 亦以尊周公而用天子禮樂, 故得服之也. 房, 太廟之東南室也. 贊, 助也. 命婦, 內則世婦, 外則卿大夫之妻也. 揚, 擧也. 廢, 不擧也. 天下大服, 謂敬服周公之德也.

번역 '부(副)'는 머리에 하는 장식이다. '부(副)'자는 "덮다[覆]."는 뜻으로, 그것으로 머리를 덮기 때문에, 이러한 명칭을 정한 것이며, 상세한 설명은 『주례』「추사(追師)」편 및 『시』의 '부계륙가(副笄六珈)'[1]라는 구문에 대한 주와 소에 나온다. '위(褘)'자는 위의(褘衣)를 뜻한다. 본래 왕후가 착용하는 복장이지만, 이 또한 주공을 존경하여, 천자의 예악을 사용하기 때문에, 착용할 수 있는 것이다. '방(房)'은 태묘의 동남쪽에 있는 실(室)을 뜻한다. '찬(贊)'자는 "돕다[助]."는 뜻이다. '명부(命婦)'는 내적으로는 세부(世婦)를 가리키고, 외적으로는 경 및 대부의 처를 가리킨다. '양(揚)'자는 "거행하다[擧]."는 뜻이다. '폐(廢)'자는 거행하지 않는다는 뜻이다. '천하대복(天下大服)'은 주공의 덕을 공경하며 순종한다는 뜻이다.

① 詳見周禮‧追師.

補註 天官‧追師: "掌王后之首服, 爲副‧編‧次, 追衡‧笄." 註: "鄭司農云, '追, 冠名. 記曰牟追, 夏后氏之道也. 追師, 掌冠冕之官, 故幷主王后之首服.' 玄謂副之言覆, 所以覆首爲飾, 若今步繇, 服之以從王祭祀. 編, 編列髮爲之, 若今假紒, 服之以桑. 次, 次第髮長短爲之, 所謂髲髢, 服之以見王. 追, 猶治也. 王后之衡笄, 皆以玉爲之. 衡維持冠者, 唯祭服有衡, 垂于副之兩旁, 當耳, 其下以紞懸瑱. 笄, 卷髮者."

번역 『주례』「천관(天官)‧추사(追師)」편에서 말하길, "왕후의 머리에 하는 복식을 담당하니, 부(副)‧편(編)‧차(次)를 만들고 형(衡)‧계(笄)를 만든다."[2]라고 했고, 주에서는 "정사농은 '추(追)는 관의 이름이다. 『예기』에서는 모추(牟追)를 쓰는 것은 하후씨 때의 도라고 했다.[3] 추사는 관과 면류관을 담당하는 관리이다. 그렇기 때문에 왕후의 머리에 하는 복식도 함께 담당하는 것이다.'라고 했다. 내가 생각하기에 부(副)자는 덮는다는 뜻이니, 머리를 덮어서 장식을 하는 것으로 마치 오늘날의 보요(步繇)와 같은 것이며, 이

---

1) 『시』「용풍(鄘風)‧군자해노(君子偕老)」: 君子偕老, <u>副笄六珈</u>. 委委佗佗, 如山如河, 象服是宜. 子之不淑, 云如之何.

2) 『주례』「천관(天官)‧추사(追師)」: 追師<u>掌王后之首服, 爲副‧編‧次, 追衡‧笄</u>, 爲九嬪及外內命婦之首服, 以待祭祀, 賓客.

3) 『예기』「교특생(郊特牲)」: 委貌, 周道也. 章甫, 殷道也. <u>毋追, 夏后氏之道也.</u>

것을 착용하고 천자를 따라 제사를 지낸다. 편(編)은 머리카락을 가르고 땋아서 만드는 것으로 마치 오늘날의 가계(假紒)와 같은 것이며, 이것을 착용하고 누에를 친다. 차(次)는 머리카락의 길이를 고르게 해서 만드니 피체(髲鬄)라는 것으로, 이것을 착용하고 천자를 알현하게 된다. '추(追)'자는 다스린다는 뜻이다. 왕후의 형(衡)과 계(筓)는 모두 옥으로 만들게 된다. 형은 관을 지지해주는 것인데, 오직 제복에만 형이 포함되어, 부(副)의 양쪽 측면으로 늘어트려 귀까지 닿게 되며, 그 밑으로는 귀막이 끈을 진(瑱)에 매달게 된다. 계(筓)는 머리카락을 마는 것이다."라고 했다.

補註 ○陸音: 追, 丁回反.

번역 ○육덕명의 『음의』에서 말하길, '追'자는 '丁(정)'자와 '回(회)'자의 반절음이다.

「명당위」 13장

是故夏礿, 秋嘗, 冬烝, 春社, ①秋省, 而遂大蜡, 天子之祭也.

번역 이러한 까닭으로 노나라에서는 종묘제사에 있어서, 여름에는 약(礿)제사를 지냈고, 가을에는 상(嘗)제사를 지냈으며, 겨울에는 증(烝)제사를 지냈다. 또 봄에는 사직(社稷)에 대한 제사를 지냈으며, 가을에는 작황을 살펴서, 성대한 사(蜡)제사를 지냈으니, 이 모두는 천자가 지내는 제사에 해당한다.

① 秋省而遂大蜡.

補註 按: 六字當爲一句.

번역 살펴보니, 6글자는 마땅히 하나의 구문이 되어야 한다.

魯在東方, 或有朝於方岳之歲, 則廢春祠, 故此畧之. 秋省, 省斂也. ①年不順成, 則八蜡不通, 必視年之上下, ②以爲蜡之豐嗇. 舊讀省爲獮者非.

번역 노나라는 동쪽 지역에 속해 있어서, 간혹 방악(方岳)에서 조회를 해야 하는 해가 있다면, 봄에 지내는 사(祠)제사를 폐지한다. 그렇기 때문에 이곳에서는 생략한 것이다. '추성(秋省)'은 수확을 살핀다는 뜻이다. 그 해에 곡식이 제대로 익지 않았다면, 여덟 신에게 사(蜡)제사를 지내지 않으니, 반드시 그 해의 작황에 견주어서, 사(蜡)제사에 소용될 재화의 양을 결정한다. 옛 주석에서는 '성(省)'자를 '선(獮)'자로 풀이했는데, 잘못된 주장이다.

① 年不順成八蜡不通.

補註 郊特牲文.

번역 『예기』「교특생(郊特牲)」편의 기록이다.[1]

② 以爲蜡之豐嗇.

補註 按: 此與皇氏說稍異, 而此說亦好. 皇氏說, 見郊特牲補註.

번역 살펴보니, 이것은 황씨의 주장과 다소 차이를 보이는데, 이 주장 또한 좋다. 황씨의 주장은 「교특생」편의 보주에 나온다.

---

1) 『예기』「교특생(郊特牲)」: 八蜡以記四方. 四方年不順成, 八蜡不通, 以謹民財也. 順成之方, 其蜡乃通, 以移民也. 旣蜡而收, 民息已. 故旣蜡, 君子不興功.

「명당위」 16장

①說見前篇.

번역 앞 편에 자세한 설명이 나온다.

① ○說見前篇.

補註 按: 前篇, 指禮器.

번역 살펴보니, 앞 편은 『예기』「예기(禮器)」편을 가리킨다.

「명당위」19장

兩君好會反爵之坫, 築土爲之, 在兩楹間而近南. 蓋獻酬畢, 則反爵於其上也. 凡物在內爲入, 在外爲出. 以坫在尊之外, 故云反坫出尊, 言①坫出在尊之外也.

번역 양국의 군주가 우호를 다지기 위해 회동을 하면, 술잔을 되돌려놓는 점(坫)을 두는데, 흙을 쌓아서 그것을 만들고, 양쪽 기둥 사이 중에서도 남쪽과 가까운 장소에 설치를 했다. 아마도 술을 바치거나 술을 권하는 절차가 끝나게 된다면, 그 위에 술잔을 되돌려 놓았을 것이다. 모든 사물에 있어서 안에 있는 것을 '입(入)'이라고 했고, 밖에 있는 것을 '출(出)'이라고 했다. 점(坫)을 술동이 밖에 두었기 때문에, '반점출존(反坫出尊)'이라고 말한 것이니, 점(坫)을 술동이 바깥쪽으로 설치했다는 뜻이다.

① ○坫出在尊之外.

補註 疏曰: 尊在兩楹間, 坫在尊南.

번역 소에서 말하길, 술동이는 양쪽 기둥 사이에 있고, 받침대는 술동이 남쪽에 있다.

崇坫康圭①疏屛, 天子之廟飾也.

번역 노나라는 태묘에 규(圭)를 안전하게 놓아둘 수 있는 높은 받침대를 만들고, 소병(疏屛)을 설치했으니, 이것들은 본래 천자의 묘에 하는 장식이다.

① **疏屛**

補註 鄭註: 屛謂之樹, 今桴思也, 刻之爲雲氣蟲獸, 如今闕上爲之矣.

번역 정현의 주에서 말하길, '병(屛)'은 수(樹)라고도 부르니, 오늘날의 부사(桴思)에 해당하는 것으로, 구름과 생물들을 조각하며, 마치 오늘날의 궐(闕)에 있어서 그 위를 만드는 것처럼 한 것이다.

「명당위」 23장

①夏后氏駱馬黑鬣, 殷人白馬黑首, 周人黃馬蕃鬣.

번역 노나라에는 삼대(三代) 때의 말을 갖추고 있었다. 하후씨 때에는 백색의 몸에 흑색의 갈기가 있는 말을 숭상했고, 은나라 때에는 백색의 몸에 흑색의 머리를 한 말을 숭상했으며, 주나라 때에는 황색의 몸에 적색의 갈기가 있는 말을 숭상했다.

① ○夏后氏駱馬[止]蕃鬣.

補註 疏曰: 夏尙黑, 故用黑鬣. 殷尙白, 故白馬. 純白似凶, 故黑頭. 頭黑而鬣白, 從所尙也. 周尙赤, 用黃, 近赤也, 而用赤鬣, 爲所尙也. 三代俱以鬣爲所尙也.

번역 소에서 말하길, 하나라 때에는 흑색을 숭상했기 때문에, 흑색의 갈기가 있는 말을 사용했다. 은나라 때에는 백색을 숭상했기 때문에, 백색의 말을 사용했다. 그러나 순백색은 흉사와 유사하기 때문에, 흑색의 머리를 가진 말을 사용했다. 머리가 흑색이고 갈기가 백색인 것을 숭상한 이유는 숭상하던 색깔을 따랐기 때문이다. 주나라는 적색을 숭상했는데, 황색을 사용한 이유는 그 색깔이 적색과 가깝기 때문이며, 적색의 갈기를 가진 말을 사용한 것은 숭상하던 색깔에 따랐기 때문이다. 삼대(三代) 때에는 모두 갈기에 대해서 숭상하던 색깔을 따랐다.

「명당위」 28장

①夏后氏以雞夷, 殷以斝, 周以黃目.

번역 술을 땅에 부어 신을 강림시킬 때의 술동이에 있어서, 하후씨 때에는 계이(雞夷)를 사용했고, 은나라 때에는 가이(斝彝)를 사용했으며, 주나라 때에는 황목(黃目)을 사용했다.

① ○夏后氏以雞夷[止]黃目.

補註 鄭註: 周禮, 春祠·夏禴, 祼用雞彝·鳥彝. 秋嘗·冬烝, 祼用斝彝·黃彝.

번역 정현의 주에서 말하길, 『주례』에서는 봄의 사(祠)제사와 여름의 약(禴)제사를 지낼 때, 술을 땅에 부어 신을 강림시킬 때에는 계이(雞彝)와 조이(鳥彝)를 사용했다. 가을의 상(嘗)제사와 겨울의 증(烝)제사를 지낼 때, 술을 땅에 부어 신을 강림시킬 때에는 가이(斝彝)와 황이(黃彝)를 사용했다고 했다.[1]

補註 ○周禮·司尊彝本註: 黃彝, 黃目尊也.

번역 ○『주례』「사준이(司尊彝)」편의 주에서 말하길, '황이(黃彝)'는 황목이라는 술동이이다.

補註 ○按: 周禮四彝, 天子通用前代之禮故也.

번역 ○살펴보니, 『주례』에 4가지의 이(彝)를 사용한다고 나오는 것은 천자

---

1) 『주례』「춘관(春官)·사준이(司尊彝)」: 春祠夏禴, 祼用雞彝·鳥彝, 皆有舟; 其朝踐用兩獻尊, 其再獻用兩象尊, 皆有罍, 諸臣之所酢也. 秋嘗冬烝, 祼用斝彝·黃彝, 皆有舟; 其朝獻用兩著尊, 其饋獻用兩壺尊, 皆有罍, 諸臣之所酢也.

는 이전 왕조의 예법을 통용해서 사용했기 때문이다.

補註 ○又按: 此灌尊, 殷以斝, 與上文爵殷以斝不同. 此斝, 恐是斝彝,
彼斝, 恐是斝爵. 器之大小異, 而畫爲禾稼則同也.

번역 ○또 살펴보니, 이것은 관(灌)을 하는 술동이이며, 은나라 때에는 가
(斝)를 이용했다고 했는데, 이것은 앞 문장에서 술잔을 설명하며 은나라 때
가(斝)를 이용했다는 것[2]과는 다르다. 이곳의 '가(斝)'자는 아마도 가이(斝
彝)라는 것이고, 앞의 '가(斝)'자는 아마도 가작(斝爵)일 것이다. 기물의 크
기가 달랐지만 벼를 심는 모습을 그렸다는 점은 같았을 것이다.

---

2) 『예기』「명당위(明堂位)」: 爵, 夏后氏以琖, 殷以斝, 周以爵.

「명당위」 29장

참고—經文

①其勺, 夏后氏以龍勺, 殷以疏勺, 周以蒲勺.

번역 술을 땅에 부어 신을 강림시킬 때, 사용했던 술국자에 있어서, 노나라에는 삼대(三代) 때의 술국자를 갖추고 있었다. 하후씨 때에는 용작(龍勺)으로 술을 따랐고, 은나라 때에는 소작(疏勺)으로 술을 따랐으며, 주나라 때에는 포작(蒲勺)으로 술을 따랐다.

① ○其勺.

補註 楊梧曰: 勺, 注酒之器.

번역 양오가 말하길, '작(勺)'은 술을 따르는 기물이다.

참고—集說

①周禮梓人爲飮器, 勺一升. 龍勺, 刻畫爲龍頭. 疏勺, 刻鏤疏通也. 蒲勺者, ②合蒲爲鳧頭之形, 其口微開, 如蒲草本合而末微開也. 三者皆謂勺之柄頭耳.

번역 『주례』에서는 "재인(梓人)은 마실 때 사용하는 기물을 만드니, 작(勺)은 1승(升)[1]의 용적으로 만든다."라고 했다. '용작(龍勺)'은 조각을 하고 그림을 그려서 용의 머리처럼 만든 것이다. '소작(疏勺)'은 조각을 하여 관통되도록 만든 것이다. '포작(蒲勺)'은 부들을 섞어서 오리의 머리 형태로 만든 것이며, 그 입구가 좁아서,

---

1) 승(升)은 용량을 재는 단위이다. 지역 및 각 시대마다 다소 차이를 보이는데, 고대에는 10합(合)을 1승(升)으로 여겼고, 10승(升)을 1두(斗)로 여겼다. 『한서(漢書)』「율력지상(律曆志上)」편에는 "合龠爲合, 十合爲升."이라는 기록이 있다.

마치 부들의 뿌리가 서로 붙어 있지만, 끝에서는 가늘게 퍼져 있는 모습과 같다. 이 세 가지는 모두 술국자의 자루 끝부분에 대한 제작 방법을 뜻할 따름이다.

① 周禮 · 梓人.

補註 梓人, 見考工記.
번역 '재인(梓人)'은 『고공기』에 나온다.[2]

② 合蒲爲鳧頭之形.

補註 鄭註: "蒲, 合蒲如鳧頭也." 疏曰: "蒲, 謂合蒲, 當刻勺爲鳧頭, 其口微開如蒲草本合而末微開也."
번역 정현의 주에서 말하길, "'포(蒲)'는 부들을 함께 엮어서 오리의 머리처럼 만든 것이다."라고 했다. 소에서 말하길, "'포(蒲)'자는 부들을 함께 섞었다는 뜻으로, 술국자를 조각하여 오리의 머리처럼 만든 것이니, 그 입구는 부들처럼 가늘고 좁은데, 마치 부들의 뿌리가 서로 붙어 있지만, 끝에서는 가늘게 퍼져 있는 모습과 같다."라고 했다.

補註 ○按: 陳註蓋出古註疏, 而語頗未瑩.
번역 ○살펴보니, 진호의 주는 아마도 옛 주와 소의 기록에 따른 것 같은데, 그 말이 다소 명확하지 못하다.

---

2) 『주례』「동관고공기(冬官考工記) · 재인(梓人)」: <u>梓人爲飮器, 勺一升</u>, 爵一升, 觚三升. 獻以爵而酬以觚, 一獻而三酬, 則一豆矣.

「명당위」 30장

참고-經文

土鼓 · 蕢桴 · 葦籥, ①伊耆氏之樂也.

번역 노나라에는 고대의 악기를 갖추고 있었다. 토고(土鼓) · 괴부(蕢桴) · 위약(葦籥)은 이기씨(伊耆氏)[1] 때의 악기이다.

① 伊耆氏.

補註 按: 郊特牲陳註已云堯也, 故此不復訓.

번역 살펴보니, 『예기』「교특생(郊特牲)」편의 진호 주에서는 이미 요임금이라고 설명했기 때문에, 이곳에서 재차 설명하지 않은 것이다.

補註 ○又按: 郊特牲及此篇疏, 皆以伊耆氏爲神農, 而鄭註則曰: "伊耆氏, 古天子有天下之號. 今有姓伊耆氏者." 以此觀之, 伊耆近於堯姓伊祁, 謂堯者, 恐是.

번역 ○또 살펴보니, 「교특생」편과 「명당위」편의 소에서는 모두 이기씨를 신농으로 여기고 있는데, 정현의 주에서는 "이기씨(伊耆氏)는 고대의 천자로, 천하를 소유한 자에게 붙이는 칭호이다. 현재에도 이기씨(伊耆氏)를 성(姓)으로 삼는 자가 있다."라고 했다. 이를 통해 살펴보면 이기(伊耆)는 요임금의 성인 이기(伊祁)와 유사하니, 요임금이라고 풀이하는 것이 옳은 것같다.

---

[1] 이기씨(伊耆氏)는 신농(神農)을 가리킨다. 일설에는 요(堯)임금을 뜻한다고 주장하기도 한다.

方氏曰: 以土爲鼓, 未有①鞰革之聲故也; 以②凷爲桴, 未有斷
木之利故也; 以葦爲籥, 未有截竹之精故也.

번역 방씨가 말하길, 흙으로 북을 만들었는데, 아직까지 가죽을 두드려서 소리를
내는 방법이 없었기 때문이다. 흙덩이로 북채를 만들었는데, 아직까지 나무를 깎
아서 편리한 북채를 만들 수 있는 방법이 없었기 때문이다. 갈대로 피리를 만들었
는데, 아직까지 대나무를 잘라서 정교한 피리를 만들 수 있는 방법이 없었기 때문
이다.

① 鞰.

補註 字彙: 音運, 說文, 攻皮治鼓工也. 周禮有鞰人.

번역 『자휘』에서 말하길, 그 음은 '運(운)'이며, 『설문』에서는 가죽을 가공하
고 북을 만드는 공인이라고 했다. 『주례』에는 운인(鞰人)이라는 관리가 나
온다.

② 凷.

補註 與塊同. 古本誤作由.

번역 '괴(凷)'자는 괴(塊)자와 같은 글자이다. 『고본』에서는 유(由)자로 잘못
기록하였다.

補註 ○家語註: 凷桴, 束草爲鼓椎.

번역 ○『가어』의 주에서 말하길, '괴부(凷桴)'는 풀을 엮어서 만든 북채이다.

「명당위」31장

①拊搏·玉磬·揩擊·大琴·大瑟·中琴·小瑟, 四代之樂器
也.

번역 노나라에는 사대 때의 악기를 갖추고 있었다. 부박(拊搏)·옥경(玉磬)·개격
(揩擊)·대금(大琴)·대슬(大瑟)·중금(中琴)·소슬(小瑟)은 사대 때 사용하던
악기이다.

① 拊搏.

補註 按: 此與樂記會守拊鼓之拊, 治亂以相之相同. 詳見樂記補註.

번역 살펴보니, 이것은 『예기』「악기(樂記)」편에서 "대기하고 있다가 부(拊)
와 고(鼓)의 박자에 맞춰서 연주가 된다."라고 했을 때의 부(拊)와 "악절의
끝을 맞출 때에는 부(拊) 소리에 맞춘다."라고 했을 때의 상(相)과 같은 것
이다. 자세한 설명은 「악기」편의 보주에 나온다.

<h1>「명당위」 32장</h1>

참고-經文

魯公之廟, 文世室也. ①武公之廟, 武世室也.

번역 노나라 노공의 묘실(廟室)은 문왕의 세실(世室)을 본떠서 만들었다. 무공의 묘실은 무왕의 세실을 본떠서 만들었다.

① ○武公之廟武世室也.

補註 楊梧曰: 周公爲魯太祖, 而開國實係魯公, 不可援文王爲比. 若武公毁廟復立, 季氏之爲也. 季氏立已毁之廟者有二, 煬公以弟繼兄者也, 武公舍長立弟者也. 二者皆季氏不臣之心, 春秋書立武宮立煬宮, 以罪季氏. 註不考其故, 乃曰不毁之廟, 甚乖春秋之旨.

번역 양오가 말하길, 주공은 노나라의 태조이지만 나라를 건국한 것은 실제로 노공과 관련되어, 문왕을 끌어다가 비견할 수 없다. 무공에 대해 묘를 훼철했다가 다시 세운 것은 계씨가 한 일이다. 계씨가 이미 훼철된 묘를 다시 세운 것은 2번이며, 양공은 동생으로 형을 계승토록 했고, 무공은 장자를 내치고 동생을 세웠다. 두 경우는 모두 계씨가 신하답지 못한 마음으로 행한 것이며, 『춘추』에서도 무궁을 세우고 양궁을 세웠다고 하여 계씨의 죄를 밝히고 있다. 주에서는 그 연유를 살피지 못하고 훼철하지 않는 묘라고 했으니, 『춘추』의 본지와 매우 어긋나는 설명이다.

「명당위」 33장

참고–經文

米廩, 有虞氏之①庠也. 序, 夏后氏之①序也. ①瞽宗, 殷學也.
②頖宮, 周學也.

번역 노나라에는 사대(四代) 때의 학교를 갖추고 있었다. 미름(米廩)은 유우씨 때의 학교이다. 서(序)는 하후씨 때의 학교이다. 고종(瞽宗)은 은나라 때의 학교이다. 반궁(頖宮)은 주나라 때의 학교이다.

① ○庠序[又]瞽宗.

補註 見文王世子.

번역 『예기』「문왕세자(文王世子)」편에 나온다.

② 頖宮.

補註 見王制.

번역 『예기』「왕제(王制)」편에 나온다.

「명당위」 34장

方氏曰: 凡此卽①周官天府所藏大寶鎭寶之類是也.

번역 방씨가 말하길, 여기에서 말한 물건들은 곧 『주례』「천부(天府)」편에서 보관한다고 했던 대보(大寶)나 진보(鎭寶) 등의 부류이다.

① ○周官·天府.

補註 周禮·春官·天府: "凡國之玉鎭·大寶器, 藏焉. 若有大祭·大喪, 則出而陳之." 註: "顧命云, '越七日癸酉, 陳寶. 赤刀·大訓·弘璧·琬琰, 在西序. 大玉·夷玉·天球·河圖, 在東序. 胤之舞衣·大貝·鼖鼓, 在西房. 兌之戈·和之弓·垂之竹矢, 在東房.' 此其行事見於經."

번역 『주례』「춘관(春官)·천부(天府)」편에서는 "나라의 옥진(玉鎭)이나 큰 보기(寶器)들은 보관을 해둔다. 만약 중대한 제사나 큰 상이 발생하게 되면 그것을 꺼내서 진설한다."[1]라고 했고, 주에서는 "『서』「고명(顧命)」편에서는 '7일이 지난 계유일에는 보기를 진열한다. 적도(赤刀)·대훈(大訓)·홍벽(弘璧)·완염(琬琰)은 서쪽 서(序)에 둔다. 대옥(大玉)·이옥(夷玉)·천구(天球)·하도(河圖)는 동쪽 서에 둔다. 윤나라에서 만든 무의(舞衣)·대패(大貝)·분고(鼖鼓)는 서쪽 방(房)에 둔다. 태가 만든 과(戈)와 화가 만든 궁(弓)과 수가 만든 죽시(竹矢)는 동쪽 방에 둔다.'[2]라고 했다. 이것은 그 일을 시행하는 것이 경문에 나타난 것이다."라고 했다.

---

1) 『주례』「춘관(春官)·천부(天府)」: 凡國之玉鎭·大寶器, 藏焉. 若有大祭·大喪, 則出而陳之; 旣事, 藏之.

2) 『서』「주서(周書)·고명(顧命)」: 丁卯命作冊度, 越七日癸酉, 伯相命士須材. 狄設黼扆綴衣. 牖間南嚮, 敷重篾席黼純, 華玉仍几. 西序東嚮, 敷重底席, 綴純文貝仍几. 東序西嚮, 敷重豐席畫純, 雕玉仍几. 西夾南嚮, 敷重筍席玄紛純, 漆仍几. 越玉五重, 陳寶, 赤刀大訓弘璧琬琰在西序, 大玉夷玉天球河圖在東序, 胤之舞衣大貝鼖鼓在西房, 兌之戈和之弓垂之竹矢在東房. 大輅在賓階面, 綴輅在阼階面, 先輅在左塾之前, 次輅在右塾之前.

「명당위」 35장

足, 謂四足也. ①楹, 貫之以柱也. 縣, 懸於簨簴也. 垂, 見舜典.

번역 '족(足)'자는 네 개의 다리가 있다는 뜻이다. '영(楹)'자는 기둥으로 꿰었다는 뜻이다. '현(縣)'자는 순거(簨簴)에 매달았다는 뜻이다. '수(垂)'에 대해서는 『서』「순전(舜典)」편에 설명이 나온다.

① ○楹貫之以柱.

補註 按: 此本鄭註. 鄭註又曰: "殷頌云: '植我鼗鼓.'" 疏曰: "引殷頌者, 證殷楹鼓也."

번역 살펴보니, 이것은 정현의 주에 근거한 말이다. 정현의 주에서는 또한 "『시』「은송(殷頌)」에서는 '나의 도고(鼗鼓)를 세우다.'"라고 했다. 소에서는 "「은송」을 인용한 것은 은나라 때의 영고(楹鼓)를 증명하기 위해서이다."라고 했다.

補註 ○又按: 貫柱之制, 見書傳圖.

번역 ○또 살펴보니, 기둥을 꿰는 제도는 『서전도』에 나온다.

方氏曰: 郊特牲曰: "以鍾次之, 以和居參之也." 故謂之和鍾. 樂記曰: "石聲磬, 磬以立辨." 辨者, ①離之音也, 故謂之離磬. 笙以象物生之形, ②簧則美在其中, 故謂之笙簧. 世本曰: "無句作磬." 皇氏云: "無句, 叔之別耳."

번역 방씨가 말하길, 『예기』「교특생(郊特牲)」편에서는 "종(鍾)을 그 다음 줄에 진열하는 것은 조화로움을 갖추고 있기 때문에, 중간에 두는 것이다."[1]라고 했다. 그래서 그 종을 '화종(和鍾)'이라고 부른 것이다. 『예기』「악기(樂記)」편에서는 "석경(石磬)의 소리는 명랑하니, 명랑한 소리를 통해 변(辨)을 세운다."[2]라고 했다. '변(辨)'이라는 것은 석경을 서로 벌려서 내는 음을 뜻한다. 그렇기 때문에 '리경(離磬)'이라고 말한 것이다. 생(笙)은 사물이 생겨나는 형상을 상징하며, 황(簧)은 아름다움이 그 안에 포함된 것이다. 그렇기 때문에 '생황(笙簧)'이라고 말한 것이다. 『세본』에서는 "무구(無句)가 경(磬)을 만들었다."라고 했는데, 황간은 "무구(無句)는 숙(叔)의 별칭일 따름이다."라고 했다.

① 離之音也.

補註 按: 此似因辨字生義, 然殊未瑩. 鄭註: "離謂次序其縣也." 疏曰: "言縣磬之時, 其磬希疏相離." 此說較長.

번역 살펴보니, 이것은 변(辨)자로 인해 그 의미를 도출한 것 같지만, 뜻이 자못 명료하지 못하다. 정현의 주에서는 "'리(離)'는 소리를 조화롭게 내도록 순서대로 매단 것이다."라고 했고, 소에서는 "석경을 매달았을 때, 각각의 석경들이 드문드문 매달려 있으며, 서로 거리를 두고 있다는 뜻이다."라고 했는데, 이러한 설명이 비교적 더 낫다.

② 簧則美在其中.

補註 鄭註: 笙簧, 笙中之簧.

번역 정현의 주에서 말하길, '생황(笙簧)'은 생(笙)에 있는 황(簧)을 뜻한다.

補註 ○沙溪曰: 簧, 笙中金葉也.

번역 ○사계가 말하길, '황(簧)'은 생(笙) 안에 있는 금속 판을 뜻한다.

---

1) 『예기』「교특생(郊特牲)」: 旅幣無方, 所以別土地之宜, 而節遠邇之期也. 龜爲前列, 先知也. 以鍾次之, 以和居參之也. 虎豹之皮, 示服猛也. 束帛加璧, 往德也.

2) 『예기』「악기(樂記)」: 石聲磬, 磬以立辨, 辨以致死. 君子聽磬聲, 則思死封疆之臣.

「명당위」 36장

참고-集說

周官梓人爲簨簴, 橫曰筍, 植曰簴, 所以懸樂器也. 以龍形飾之, 故曰龍簨簴. 崇牙者, 刻木爲之, 飾以采色, 其狀隆然. 殷人於簨之上, 施崇牙以挂鍾磬也. 周人則又於簨上畫繪爲翣, ① 載之以璧, 下懸五采之羽, 而挂於簨之角焉.

번역 『주례』에서는 재인(梓人)이 순거(簨簴)를 만든다고 했는데,1) 가로로 받치는 것을 '순(筍)'이라고 부르며, 세로로 받치는 것을 '거(簴)'라고 부르니, 악기를 매다는 도구이다. 용의 형상으로 장식을 하기 때문에, '용순거(龍簨簴)'라고 말한 것이다. '숭아(崇牙)'라는 것은 나무를 조각해서 만드는데, 채색으로 장식하여, 그 모습이 매우 화려하다. 은나라 때에는 순(簨) 위에 숭아(崇牙)를 두어서 종이나 경을 걸었다. 주나라의 경우에는 또한 순(簨) 위에 그림을 그린 비단으로 삽(翣)을 만들었고, 벽(璧)을 달았으며, 그 밑에 다섯 가지 채색을 한 깃털을 매달았고, 순(簨)의 모서리에 걸었다.

① ○載之以璧.

補註 按: 此本鄭註, 而陸音, 載音戴. 疏則直作戴.

번역 살펴보니, 이것은 정현의 주에 근거한 것인데, 육덕명의 『음의』에서는 '載'자의 음은 '戴(대)'라고 했다. 소에서는 곧바로 대(戴)자로 기록했다.

---

1) 『주례』「동관고공기(冬官考工記)·재인(梓人)」: 梓人爲筍虡.

「명당위」 37장

少牢禮曰: "執敦黍有蓋." 又曰: "設四敦皆南首." 敦之爲器, 有蓋有首也. ①四者皆盛黍稷之器. 禮之有器, 時王各有制作, 故歷代寶而用之. 但時代漸遠, 則古器之存者漸寡, 此魯所有之數耳.

번역 『의례』「소뢰궤식례(少牢饋食禮)」편에서는 "뚜껑이 있고 서(黍)가 담긴 대(敦)를 잡는다."라고 했고, "4개의 대(敦)는 모두 남쪽으로 머리가 향하도록 한다."라고 했다.1) 대(敦)라는 기물에는 뚜껑이 있고, 머리에 해당하는 부분이 있다. 네 가지 기물들은 모두 서직(黍稷)을 담는 그릇에 해당한다. 의례에는 기물을 사용하게 되는데, 각 시대의 왕조에는 제각각의 제작방법에 따라 만든 것들이 있다. 그렇기 때문에 대대로 보배로 여겨서 사용을 했던 것이다. 다만 시대가 점차 멀어질수록 고대에 사용된 기물들 중 남아있는 것은 점차 희박해지니, 여기에서 말한 수치는 노나라에서 보유하고 있던 기물들의 수치일 뿐이다.

① ○四者.

補註 按: 四者, 指敦·璉·瑚·簋.

번역 살펴보니, '사자(四者)'는 곧 대(敦)·연(璉)·호(瑚)·궤(簋)를 가리킨다.

---

1) 『의례』「소뢰궤식례(少牢饋食禮)」: 主婦自東房執一金敦黍, 有蓋, 坐設于羊俎之南. 婦贊者執敦稷以授主婦. 主婦興受, 坐設于魚俎南. 又興受贊者敦黍, 坐設于稷南. 又興受贊者敦稷, 坐設于黍南. 敦皆南首.

「명당위」 38장

疏曰: 古制①不可委知, 今依註畧爲此意, 未知是否.

번역 소에서 말하길, 고대의 제도는 자세히 알 수 없으니, 현재 정현의 주에 따른다면, 대체적으로 이러한 의미가 되지만, 옳은지는 알 수 없다.

① ○不可委知.

補註 委, 疏本文作悉.

번역 '위(委)'자를 소의 본문에서는 실(悉)자로 기록했다.

「명당위」 40장

참고—經文

有虞氏①服韍, 夏后氏山, 殷火, 周龍章.

번역 노나라에는 사대(四代) 때의 슬갑을 갖추고 있었다. 유우씨 때에는 슬갑을 찼는데, 슬갑에 별다른 장식이 없었고, 하후씨 때 착용하던 슬갑에는 산을 그려 넣었으며, 은나라 때 착용하던 슬갑에는 불을 그려 넣었고, 주나라 때 착용하던 슬갑에는 용을 그려 넣었다.

① 服韍.

補註 鄭註: 韍, 舜始作之, 以尊祭服.

번역 정현의 주에서 말하길, 슬갑은 순임금이 처음으로 만들었는데, 이를 통해 제복을 존숭했다.

補註 ○按: 服韍, 謂始服韍也.

번역 ○살펴보니, '복불(服韍)'은 처음으로 슬갑을 착용했다는 뜻이다.

「명당위」 42장

疏曰: 儀禮設尊尙玄酒, 是周亦尙明水也. 禮運云"澄酒在下", 則周不尙酒, 故①註云言尙非也.

번역 소에서 말하길, 『의례』에서는 술동이를 설치할 때, 현주(玄酒)를 숭상한다고 했으니, 이 말은 주나라에서도 명수(明水)를 숭상했음을 나타낸다. 『예기』「예운(禮運)」편에서는 "징주(澄酒)는 당 아래에 둔다."[1]라고 했으니, 주나라에서는 삼주(三酒)에 속하는 술들을 숭상하지 않은 것이다. 그렇기 때문에 정현의 주에서는 숭상했다고 한 말은 잘못된 기록이라고 한 것이다.

① ○註云言尙非也.

補註 按: 註卽鄭註, 而本文言尙非也之上, 有"此皆其時之用也"七字.

번역 살펴보니, '주(註)'자는 정현의 주를 뜻하는데, 본문에는 '언상비야(言尙非也)'라는 말 앞에 "여기에서 말하는 것들은 모두 그 당시에 사용된 것을 뜻할 따름이다[此皆其時之用也]."라는 7글자가 기록되어 있다.

---

1) 『예기』「예운(禮運)」: 故玄酒在室, 醴醆在戶, 粢醍在堂, <u>澄酒在下</u>, 陳其犧牲, 備其鼎俎, 列其琴瑟管磬鐘鼓, 脩其祝嘏, 以降上神與其先祖, 以正君臣, 以篤父子, 以睦兄弟, 以齊上下, 夫婦有所, 是謂承天之祜.

「명당위」 43장

참고―經文

①有虞氏官五十, 夏后氏官百, 殷二百, 周三百.

번역 노나라에는 사대(四代) 때의 관직제도를 갖추고 있었다. 유우씨 때에는 50개의 관직을 두었고, 하후씨 때에는 100개의 관직을 두었으며, 은나라 때에는 200개의 관직을 두었고, 주나라 때에는 300개의 관직을 두었다.

① 有虞氏官五十章.

補註 陽村曰: 四代之服·器, 謂魯兼用者, 雖誣猶可, 至此四代之官, 魯兼用, 則當時周爲天子其官三百, 魯以侯國兼用四代, 而其官六百有五十耶.

번역 양촌이 말하길, 사대 때의 복식이나 기물들에 대해서 노나라에서 이것들을 함께 사용했다고 말하는 것은 비록 무람되기는 하지만 가능하다. 그런데 이곳에서 말한 것처럼 사대 때의 관직제도를 노나라에서 함께 사용했다고 한다면, 당시 주나라는 천자의 신분임에도 그 관직이 300개에 그쳤는데, 노나라는 후작의 제후국임에도 사대 때의 제도를 함께 사용하여 관직이 650개나 되게 된다.

①有虞氏之綏, 夏后氏之綢練, 殷之崇牙, 周之璧翣.

번역 노나라에는 사대(四代) 때 사용했던 상장(喪葬)의 장식을 갖추고 있었다. 수(綏)는 유우씨 때 사용하던 것이고, 주련(綢練)은 하후씨 때 사용하던 것이며, 숭아(崇牙)는 은나라 때 사용하던 것이고, 벽삽(璧翣)은 주나라 때 사용하던 것이다.

① ○有虞氏之綏章.

補註 鄭註: 綏, 亦旌旗之綏也. 夏綢其杠, 以練爲之旒. 殷又刻繒爲重牙, 以飾其側, 飾彌多也. 此旌旗及翣皆喪葬之飾. 周禮天子八翣, 皆戴璧垂羽. 諸侯六翣, 戴圭. 大夫四翣, 士二翣, 皆戴綏. 孔子之喪, 公西赤爲志, 亦用此焉.

번역 정현의 주에서 말하길, '수(綏)' 또한 깃발에 다는 장식[綏]을 뜻한다. 하나라 때에는 깃대에 매달았고, 누인 명주로 깃술을 달았다. 은나라 때에는 비단에 새겨서 숭아(崇牙)를 만들고, 그 측면을 장식했으니, 이 또한 장식이 점차 많아진 것이다. 이러한 깃발과 삽(翣)은 모두 상장에 사용되는 장식이다. 『주례』에 따르면 천자는 8개의 삽(翣)을 사용하니, 모두 벽(璧)을 달고 깃털을 드리운다. 제후는 6개의 삽(翣)을 사용하니, 모두 규(圭)를 단다. 대부는 4개의 삽(翣)을 사용하고, 사는 2개의 삽(翣)을 사용하는데, 이 모두에는 깃발 장식을 단다. 공자의 상에서 공서적은 뜻한 바가 있어 또한 이러한 제도를 따랐다.[1]

補註 ○按: 以此觀之, 崇牙璧翣, 與上文之爲樂器者制有不同, 而陳註旣

---

[1] 『예기』「단궁상(檀弓上)」: 孔子之喪, 公西赤爲志焉. 飾棺牆, 置翣設披, 周也. 設崇, 殷也. 綢練設旐, 夏也.

云喪葬之飾, 又云見上章, 恐未安.

번역 ○살펴보니, 이를 통해 보면 숭아(崇牙)와 벽삽(璧翣)은 앞에서 악기에 해당하는 것들과 만드는 제도에서 차이가 있었는데, 진호의 주에서는 상장의 장식이라고 말해두고서 재차 앞 문장에 설명이 나온다고 했으니, 아마도 잘못된 설명인 것 같다.

「명당위」 45장

참고-集說

朱氏曰: ①羽父弑隱公, ②慶父弑二君, 則君臣相弑矣. ③夏父
躋僖公, 禮之變也. 季氏舞八佾, 樂之變也. ④僖公欲焚巫尫,
刑之變也. ⑤宣公初稅畝, 法之變也. ⑥政逮於大夫, 政之變也.
⑦婦人髽而弔, 俗之變也.

번역 주자가 말하길, 우보는 은공을 시해했고, 경보는 두 명의 군주를 시해했으니, 군주와 신하가 서로를 죽였던 것이다. 하보는 희공의 신주를 상위로 올리려고 했으니, 예가 변화된 것이다. 계씨는 팔일무를 추게 했으니, 악이 변화된 것이다. 희공은 무당인 무왕을 태워 죽이려고 했으니, 형이 변화된 것이다. 선공은 초세무의 세제를 시행했으니, 법이 변화된 것이다. 정권이 대부에게로 넘어갔으니, 정이 변화된 것이다. 부인들이 좌의 머리모양을 하고 조문을 했으니, 속이 변화된 것이다.

① ○羽父弑隱公.

補註 見左傳隱十一年.
번역 『좌전』 은공 11년 기록에 나온다.[1]

② 慶父弑二君.

補註 見莊三十二年·閔二年.
번역 장공 32년[2]과 민공 2년[3] 기록에 나온다.

---

[1] 『춘추좌씨전』「은공(隱) 11년」: 羽父請殺桓公, 將以求大宰. 公曰, "爲其少故也, 吾將授之矣. 使營菟裘, 吾將老焉." 羽父懼, 反譖公于桓公而請弑之. 公之爲公子也, 與鄭人戰于狐壤, 止焉. 鄭人囚諸尹氏, 賂尹氏, 而禱於其主鍾巫. 遂與尹氏歸, 而立其主. 十一月, 公祭鍾巫, 齊于社圃, 館于寪氏. 壬辰, 羽父使賊弑公于寪氏, 立桓公, 而討寪氏, 有死者. 不書葬, 不成喪也.

③ 夏父躋僖公.

補註　見文二年, 又見禮器.

번역　문공 2년 기록4)에 나오며 또 『예기』「예기(禮器)」편5)에도 나온다.

④ 僖公欲焚巫尫.

補註　見僖二十一年.

번역　희공 21년 기록에 나온다.6)

⑤ 宣公初稅畝.

補註　見宣十五年.

번역　선공 15년 기록에 나온다.7)

⑥ 政逮於大夫.

補註　見論語‧季氏.

번역　『논어』「계씨(季氏)」편에 나온다.8)

---

2) 『춘추좌씨전』「장공(莊公) 32년」: 八月癸亥, 公薨于路寢. 子般卽位, 次于黨氏.
   冬十月己未, 共仲使圉人犖賊子般于黨氏. 成季奔陳. 立閔公.

3) 『춘추좌씨전』「민공(閔公) 2년」: 秋八月辛丑, 共仲使卜齮賊公于武闈.

4) 『춘추좌씨전』「문공(文公) 2년」: 秋八月丁卯, 大事於大廟, 躋僖公, 逆祀也.

5) 『예기』「예기(禮器)」: 孔子曰: 臧文仲安知禮? 夏父弗綦逆祀而弗止也.

6) 『춘추좌씨전』「희공(僖公) 21년」: 夏, 大旱. 公欲焚巫尫.

7) 『춘추좌씨전』「선공(宣公) 15년」: 初稅畝, 非禮也. 穀出不過藉, 以豐財也.

8) 『논어』「계씨(季氏)」: 孔子曰, "祿之去公室五世矣, 政逮於大夫四世矣, 故夫三
   桓之子孫微矣."

⑦ 婦人髽而弔.

補註 見檀弓上.
번역 『예기』「단궁상(檀弓上)」편에 나온다.[9]

石梁王氏曰: 此①見春秋經而不見傳者, 故謂未嘗相弑, 未嘗
變法, 大抵此篇多誣.

번역 석량왕씨가 말하길, 이 기록은 『춘추』의 경문만 보고, 『전』을 살펴보지 않았
기 때문에, 일찍이 서로 죽이지 않았고, 일찍이 법도를 변화시키지 않았다고 한 것
인데, 대체로 「명당위」편의 내용은 대부분이 거짓에 가깝다.

① 見春秋經而不見傳.

補註 按: 不見傳云者, 可疑. 無乃只見傳不見經之謂, 而字有錯誤歟. 春
秋經君弑隱不直書. 或曰謂記者見經而不見傳也, 此說似是.
번역 살펴보니, 전문에 나타나지 않는다고 말한 것은 의문스럽다. 그것이 아
니라면 전문에만 나타나고 경문에는 나타나지 않는다는 뜻인데 글자에 착오
가 있기 때문일 것이다. 『춘추』의 경문에서는 군주가 시해되었다는 사실을
은밀하게 표현하여 직접적으로 기록하지 않기 때문이다. 혹자는 『예기』를
기록한 자가 경문만 보고 전문은 보지 못했다는 뜻이라고 했는데, 이 말이
정답에 가깝다.

---

9) 『예기』「단궁상(檀弓上)」: 魯婦人之髽而弔也, 自敗於臺鮐始也.

禮記補註卷之十五

『예기보주』 15권

「상복소기(喪服小記)」 제15편

補註 疏曰: 鄭云, "記喪服之小義."

번역 소에서 말하길, 정현은 "상복(喪服)에 대한 소의(小義)를 기록했기 때문이다."라고 했다.

참고—集說

> 朱子曰: ①小記是解喪服傳.

번역 주자가 말하길, 「상복소기」편은 『의례』 「상복(喪服)」편의 전문(傳文)을 풀이한 편이다.

① 小記是解喪服傳.

補註 喪服, 儀禮篇名, 傳, 子夏傳.

번역 '상복(喪服)'은 『의례』에 속한 편명이며, '전(傳)'은 자하가 작성한 전문이다.

「상복소기」 1장

斬衰, 主人爲父之服也. 親始死, 子服布深衣, 去吉冠而猶有
①笄縰, 徒跣扱深衣前衽於帶. 將小斂, 乃去笄縰, 著素冠. 斂
記, 去素冠, 而以麻自項而前交於額上, 郤而繞於紒, 如著幓頭
然. 幓頭, 今人名掠髮, 此謂括髮以麻也. 母死亦然, 故云爲母
括髮以麻. 言此禮與喪父同也. 免而以布, 專言爲母也. 蓋父喪
小斂後, 拜賓竟, 子卽堂下之位, 猶括髮而踊, 母喪則此時不復
括髮, 而著布免以踊, 故云免而以布也. 笄縰, 說見內則. 免, 見
檀弓.

번역 '참최(斬衰)'는 상주가 돌아가신 부친을 위해 착용하는 상복이다. 부친이 이
제 막 돌아가셨을 때, 자식은 포(布)로 된 심의(深衣)를 착용하고, 길관(吉冠)[1]을
제거하지만, 여전히 비녀와 머리를 묶는 쇄(縰)는 놔두고, 맨발을 하고 심의의 앞
자락을 걷어서 대(帶)에 꼽는다. 소렴(小斂)을 치르게 되면, 비녀와 쇄(縰)를 제거
하고, 소관(素冠)[2]을 착용한다. 소렴이 끝나면, 소관을 제거하고, 마(麻)로 된 천
을 이용해서 목덜미로부터 앞으로 빼서 이마에서 교차를 시키며, 상투에 두르게 되
니, 마치 망건을 착용한 것처럼 두르는 것이다. '삼두(幓頭)'에 대해서 오늘날의 사
람들은 '약발(掠髮)'이라고 부르니, 이곳에서 "마(麻)를 이용해서 머리를 묶는다."
고 한 말에 해당한다. 모친이 돌아가셨을 때에도 또한 이처럼 한다. 그렇기 때문에
"돌아가신 모친을 위해서는 마(麻)를 이용해서 머리를 묶는다."라고 말한 것이다.

---

1) 길관(吉冠)은 길복(吉服)을 착용할 때 쓰는 관(冠)이다. '길복'은 제례(祭禮)나 의례
   (儀禮)를 시행할 때 착용하는 제복(祭服)과 예복(禮服)을 가리킨다. 신분의 등급
   및 제사의 종류의 따라서 '길복'이 변화되는데, '길관' 또한 각 길복에 따라 변화된다.
   한편 일상적으로 쓰는 '관' 또한 '길관'이라고 부른다. 길흉(吉凶)에 의해 각 시기를
   구분하게 되면, 상사(喪事)나 재앙 등을 당했을 때에는 흉(凶)에 해당하고, 그 나머
   지 시기는 길(吉)한 시기에 해당하기 때문이다.
2) 소관(素冠)은 상사(喪事)나 흉사(凶事)의 일을 접했을 때 쓰게 되는 흰색 관(冠)이다.

즉 이러한 경우의 예법은 돌아가신 부친의 상례를 치르는 것과 동일하다는 뜻이다. "문(免)을 하면 포(布)를 이용한다."는 말은 전적으로 돌아가신 모친을 위해 상을 치르는 경우만을 언급한 것이다. 아마도 부친의 상례에서는 소렴을 끝낸 뒤에, 빈객에게 절하는 절차를 마치면, 자식은 당하의 자리로 나아가는데, 여전히 머리를 묶은 상태에서 용(踊)을 하게 되고, 모친의 상례를 치르는 경우라면, 이 시기에 재차 머리를 묶지 않고, 포(布)로 된 천을 착용하고 문을 하여 용을 한다. 그렇기 때문에 "문(免)을 하면 포(布)를 이용한다."라고 말한 것이다. '계(笄)'와 '쇄(縱)'에 대해서는 그 설명이 『예기』「내칙(內則)」편에 나온다. '문(免)'에 대해서는 그 설명이 『예기』「단궁(檀弓)」편에 나온다.

① 笄縱.

補註 縱, 當作縰, 下二縱同.

번역 '종(縱)'자는 쇄(縰)자로 기록해야 하며, 뒤에 나오는 2개의 종(縱)자도 이와 같다.

참고-大全

①山陰陸氏曰: 士喪禮主人括髮袒, 衆主人免于房, 婦人髽于室, 則袒括髮一人而已, 諸子皆免.

번역 산음육씨가 말하길, 『의례』「사상례(士喪禮)」편에서 상주는 괄발(括髮)과 단(袒)을 하며, 나머지 형제들은 방(房)에서 문(免)을 하며, 부인들은 실(室)에서 좌(髽)의 머리방식을 한다고 했으니,[3] 단(袒)과 괄발을 하는 자는 한 사람일 뿐이며, 나머지 자식들은 모두 문(免)을 한다.

---

3) 『의례』「사상례(士喪禮)」: 主人髻髮袒, 衆主人免于房. 婦人髽于室.

① 山陰陸氏曰[止]皆免.

補註 按: 陸氏引士喪禮衆主人免于房爲說, 而鄭註以此爲齊衰者, 陸說
誤.

번역 살펴보니, 육씨는 「사상례」편에서 중주인이 방에서 문을 한다는 것을
인용하여 설명을 했지만, 정현의 주에서는 이것을 자최복에 대한 내용으로
여겼으니, 육씨의 설명이 잘못되었다.

補註 ○喪服圖式曰: 士喪禮: "衆主人免", 註云: "始死, 將齊衰者, 素冠.
今至小斂, 以免代冠." 又經文唯言衆主人, 而賈氏士喪記疏云: "齊衰以
下, 至緦麻, 首皆免也."

번역 ○『상복도식』에서 말하길, 「사상례」편에서 "중주인은 문을 한다."라고
했고, 주에서는 "어떤 자가 이제 막 죽었을 때 자최복을 착용해야 하는 자들
은 소관을 착용한다. 현재 소렴을 하게 될 시점에 이르러서 문으로 관을 대
신하는 것이다."라고 했다. 또 경문에는 오직 '중주인(衆主人)'이라고만 말했
는데, 가공언의 「사상례」 기문에 대한 소에서는 "자최복으로부터 그 이하로
시마복을 착용하는 자들에 이르기까지 머리에는 모두 문을 한다."라고 했다.

「상복소기」 3장

男子冠而婦人笄, 男子免而①婦人髽. 其義爲男子則免, 爲婦
人則髽.

번역 남자는 길한 때나 상을 당했을 때, 관(冠)을 쓰지만 부인은 비녀를 꼽는다.
상중에 남자가 문(免)을 하게 되면, 부인은 좌(髽)의 방식으로 머리를 튼다. 이처
럼 하는 의미는 남자의 경우에는 문(免)을 하고, 부인의 경우에는 좌(髽)의 방식으
로 머리를 틀게 하여, 남녀를 구별한 것이다.

① 婦人髽.

補註 按: 髽制, 勉齋辨之, 甚詳, 見檀弓上補註.

번역 살펴보니, 좌(髽)의 방식에 대해서는 면재가 변론한 것이 매우 상세한
데, 『예기』「단궁상(檀弓上)」편의 보주에 나온다.

「상복소기」 4장

참고−經文

①苴杖, 竹也. 削杖, 桐也.

번역 저장(苴杖)은 대나무로 만든다. 삭장(削杖)은 오동나무로 만든다.

① ○苴杖竹也削杖桐也.

補註 按: 儀禮·喪服只言苴杖削杖, 而不言桐竹, 故明之也. 此二句又在喪服傳.

번역 살펴보니, 『의례』「상복(喪服)」편에서는 단지 저장(苴杖)과 삭장(削杖)이라고만 말하고 오동나무나 대나무라고 언급하지 않았기 때문에 그 사실을 밝힌 것이다. 이 두 구문은 또한 「상복」편의 전문에도 수록되어 있다.[1]

補註 ○家禮附註: 削杖, 削之使下方也.

번역 ○『주자가례』의 부주에서 말하길, '삭장(削杖)'은 오동나무를 깎아서 밑부분을 사각형으로 만드는 것이다.

참고−集說

疏曰: 苴者, 黯也. 必用竹者, 以其體圓性貞, 四時不改, 明子爲父禮伸痛極, 自然圓足, 有終身之痛也. ①削者, 殺也. 桐隨時凋落, 謂母喪外雖削殺, 服從時除, 而終身之心當與父同也.

번역 소에서 말하길, '저(苴)'자는 "검다[黯]."는 뜻이다. 반드시 대나무를 이용해

---

1) 『의례』「상복(喪服)」: 苴杖, 竹也. 削杖, 桐也.

서 만드는 이유는 그 몸체가 원형으로 되어 있고, 성질이 곧으며, 사계절 동안 변하지 않으니, 자식이 부친을 위해서 의례를 펼치고 애통함을 극심히 표현하여, 자연스럽게 충족이 되지만, 종신토록 슬픔을 간직한다는 뜻을 나타내기 때문이다. '삭(削)'자는 "깎다[殺]."는 뜻이다. 오동나무는 계절에 따라 잎이 시들어 떨어지니, 모친의 상은 외적으로 비록 줄어드는 면이 있어서, 상복에 있어서도 시기에 따라 제거하는 면이 있지만, 종신토록 품게 되는 마음은 부친에 대한 경우와 동일하다는 의미이다.

① 削者殺也[止]凋落.

補註 按: 疏本文, 削者殺下有"必用桐者, 明其外雖被削, 心本同也"十四字, "桐隨時凋落"之上, 又有且字, 蓋母喪之外殺, 比桐之外削, 服從時除, 比隨時凋落, 心與父同, 以桐字有同義故也.

번역 살펴보니, 소의 본문에는 '삭자쇄(削者殺)'라는 구문 뒤에 "반드시 오동나무를 사용하는 이유는 외적으로 비록 줄어드는 점이 있지만, 마음만은 본래 동일하다는 뜻을 나타낸다."는 14개 글자가 기록되어 있고, '동수시조락(桐隨時凋落)'이라는 구문 앞에 또한 '차(且)'자가 기록되어 있는데, 아마도 모친의 상에서 외적으로 줄어드는 면이 있는 것은 오동나무의 외면을 깎아내는 것에 비유하고, 상복에 있어서도 시기에 따라 제거하는 면이 있는 것은 계절에 따라 잎이 시들어 떨어지는 것에 비유하며, 마음은 부친에 대한 경우와 동일한데, 동(桐)자에는 동(同)자의 뜻이 포함되어 있기 때문이다.

「상복소기」5장

①祖父卒, 而后爲祖母後者三年.

번역 부친이 이미 돌아가셔서, 손자인 본인이 후계자가 된 경우, 조부가 돌아가신 이후에 조모가 돌아가시면, 돌아가신 조모를 위해서는 3년 동안 복상한다.

① 祖父卒而后[止]三年.

補註 鄭註: "祖父在, 則其服如父在爲母也." 疏曰: "若祖卒時父在, 己雖爲祖期, 今父沒, 祖母亡, 己亦爲祖母三年也."

번역 정현의 주에서 말하길, "조부가 생존해 계시다면, 조모에 대한 복상기간은 부친이 생존해 계실 때, 돌아가신 모친에 대한 복상기간과 같다."라고 했다. 소에서 말하길, "만약 조부가 돌아가셨을 때 부친이 생존해 계시다면, 본인은 비록 조부를 위해서 기년상을 치르지만, 현재 부친이 돌아가신 상태이고 조모가 돌아가셨을 때, 본인은 또한 조모를 위해서 3년 동안 복상을 한다."라고 했다.

補註 ○按: 疏說, 蓋推廣變禮而言.

번역 ○살펴보니, 소의 주장은 아마도 변례에 대해서도 미루어 폭넓게 설명한 것이다.

「상복소기」 7장

참고─經文

①婦人爲夫與長子稽顙, 其餘則否.

번역 부인은 남편과 장자를 위한 상에서만 이마를 땅에 닿도록 절을 하며, 나머지 경우에는 이처럼 하지 않는다.

① ○婦人爲夫[止]稽顙.

補註 按: 儀禮婦人之爲三年, 唯此二者故也.

번역 살펴보니, 『의례』에서 부인이 삼년상을 치르는 대상으로 오직 이 두 사람만 기록했기 때문이다.

「상복소기」 8장

> 男主必使同姓, ①婦主必使異姓.

번역 남자 상주가 없어서, 다른 사람을 섭주(攝主)로 삼는다면, 반드시 동성인 남자 중에서 선별하고, 여자 상주가 없어서, 다른 사람을 섭주로 삼는다면, 반드시 이성인 여자 중에서 선별하니, 같은 종가의 아녀자들을 가리킨다.

① ○婦主必使異姓.

補註 鄭註: "異姓, 同宗之婦也. 婦人外成." 疏曰: "同宗, 謂喪家同宗, 其婦必與喪家異姓也. 婦人外成者, 解婦主必使異姓之意. 今與死者同姓婦人, 不得與喪家爲喪主, 以其外成, 適於他族也."

번역 정현의 주에서 말하길, "'이성(異姓)'은 같은 종가의 아녀자들을 뜻한다. 동성의 여자들은 다른 집으로 시집을 간다."라고 했다. 소에서 말하길, "'동종(同宗)'은 상을 당한 집과 종가가 같은 집안이며, 그 집안의 아녀자는 반드시 상을 당한 집과 이성인 자가 된다. 동성의 여자들은 다른 집으로 시집을 간다고 했는데, 이 말은 여자 상주를 이성인 여자로 시키는 뜻을 풀이한 말이다. 현재 죽은 자와 동성인 아녀자들은 상을 당한 집안의 상주로 참여할 수 없으니, 그들은 다른 집안으로 시집을 가서 다른 족인들의 사람이 되었기 때문이다."라고 했다.

「상복소기」 9장

참고-經文

①爲父後者, 爲出母無服.

번역 부친의 후계자가 된 자는 출모(出母)[1]를 위해서 상복을 착용하지 않는다.

① ○爲父後者[止]無服.

補註 鄭註: "不敢以己私廢父所傳重之祭祀." 疏曰: "母子至親, 義不可絶. 父若在, 子皆爲出母服. 若父沒後, 則適子一人不復爲母服, 所以然者, 不敢以私親廢先祖之祀故也."

번역 정현의 주에서 말하길, "감히 자신의 삿된 감정으로 부친이 중책으로 전수한 제사를 폐지할 수 없기 때문이다."라고 했다. 소에서 말하길, "모친과 자식은 지극히 친밀한 관계이기 때문에 도의를 끊어버릴 수 없다. 부친이 만약 여전히 생존해 계신 경우라면, 자식들은 모두 출모를 위해서 기년상(期年喪)[2]을 치른다. 만약 부친이 이미 돌아가신 이후라면, 적자 한 사람은 쫓겨난 모친을 위해서 재차 상복을 착용할 수 없으니, 이처럼 하는 이유는 사적인 친애함으로 선조의 제사를 감히 폐지할 수 없기 때문이다."라고 했다.

---

1) 출모(出母)는 부친에게 버림을 받은 자신의 생모(生母)를 뜻한다. 또한 부친이 죽은 이후 다른 집으로 재차 시집을 간 자신의 생모를 뜻하기도 한다.

2) 기년상(期年喪)은 1년 동안 치르는 상을 뜻한다. 일반적으로 자최복(齊衰服)을 입고 치르는 상을 뜻한다. '기년(期年)'은 1년을 뜻하는데, '자최복'은 일반적으로 1년 동안 입게 되는 상복이기 때문이다.

出母, 母爲父所遣者也. 適子爲父後者不服之. 蓋尊祖敬宗, 家
無二主之義也, ①非爲後者服期.

번역 '출모(出母)'는 생모이지만 부친에 의해서 쫓겨난 여자를 뜻한다. 적자가 부
친의 후계자가 된 경우에는 그녀를 위해서 상복을 입지 않는다. 조상을 존숭하고
종가를 공경하므로, 집안에는 두 명의 주인이 없다는 뜻 때문이니, 후계자가 되지
않은 자라면, 출모를 위해서 기년복(期年服)³⁾을 착용한다.

① 非爲後者服期.

補註 按: 期, 卽杖期, 見儀禮·喪服.

번역 살펴보니, '기(期)'자는 지팡이를 잡는 기년상을 뜻하니, 『의례』「상복
(喪服)」편에 나온다.

---

3) 기년복(期年服)은 1년 동안 상복(喪服)을 입는다는 뜻이다. 또는 그 기간 동안 입게
되는 상복을 뜻하기도 하는데, 일반적으로 자최복(齊衰服)을 가리키는 용어로 사용
된다. '기년복'이라고 할 때의 '기년(期年)'은 1년을 뜻하는데, '자최복'은 일반적으로
1년 동안 입게 되는 상복이 되기 때문이다.

「상복소기」 11장

참고-經文

> 王者①禘其祖之所自出, 以其祖配之, 而②立四廟. 庶子王亦如之.

번역 천자는 시조를 출생시킨 제왕에게 체(禘)제사를 지내서, 시조를 배향하고, 네 개의 묘를 세운다. 서자가 천자가 된 경우에도 또한 이처럼 한다.

① 禘其祖之所自出.

補註 鄭註: “始祖感天神靈而生.” 疏曰: “若周之先祖出自靈威仰也.”

번역 정현의 주에서 말하길, “시조는 천신의 영기에 감응하여 태어났다.”라고 했다. 소에서 말하길, “주(周)나라의 선조가 영위앙(靈威仰)[1]으로부터 나온 경우와 같다.”라고 했다.

補註 ○按: 續通解註, “趙伯循云, ‘始祖所自出之帝, 若舜·禹之於黃帝,’” 斥鄭註祭天之說, 見大傳補註, 當叅考.

번역 ○살펴보니, 『속통해』의 주에서는 “조백순[2]은 ‘시조가 도출된 제왕은 순임금 및 우임금과 황제의 관계와 같은 경우이다.’”라고 하여, 정현의 주에서 하늘에 제사를 지낸다고 주장했던 내용을 배척하였는데, 자세한 내용은

---

1) 영위앙(靈威仰)은 참위설(讖緯說)을 주장했던 자들이 섬기던 오제(五帝) 중 하나이다. 동방(東方)의 신(神)이자, 봄을 주관하는 신이다. 『예기』「대전(大傳)」편에는 “禮, 不王不禘, 王者禘其祖之所自出, 以其祖配之.”라는 기록이 있는데, 이에 대한 정현의 주에서는 “王者之先祖皆感大微五帝之精以生. 蒼則靈威仰, 赤則赤熛怒, 黃則含樞紐, 白則白招拒, 黑則汁光紀.”라고 풀이하였다.

2) 조광(趙匡, ?~?) ː =조백순(趙伯循). 당(唐)나라 때의 학자이다. 자(字)는 백순(伯循)이다. 담조(啖助)로부터 춘추학(春秋學)을 전수받았다. 저서로는 『춘추천미찬류의통(春秋闡微纂類義統)』 등이 있다.

『예기』「대전(大傳)」편의 보주에 나오니 마땅히 참고해보아야 한다.

② 立四廟.

補註 按: 王者七廟, 而此經曰立四廟, 未詳. 小註方說粗通.

번역 살펴보니, 천자는 7개의 묘를 세우는데, 이곳 경문에서 4개의 묘를 세운다고 한 이유는 자세히 모르겠다. 소주에 나온 방씨의 주장은 대략 그 뜻이 통한다.

참고-大全 嚴陵方氏曰: 王立七廟, 三昭三穆與太祖之廟而七. 此言王者, 止立四廟者, 據月祭之親廟言之也. 蓋遠廟爲祧, 有二祧, 享嘗乃止. 旣言禘其祖之所自出, 以其祖配之, 則祭及其二祧可知矣, 此所以不言之也.

번역 엄릉방씨가 말하길, 천자는 7개의 묘(廟)를 세우니, 3개의 소묘(昭廟)와 3개의 목묘(穆廟) 및 태조의 묘(廟)를 설치하여, 총 7개를 세운다. 그런데 이곳에서는 천자에 대해 언급하며, 단지 4개의 묘(廟)만 세운다고 했다. 그 이유는 매달 제사를 지내게 되는 조상의 묘(廟)에 기준을 두어 언급했기 때문이다. 대수가 먼 조상의 묘(廟)는 조묘(祧廟)가 되어, 두 개의 조묘를 세우는데, 향상(享嘗)³⁾을 하는데 그치게 된다. 이미 자신의 시조를 출생시킨 제왕에게 체(禘)제사를 지내고, 시조를 배향한다고 했다면, 제사를 지낼 때, 두 개의 조묘에 대해서도 지내게 됨을 알 수 있으니, 이것이 굳이 언급을 하지 않은 이유이다.

---

3) 향상(享嘗)은 계절마다 지내는 시제(時祭)를 뜻한다. 『예기』「제법(祭法)」편에는 "遠廟爲祧, 有二祧, 享嘗乃止."라는 기록이 있고, 이에 대한 정현의 주에서는 "享嘗, 謂四時之祭."라고 했다.

「상복소기」 12장

別子爲祖, 繼別爲宗. ①繼禰者爲小宗. ②有五世而遷之宗, 其繼高祖者也. 是故祖遷於上, 宗易於下. 尊祖故敬宗, 敬宗所以尊祖禰也.

번역 제후의 적장자 이외의 나머지 아들은 별자로써 자기 가문의 시조가 되며, 별자를 계승하는 적장자는 대종(大宗)이 된다. 별자의 적장자 이외의 나머지 아들은 부친의 제사를 섬기니 그는 별도로 자기 가문의 소종(小宗)이 된다. 5세대가 지나서 소종으로서의 지위를 잃는 것은 고조까지 섬기는 것을 소종의 한도로 삼기 때문이다. 이러한 까닭으로 조상은 위로 체천되어, 고조 이상이 되면 관계가 끊어지고, 종자는 밑으로 바뀌어, 5세대가 지나면 지위를 잃는다. 선조를 존숭하기 때문에 종자를 공경하는 것이며, 종자를 공경함은 선조를 존숭하는 방법이다.

① ○繼禰者爲小宗.

補註 疏曰: 謂之小宗者, 以其五世則遷, 比大宗爲小也.

번역 소에서 말하길, '소종(小宗)'이라고 부른 이유는 그들은 5세대가 지나면 체천이 되니, 대종에 비해서 작기 때문이다.

② 有五世[止]祖者也.

補註 按: 此謂別子之庶子, 五世則廟當祧. 遷, 所謂祖遷於上也. 凡爲此祖之孫者, 以此祖旣祧矣, 則不復宗此小宗, 所謂宗易於下也.

번역 살펴보니, 이것은 별자의 서자는 5세대가 지나면 조상의 묘는 조묘에 해당한다는 뜻이다. '천(遷)'은 바로 조상이 위로 체천된다는 뜻이다. 이러한 조상을 둔 후손들은 자신의 조상이 이미 조묘가 되었다면, 다른 후손들이 이러한 소종을 다시 종가로 섬기지 않는다는 뜻으로, 이른바 종자는 밑으로 바뀐다는 말이다.

山陰陸氏曰: 有五世而遷之宗, 據宗其繼高祖者. 五世則遷者也, 其繼高祖者, 玄孫也, 宗其繼高祖者, 玄孫之子也. ①先儒謂記文略, 此讀五世而遷之宗之, 誤也, 卽云五世而遷之宗, 猶云五世則遷之宗.

번역 산음육씨가 말하길, "유오세이천지종(有五世而遷之宗)"이라는 말은 고조를 계승한 자를 종주로 삼는 자들에 기준을 둔 말이다. 5세대가 된 것은 체천되는 자를 가리키고, 고조를 계승한 자는 현손을 가리키며, 고조를 계승한 자를 종주로 삼는 자는 현손의 자식을 가리킨다. 선대 학자들은 『예기』의 문장이 간략히 기록되었다고 했는데, 이곳 문장을 "5세대가 되어 체천을 시켜 종주로 삼는다."고 풀이한 것은 잘못된 해석이니, "오세이천지종(五世而遷之宗)"이라는 말은 "5세대가 되면 체천되는 종자"라는 말과 같다.

① 先儒謂記文略.

補註 按: 疏曰, "記文要略, 唯云'繼高祖', 其實是繼高祖者之子也." 小註說似指此, 蓋以先儒說爲誤也.

번역 살펴보니, 소에서는 "『예기』에서는 문장을 간략히 기록하여, 단지 '고조를 계승하다.'라고 말한 것이니, 실제로는 고조를 계승한 자의 아들을 가리킨다."라고 했다. 소주의 주장은 아마도 이것을 가리키는 것 같은데, 아마도 선대 학자들의 주장을 잘못되었다고 여겼기 때문이다.

「상복소기」13장

此據適士立二廟, 祭禰及祖. 今兄弟二人, 一適一庶, 而俱爲適士, 其適子之爲適士者, 固祭祖及禰矣, 其①庶子雖適士, 止得立禰廟, 不得立祖廟而祭祖者, 明其宗有所在也.

번역 이 내용은 적사(適士)가 2개의 묘(廟)를 세워서, 부친과 조부에 대해서 제사를 지내는 것에 기준을 두었다. 현재 형제 2명이 있는데, 한 명은 적자이고, 다른 한 명은 서자이지만, 둘 모두 적사의 신분이 된다. 다만 그 중 적자인 적사만이 조부와 부친에게 제사를 지낼 수 있고, 서자가 비록 적사의 신분이라 하더라도, 단지 부친의 묘(廟)만 세울 수 있고, 조부의 묘(廟)를 세워서 조부에게 제사를 지낼 수 없으니, 이처럼 하는 것은 종가에 조부의 묘(廟)가 있음을 명시하기 위해서이다.

① ○庶子雖適士[止]禰廟.

補註 鄭註: "言不祭祖者, 主謂宗子·庶子, 俱爲適士者. 凡正體在乎上者, 謂下正猶爲庶也." 疏曰: "若是父庶, 卽不得祭父, 何暇言祖? 故知是宗子·庶子俱爲適士也. 適士得立二廟, 是宗子得立祖廟祭之, 而祖庶, 雖爲適士, 得自立禰廟, 而不得立祖廟, 故云庶子不祭祖也. 正體, 謂祖之適也, 下正, 謂禰之適也. 於祖猶爲庶, 故禰適謂之爲庶也. 五宗悉然."

번역 정현의 주에서 말하길, "조부에 대해서 제사를 지내지 않는다고 한 말은 종자와 서자가 모두 적사(適士)의 신분인 경우를 위주로 한 말이다. 무릇 정통은 위에 있으니, 아래의 정통은 곧 서자가 됨을 뜻한다."라고 했다. 소에서 말하길, "만약 부친의 서자라면 부친에 대해서 제사를 지낼 수 없는데 어찌 조부에 대해 말할 필요가 있겠는가? 그렇기 때문에 종자와 서자가 모두 적사의 신분이 됨을 알 수 있다. 적사는 2개의 묘(廟)를 세울 수 있으니, 종자는 조부의 묘를 세워서 제사를 지낼 수 있지만, 자신이 조부에 대해 서자의 신분이라면, 비록 적사의 신분이라 할지라도, 본인은 부친의 묘만 세울 수 있고, 조부의 묘는 세울 수 없다. 그렇기 때문에 서자는 조부에 대해서 제사를 지내지 않는다고 말한 것이다. 정통은 조부의 적자를 뜻하며, 아래의 정통은 부친의 적자를 뜻한다. 조부에 대해서는 여전히 서자의 신분이 되기 때문에, 부친의 적자에 대해서 서자가 된다고 말한 것이다. 오종(五宗)[1]이 모두 이와 같다."라고 했다.

補註 ○按: 此庶子, 指庶子之長子, 自祖言之, 亦稱庶子, 而於祭祖者, 當爲從父兄弟. 陳註以兄弟二人一適一庶, 俱爲適士爲言, 有若親兄弟者. 然親兄弟, 豈有各立禰廟祭之之理?

번역 ○살펴보니, 여기에서 말하는 '서자(庶子)'는 서자의 장자를 가리키니, 조부를 기준으로 말하면 또한 '서자(庶子)'라고 부르게 되며, 조부의 제사를 지내는 자에게는 종부형제가 된다. 진호의 주에서는 형제 2명이 있는데 1명은 적자이고 1명은 서자이지만 둘 모두 적사의 신분이라고 하여 마치 친형제인 경우도 포함하는 것처럼 설명했다. 그런데 친형제가 어떻게 각각 부친의 묘를 별도로 세워 제사를 지내는 이치가 있겠는가?

補註 ○又按: 朱子所論斷最確, 見下文庶子不祭禰章補註.

번역 ○또 살펴보니, 주자가 논단한 것이 가장 정확하니, 아래 "서자는 부친에 대한 제사를 지내지 못한다."[2]고 한 문장의 보주에 나온다.

---

1) 오종(五宗)은 종법제(宗法制)와 관련된 용어이다. 시조(始祖)의 적통을 이어 받은 자는 대종(大宗)이 되며, 고조부, 증조부, 조부, 부친의 대(代)에서 각각 파생된 집안을 소종(小宗)이라고 부른다. 따라서 대종은 적통을 이은 한 사람 내지는 그 사람의 집만이 해당하며, 고조부가 같은 삼종형제, 증조부가 같은 재종형제, 조부가 같은 종형제, 그리고 부친이 같은 친형제 등은 4개의 소종 집단을 형성하게 된다. 따라서 '오종'은 대종인 1개의 집안과 소종인 4개의 집단을 포함하여 부르는 명칭이다.

2) 『예기』「상복소기(喪服小記)」: 庶子不祭禰者, 明其宗也.

「상복소기」 14장

庶子不爲長子斬, ①不繼祖與禰故也.

번역 서자가 자신의 장자를 위해서 참최복을 착용하지 않음은 조부나 부친의 뒤를 잇지 않았기 때문이다.

① 不繼祖與禰故也.

補註 鄭註: 言不繼祖禰, 則長子不必五世.

번역 정현의 주에서 말하길, 조부와 부친을 잇지 않았다고 했다면, 장자는 반드시 5세대가 지난 자를 뜻할 필요가 없다.

補註 ○按: 此謂己是繼祖禰之適子, 則雖非五世, 承重亦得爲長子斬也.

번역 ○살펴보니, 이 내용은 본인이 조부와 부친의 지위를 계승하는 적장자의 신분이라면, 비록 5세대가 지나지 않더라도 중책을 전승하여 장자를 위해 참최복을 착용할 수 있다는 뜻이다.

「상복소기」 16장

①庶子不祭禰者, 明其宗也.

번역 서자가 부친에 대한 제사를 지내지 못하는 것은 종자의 권한을 나타내기 위해서이다.

① ○庶子不祭禰.

補註 鄭註: "謂宗子·庶子, 俱爲下士, 得立禰廟也. 庶人亦然." 疏曰: "前文云'不祭祖', 以有祖廟, 故註云'宗子·庶子, 俱爲適士', 此文云'不祭禰', 唯有禰廟, 故註云'宗子·庶子, 俱爲下士', 是宗子自祭, 庶子不得祭也. 若庶子是下士, 宗子是庶人, 此下士立廟於宗子之家, 共其牲物, 宗子主其禮, 雖庶人亦有是義."

번역 정현의 주에서 말하길, "종자와 서자가 모두 하사(下士)¹⁾의 신분이라서, 부친의 묘(廟)를 세울 수 있는 경우를 뜻한다. 비록 종자가 서인의 신분이라도 또한 이처럼 한다."라고 했다. 소에서 말하길, "앞 문장에서는 '조부에 대한 제사를 지내지 못한다.'라고 했는데, 조부의 묘까지도 갖추고 있기 때문에, 정현의 주에서는 '종자와 서자가 모두 적사(適士)이다.'라고 말한 것이다. 이곳 문장에서는 '부친에 대한 제사를 지내지 못한다.'라고 했는데, 단지 부친의 묘만 갖추고 있기 때문에, 정현의 주에서는 '종자와 서자가 모두 하사이다.'라고 말한 것이니, 종자가 직접 제사를 지내므로, 서자는 제사를 지낼 수 없다. 만약 서자의 신분이 하사이고 종자가 서인인 경우, 하사는 종자의 집에 묘를 세우고 제사에 사용되는 희생물을 공급하며, 종자는 그 제례를 주관하니, 비록 서인이 되더라도 제사를 주관하는 도의를 갖추게 된다."라고 했다.

---

1) 하사(下士)는 고대의 사(士) 계급은 상(上)·중(中)·하(下)의 세 부류로 구분되기도 하였는데, 하사(下士)는 사 계급 중에서도 가장 낮은 등급의 부류이다.

補註 ○語類曰: 喪服小記云, "庶子不祭祖, 明其宗也", 又曰, "庶子不祭
禰, 明其宗也", 註謂不祭禰者, 父之庶子, 不祭祖者, 其父爲庶子, 說得
繁碎. 大傳只說: "庶子不祭, 明其宗也", 則祖禰皆在其中矣, 某所以於
禮書中只載大傳說.

번역 ○『어류』에서 말하길, 「상복소기」편에서는 "서자가 조부에 대한 제사
를 지내지 못하는 것은 종가를 밝히기 위해서이다."라고 했고, 또 "서자가 부
친에 대한 제사를 지내지 못하는 것은 종가를 밝히기 위해서이다."라고 했으
며, 주에서는 부친에 대해 제사를 지내지 못하는 것은 부친의 서자에 대한
경우이고, 조부에 대해 제사를 지내지 못하는 것은 자신의 부친이 서자인 경
우라고 했는데, 그 주장이 너무 번잡하다. 『예기』「대전(大傳)」편에서는 단
지 "서자가 제사를 지내지 않는 것은 종가를 밝히기 위해서이다."[2]라고 했으
니, 조부와 부친의 경우가 모두 그 안에 포함된 것이다. 따라서 내가 예와
관련된 기록에 있어서 「대전」편의 기록만 수록했던 것이다.

補註 ○通解曰: 註疏之說, 今姑存之, 然恐不如大傳語簡而事反該悉也.
번역 ○『통해』에서 말하길, 주와 소의 주장을 일부러 남겨두니, 아마도 「대
전」편에 기록된 말이 간략하지만 그 사안은 도리어 광범위한 경우를 모두
포괄한 것만 못한 것 같다.

참고-集說

庶子不得立禰廟, 故不得祭禰. 所以然者, 明主祭在宗子, 廟必
在宗子之家也. 庶子雖貴, 止得供具牲物, 而宗子主其禮也. ①
上文言庶子不祭祖, 是猶得立禰廟, 以其爲適士也. 此言不祭
禰, 以此②庶子非適士, 或未仕, 故不得立廟以祭禰也.

---

2) 『예기』「대전(大傳)」: 庶子不祭, 明其宗也. 庶子不得爲長子三年, 不繼祖也.

번역 서자는 부친의 묘를 세울 수 없기 때문에, 부친에 대한 제사를 지낼 수 없다. 이처럼 하는 이유는 제사를 주관하는 권한이 종자에게 있고, 묘가 반드시 종자의 집에 있어야 함을 나타내기 위해서이다. 서자가 비록 존귀한 신분이 되었더라도, 단지 제사에 사용될 희생물을 공급만 할 수 있고, 종자가 그 제례를 주관하게 된다. 앞 문장에서는 서자가 조부에 대한 제사를 지내지 않는다고 했는데, 이러한 경우에는 오히려 부친의 묘를 세울 수 있으니, 그가 적사(適士)의 신분이기 때문이다. 이곳에서 부친에게 제사를 지내지 못한다고 했는데, 여기에서 말한 서자는 적사의 신분이 아니거나 아직 벼슬살이를 못한 경우이기 때문에, 묘를 세워서 부친에 대한 제사를 지내지 못하는 것이다.

① 上文言[止]適士也.

補註 按: 陳註承前註之誤, 又有此謬說, 已辨破在上.

번역 살펴보니, 진호의 주는 앞의 주에 나타난 잘못된 점을 이어가고 있어서 이와 같은 잘못된 설명을 하게 된 것이니, 앞에서 그 잘못된 점을 이미 논변하였다.

② 庶子非適士或未仕.

補註 按: 此說, 與上庶子雖貴止得供具牲物云者, 咫尺之間, 互有異同, 可欠.

번역 살펴보니, 이 주장은 앞에서 "서자가 비록 존귀한 신분이 되었더라도, 단지 제사에 사용될 희생물을 공급만 할 수 있다."라고 한 말과 지척에 있는데, 상호 차이점이 발생하니 잘못되었다.

「상복소기」 17장

疏曰: 此論服之降殺. 親親, 謂父母也. ①尊尊, 謂祖及曾祖 ·
高祖也. 長長, 謂兄及旁親也. 不言卑幼, 擧尊長則卑幼可知
也. 男女之有別者, 若爲父斬, 爲母齊衰; 姑姊妹在室期, 出嫁
大功, 爲夫斬, 爲妻期之屬是也. 此四者, 於人之道爲最大.

번역 소에서 말하길, 이 문장은 상복의 수위를 높이고 낮추는 내용을 논의하고 있
다. "친근한 자를 친근하게 대한다."라는 말은 부모에 대한 경우를 뜻한다. "존귀한
자를 존귀하게 대한다."라는 말은 조부 · 증조부 · 고조부 등에 대한 경우를 뜻한다.
"연장자를 연장자로 대한다."라는 말은 형 및 방계의 친족들에 대한 경우를 뜻한다.
신분이 낮고 어린 자에 대해서 언급하지 않은 것은 존귀한 자와 연장자를 거론한다
면, 신분이 낮고 어린 자에 대한 경우까지도 알 수 있기 때문이다. "남녀에게 구별
됨이 있다."라는 말은 마치 부친을 위해서 참최복(斬衰服)을 착용하고, 모친을 위
해서 자최복(齊衰服)을 착용하며, 고모나 자매 중 아직 시집을 가지 않은 자에 대
해서는 기년복(期年服)을 착용하지만, 출가한 여자에 대해서 대공복(大功服)을 착
용하고, 남편을 위해서 참최복을 착용하지만, 처를 위해서 기년복을 착용하는 부류
가 이러한 경우에 해당한다. 이러한 네 가지 기준은 인도 중에서도 가장 큰 것이
된다.

① ○尊尊謂祖[止]高祖也.

補註 類編曰: 尊尊, 謂臣爲君. 大傳服術下疏是也. 兩疏說逈庭.

번역 『유편』에서 말하길, '존존(尊尊)'은 신하가 군주를 위해 착용하는 경우
를 뜻한다. 『예기』「대전(大傳)」편에서 복술(服術)을 설명한 곳[1]에 달린 소
의 내용이 옳다. 두 소의 주장은 큰 차이가 난다.

---

1) 『예기』「대전(大傳)」: 服術有六: 一曰親親, 二曰尊尊, 三曰名, 四曰出入, 五曰長
   幼, 六曰從服.

「상복소기」 18장

참고-集說

疏曰: ①服術有六, 其一是徒從. 徒, 空也. 與彼非親屬, 空從此
而服彼. 有四者, 一是②妾爲女君之黨, 二是子從母服於母之
君母, 三是妾子爲君母之黨, 四是臣從君而服君之黨. 此四徒
之中, 惟③女君雖沒, 妾猶服女君之黨. 餘三徒, 所從旣亡, 則
止而不服. 已, 止也. 屬者, 骨血連續以爲親也. 亦有三, 一是子
從母服母之黨, 二是妻從夫服夫之黨, 三是夫從妻服妻之黨.
此三從雖沒, 猶從之服其親也.

번역 소에서 말하길, 복술(服術)에는 여섯 가지가 있으니, 첫 번째는 도종(徒從)이
다. '도(徒)'자는 "공허하다[空]."는 뜻이다. 상대방과 친속 관계가 아니면, 공허하
게 이 자를 따라서 상대방에 대한 상복을 착용하는 것이다. 이러한 경우에는 네 가
지가 있는데, 첫 번째는 첩이 여군(女君)[1]의 친족[黨]을 위한 경우이고, 두 번째는
자식이 모친을 따라서, 모친의 군모(君母)[2]에 대해 상복을 착용하는 경우이며, 세
번째는 첩의 자식이 군모(君母)의 당(黨)을 위한 경우이고, 네 번째는 신하가 군주
를 따라서 군주의 당(黨)을 위해 상복을 착용하는 경우이다. 이러한 네 가지 도종
의 경우, 오직 여군(女君)에 대한 경우만, 여군이 비록 죽더라도, 첩은 여전히 여군
의 당(黨)을 위해서 상복을 착용한다. 나머지 세 가지 도종의 경우, 따르는 자가
이미 죽었다면, 관계를 끝내서 상대방을 위해 상복을 착용하지 않는다. '이(已)'자
는 "그치다[止]."는 뜻이다. '속(屬)'자는 혈연으로 맺어져서 친족으로 여기는 자를
뜻한다. 이 경우에도 또한 세 종류가 있다. 첫 번째는 자식이 모친을 따라서 모친의
당(黨)을 위해 상복을 착용하는 경우이다. 두 번째는 처가 남편을 따라서 남편의
당(黨)을 위해 상복을 착용하는 경우이다. 세 번째는 남편이 처를 따라서 처의 당
(黨)을 위해 상복을 착용하는 경우이다. 이 세 가지 경우에는 따르는 자가 비록 죽

---

1) 여군(女君)은 본부인을 뜻하는 용어이다. 주로 첩 등이 정처를 지칭할 때 쓰는 용어
이다.
2) 군모(君母)는 서자가 부친의 정처를 지칭하는 용어이다.

었더라도, 여전히 죽은 자를 따라서 그의 친족을 위해 상복을 착용한다.

① ○服術有六[止]徒從.

補註 按: 此當云服術有六, 其一是從服, 從服有六, 其一是徒從. 否則只改服術爲從服, 亦可詳見大傳.

번역 살펴보니, 이것은 마땅히 "복술(服術)에는 6가지가 있는데, 그 중 하나가 종복(從服)이며, 종복에도 6가지가 있는데, 그 중 하나가 도종(徒從)이다."라고 말해야 한다. 그렇지 않다면 '복술(服術)'이라는 말은 종복(從服)으로 고쳐야 하니, 이 또한 『예기』「대전(大傳)」편에 상세히 나온다.

② 妾爲女君之黨.

補註 雜記上: 女君死, 則妾爲女君之黨服. 攝女君, 則不爲先女君之黨服.

번역 『예기』「잡기상(雜記上)」편에서 말하길, 여군이 이미 죽었더라도, 첩은 여군의 친족을 위해서 상복을 착용한다. 그러나 첩이 여군의 지위를 대신하게 되면, 지위가 보다 존귀해진 것이므로, 이전 여군의 친족을 위해서 상복을 착용하지 않는다.3)

③ 女君雖沒[止]女君之黨.

補註 按: 此以雜記文知也.

번역 살펴보니, 이것은 「잡기」편의 기록을 통해서 알 수 있다.

補註 ○又按: 儀禮·喪服, 庶子爲君母之父母·姊妹小功, 君母之兄弟緦. 傳曰: "君母在, 則不敢不從服, 君母不在, 則不服." 愚恐, 妾子則嫡母死不爲嫡母之黨服, 妾則女君死猶爲女君之黨服, 其義未詳.

---

3) 『예기』「잡기상(雜記上)」: 女君死, 則妾爲女君之黨服, 攝女君, 則不爲先女君之黨服.

번역 ○또 살펴보니, 『의례』「상복(喪服)」편에서는 서자는 군모의 부모와 자매를 위해서 소공복(小功服)을 착용하고, 군모의 형제를 위해서 시마복(緦麻服)을 착용한다고 했다. 전문에서는 "군모가 생존해 있다면, 감히 종복을 하지 않을 수 없고, 군모가 생존해 있지 않다면 착용하지 않는다."라고 했다. 내가 생각하기에 첩의 자식은 적모가 죽었을 때 적모의 당을 위해서는 상복을 착용하지 않지만, 첩은 여군이 죽었을 때 여전히 여군의 당을 위해서 상복을 착용하는데, 그 도의에 대해서는 자세히 모르겠다.

「상복소기」 19장

참고-經文

妾從女君而出, 則①不爲女君之子服.

번역 여군과 함께 따라온 질제(姪娣)가 만약 여군과 함께 내쫓기게 되었다면, 도의가 끊어졌으니, 여군의 자식을 위해서 상복을 착용하지 않는다.

① **不爲女君之子服.**

補註 沙溪曰: 所謂不爲女君之子服者, 不爲適子齊衰之服也. 其本親甥服姨兄弟之服, 當自如也.

번역 사계가 말하길, 여군의 자식을 위해서 상복을 착용하지 않는다는 것은 적자를 위해서 자최복의 상복을 착용하지 않는다는 뜻이다. 본래의 친족 관계에 따르면 조카는 이모를 위해서 형제에 대한 상복을 착용하니, 마땅히 이처럼 하게 된다.

世子不降妻之父母. ①其爲妻也, 與大夫之適子同.

번역 세자는 처의 부모에 대해서, 상복을 착용할 때 수위를 낮추지 않는다. 세자가 처를 위해 상복을 착용할 때에는 대부가 자신의 적자를 위해서 착용하는 상복과 동일하게 따른다.

① ○其爲妻[止]適子同.

補註 鄭註: "爲妻齊衰不杖者, 君爲之主, 子不得伸也. 主, 言與大夫之適子同者, 據喪服成文也. 本所以只見父在爲妻不杖, 於大夫適子者, 明大夫以上雖尊, 猶爲適婦爲主." 疏曰: "知齊衰不杖者, 喪服齊衰不杖章, 稱大夫適子爲妻, 故知也. 本, 謂喪服本文也."

번역 정현의 주에서 말하길, "처를 위해서는 자최복(齊衰服)을 착용하며 지팡이를 잡지 않는데, 군주가 그녀를 위해서 상을 주관하여 자식은 정감을 펼칠 수 없기 때문이다. 상을 주관하는 자에 대해서, 대부의 적자에 대한 경우와 동일하게 한다고 말한 것은 『의례』「상복(喪服)」편의 기록에 근거한 것이다. 「상복」편의 본문은 단지 부친이 생존해 있을 때, 처를 위해 상복을 착용하며 지팡이를 잡지 않는 것을 나타내는 것인데, 대부의 적자에 대한 경우를 통해서 나타냈다면, 대부로부터 그 이상의 계급은 비록 존귀한 신분이지만, 여전히 적자의 부인을 위해서 상을 주관하게 됨을 나타낸다."라고 했다. 소에서 말하길, "자최복을 착용하지만 지팡이를 잡지 않는다는 사실을 알 수 있는 이유는 『의례』「상복(喪服)」편의 '자최부장(齊衰不杖)'장에서 대부의 적자가 처를 위한 경우를 지칭했기 때문에 이러한 사실을 알 수 있다. '본(本)'이라고 한 말은 주로 「상복」편의 본문을 뜻한다."라고 했다.

補註 ○按: 經文所謂與大夫之適子同者, 正謂世子之爲妻服, 與大夫適子之爲妻同也. 經文大夫之之下, 無爲字, 則文勢固無可疑, 古註自明, 通解 · 喪服大夫之適子爲妻章, 下入小記此章, 則此章之義尤明, 而陳註之誤, 不攻自破矣. 蓋儀禮是經, 戴記是儀禮之傳, 而喪服只有大夫適子爲妻之服, 而世子之爲妻無見處, 故記者明之, 曰世子之爲妻也, 與大夫之適子同.

번역 ○살펴보니, 경문에서 "대부의 적자에 대한 경우와 동일하게 따른다." 라고 한 말은 세자가 자신의 처를 위해서 상복을 착용할 때, 대부의 적자가 자신의 처를 위해 상복을 착용하는 경우와 동일하게 따른다는 뜻이다. 경문에는 '대부지(大夫之)'라는 말 뒤에 위(爲)자가 없으니, 문장의 흐름이 진실로 이와 같다는 것은 의심할 필요가 없으며, 옛 주에서도 그 사실이 드러나고 있고, 『통해』「상복」편 중 '대부지적자위처(大夫之適子爲妻)'장에서는 그 뒤에 「상복소기」의 이 문장을 기입하고 있으니, 이 문장의 뜻은 더욱 분명해진다. 따라서 진호의 주에 나온 잘못은 논파하지 않아도 저절로 파해될 것이다. 『의례』는 경에 해당하고, 『예기』는 『의례』의 전문에 해당하며, 「상복」편에는 단지 대부의 적자가 자신의 처를 위해 착용하는 상복만 수록되어 있고, 세자가 자신의 처를 위해 착용하는 상복에 대해서는 나타나지 않기 때문에 『예기』를 기록한 자가 그 사실을 밝혀서 "세자가 자신의 처를 위해 상복을 착용할 때에는 대부의 적자가 자신의 처를 위해 상복을 착용하는 경우와 동일하게 한다."라고 말한 것이다.

補註 ○又按: 鄭註 '本所以'以下, 蓋爲父在爲妻不杖, 卽上下之通禮, 而喪服不杖期章, 只言大夫之適子爲妻者, 蓋所以明大夫以上雖尊, 猶爲適婦主喪, 故適子不敢杖也.

번역 ○또 살펴보니, 정현의 주에서 '본소이(本所以)'라고 한 말로부터 그 이하의 내용은 아마도 부친이 생존해 계실 때 자신의 처를 위해 상복을 착용할 때 지팡이를 잡지 않는 것은 상하 계층에게 모두 통용되는 예법이지만, 「상복」편의 '부장기(不杖期)'장에는 단지 대부의 적자가 자신의 처를 위해서 착용하는 경우만 언급하였다. 따라서 대부 이상의 계층은 비록 신분이 존귀하더라도 여전히 적부를 위해서 상을 주관하게 된다. 그렇기 때문에 적자는 감히 지팡이를 잡지 않는 것이다.

補註 ○又按: 陽村曰, "此言世子爲妻之服, 與人夫適子之爲妻同也. 不以世子之貴, 而降其妻也." 陽村未見古註疏, 而見解如此可尙.

번역 ○또 살펴보니, 양촌은 "이것은 세자가 자신의 처를 위해 상복을 착용하는 것은 대부의 적자가 자신의 처를 위해 상복을 착용하는 경우와 동일하게 한다는 뜻이다. 세자라는 존귀함으로 인해 자신의 처에 대해 강복을 하지 않기 때문이다."라고 했다. 양촌은 옛 주와 소를 살펴보지 못했는데도, 그 견해가 이와 같으니 매우 높일만하다.

世子, 天子諸侯之適子傳世者也. 不降殺其妻父母之服者, 以妻故親之也. ①大夫適子死, 服齊衰不杖. 今世子旣不降其妻之父母, 則其爲妻服, 與大夫服適子之服同也.

번역 '세자(世子)'는 천자와 제후의 적장자로 세대를 전수받은 자를 뜻한다. "처의 부모에 대한 상복을 낮추지 않는다."는 말은 처의 친족이므로 친근하게 대하기 때문이다. 대부의 적자가 죽으면, 그를 위해서 자최복(齊衰服)을 착용하되 지팡이는 잡지 않는다. 현재 세자는 이미 그의 처 부모에 대해서 상복의 수위를 낮추지 않는다고 했으니, 그가 처를 위해 상복을 착용할 때, 대부가 자신의 적자를 위해 착용하는 상복과 동일하게 따른다.

① 大夫適子[止]不杖.

補註 沙溪曰: 儀禮傳大夫不敢降其適, 此註何所據而言歟?

번역 사계가 말하길, 『의례』의 전문에서는 대부는 적자에 대해서 감히 강복(降服)을 하지 않는다고 했는데, 이 주석은 무엇을 근거로 이처럼 말한 것인가?

補註 ○按: 陳註此說旣誤, 而所謂世子爲妻, 與大夫服適子之服同云者, 自歸脫空.

번역 ○살펴보니, 진호의 주에서 이처럼 말한 것은 이미 잘못된 설명이니, 세자가 자신의 처를 위해 상복을 착용하는 것은 대부가 자신의 적자를 위해 상복을 착용할 때의 복장과 같다고 한 말들은 저절로 해소된다.

「상복소기」 26장

①若被出後遇父母之喪未及期, 而夫命之反, 則但終期服, 反在期後, 則遂終三年. 蓋緣己隨兄弟小祥服, 三年之喪, 不可中廢也.

번역 만약 남편에게 쫓겨나게 된 이후 부모의 상을 당하여, 그 기간이 아직 1년에 이르지 않았는데, 남편이 되돌아오라는 명령을 내렸다면, 단지 기년복(期年服)으로 복상 기간을 끝내며, 되돌아오라는 명령의 시기가 1년 이후가 된다면, 끝내 삼년상의 기간을 마친다. 본인은 형제들을 따라서 소상(小祥) 때의 상복을 착용한 것에 연유하니, 삼년상은 중도에 폐지할 수 없기 때문이다.

① ○若被出[止]之喪.

補註 疏曰: 未練而反則期者, 謂先有喪, 而爲夫所出, 今未小祥, 而反則還夫家, 至小祥而除.

번역 소에서 말하길, "아직 연(練)이 되지 않았는데 되돌아가게 되면 기(期)로 한다."는 말은 앞서 상이 발생했고, 이후 남편에게 쫓겨났는데, 현재 아직 소상을 치르지 않은 상태에서 되돌아가게 되어 남편의 집으로 가게 되면 소상 때에 이르러 상복을 제거한다는 뜻이다.

補註 ○按: 疏說承上文以先有喪而被出爲言者, 良是. 陳註恐誤, 一云, 此條當兼疏說及陳註看.

번역 ○살펴보니, 소의 주장은 앞 문장에서 먼저 상이 발생했고 그 이후에 쫓겨나게 된 상황을 이어서 말했는데 이것은 참으로 옳다. 진호의 주는 아마도 잘못된 것 같은데, 한편에서는 이 조목에 대해 소의 주장과 진호의 주를 함께 참고해서 보아야만 한다고 말한다.

「상복소기」28장

三年而后葬者必再祭, ①其祭之間不同時②而除喪.

번역 특별한 사정이 있어서, 삼년상을 치른 뒤에야 장례를 치르는 경우에는 반드시 소상과 대상의 제사를 두 차례 치르는데, 그 제사는 간격을 두어, 동시에 치르지 않고, 차례대로 상복을 제거한다.

① 其祭之間不同時.

補註 鄭註: 間不同時者, 謂異月也.

번역 정현의 주에서 말하길, 간격을 두고 동시에 치르지 않는다는 말은 다른 달에 해야 함을 뜻한다.

補註 ○按: 此以間字屬下文爲句.

번역 ○살펴보니, 이것은 간(間)자를 뒤의 문장과 연결해서 구문을 끊은 것이다.

② 而除喪.

補註 鄭註: "而除喪者, 祥則除, 不禫." 疏曰: "禫者, 本爲思念情深, 不忍頓除故也. 今旣三年始葬, 哀情已極, 故不禫也."

번역 정현의 주에서 말하길, "상복을 제거한다는 것은 대상(大祥)을 치렀다면 제거를 하며, 담제(禫祭)를 치르지 않는다."라고 했다. 소에서 말하길, "담제라는 것은 본래 죽은 자를 생각하는 마음이 깊어서, 차마 갑작스럽게 상복을 제거할 수 없으므로 담제의 절차를 거치게 된다. 그런데 현재의 상황은 삼년이 되어서야 비로소 장례를 치른 경우이며, 애통한 마음이 이미 지극해졌었기 때문에, 담제를 치르지 않는다."라고 했다.

補註 ○語類: 問, "三年而後葬者, 必再祭. 鄭註以爲只是練祥無禫." 曰, "看見也是如此."

번역 ○『어류』에서 말하길, 묻기를 "3년이 지난 뒤에야 장례를 치르는 경우에는 반드시 두 차례 제사를 치른다고 했습니다. 정현의 주에서는 단지 소상과 대상을 치르는 것이며 담제는 치르지 않는다고 했습니다."라고 묻자 "내가 보기에도 이와 같다."라고 대답했다.

馬氏曰: 祭不爲除喪, 而除喪者, 必因祭焉. ①以祭爲古, 而除喪者, 所以從吉也. 夫練祥之時, 旣已過矣, 而②獨爲之再祭, 以存親之禮, 不可廢也. 其祭之間, 不同時者, 以其存親之節, 不可忘也. 祭不同乎時, 而除喪者, 亦不同乎時, 則除喪必從祭也, 可知矣.

번역 마씨가 말하길, 제사는 상복을 제거하기 위해서 지내는 것이 아니지만, 상복을 제거하는 일은 반드시 제사를 지내는 일에 따르게 된다. 제사는 길한 것으로 여기니, 상복을 제거하는 것은 길함에 따르는 방법이다. 소상과 대상을 치르는 시기가 이미 경과를 했는데, 유독 이 두 제사를 치러야만 하는 것은 부모에 대한 마음을 보존하는 예법을 폐지할 수 없기 때문이다. 제사를 치를 때 간격을 두고, 동시에 치르지 않는 것은 부모에 대한 마음을 보존하는 절차를 잊을 수가 없기 때문이다. 제사는 같은 시기에 동시에 치르지 않고, 상복을 제거하는 것 또한 같은 시기에 동시에 제거하지 않으니, 상복을 제거하는 일이 반드시 제사에 따라 시행해야 함을 알 수 있다.

① 以祭爲古.

補註 古, 唐本作吉.

번역 '고(古)'자를 『당본』에서는 길(吉)자로 기록했다.

② 獨爲之再祭.

補註 獨, 恐猶之訛.

번역 '독(獨)'자는 아마도 유(猶)자가 와전된 것 같다.

「상복소기」 29장

참고─經文

大功者主人之喪, ①有三年者則必爲之再祭, 朋友虞祔而已.

번역 본래 대공복(大功服)을 입어야 하는 친족인데, 특별한 사정 때문에 남의 상을 주관하게 된 경우, 죽은 자의 가족 중 삼년상을 치러야 하는 자가 있다면, 반드시 그들을 위해서 소상과 대상의 제사를 시행하며, 벗들의 경우에는 우제와 부제만 지낼 수 있을 따름이다.

① 有三年[止]再祭.

補註 疏曰: 雜記云, "凡主兄弟之喪, 雖疏亦虞之", 謂無三年及期者也.

번역 소에서 말하길, 『예기』「잡기(雜記)」편에서는 "형제의 상을 주관할 때에는 비록 관계가 소원하더라도 또한 우제를 치른다."[1]라고 했는데, 삼년상이나 기년상을 치를 자가 없는 경우를 뜻한다.

---

1) 『예기』「잡기상(雜記上)」: 凡主兄弟之喪, 雖疏亦虞之.

「상복소기」 31장

참고-經文

①**生不及祖父母諸父昆弟, 父稅喪, 己則否.**

번역 어떤 자가 다른 나라에서 태어났는데, 본국에 남아있는 조부모 및 제부의 곤제들에 대해서 보지 못해 알지 못한 경우, 그들의 죽음에 대한 소식을 접했는데, 그 기간이 이미 지난 시점이라면, 부친의 경우에는 그들을 알고 있으므로, 기간을 미루어서 그들에 대한 상복을 착용하지만, 본인은 상복을 입지 않는다.

① ○**生不及[止]己則否.**

補註 鄭註: 己則否者, 不責非時之恩於人所不能也.

번역 정현의 주에서 말하길, 본인이 그렇게 하지 않는 이유는 해당 시기가 아닐 때의 은정을 남에 대해서 나타내지 못하는 것을 책하지 않기 때문이다.

補註 ○按: 鄭玄以此爲生在他國, 不及歸見之, 與陳註同. 王肅以爲計己之生不及此親之存, 則不稅, 若此親未亡而已生則稅之也. 又謂昆弟爲諸父之昆弟也. 庾氏‧劉知‧蔡謨竝與王略同. 北齊張亮亦云生不及者, 是己未生之前已沒矣, 乖隔斷絶. 父始奉諱居服, 而己否者, 蓋生存異代, 不復追服先代之親耳. 豈有竝世乖隔, 便不服者哉? 以此諸說叅觀, 則王肅說似是. 但一弟字有礙, 所以王肅又解作諸父之昆弟, 而愚意, 弟字只因說兄弟之親而竝及之耳, 不必深拘.

번역 ○살펴보니, 정현은 이 문장의 내용이 본인이 다른 나라에서 태어났고 본국으로 되돌아가 그들을 만나보지 못한 경우로 여겼는데, 이것은 진호의 주와 동일하다. 왕숙은 자신이 태어난 시점을 계산했을 때 이러한 친족들이 생존했을 시기에 미치지 못한다면 기간을 미루어 상복을 착용하지 않지만, 만약 이러한 친족들이 아직 죽지 않은 상태이고 그들의 생전에 태어난 상태라면 기간을 미루어 상복을 착용한다고 여겼다. 또 '곤제(昆弟)'는 제부의 곤제들을 뜻한다고 했다. 유씨·유지¹⁾·채모²⁾의 주장은 모두 왕숙의 주장과 대략적으로 동일하다. 북제 때의 장량 또한 '생불급(生不及)'이라는 말은 자신이 태어나기 이전에 이미 그들이 죽었다는 뜻이라고 했으니, 멀리 떨어져 관계가 단절된 것이다. 부친이 상을 치르며 상복을 입는데 본인이 그처럼 하지 않는 것은 아마도 생존했던 시대가 달라서 재차 선대의 친족에 대해서 추복하지 않는 것일 뿐이다. 따라서 어찌 동시대에 살면서 멀리 떨어져 있다고 해서 상복을 착용하지 않는 일이 있겠는가? 이러한 여러 주장들을 통해 살펴보면 왕숙의 주장이 정답에 가까운 것 같다. 다만 '제(弟)'라는 글자에는 저애되는 점이 있어서 왕숙이 재차 제부의 곤제라고 풀이를 했던 것인데, 내가 생각하기에 제(弟)자는 단지 친족 형제들을 설명함으로 인해 함께 언급한 것일 뿐이니, 너무 천착할 필요는 없다.

補註 ○疑禮問解: 同春問, "祖父母至親, 而以己之在遠不及識, 不稅其喪, 揆諸情理, 終有所未安." 沙溪曰, "小記註說, 固可疑. 通典張亮果有云云."

번역 ○『의례문해』에서 말하길, 동춘이 묻기를 "조부모는 지극히 가까운 친족인데 본인이 멀리 떨어져 살고 만나보지 못했다고 해서 그들의 상에 대해 미루어 상복을 착용하지 않는다면 정감과 이치로 따져봤을 때 끝내 편안하지 못한 점이 있는 것 같습니다."라고 하자 사계는 "「상복소기」에 대한 주에서 설명한 내용은 진실로 의문스럽다. 『통전』에는 장량이 실제로 그에 대대 언급한 것이 있다."라고 대답했다.

---

1) 유지(劉智, ?~A.D.289) : 서진(西晉) 때의 학자이다. 자(字)는 자방(子房)이고, 시호(諡號)는 성(成)이다. 형은 유식(劉寔)이다. 저서로는 『상복석의론(喪服釋疑論)』 등이 있다.

2) 채모(蔡謨, A.D.281~A.D.356) : 동진(東晉) 때의 학자이다. 자(字)는 도명(道明)이고, 시호(諡號)는 문목(文穆)이다. 저서로는 『논어채씨주(論語蔡氏注)』·『예기음(禮記音)』·『한서집해(漢書集解)』 등이 있다.

「상복소기」 33장

①降而在緦·小功者則稅之.

번역 그 대상이 상복의 수위를 낮춰서 시마복이나 소공복에 해당하는 경우라면, 기간을 미루어서 상복을 착용한다.

① ○降而在緦小功.

補註 徐志修曰: 註專以殤服爲義, 恐狹. 從父·兄弟·姊妹以大功, 而出繼·出嫁, 則爲小功者, 亦同.

번역 서지수가 말하길, 주에서는 전적으로 요절한 자에 대한 상복으로 의미를 풀이했는데 너무 협소하게 본 것 같다. 종부·형제·자매에 대해서는 본래 대공복을 착용해야 하지만 다른 집에 양자로 갔거나 출가를 했다면 소공복을 착용하게 되니, 이러한 경우에도 이처럼 한다.

①此句承父稅喪己則否之下, 誤在此. 降者, 殺其正服也. 如叔父及適孫正服, 皆不杖期, 死在下殤, 則皆降服小功, 如②庶孫之中殤, 以大功降而爲緦也, ③從祖昆弟之長殤, 以小功降而爲緦也. 如此者皆追服之. 檀弓曾子所言小功不稅, 是正服小功, 非謂降也. 凡降服重於正服, 詳見儀禮.

번역 이 구문은 "부세상기즉부(父稅喪, 己則否)"[1]라는 구문 뒤와 연결되니, 잘못

---

1) 『예기』「상복소기」: 生不及祖父母諸父昆弟, <u>父稅喪, 己則否</u>.

하여 이곳에 기록된 것이다. '강(降)'은 규범에 따른 복장을 낮춘다는 뜻이다. 예를 들어 숙부 및 적손에 대한 정규 복장은 모두 지팡이를 잡지 않는 기년복(期年服)인데, 하상(下殤)일 때 죽었다면, 모두 수위를 낮춰서 소공복(小功服)을 착용하고, 만약 서손이 중상(中殤)을 했다면, 대공복(大功服)을 낮춰서 시마복(緦麻服)을 착용하며, 종조의 곤제가 장상(長殤)을 했다면, 소공복을 낮춰서 시마복을 착용한다. 이러한 경우라면 모두 기간을 미루어서 상복을 착용한다. 『예기』「단궁(檀弓)」편에서 증자가 "소공복에는 세(稅)를 하지 않는다."라고 한 말은 정규 복장이 소공복인 경우이니, 낮춘 경우를 뜻하는 말이 아니다. 무릇 강복(降服)이 정복(正服)에 비해 무거운 경우에 대해서는 그 자세한 설명이 『의례』에 나온다.

① **此句承[止]誤在此.**

補註 類編曰: 此恐未然.

번역 『유편』에서 말하길, 이것은 아마도 그렇지 않을 것이다.

補註 ○按: 陳註本於鄭註, 而其意亦豈謂祖父母諸父昆弟之服, 或有降在緦小功, 而乃反稅之耶? 只以其俱係稅服, 而不屬於上章, 臣從君服之禮, 故云爾. 然每章各自爲義, 類編斥之, 亦是也.

번역 ○살펴보니, 진호의 주는 정현의 주에 근거를 했고, 그 의도는 또한 조부모와 제부 곤제에 대한 상복에 있어서 강복을 하여 시마복이나 소공복이 되어야만 기간을 미루어 상복을 착용하는 것이라 하겠느냐는 뜻이다. 이것은 단지 모두에 대해서 기간을 미루어 상복을 착용하게 되어, 앞 문장에서 신하가 군주를 따라 상복을 착용하는 예에는 관련이 되지 않기 때문에 이처럼 말한 것일 뿐이다. 그런데 매 장마다 각각 그 자체로 하나의 의미가 되니, 『유편』에서 배척한 것 또한 옳은 주장이다.

② **庶孫之中殤.**

補註 按: 中當作下. 儀禮·喪服, 緦庶孫之中殤, 註引大功之殤, 中從上之說, 謂中字, 是下字之誤也.

번역 살펴보니, '중(中)'자는 마땅히 하(下)자로 기록해야 한다. 『의례』「상복
(喪服)」편에서는 서손 중 중상을 한 자에 대해서는 시마복을 착용한다고 했
고, 주에서는 대공복을 착용해야 하는 친족이 요절을 한 경우 중상인 경우라
면 상위의 것을 따르게 되어있다는 주장을 인용하고, 중(中)자는 하(下)자의
오자라고 했다.

③ 從祖昆弟[止]爲緦也.

補註 按: 降而在緦之緦, 正指如庶孫本服大功, 而其下殤降爲緦者也, 故
鄭註曰"降而在緦小功, 謂正服在齊衰大功者", 其義甚明. 而陳註乃反混
擧從祖昆弟之長殤以小功而降爲緦者, 恐誤.

번역 살펴보니, 강복을 해서 시마복에 해당한다고 했을 때의 시(緦)는 바로
서손의 본복은 대공복인데, 하상인 경우 강복을 하여 시마복을 착용한다고
한 경우를 가리킨다. 그렇기 때문에 정현의 주에서는 "강복을 하여 시마복과
소공복에 해당한다는 말은 정복이 자최복이나 대공복에 해당하는 경우를 뜻
한다."라고 한 것이니, 그 의미가 매우 분명하게 나타난다. 그런데 진호의 주
에서는 종조의 곤제 중 장상을 한 자는 소공복을 강복하여 시마복을 착용한
다는 것을 관련도 없는데 열거하였으니, 아마도 잘못된 말인 것 같다.

참고-集說

虞祭在寢, ①祭後不以杖入室; 祔祭在祖廟, 祭後不以杖升堂, 皆殺哀之節也.

번역 우제는 침(寢)에서 치르는데, 제사를 끝낸 뒤에는 지팡이를 짚고 실(室)로 들어가지 않는다. 부제는 조묘(祖廟)에서 치르는데, 제사를 끝낸 뒤에는 지팡이를 짚고 당(堂)으로 올라가지 않는다. 이 모두는 애통한 감정을 줄이는 규범이다.

① ○祭後不以杖入室.

補註 按: 士虞禮, 主人倚杖入, 乃設饌. 註 "虞杖不入於室." 據此, 則祭後云者誤矣. 祔杖註, 亦然.

번역 살펴보니, 『의례』 「사우례(士虞禮)」 편에서는 상주는 지팡이를 벽에 기대어 놓고 들어와서 음식을 진설한다고 했다. 주에서는 "우제를 치를 때 지팡이는 제실로 들이지 않는다."라고 했다. 이 말에 근거해보면 '제후(祭後)'라고 말한 것은 잘못된 해석인 것 같다. '부제를 치를 때의 지팡이[祔杖]'에 대한 주 또한 이와 같다.

「상복소기」 37장

① **爲君母後者, 君母卒, 則不爲君母之黨服.**

번역 서자가 후계자가 된 경우, 군주의 정부인에 대해서도 아들이 되는데, 그 자는 군주의 정부인이 죽으면, 더 이상 정부인의 친족들을 위해서 상복을 착용하지 않는다.

① **爲君母後[止]黨服.**

補註 疏曰: 爲君母後者, 謂無適立庶爲後也. 妾子於君母之黨, 君母卒, 則不服. 今君母沒, 爲後者嫌同於適, 服君母之黨, 故特明之.

번역 소에서 말하길, 군모의 후계자가 되었다는 것은 적자가 없어서 서자를 후계자로 세운 경우이다. 첩의 자식은 정부인의 친족에 대해서 정부인이 죽었다면 정부인의 친족을 위해서 상복을 착용하지 않는다. 현재 이미 정부인이 죽은 상태이고, 후계자가 된 자는 적자와 동일하게 따라서 정부인의 친족을 위해서도 상복을 착용한다고 오해할 것을 염려했기 때문에 특별히 이러한 사실을 밝힌 것이다.

「상복소기」38장

経殺①五分而去一, 杖大如経.

번역 수질(首経)의 크기를 줄일 때에는 5등분 중 1만큼을 줄이고, 지팡이의 크기는 요질(要経)의 크기와 동일하게 한다.

① ○五分而去一.

補註 疏曰: 首尊要卑, 卑宜小, 故五分去一.

번역 소에서 말하길, 머리는 존귀하고 허리는 상대적으로 낮으며, 낮은 것에 대해서는 마땅히 작게 해야 하기 때문에, 5등분 중 1만큼을 줄이는 것이다.

「상복소기」 40장

①男子重在首, 婦人重在要, 凡所重者有除無變, 故雖卒哭不
受輕服, 直至小祥, 而男子除首絰, 婦人除要絰. 此之謂除喪者
先重者也. 易服者, 謂先遭重喪, 後遭輕喪, 而變易其服也. 輕,
謂男子要・婦人首也. 此言②先是斬衰, 虞而卒哭, 已變葛絰.
葛絰之大小, 如齊衰之麻絰. 今忽又遭齊衰之喪, 齊衰要首絰
皆牡麻, ③牡麻重於葛也. ③服宜從重, 故男不變首, 女不變要,
③以其所重也. 但以麻易男要女首而已, 故云易服者易輕者也.
若未虞卒哭則後喪不能變.

번역 남자의 경우 중요한 것은 머리에 쓰고, 부인의 경우 중요한 것은 허리에 차니,
모든 경우에 있어 중요하게 치는 것에는 제거하는 경우는 있어도 변화시키는 경우
는 없다. 그렇기 때문에 비록 졸곡을 하고 수위가 낮은 상복을 받지 않았더라도,
소상에 이르게 되면, 남자는 수질(首絰)을 제거하고, 부인은 요질(要絰)을 제거한
다. 이것이 "상복을 제거하는 경우, 중요한 것을 먼저 제거한다."는 뜻에 해당한다.
"복장을 바꾼다."는 말은 앞서 수위가 높은 상을 당했고, 이후에 수위가 낮은 상을
당했을 때, 그 복장을 변화시켜 바꾼다는 뜻이다. 덜 중요한 것은 남자의 경우 허리
에 찬 것이며, 부인의 경우 머리에 쓴 것이다. 이것은 먼저 참최복을 착용하고 있는
데, 우제를 치르고 졸곡을 하면, 이미 갈(葛)로 만든 질(絰)로 바꾼다는 뜻이다. 갈
(葛)로 만든 질(絰)의 크기는 자최복에 하는 마(麻)로 만든 질(絰)의 크기와 같다.
그런데 현재 갑작스럽게 자최복의 상을 또 당했다면, 자최복에 하는 요질과 수질은
모두 모마(牡麻)로 만들게 되며, 모마로 만든 질(絰)은 갈(葛)로 만든 질보다도 수
위가 높다. 상복을 착용하는 경우에는 마땅히 수위가 높은 것을 따라야 한다. 그렇
기 때문에 남자는 수질을 바꾸지 않고, 여자는 요질을 바꾸지 않으니, 그것들이 중
시 여기는 것들이기 때문이다. 다만 마(麻)로 만든 것으로 남자의 요질과 여자의
수질을 바꿀 따름이다. 그렇기 때문에 "상복을 바꾸는 경우에는 덜 중요한 것을 바
꾼다."라고 말한 것이다. 만약 아직 우제를 치러서 졸곡을 하지 못한 경우라면, 뒤
의 상에 대해서는 바꿀 수가 없다.

① ○男子重在首[止]輕服.

補註 按: 卒哭受服時, 男子則絰帶竝易以葛, 唯婦人只變絰不變帶. 古禮明白可據, 而陳註每有此謬說. 檀弓上婦人不葛帶章補註, 已詳辨之.

번역 살펴보니, 졸곡을 하여 새로운 상복을 받을 때, 남자의 경우에는 수질과 요대를 모두 갈로 된 것으로 바꾸고, 부인의 경우에는 단지 수질만 바꾸고 요대는 바꾸지 않는다. 고대의 예법에서는 이러한 것이 명백하게 드러나서 근거로 삼을 수 있는데, 진호의 주에서는 매번 이 부분에 대해 잘못된 설명을 하고 있다. 『예기』「단궁상(檀弓上)」편의 "부인은 갈로 된 요대를 차지 않는다."[1]라고 한 문장의 보주에서 이미 상세하게 논변하였다.

補註 ○又按: 下文斬衰之葛, 與齊衰之麻同章, 陳註首仍重喪之葛, 要乃輕喪之麻云, 若男子於卒哭不變絰, 則寧有可仍之葛乎? 蓋陳註於不得已處從古禮爲解, 而不覺其前後逕庭, 可歎.

번역 ○또 살펴보니, 아래 "참최복의 갈로 만든 질은 자최복의 마로 만든 질과 크기가 같다."[2]라고 한 문장에 대해 진호의 주에서는 "머리에 두르는 것은 곧 수위가 높은 상에서 차는 갈로 만든 질이고, 허리에는 곧 수위가 낮은 상에서 차는 마로 만든 질을 찬다."라고 했는데, 만약 남자가 졸곡에 이르러서 질을 바꾸지 않는다고 한다면, 어떻게 갈로 된 것을 찰 수 있는가? 아마도 진호의 주는 부득이하게 문장마다 고대의 예법에 따라 풀이를 했지만, 앞뒤로 심한 차이가 있음을 깨닫지 못한 것이니 매우 개탄스럽다.

② **先是斬衰[止]已變葛絰.**

補註 按: 以禮言之, 卒哭變葛, 當爲男子之絰帶, 與婦人之絰, 而陳註之意, 蓋以男子之帶·婦人之絰言也. 果如陳說, 男子卒哭, 只變帶爲葛,

---

1) 『예기』「단궁상(檀弓上)」: 婦人不葛帶.
2) 『예기』「상복소기(喪服小記)」: 斬衰之葛與齊衰之麻同, 齊衰之葛與大功之麻同, 麻同, 皆兼服之.

而若新遭輕喪, 又易此葛以麻, 則是上下皆麻也, 豈不與下文斬衰之葛,
註麻葛兼服者, 止謂男子耳云者, 自相乖戾乎?

번역 살펴보니, 예법에 따라 말을 해보면 졸곡을 치르고 갈로 된 것으로 바
꾼다고 했는데, 이것은 남자가 차는 수질과 요대에 해당하고 부인이 차는 수
질에 해당한다. 그런데 진호의 주에 나타난 뜻은 아마도 남자의 요대와 부인
의 수질로 말한 것 같다. 과연 진호의 주장대로라면 남자는 졸곡을 치르고
단지 요대만 바꿔서 갈로 된 것을 차는데, 만약 새롭게 발생한 수위가 낮은
상을 당하게 된다면, 또한 갈로 된 것을 마로 바꾸게 되니, 수질과 요대가
모두 마로 된 것이 된다. 그런데 어떻게 아래문장에서 '참최복의 갈로 만든
질'이라고 했을 때, 주에서는 마와 갈로 된 것을 함께 착용하는 자는 남자에
대한 경우만을 뜻할 따름이라고 하여, 서로 어긋나게 할 수 있난 말인가?

③ 牡麻重於葛[又]服宜從重[又]以其所重.

補註 按: 此三重字, 雖相連, 其義恐各異. 上重, 謂麻與葛之輕重, 中重,
謂斬與齊之輕重, 下重, 謂首與要之輕重也.

번역 살펴보니, 여기에 나온 3개의 중(重)자는 비록 서로 연결되지만 의미에
있어서는 아마도 각각 차이가 있는 것 같다. 앞의 중(重)자는 마와 갈로 된
것의 경중을 뜻하는 것이며, 가운데 중(重)자는 참최복과 자최복의 경중을
뜻하는 것이고, 뒤의 중(重)자는 수질과 요대의 경중을 뜻하는 것이다.

「상복소기」 42장

참고─集說

復, 招魂以復魄也. 書銘, 書死者名字於明旌也. 檀弓疏云: "士
喪禮①爲銘各以其物, 士長三尺, 大夫五尺, 諸侯七尺, 天子九
尺. 若不命之士, 以緇長半幅, ②長一尺, 經末長終幅, ②長二
尺, 總長三尺." 周禮: "天子之復, 曰皐天子復. 諸侯, 則曰皐某
甫復." 此言天子達於士其辭一者, 殷以上質不諱名, 故臣可以
名君歟. ③男子稱名, 謂復與銘皆名之也. ③婦人銘則書姓及
伯仲, 此或亦是殷以上之制, 如周則必稱夫人也. 姓, 如魯是姬
姓, 後三家各自稱氏. 所謂氏也, 殷以前, 六世之外, 則相與爲
昏, 故婦人有不知姓者, 周不然矣.

번역 '복(復)'은 혼을 불러서 백으로 되돌리는 절차이다. '서명(書銘)'은 죽은 자의
이름과 자(字)를 명정(明旌)[1]에 기록한 것이다. 『예기』「단궁(檀弓)」편의 소에서
는 "『의례』「사상례(士喪禮)」편에서는 명(銘)을 만들 때 각각 해당하는 물(物)을
사용하는데, 사의 것은 길이가 3척이고, 대부는 5척이며, 제후는 7척이고, 천자는
9척이다. 만약 명(命)의 등급을 받지 못한 사라면, 검은색 천 반폭을 사용한다고
했으니, 그 길이는 1척이고, 끝부분의 붉은색 천은 길이를 종폭으로 한다고 했으니,
그 길이는 2척이 되어, 총 길이는 3척이 된다."라고 했다. 주나라의 예법에 있어서,
"천자의 초혼에서는 '아아! 천자여 돌아오소서.'라고 말한다. 제후의 경우에는 '아
아! 아무개 보(甫)여 돌아오소서.'라고 말한다."라고 했는데, 이곳에서는 천자로부
터 사 계급에 이르기까지 사용하는 말이 동일하다고 했다. 그 이유는 은나라로부터
그 이전 시대에는 질박하여 이름을 피휘하지 않았기 때문에, 신하도 이름으로 군주
를 부를 수 있었기 때문일 것이다. 남자에 대해서는 이름을 부른다고 했는데, 초혼
과 명(銘)에 있어서 모두 이름으로 그 자를 지칭한다는 뜻이다. 부인의 명(銘)은
성(姓) 및 첫째[伯]나 둘째[仲] 등을 함께 기록한다고 했는데, 이것은 아마도 은나

---

1) 명정(銘旌)은 명정(明旌)이라고도 부른다. 영구(靈柩) 앞에 세워서 죽은 자의 관직
   및 성명(姓名)을 표시하는 깃발이다.

라로부터 그 이전 시대의 제도인 것 같으니, 주나라의 경우라면 반드시 '부인(夫人)'이라고 지칭해야 한다. '성(姓)'의 경우, 노나라는 희성(姬姓)인데, 후대의 삼가에서는 각각 개별적인 씨(氏)를 불렀다. 이것이 바로 '씨(氏)'라는 것이니, 은나라로부터 그 이전에는 육세(六世) 밖이라면, 서로 혼사를 치를 수 있었다. 그렇기 때문에 부인의 경우 성(姓)을 모르는 경우도 있었던 것인데, 주나라에서는 이처럼 하지 않았다.

① ○爲銘各以其物.

補註 士喪禮疏曰: 各以其物者, 周禮·司常, 雜帛爲物, 大夫士同建, 今云各以其物, 而不同者, 雜帛雖同, 長短則異. 雜帛者, 以絳帛爲旗, 以白色之帛裨緣之.

번역 『의례』「사상례(士喪禮)」편의 소에서 말하길, 각각 해당하는 물(物)로 한다고 했는데, 『주례』「사상(司常)」편에서는 비단을 섞어서 만든 깃발은 물(物)이라고 했고, 대부와 사가 동일하게 세우는 것이다. 그런데 이곳에서는 각각 해당하는 물(物)로 한다고 하여 차이를 보이는데, 비단을 섞어서 만든다는 점에서는 동일하지만 길이에 있어서는 차이가 있기 때문이다. '잡백(雜帛)'이라는 것은 진홍색의 비단으로 깃발을 만들고 백색의 비단으로 가장자리를 두르는 것이다.

補註 ○按: 司常云: "王建大常, 諸侯建旂, 孤卿建旜, 大夫士建物." 此皆謂常時所建也. 喪之銘旌, 亦各以此, 而若不命之士, 則常時無物, 故合緇綷爲銘旌, 不得用全帛也.

번역 ○살펴보니, 『주례』「사상(司常)」편에서는 "천자는 대상(大常)을 세우고, 제후는 기(旂)를 세우며, 고와 경은 전(旜)을 세우고, 대부와 사는 물(物)을 세운다."[2]라고 했다. 이것들은 모두 일상적일 때 세우는 깃발을 뜻한다. 상을 치를 때의 명정 또한 각각 이것에 따르게 되어 있는데, 만약 명(命)

---

2) 『주례』「춘관(春官)·사상(司常)」: 及國之大閱, 贊司馬頒旗物: 王建大常, 諸侯建旂, 孤卿建旜, 大夫士建物, 師都建旗, 州里建旟, 縣鄙建旐, 道車載旞, 斿車載旌

의 등급을 받지 못한 사라면, 일상적일 때 세우는 물(物)이라는 깃발이 없다. 그렇기 때문에 검은색과 붉은색의 천을 섞어서 명정을 만들게 되니, 온전히 비단으로만 사용할 수 없다.

補註 ○又按: 士喪本文, "爲銘各以其物, 亡則以緇, 長半幅, 桱末, 長終幅, 廣三寸." 註, "亡, 無也, 謂不命之士也." 今此所引士喪禮云者, 乃雜以解釋之辭, 非本文也.

번역 ○또 살펴보니, 『의례』「사상례(士喪禮)」편의 본문에서는 "명(銘)을 만들 때에는 각각 해당하는 물(物)로 하는데, 물이 없는 경우라면 검은색의 천을 사용하는데 그 길이는 반폭이고, 하단은 붉은색의 천을 사용하는데 그 길이는 종폭이고 너비는 3촌이다."[3]라고 했고, 주에서는 "'망(亡)'자는 없다는 뜻이니, 명(命)의 등급을 받지 못한 사를 의미한다."라고 했다. 지금 이곳에서 인용을 하며 「사상례」편에서 말했다고 했는데, 이것은 풀이하는 말을 뒤섞어서 한 것이니, 본래의 기록은 아니다.

② 長一尺[又]長二尺.

補註 按: 士喪禮註, 此乃釋長半幅 · 長終幅之辭, 謂長半幅, 卽長一尺, 長終幅, 卽長二尺也. 布幅本二尺二寸, 而今云二尺者, 侯與深衣, 皆除邊幅一寸, 此亦兩邊各除一寸而言也. 不命之士, 則以緇一尺爲旌, 以桱二尺爲末, 總之爲三尺, 與士之三尺稍別也.

번역 살펴보니, 「사상례」편의 주에 따르면 이것은 장반폭(長半幅)과 장종폭(長終幅)이라는 말을 풀이한 것이니, 장반폭은 곧 길이가 1척이라는 것에 해당하고, 장종폭은 길이가 2척이라는 것에 해당한다. 포의 폭은 본래 2척 2촌인데 이곳에서 2척이라고 말한 것은 과녁과 심의의 경우에는 모두 가장자리의 1촌을 제거하는데, 여기에서도 양쪽 가장자리에서 각각 1촌씩을 제

---

3) 『의례』「사상례(士喪禮)」: <u>爲銘, 各以其物. 亡則以緇, 長半幅, 楨末, 長終幅, 廣三寸</u>. 書銘于末曰: "某氏某之柩."

하고서 말했기 때문이다. 명(命)의 등급을 받지 못한 사는 검은색의 포 1척으로 깃발을 만들고 붉은색의 포 2척으로 하단을 만드는데, 총합은 3척이 되니, 사가 3척의 것을 사용하는 것과 약간의 구별만 될 따름이다.

③ 男子稱名[又]婦人[止]伯仲.

補註 士喪禮書銘于末曰: "某氏某之柩." 疏曰: "除天子·諸侯之外, 男子皆稱名, 是以此云某氏某之柩."

번역 「사상례」편에서는 하단에 명문을 쓰며 "아무개씨 아무개의 널이다."라고 했고, 소에서는 "천자나 제후를 제외한 나머지 계층의 경우 남자는 모두 이름을 지칭하게 되는데, 이러한 까닭으로 이곳에서 아무개씨 아무개의 널이라고 말한 것이다."라고 했다.

「상복소기」 43장

참고—經文

①斬衰之葛與齊衰之麻同, 齊衰之葛與大功之麻同, 麻同, 皆兼服之.

번역 참최복의 상에서 졸곡을 치른 뒤 차는 갈(葛)로 만든 질(絰)은 자최복의 상에서 초상 때 차는 마(麻)로 만든 질(絰)과 크기가 같다. 자최복의 상에서 졸곡을 치른 뒤 차는 갈(葛)로 만든 질(絰)은 대공복의 상에서 초상 때 차는 마(麻)로 만든 질(絰)과 크기가 같다. 수위가 높은 상과 낮은 상이 겹쳤을 때, 여자의 경우에는 모두 마(麻)로 된 것을 차고, 남자의 경우에는 마(麻)와 갈(葛)로 만든 질(絰)을 모두 착용한다.

① 斬衰之葛[止]兼服之.

補註 鄭註: "皆者, 皆上二事也. 兼服之, 謂服麻又服葛也. 男子則絰上服之葛, 帶下服之麻, 婦人則絰下服之麻同[1], 自帶其故帶也, 所謂易服者易輕者也. 兼服之文, 主於男子." 疏曰: "二事, 謂斬衰葛與齊衰麻同, 齊衰葛與人功麻同, 故也."

번역 정현의 주에서 말하길, "'개(皆)'라는 말은 앞의 두 가지 사안을 모두 포괄한다는 뜻이다. 겸하여 착용한다는 말은 마(麻)로 된 것을 착용하고 또 갈(葛)로 된 것을 착용한다는 뜻이다. 남자의 경우라면 질(絰)은 상복에 착용하는 갈(葛)로 만든 질(絰)을 차고, 대(帶)는 하복에 착용하는 마(麻)로 만든 대(帶)를 착용하며, 부인의 경우라면 질(絰)은 하복에 착용하는 마(麻)로 만든 대(帶)와 동일하게 하니, 부인은 이전부터 차고 있던 대(帶)를 그대로 차기 때문이다. 이른바 상복을 바꾸는 경우에는 덜 중요한 것을 바꾼다는

---

1) '동(同)'자에 대하여. '동'자는 본래 '고(固)'자로 기록되어 있었는데, 『예기정의』에 따라 글자를 수정하였다.

말[2]에 해당한다. '겸복(兼服)'이라는 문장은 남자에 대한 경우를 위주로 한 말이다."라고 했다. 소에서 말하길, "두 사안이라고 한 것은 참최복에 하는 갈(葛)로 만든 것과 자최복에 하는 마(麻)로 만든 것이 동일한 크기이며, 자최복에 하는 갈(葛)로 만든 것과 대공복에 하는 마(麻)로 만든 것이 동일한 크기이기 때문이다."라고 했다.

補註 ○按: 此章乃重釋上文易服者易輕之義也. 又竝有喪兼服之節, 間傳尤詳備, 當參考.

번역 ○살펴보니, 이 문장은 앞에서 "상복을 바꾸는 경우에는 덜 중요한 것을 바꾼다."라고 했던 뜻을 재차 풀이한 것이다. 또한 상을 치르며 겸해서 착용하는 절차도 나타내고 있는데, 『예기』 「간전(間傳)」편에 더 상세히 기록되어 있으니, 마땅히 참고해야만 한다.

補註 ○又按: 上服謂舊喪之重者, 下服謂新喪之輕者.

번역 ○또 살펴보니, '상복(上服)'이라는 것은 이전에 당한 수위가 높은 상을 뜻하며, '하복(下服)'은 이후에 당한 수위가 낮은 상을 뜻한다.

참고―集說

上章言絰殺皆是五分去一, 此言斬衰卒哭後所受葛絰, 與齊衰初死之麻絰大小同; 齊衰變服之葛絰, 與大功初死之麻絰大小同. 麻同皆兼服之者, 謂居重喪而遭輕喪, 服麻又服葛也. 上章言男子易要絰不易首絰, 故首仍重喪之葛, 要乃輕喪之麻也. ①婦人卒哭後無變②上下皆麻, 此言麻葛兼服者, 止謂男子耳.

번역 앞에서는 질(絰)의 크기를 줄일 때, 모두 5분의 1씩을 줄인다고 했고, 이곳에

---

2) 『예기』 「상복소기」: 除喪者, 先重者. 易服者, 易輕者.

서는 참최복의 상에서 졸곡을 한 이후에 받게 되는 갈(葛)로 만든 질(絰)은 자최복의 상에서 초상 때 착용하는 마(麻)의 질(絰)과 크기가 같다고 했으며, 자최복의 상에서 상복을 변경하여 갈(葛)로 만든 질(絰)을 찰 때, 대공복의 상에서 초상 때 착용하는 마(麻)의 질(絰)과 크기가 같다고 했다. '마동개겸복지(麻同皆兼服之)'라는 말은 수위가 높은 상을 치르는 도중 수위가 낮은 상을 당하여, 마(麻)로 된 것을 착용하고, 또 갈(葛)로 된 것을 착용한다는 뜻이다. 앞에서는 남자는 요질(要絰)은 바꾸지만 수질(首絰)은 바꾸지 않는다고 했기 때문에, 머리에 두르는 것은 곧 수위가 높은 상에서 차는 갈(葛)로 만든 질(絰)이고, 허리에는 곧 수위가 낮은 상에서 차는 마(麻)로 만든 질(絰)을 찬다. 부인의 경우 졸곡을 치른 뒤에는 변경하는 일이 없어서, 위아래 모두 마(麻)로 된 것을 차니, 이곳에서 마(麻)와 갈(葛)을 함께 착용한다고 한 말은 단지 남자에 대한 경우를 뜻할 따름이다.

① 婦人卒哭後無變.

補註 按: 婦人卒哭, 帶無變, 唯變絰爲葛, 而陳註有若全無所變, 亦誤矣. 無變上, 當添帶字看.

번역 살펴보니, 부인은 졸곡을 하게 되면 요대에는 변화가 없지만, 수질은 바꿔서 갈로 된 것을 차는데, 진호의 주에서는 마치 전혀 바뀌는 것이 없는 것처럼 기록하였으니 이 또한 잘못된 해석이다. '무변(無變)'이라는 말 앞에는 대(帶)자를 덧붙여서 보아야만 한다.

② 上下皆麻.

補註 按: 婦人則雖首服新喪之麻絰, 而腰亦舊喪之麻帶, 故曰上下皆麻.

번역 살펴보니, 부인의 경우 비록 머리에는 이후에 당한 상의 마로 된 수질을 차게 되지만, 허리에는 또한 이전에 당한 상의 마로 된 대를 차게 된다. 그렇기 때문에 상하가 모두 마라고 말한 것이다.

「상복소기」44장

報葬者報虞, ①三月而後卒哭.

번역 가난하거나 특별한 변고 때문에 죽자마자 장례를 치르는 경우에는 우제 또한 신속히 치른다. 다만 졸곡의 경우에는 3개월이 지난 뒤에 치른다.

① 三月而後卒哭.

補註 鄭註: 卒哭之祭, 待哀殺也.
번역 정현의 주에서 말하길, 졸곡의 제사는 슬픔이 줄어들 때까지 기다려야만 한다.

「상복소기」 45장

참고-經文

父母之喪偕, 先葬者不虞祔, 待後事. ①其葬服斬衰.

번역 부모의 상이 동시에 발생하면, 모친에 대한 장례를 먼저 치르는데, 먼저 치른 자에 대해서는 곧바로 우제와 부제를 지내지 않고, 부친에 대한 우제와 부제를 치른 뒤에야 모친에 대한 우제와 부제를 지낸다. 모친에 대한 장례를 치를 때에도 부친에 대한 상복인 참최복을 그대로 착용한다.

① ○其葬服斬衰.

補註 鄭註: 言其葬服斬衰, 則虞·祔各以其服矣, 及練·祥皆然, 卒事反服重.

번역 정현의 주에서 말하길, 모친의 장례를 치르며 부친에 대한 참최복을 착용한다고 했다면, 우제와 부제를 치를 때에는 각각 해당하는 복장에 따르고, 소상과 대상에서도 모두 이처럼 하며, 그 일들을 끝내면 다시 높은 자에 대한 상복을 착용한다.

참고-集說

父母之喪偕, 卽曾子問並有喪, 言父母同時死也. 葬先輕而後重. 先葬, 葬母也. 不虞祔, 不爲母設虞祭祔祭也. 蓋葬母之明日, 卽治父葬, ①葬父畢虞祔, 然後爲母虞祔, 故云待後事, 祭則先重而後輕也. 其葬母亦服斬衰者, 從重也. 以父未葬, 不敢變服也.

번역 부모의 상이 모두 일어났다는 말은 『예기』「증자문(曾子問)」편에서 말한 "상이 동시에 발생한다."1)는 경우에 해당하니, 부모가 동시에 돌아가신 경우를 뜻한다. 장례의 경우에는 상대적으로 낮은 자를 먼저 하고 높은 자를 뒤에 한다. 먼저 장례를 치르는 것은 모친에 대한 장례를 치르는 것이다. 우제와 부제를 치르지 않는 것은 모친을 위해서 우제와 부제를 치르지 못한다는 뜻이다. 모친에 대한 장례를 치르고 난 다음 날에는 곧 부친에 대한 장례를 치르게 되고, 부친에 대한 장례가 끝나면 우제와 부제를 치르고, 그런 뒤에야 모친에 대한 우제와 부제를 치른다. 그렇기 때문에 "뒤의 일을 기다린다."라고 말한 것이니, 제사의 경우에는 높은 자를 먼저 지내고, 상대적으로 낮은 자를 뒤에 지내기 때문이다. 모친에 대한 장례를 치를 때에도 또한 참최복을 착용하는 것은 높은 자에 대한 복장에 따르기 때문이다. 부친에 대한 장례를 아직 치르지 않았다면, 감히 상복을 바꿀 수 없기 때문이다.

① 葬父[止]爲母虞祔.

補註 按: 古註疏, 只言先虞父乃虞母. 曾子問亦曰: "其虞也, 先重後輕." 以此觀之, 父之祔, 則不當先於母之虞, 陳註誤矣.

번역 살펴보니, 옛 주와 소에서는 단지 먼저 부친에 대한 우제를 치르고 곧 모친에 대한 우제를 치른다고 했다. 「증자문」편에서도 "우제를 치를 때에는 중대한 것은 먼저하고 상대적으로 덜 중대한 것은 뒤에 한다."라고 했다. 이를 통해 살펴본다면 부친에 대한 부제는 모친에 대한 우제보다 앞설 수 없으니, 진호의 주는 잘못되었다.

---

1) 『예기』「증자문(曾子問)」: 曾子問曰: 並有喪, 如之何. 何先何後. 孔子曰: 葬, 先輕而後重, 其奠也, 先重而後輕, 禮也. 自啓及葬, 不奠, 行葬, 不哀次, 反葬, 奠而後, 辭於殯, 遂修葬事. 其虞也, 先重而後輕, 禮也.

「상복소기」 46장

참고-經文

大夫降其庶子, ①其孫不降其父.

번역 대부는 자신의 서자에 대해서 상의 등급을 낮추지만, 서자의 아들은 자신의 부친에 대해서 등급을 낮추지 않는다.

① 其孫不降其父.

補註 鄭註: 祖不厭孫也.

번역 정현의 주에서 말하길, 조부는 손자에 대해서 낮추지 않는다.

참고-集說

大夫爲庶子服大功, 而庶子之子, 則爲父三年也. ①大夫不服其妾, 故妾子爲其母大功.

번역 대부는 서자를 위해서 대공복을 착용하지만, 서자의 자식은 부친을 위해서 삼년상을 치른다. 대부는 첩을 위해서 상복을 착용하지 않기 때문에, 첩의 자식은 그의 모친을 위해서 대공복을 착용한다.

① 大夫不服其妾[止]大功.

補註 按: 此本疏說, 而疏引此以證祖雖不厭孫, 父則厭子也.

번역 살펴보니, 이것은 소의 주장에 근거한 것인데, 소에서는 이러한 내용을 인용하며 조부는 비록 손자에 대해 낮추지 않지만, 부친은 자식에 대해서 낮춘다는 뜻을 증명하였다.

「상복소기」 50장

①士祔於大夫則易牲.

번역 손자가 사의 신분이었고, 조부가 대부의 신분이었는데, 손자가 죽어 대부였던 조부의 묘(廟)에 합사를 한다면, 대부에 대한 희생물로 바꿔서 사용한다.

① **士祔於大夫則易牲.**

補註 鄭註: "不敢以卑牲祭尊也, 大夫少牢也." 疏曰: "下云'賤不祔貴', 而此云'士祔大夫'者, 謂無士可祔, 則不得不祔於大夫, 如妾無妾祖姑, 易牲而祔於女君也. 若有士則當祔於士, 故雜記云 '士不祔於大夫.'"

번역 정현의 주에서 말하길, "감히 낮은 신분에게 해당하는 희생물로 존귀한 자에게 제사를 지낼 수 없기 때문이니, 대부에 대해서는 소뢰(少牢)를 사용한다."라고 했다. 소에서 말하길, "아래 문장에서는 '미천한 자는 존귀한 자에게 합사를 할 수 없다.'라고 했는데, 이곳에서 '사를 대부에게 합사한다.'라고 말한 것은 사에게 합사를 할 수 있는 적절한 대상이 없어서, 부득이하게 대부에게 합사를 해야만 하는 경우를 뜻하니, 마치 첩에게 첩의 조고가 없어서, 희생물을 바꾸고 여군에게 합사를 하는 것이 허용된 경우와 같다. 만약 합사를 할 수 있는 적절한 사가 있다면, 마땅히 사의 묘(廟)에 합사를 해야 한다. 그렇기 때문에 『예기』「잡기(雜記)」편에서는 '사는 대부에게 합사할 수 없다.'[1]라고 말한 것이다."라고 했다.

補註 ○按: 陳註妾無妾祖姑以下, 與此疏同, 而意異. 蓋疏則取其不得不祔尊之相同, 陳註則取其易牲之相同也.

---

1) 『예기』「잡기상(雜記上)」: 大夫附於士. 士不附於大夫, 附於大夫之昆弟, 無昆弟則從其昭穆. 雖王父母在亦然.

번역 ○살펴보니, 진호의 주에서 "첩에게 첩의 조고가 없다."라고 한 말로부터 그 이하의 기록은 소의 내용과 동일하지만, 의미에 있어서는 차이가 있다. 소의 경우에는 부득이하게 존귀한 자에게 합사를 하는 경우가 같다는 뜻을 취한 것이고, 진호의 주 경우에는 희생물을 바꾸는 경우가 같다는 뜻을 취한 것이다.

補註 ○又按: 類編解易牲, 與古註相反, 而此恐鄭所謂不敢以卑牲祭尊者者, 較長. 且以下文"其夫不爲大夫, 而祔於其妻, 則不易牲"之義推之, 所謂易牲, 明是用尊牲也.

번역 ○또 살펴보니, 『유편』에서 희생물을 바꾼다는 의미를 풀이한 것이 옛 주와는 상반되는데, 이것은 아마도 정현이 말한 "감히 미천한 자의 희생물로 존귀한 자에 대한 제사를 지낼 수 없다."라고 한 말을 더 낫다고 여긴 것이다. 또 아래문장에서 "남편이 대부에서 물러난 이후에 죽었고 아내에게 합사를 하게 되면, 희생물을 바꾸지 않는다."[2]라고 했던 뜻을 미루어보면 이른바 희생물을 바꾼다는 것은 존귀한 자에게 해당하는 희생물을 사용한다는 뜻임을 나타낸다.

---

2) 『예기』「상복소기(喪服小記)」: 其妻爲大夫而卒, 而后其夫不爲大夫, 而祔於其妻, 則不易牲. 妻卒而后夫爲大夫, 而祔於其妻, 則以大夫牲.

「상복소기」 51장

繼父不同居也者, 必嘗同居, ①皆無主後, 同財而祭其祖禰爲
同居, 有主後者爲異居.

번역 계부와 함께 거처를 하지 않지만, 반드시 그 이전에 함께 거처를 했고, 둘 모두에게 후사가 없으며, 재산을 공유하여 자신의 조부와 부친에 대해서 제사를 지내는 경우라면, 같은 곳에 거주하는 경우로 간주하여, 자식은 계부를 위해서 기년복을 착용한다. 그런데 계부에게 후사가 있거나 자식에게 후사가 있다면, 다른 곳에 거주하는 경우로 간주하여, 자식은 계부를 위해서 자최복을 3개월 동안 착용할 따름이다.

① ○皆無主後.

補註 按: 此下當著爲也吐.

번역 살펴보니, 이 구문 뒤에는 마땅히 하야[爲也]토를 붙여야 한다.

母再嫁而子不隨往, 則此子與母之繼夫猶路人也, 故自無服
矣. 今此子①無大功之親, 隨母以往, 其人亦無大功之親, 故云
同居皆無主後也. 於是以其貨財爲此子同築宮廟, 使之祭祀其
先, 如此則是繼父同居, 其服期也. 異居有三, 一是②昔同今
異, 二是今雖同居却不同財, 三是繼父自有子卽爲異居. 異居
者, 服齊衰三月而已. 此云有主後者爲異居, 則此子有子亦爲
異居也.

번역 모친이 재가를 했는데, 자식이 따라가지 않았다면, 자식과 모친의 남편은 아무런 관련이 없다. 그렇기 때문에 상복을 착용하지 않는다. 현재 자식에게 대공복의 관계에 있는 친족이 없어서, 모친을 따라갔고, 계부 또한 대공복의 관계에 있는 친족이 없는 상태이기 때문에, "함께 거주하지만, 모두 계승할 자가 없다."고 말한 것이다. 이때 그 재화를 통해서 자식을 위해 궁묘(宮廟)를 함께 짓고, 자식으로 하여금 그의 선조에게 제사를 지내도록 했다면, 이것은 계부가 함께 거주하는 경우와 같으니, 그에 대해서는 기년복을 착용한다. 다른 건물에 사는 경우는 세 종류가 있다. 첫 번째는 이전에는 같은 곳에 거주했지만, 현재는 다른 곳에 거주하는 경우이다. 두 번째는 현재는 비록 같은 곳에 거주하지만, 재산을 함께 사용하지 않는 경우이다. 세 번째는 계부에게 자식이 있어서, 다른 곳에 거주하는 것으로 간주하는 경우이다. 다른 곳에 거주하는 경우에는 자최복으로 3개월 동안 상을 치를 따름이다. 이곳에서 "후계자가 있는 경우 다른 곳에 거주하는 경우로 삼는다."라고 했으니, 그 자식에게 자식이 생기면 또한 다른 곳에 거주하는 경우로 삼는다.

① 無大功之親.

補註 按: 此據儀禮·喪服傳文. 喪服註: "大功之親, 謂同財者也."
번역 살펴보니, 이것은 『의례』「상복(喪服)」편의 전문에 근거한 말이다. 「상복」편의 주에서는 "대공복의 관계에 있는 친족은 재산을 공유하는 자를 뜻한다."라고 했다.

② 昔同今異.

補註 喪服傳曰: "必嘗同居, 然後爲異居, 未嘗同居, 則不爲異居." 註: "未嘗同居, 則不服之."
번역 「상복」편의 전문에서는 "반드시 이전에 함께 거주했어야 하니, 그런 이후에야 거주지가 달라진 경우에 해당한다. 일찍이 함께 거주하지 않았다면 거주지가 달라진 경우가 되지 않는다."라고 했고, 주에서는 "일찍이 함께 거주하지 않았다면 그를 위해 상복을 착용하지 않는다."라고 했다.

「상복소기」 54장

참고-經文

> 士大夫不得祔於諸侯, 祔於諸祖父之爲士大夫者. 其妻祔於諸
> 祖姑, ①妾祔於妾祖姑, ②亡則中一以上而祔, 祔必以其昭穆.

번역 자손들 중 사와 대부의 신분이었던 자는 제후의 묘(廟)에 합사를 할 수 없고, 조부의 형제들 중 사나 대부의 신분이었던 자의 묘(廟)에 합사를 한다. 그의 처도 조부의 형제들 중 사나 대부의 신부이었던 자의 처에게 합사를 하고, 첩은 조부의 첩에게 합사를 하지만, 조부의 첩이 없다면, 한 대를 걸러서 그 이상의 대상에게 합사를 하니, 합사를 할 때에는 반드시 소목(昭穆)의 순서에 따르기 때문이다.

① 妾祔於妾祖姑.

補註 疏曰: 下文云"妾母不世祭", 則妾無廟, 今乃云祔及高祖者, 當是爲壇而祔.

번역 소에서 말하길, 아래문장에서 "첩의 모친에 대해서 손자는 제사를 지내지 않는다."라고 했다면 첩에게는 묘가 없는데, 이곳에서 합사가 고조에까지 미친다고 한 것은 제단을 만들어서 합사를 하는 것에 해당한다.

補註 ○按: 妾母壇祔之說, 又見下文慈母妾母不世祭章註.

번역 ○살펴보니, 첩의 모친에 대해 제단을 만들어 합사를 한다는 주장은 또한 아래문장 중 "자모와 첩모에 대해서 손자는 제사를 지내지 않는다."[1]고 한 문장의 주에 나온다.

② 亡則中一以上而祔.

補註 語類曰: 祖爲諸侯, 不可祔, 則間一而上祔於高祖, 只取昭穆之同.

---

1) 『예기』 「상복소기(喪服小記)」 : 慈母與妾母, 不世祭也.

번역 『어류』에서 말하길, 조부가 제후의 신분이라서 합사를 할 수 없다면 중간에 한 대를 걸러서 그 위로 고조에게 합사를 하니, 단지 같은 소목의 차례에 따른 것일 뿐이다.

補註 ○類編曰: 此通諸祖之爲大夫.
번역 ○『유편』에서 말하길, 이것은 조부가 대부인 경우까지도 통괄하는 내용이다.

補註 ○按: 陳註以此句爲只說妾祔者, 本出疏說, 而恐未然.
번역 ○살펴보니, 진호의 주에서는 이 구문이 단지 첩의 합사만 설명하는 것이라고 여겼는데, 이것은 소의 주장에서 도출된 것이지만 아마도 그렇지 않은 것 같다.

補註 ○陸音: 亡, 如字, 又音無.
번역 ○육덕명의 『음의』에서 말하길, '亡'자는 글자대로 읽으며, 또한 그 음은 '無(무)'도 된다.

참고-集說

公子·公孫之爲士·爲大夫者, 不得祔於先君之廟也. 諸祖父, 其祖爲國君者之兄弟也. 諸祖姑, 諸祖父之妻也. 若祖爲國君, 而無兄弟可祔, ①亦祔宗族之疏者. 上言士易牲而祔於大夫, 而大夫不得易牲而祔諸侯者, 諸侯之貴絶宗, 故大夫士不得親之也. 妾祔於妾祖姑, 言妾死則祔於祖之妾也. 亡, 無也. 中, 間也. 若祖無妾, 則又間曾祖一位而祔高祖之妾, 故云亡則中一以上而祔也. 所以間曾祖者, 以昭穆之次不同列, 祔必以昭穆也.

번역 공자(公子)와 공손(公孫)들 중 사나 대부가 된 자는 선군의 묘(廟)에 합사할 수 없다. '제조부(諸祖父)'는 제후가 된 조부의 형제들을 뜻한다. '제조고(諸祖姑)'는 제조부의 처를 뜻한다. 만약 조부가 제후의 신분이었고, 합사할 수 있는 형제가 없을 때에는 또한 종족 중 관계가 소원한 자에게 합사를 한다. 앞에서는 사는 희생물을 바꾸고, 대부의 묘(廟)에 합사를 한다고 했는데, 대부는 희생물을 바꿔서 제후의 묘(廟)에 합사를 할 수 없다. 그 이유는 제후처럼 존귀한 자와 종주 관계가 끊어졌으므로 대부와 사가 친근하게 대할 수 없기 때문이다. 첩은 첩의 조고에게 합사를 하니, 첩이 죽었다면, 조부의 첩에게 합사를 한다는 뜻이다. '망(亡)'자는 "없다 [無]."는 뜻이다. '중(中)'자는 "사이를 둔다[間]."는 뜻이다. 만약 조부에게 첩이 없다면, 또한 증조부 한 대를 걸러서, 고조부의 첩에게 합사를 한다. 그렇기 때문에 "없다면 한 자리를 걸러서 그 이상의 대상에게 합사를 한다."라고 말한 것이다. 증조부에 대해서 사이를 두는 이유는 소목(昭穆)의 순차에 따르면 동렬이 아니며, 합사를 할 때에는 반드시 소목의 순차에 따라야만 하기 때문이다.

① 亦祔宗族之疏者.

補註 按: 若祖爲國君而無兄弟者, 當祔於高祖兄弟之爲士大夫者, 陳註之意, 則祔於祖之從父兄弟, 蓋以中一以上之義, 只屬妾祔故也.

번역 살펴보니, 만약 조부가 제후의 신분이었고 형제가 없는 경우라면, 마땅히 고조의 형제 중 사나 대부의 신분이었던 자에게 합사를 해야 한다. 진호의 주에 나타난 뜻은 조부의 종부형제에게 합사를 한다고 했는데, 중간에 한 대를 걸러서 그 위로 합사를 한다는 뜻을 단지 첩의 합사에만 해당한다고 여겼기 때문이다.

① 宗子母在爲妻禪.

번역 대종(大宗)은 부친이 돌아가신 경우, 모친이 생존해 계시더라도 자신의 처를 위해서 담제를 치른다.

① 宗子母在爲妻禪.

補註 鄭註: "宗子之妻尊也." 疏曰: "賀瑒云'父在, 適子爲妻不杖', 則不禪. 若父沒母存, 則爲妻得杖又得禪. 凡適子皆然. 嫌畏宗子尊厭其妻, 特云'宗子, 母在爲妻禪.' 宗子尙然, 則其餘適子母在爲妻禪可知. 賀循云'宗子, 母在爲妻禪, 則其餘適庶母在, 爲妻竝不得禪也.' 小記又云'父在, 庶子爲妻以杖卽位', 父在爲妻猶有其杖, 則父沒母存, 有杖可知. 此是杖有不禪者也. 婦人尊微, 不奪正服, 竝厭其餘哀."

번역 정현의 주에서 말하길, "종자의 처는 존귀하기 때문이다."라고 했다. 소에서 말하길, "하창은 '부친이 생존해 계신다면 적자는 자신의 처를 위해 상례를 치를 때 지팡이를 잡지 않는다.'라고 했으니, 담제도 치르지 않는다. 만약 부친이 돌아가시고 모친이 생존해 계신다면, 자신의 처를 위해서 지팡이도 잡을 수 있고 담제도 치를 수 있다. 무릇 적자의 경우 모두 이처럼 한다. 종자는 존귀한 신분이므로 자신의 처에 대해서 등급을 낮추게 될 것을 염려했기 때문에, 특별히 '종자는 모친이 생존해 계시더라도 자신의 처를 위해서 담제를 치른다.'라고 말한 것이다. 종자가 오히려 이처럼 한다면, 나머지 적자들 또한 모친이 생존해 계시더라도 자신의 처를 위해서 담제를 치른다는 사실을 알 수 있다. 하순[1]은 '종자는 모친이 생존해 계시더라도 자신의 처를

---

1) 하순(賀循, A.D.260~A.D.319) : 위진시대(魏晉時代) 때의 학자이다. 자(字)는 언선(彦先)이다.

위해서 담체를 치른다고 했다면, 나머지 적자나 서자들은 모친이 생존해 계실 때 처를 위해서 모두 담제를 치를 수 없다. 「상복소기」편에서는 또한 부친이 생존해 계시면, 처를 위해서 지팡이를 잡고서 자리로 나아간다고 했으니,[2] 부친이 생존해 계신 경우, 자신의 처를 위해서 여전히 지팡이를 잡을 수 있는 경우가 있다면, 부친이 돌아가시고 모친만 생존해 계신 경우에도 지팡이를 잡는 경우가 있음을 알 수 있다. 이것은 지팡이를 잡지만 담제를 치르지 않는 경우에 해당한다. 부인은 존귀함이 낮지만, 정규 복장을 지키지 않을 수 없으므로, 등급을 낮춰서 애통함을 모두 표하지 않는다.'"라고 했다.

補註 ○按: 正服, 杖也, 餘哀, 禫也, 不字之義, 連下餘哀.
번역 ○살펴보니, 하순의 말 중 '정복(正服)'은 지팡이를 잡는 것을 뜻하며, '여애(餘哀)'는 담제사를 뜻하고, '불(不)'자는 그 뒤의 구문인 여애(餘哀)까지 걸린다.

補註 ○又按: 疏說有二義, 而陳註從賀瑒說.
번역 ○또 살펴보니, 소의 주장에는 두 가지 뜻이 수록되어 있는데, 진호의 주에서는 하창의 주장에 따랐다.

참고-集說

父在, 則適子爲妻不杖, 不杖則不禫. 父沒母存, 則杖且禫矣. 此宗子百世不遷者也. 恐疑於宗子之尊厭其妻, 故明言雖母在, 亦當爲妻禫也. 然則①非宗子而母在者不禫矣.

번역 부친이 생존해 계신 경우라면, 적자는 자신의 처를 위해서 상복을 착용하며 지팡이를 잡지 않는데, 지팡이를 잡지 않는다면 담제를 치르지 않는다. 부친이 돌아

---

2) 『예기』「상복소기(喪服小記)」: 父在, 庶子爲妻, 以杖卽位可也.

가시고 모친이 생존해 계신 경우라면, 자신의 처를 위해서 지팡이도 잡고 또 담제도 치른다. 여기에서 말한 종자는 영원토록 체천되지 않는 대종이다. 아마도 종자의 존귀한 신분으로 인해 자신의 처에 대해서 낮춰야 한다고 의심할 것을 염려했기 때문에, 비록 모친이 생존해 계시더라도, 또한 마땅히 처를 위해서 담제를 치른다고 명시한 것이다. 그렇다면 종자가 아닐 때 모친이 생존해 계신 경우라면, 담제를 치르지 않는다.

① 非宗子[止]不禪矣.

補註 按: 陳註旣從賀瑒之義, 則此不字, 恐是亦字之訛.

번역 살펴보니, 진호의 주는 이미 하창의 주장에 따르고 있다. 따라서 이곳의 불(不)자는 아마도 역(亦)자가 와전된 것 같다.

補註 ○沙溪曰: 下文云, "父在, 庶子爲妻, 以杖卽位", 杖則必禪. 又喪服註, "適子, 父在則爲妻不杖, 以父爲之主也." 以此觀之, 父不主衆子婦之喪, 衆子爲妻正杖也. 此註非宗子而母在者不禪之說, 不可適從.

번역 ○사계가 말하길, 아래문장에서 "부친이 생존해 계실 때, 서자가 자기 처의 상을 주관하게 되면, 지팡이를 잡고 자리로 나아간다."라고 했는데, 지팡이를 잡게 되면 반드시 담제를 치르게 된다. 또 『의례』「상복(喪服)」편의 주에서는 "적자는 부친이 생존해 계시다면 처를 위해서 지팡이를 잡지 않으니 부친이 처에 대한 상주 역할을 하기 때문이다."라고 했다. 이를 통해 살펴보면 부친은 나머지 자식의 아내들에 대해서 그녀들의 상을 주관하지 않으니, 나머지 자식이 자신의 처를 위해서는 정식으로 지팡이를 잡게 된다. 이곳 주에서는 종자가 아니고 모친이 생존해 계신다면 담제를 지내지 않는다고 했는데, 그 주장에 따를 수 없다.

「상복소기」 58장

참고-經文

①爲慈母後者, 爲庶母可也, 爲祖庶母可也.

번역 첩의 자식 중 자모(慈母)의 자식이 된 자는 서모(庶母)의 자식이 될 수도 있고, 조부 서모의 자식도 될 수 있다.

① 爲慈母[止]祖庶母可也.

補註 疏曰: 賀瑒云, "雖有子道, 服於慈庶母三年, 而猶爲己母不異, 異於後大宗而降本也."

번역 소에서 말하길, 하창은 "비록 자식의 도리를 갖추고 있더라도, 자모와 서모에 대해서 삼년상을 치른다면, 오히려 자신의 모친에 대한 경우와 차이가 없으니, 후대의 대종이 본래의 복식을 낮추는 것과는 다르다."라고 했다.

참고-集說

①傳曰: "妾之無子者, 妾子之無母者, 父命之爲子母." 此謂爲慈母後者也. 若庶母嘗有子, 而子已死, 命他妾之子爲其後, 故云爲庶母可也. 若父之妾有子而子死, 己命己之妾子後之亦可, 故云爲祖庶母可也.

번역 『의례』「상복(喪服)」편의 전문(傳文)에서는 "첩 중 자식이 없는 자와 첩의 자식 중 생모가 없는 자에 대해서, 부친은 명령을 하여, 둘을 자식과 모친 관계로 만든다."[1]라고 했다. 이 내용은 자모의 후계자가 된 자를 뜻한다. 만약 서모 중에 일

---

1) 『의례』「상복(喪服)」: 傳曰, 妾之無子者, 妾子之無母者, 父命妾曰, "女以爲子."

찍이 자식이 있었지만, 자식이 이미 죽은 상태라면, 다른 첩의 자식에게 명령하여, 그녀의 후계자로 삼을 수 있다. 그렇기 때문에 "서모의 후계자가 될 수도 있다."라고 말한 것이다. 만약 부친의 첩 중 자식이 있었는데, 자식이 죽어서, 자신이 자신의 첩 아들에게 그녀의 후계자가 되라고 명령을 하는 것 또한 가능하다. 그렇기 때문에 "조부의 서모 후계자가 될 수도 있다."라고 말한 것이다.

① 傳曰妾之[止]爲子母.

補註 按: 喪服傳本文又曰, "若是則生養之終其身. 慈母死則喪之三年如母, 貴父之命也." 此謂以下, 卽陳氏自爲說.

번역 살펴보니, 「상복」편의 전문에서는 또한 "이와 같다면 생전에 봉양하는 도리는 자신이 죽을 때까지 지속되는 것이다. 자모가 죽게 되면 그녀에 대해서는 모친과 동일하게 삼년상을 치르니, 부친의 명령을 존귀하게 여기기 때문이다."[2]라고 했다. '차위(此謂)'라고 한 말로부터 그 이하의 말들은 진호가 주장하는 내용들이다.

---

2) 『의례』「상복(喪服)」: 傳曰, 妾之無子者, 妾子之無母者, 父命妾曰, "女以爲子." 命子曰, "女以爲母." 若是, 則生養之終其身如母, 死則喪之三年如母, 貴父命也.

「상복소기」 60장

①慈母與妾母, ②不世祭也.

번역 자모와 첩인 모친에 대해서는 자식이 제사를 지내더라도 손자는 제사를 지내지 않는다.

① **慈母與妾母**.

補註 疏曰: 妾母, 謂庶子自爲其母也.

번역 소에서 말하길, 첩모를 제사지낸다는 말은 서자가 자신의 모친에 대해서 제사를 지내는 경우를 뜻한다.

② **不世祭也**.

補註 鄭註: 春秋傳云, "於子祭, 於孫止."

번역 정현의 주에서 말하길, 『춘추전』에서는 "자식 때에는 제사를 지내지만, 손자 때에는 그친다."[1]라고 했다.

---

1) 『춘추곡량전』「은공(隱公) 5년」: 九月, 考仲子之宮. 考者, 何也, 考者, 成之也, 成之爲夫人也, 禮, 庶子爲君, 爲其母築宮, 使公子主其祭也, 於子祭, 於孫止, 仲子者, 惠公之母, 隱孫而俯之, 非隱也, 初獻六羽.

「상복소기」 61장

참고─經文

丈夫冠而不爲殤, 婦人笄而不爲殤. ①爲殤後者, 以其服服之.

번역 남자가 관례(冠禮)를 치르면 성인으로 간주하니, 요절한 자의 상례에 따르지 않는다. 여자가 계례(笄禮)를 치르면 성인으로 간주하니, 요절한 자의 상례에 따르지 않는다. 친족 중 요절한 자의 후계자가 된 자는 자신의 부친이나 모친에 대한 상복 규정에 따라 복상한다.

① ○爲殤後[止]服之.

補註 鄭註: "言爲後, 據承之也. 殤無爲人父之道, 以本親之服服之." 疏曰: "爲殤後者, 謂大宗子在殤中而死, 族人爲後大宗, 而不得後此殤者爲子也. 旣爲殤者父作子, 則應服以兄弟之服, 而云: '以本親之服服之'者, 當在未後之前, 不復追服, 不責人以非時之恩故也."

번역 정현의 주에서 말하길, "후손이 된다고 말한 것은 그의 제사를 받드는 자를 기준으로 한 말이다. 요절을 한 자에게는 부친으로서의 도리가 없으니, 본래의 친족 관계에 따른 상복으로써 복상한다."라고 했다. 소에서 말하길, "요절한 자의 후손이 된다는 것은 대종의 자식이 요절에 해당하는 나이에 죽었다면, 족인들을 뽑아서 대종의 후계자로 삼지만, 이 자를 요절한 자의 자식으로 삼을 수 없다. 이미 요절한 자의 부친이 그를 정식 자식으로 삼았다면, 마땅히 형제에 대한 상복에 따라서 복상을 해야 한다. 그런데 정현이 '본래의 친족 관계에 따른 상복으로써 복상한다.'라고 한 것은 요절한 자의 죽은 시점이 아직 후계자가 되기 이전에 해당하여, 다시 관계를 미루어서 복상할 수 없으니, 그에게 때에 맞지 않은 은정을 강요할 수가 없기 때문이다."라고 했다.

補註 ○按: 疏所謂以未後之前本親之服服之者, 恐未必爲鄭註本意歟.

번역 ○살펴보니, 소에서는 아직 후계자가 되기 이전이므로 본래의 친족 관계에 따른 상복으로 복상한다고 했는데, 아마도 이것은 정현의 주에 나타난 본지라고 기필할 수 없다.

補註 ○又按: 類編斥陳註族人爲後者卽爲子之說, 而但我國如江陽君淑之爲潭陽君璩繼子, 綾原大君之爲義安君繼子, 麟坪大君之爲綾昌大君繼子, 皆爲殤後者也. 然朝家此規, 出於一時特命, 元非禮法所許. 曾子問, 孔子曰: "宗子爲殤而死, 庶子不爲後也." 宗子之殤, 尙不可爲後, 其他可知. 然則所謂爲殤後者, 恐只謂承奉後祀耳, 以其服服之者, 恐只謂不服父子之服耳. 陳註終恐未安.

번역 ○또 살펴보니, 『유편』에서는 진호의 주에서 족인들 중 후계자가 된 자는 곧 자식이 된다는 주장을 배척하였다. 다만 우리나라의 경우 강양군 숙이 담양군 거의 계자가 되었고, 능원대군이 의안군의 계자가 되었으며, 인평대군이 능창대군의 계자가 된 일이 있는데, 이 모두는 요절한 자의 후계자가 된 경우에 해당한다. 그러나 조정에서 이러한 규범을 세운 것은 일시의 특별한 명령에서 비롯된 것이지 본래는 예법상 허용되는 것이 아니다. 『예기』「증자문(曾子問)」편에서 공자는 "종자가 어린 나이에 죽게 된다면, 서자는 후계자가 될 수 없다."[1]라고 했다. 종자가 요절했을 때에도 오히려 후계자가 될 수 없다고 했다면 다른 경우도 될 수 없다는 사실을 알 수 있다. 그렇다면 이른바 '위상후(爲殤後)'라는 것은 아마도 이후의 제사를 받들어 모신다는 뜻일 뿐이며, '이기복복지(以其服服之)'라는 것은 아마도 부자관계에서 착용하는 상복을 착용할 수 없다는 뜻인 것 같다. 진호의 주는 그 해석이 끝내 매끄럽지 못하다.

---

1) 『예기』「증자문(曾子問)」: 孔子曰: 有陰厭, 有陽厭. 曾子問曰: 殤不祔祭, 何謂陰厭 · 陽厭. <u>孔子曰: 宗子爲殤而死, 庶子弗爲後也.</u> 其吉祭, 特牲, 祭殤, 不擧, 無肵俎, 無玄酒, 不告利成, 是謂陰厭.

「상복소기」 62장

久而不葬者, ①<u>唯主喪者不除</u>, 其餘以麻終月數者, 除喪則已.

번역 오랜 기간이 지나도록 장례를 치르지 못하는 경우, 오직 상주만이 복장을 제거하지 않고, 나머지 기년복 이하의 관계에 있는 친족들은 장례를 치르지 않은 상태이므로, 복장에 변화를 주지 않고, 마(麻)로 된 것을 착용하여 정해진 기간만큼 채우니, 기간을 끝내면 제거하고 계속 착용하지 않는다.

① ○唯主喪者不除.

補註 疏曰: 庾云, "服問曰, '君所主夫人妻 · 太子 · 適婦', 昔謂此在不除之例, 定更思詳, 以尊主卑, 不得同以卑主尊, 無緣以卑之未葬, 而使尊者長服衰絰也."

번역 소에서 말하길, 유씨는 "『예기』「복문(服問)」편에서는 '군주가 주관하는 상은 부인인 처 · 태자 · 적자 아내의 상이다.'[1]라고 했다. 예전에는 이러한 경우를 상복을 제거하지 않는 용례에 해당한다고 했는데, 자세히 따져야 하니, 존귀한 자가 낮은 자의 상을 주관하면, 낮은 자가 존귀한 자의 상을 주관하는 경우와 동일하게 할 수 없는데, 연고자가 없어서 낮은 자에 대해 장례를 아직 치르지 않아 존귀한 자로 하여금 오랜 기간 상복을 착용하도록 한 것이다."라고 했다.

主喪者不除, 謂子於父, 妻於夫, 孤孫於祖父母, 臣於君, 未葬

---

1) 『예기』「복문(服問)」: 君所主夫人妻, 大子, 適婦.

不得除衰絰也. 麻終月數者, 期以下至緦之親, 不
得變葛, 故服麻以至月數足而除, 不待主人葬後之除也. 然①其
服猶必收藏以俟送葬也.

번역 "상을 주관하는 자가 제거하지 않는다."는 말은 자식은 부친에 대해서, 처는
남편에 대해서, 고아가 된 손자는 조부모에 대해서, 신하는 군주에 대해서, 아직 장
례를 치르지 못해서 상복과 질(絰)을 제거하지 못한 경우를 뜻한다. "마(麻)로써
개월 수를 끝낸다."는 것은 기년복으로부터 그 이하로 시마복의 관계에 있는 친족
이니, 상주가 아직 장례를 치르지 못해서, 갈(葛)로 된 것으로 바꿀 수 없기 때문에,
마(麻)로 된 것을 착용하고서 정해실 개월 수까지 채우고시 제기를 하며, 상주가
장례를 치른 뒤 제거할 때까지 기다리지 않는다. 그러나 그 복장은 반드시 보관을
해두어, 장례를 전송할 때 다시 입어야 한다.

① 其服猶必[止]送葬也.

補註 按: 下文云, "及其葬也, 反服其服", 卽此也.
번역 살펴보니, 아래문장에서 "그의 장례를 치르게 되면 다시 본래의 상복을
착용한다."[2]라고 한 말이 이 내용에 해당한다.

補註 ○續通解曰: 按, 司徒文子曰, "喪服旣除然後乃葬, 則其服何服?"
子思答曰, "三年之喪, 未葬, 服不變, 除何有焉? 期·大功, 服其所除之
服以葬, 旣葬而除之."
번역 ○『속통해』에서 말하길, 살펴보니 사도문자가 "상복을 이미 제거한 뒤
에 장례를 치르게 되면 그 때 착용하는 복장은 무슨 복장입니까?"라고 하자
자사는 "삼년상을 치를 때 아직 장례를 지내지 못했다면 복장에 변화가 없는
데 무엇을 제거하겠습니까? 기년복과 대공복의 상에서는 제거했던 복장을
착용하고 장례를 치르고, 장례를 마치면 제거합니다."라고 대답했다.

---

2) 『예기』「상복소기(喪服小記)」: 爲兄弟旣除喪已, <u>及其葬也反服其服</u>, 報虞卒哭
則免, 如不報虞則除之.

「상복소기」 64장

練, <u>筮日筮尸</u>視濯, 皆要絰杖繩屨, 有司告具而后去杖. 筮日筮尸, 有司告事畢而后杖拜送賓. ①<u>大祥吉服而筮尸</u>.

번역 소상을 치르게 되면, 소상의 제사를 치르는 날과 그때 세우는 시동에 대해서 시초점을 치고, 제사에 사용될 제기들의 세척 상태를 살피며, 모든 경우에 요질(要絰)을 두르고 지팡이를 잡으며, 승구를 신지만, 유사가 모든 사안이 갖춰졌다고 아뢴 이후에는 지팡이를 제거하고, 그 일에 임한다. 제삿날과 시동에 대해서 점을 칠 때, 유사가 관련 사안이 끝냈다고 아뢴 이후에는 지팡이를 잡고 절을 하여 빈객을 전송한다. 대상 때에는 길복을 착용하고 시동에 대해서 점을 친다.

① 大祥吉服而筮尸.

補註 疏曰: 大祥, 縞冠朝服. 今將欲祥, 亦預服大祥之服, 以臨筮日筮尸·視濯也.

번역 소에서 말하길, 대상을 치르는 날에는 호관에 조복을 착용한다. 현재는 대상을 치르려고 하니, 또한 그 전에 미리 대상 때의 복장을 착용하고, 날짜와 시동에 대해서 점치고 세척한 제기를 살펴보는 일에 임한다.

「상복소기」65장

①庶子在父之室, 則爲其母不禫.

번역 서자가 부친의 곁에 살 경우라면, 생모에 대한 장례를 치를 때 담제를 지내지 않는다.

① ○庶子在[止]不禫.

補註 按: 鄭註, "妾子父在厭也", 而陳註不明言妾子, 誤矣.

번역 살펴보니, 정현의 주에서는 "첩의 자식은 부친이 생존해 계실 때 모친에 대해서 수위를 낮추기 때문이다."라고 했는데, 진호의 주에서는 첩의 자식이라고 명시하지 않았으니, 잘못된 설명이다.

補註 ○上文宗子母在爲妻禫章, 疏曰: "賀循曰, '小記庶子在父之室, 爲其母不禫, 若其不杖, 則喪服不杖期條, 應有庶子爲母不杖之文. 而今無其文, 則猶杖可知.' 是有杖無禫也."

번역 ○앞 문장 중 "대종(大宗)은 부친이 돌아가신 경우, 모친이 생존해 계시더라도, 자신의 처를 위해서 담제를 치른다."[1]라고 한 문장의 소에서 "하순은 '「상복소기」편에서 서자가 부친의 곁에 살 경우 생모를 위해서 담제를 지내지 않는다고 했는데, 만약 이러한 경우 지팡이를 잡지 않았다면, 『의례』「상복(喪服)」편에서 지팡이를 잡지 않는 기년상 항목 중에 마땅히 서자가 모친을 위해서 지팡이를 잡지 않는다는 기록이 있어야 한다. 현재의 『의례』 기록에는 이러한 문장이 없으니, 여전히 지팡이를 잡게 됨을 알 수 있다.'라고 했으니, 이것은 지팡이를 잡지만 담제를 치르지 않는 경우이다."라고 했다.

---

1) 『예기』「상복소기(喪服小記)」: 宗子母在爲妻禫.

補註 ○沙溪曰: 或疑爲母不禫則亦不杖乎? 按, 父在爲母杖期, 則雖不禫, 安有不杖之理乎?

번역 ○사계가 말하길, 혹자는 모친을 위해서 담제를 치르지 않는다면 또한 지팡이도 잡지 않는 것이냐고 의문을 제시한다. 내가 살펴보니 부친이 생존해 계실 때 돌아가신 모친을 위해서는 지팡이를 잡고 기년상을 치르니 비록 담제를 지내지 않더라도 어찌 지팡이를 잡지 않는 이치가 있겠는가?

참고-集說

①此言不命之士父子同宮者.

번역 이 내용은 명(命)의 등급을 받지 못한 사 계급에 대한 것으로, 부친과 자식이 같은 건물에 거주하는 경우를 뜻한다.

① 此言不命[止]同宮者.

補註 按: 此陳註本於疏說, 而疏同宮者下有"異宮則禫"四字.

번역 살펴보니, 이러한 진호의 주장은 소의 주장에 근거한 것인데, 소에서는 '동궁자(同宮者)'라는 말 뒤에 "다른 건물에 거주하는 경우라면 담제를 치른다."라는 말이 기록되어 있다.

「상복소기」 66장

此言①適庶俱有父母之喪者, 適子得執杖進阼階哭位, 庶子至
中門外則去之矣.

번역 이 내용은 적자와 서자에게 모두 부모의 상이 발생한 경우, 적자는 지팡이를
짚고서 동쪽 계단으로 나아가 곡을 하는 위치에 서게 되는데, 서자는 중문 밖에 도
달하면, 지팡이를 제거한다는 뜻이다.

① ○適庶俱有父母之喪.

補註 按: 此適庶, 恐謂長子與衆子也. 一說此庶子, 連上章, 當亦爲妾
子也.

번역 살펴보니, 여기에서 말한 '적서(適庶)'는 장자와 나머지 아들들을 뜻하
는 말인 것 같다. 일설에는 이곳에 나온 서자(庶子)는 앞 문장과 연결되어
첩의 자식이 되어야 한다고 주장한다.

「상복소기」 68장

舅主適婦, 故適子不得杖. 舅不主庶婦, 故庶子爲妻可以杖卽
位. 此以卽位言者, 蓋①庶子厭於父母, 雖有杖不得持以卽位,
故明言之也.

번역 시아비는 적자의 아내에 대한 상을 주관하기 때문에, 적자는 지팡이를 잡을
수 없다. 시아비는 서자의 아내에 대해서는 상을 주관하지 않기 때문에, 서자는 자
신의 처를 위해서 지팡이를 잡고 자리로 나아갈 수 있다. 여기에서 자리로 나아간
다고 한 말은 아마도 서자는 부모에 대해서 수위를 낮추게 되어, 비록 지팡이를 잡
지만, 그것을 짚고서 자리로 나아갈 수 없는 경우가 있기 때문에, 명시한 것이다.

① ○庶子厭於[止]卽位.

補註 沙溪曰: 註說未瑩.
번역 사계가 말하길, 주의 설명은 명확하지 못하다.

補註 ○疏曰: 鄭答或問曰, "庶子爲父母厭, 下於適子, 雖有杖, 不得持卽
位. 今恐爲妻亦得杖, 而不卽位, 故明之也."
번역 ○소에서 말하길, 정현은 혹자의 질문에 답하며 "서자는 부모의 상에
대해서 수위를 낮추니, 적자보다 낮추기 때문으로, 비록 지팡이를 들지만,
그것을 가지고 자리로 나아갈 수 없다. 현재는 처를 위해서도 또한 지팡이를
들 수 있지만, 자리로만 나아갈 수 없다고 오해할 것을 염려했기 때문에 명
시한 것이다."라고 했다.

補註 ○徐志修曰: 陳註庶子上, 似落一恐字.
번역 ○서지수가 말하길, 진호의 주에는 '서자(庶子)'라는 말 앞에 공(恐)이
라는 한 글자가 누락된 것 같다.

「상복소기」 69장

①諸侯弔於異國之臣, 則其君爲主.

번역 제후가 다른 나라의 신하에게 조문을 하게 되면, 신하의 임금이 상주를 맡는다.

① 諸侯弔於[止]爲主.

補註 按: 曾子問, 衛靈公適魯, 遭季桓子之喪, 衛君請弔, 哀公爲主, 是也.

번역 살펴보니, 『예기』「증자문(曾子問)」편에서 위나라 영공이 노나라에 갔을 때 때마침 계환자의 상을 접하여 위나라 군주가 조문을 청하자 애공이 상주를 맡았다는 것[1]이 바로 이 경우에 해당한다.

---

1) 『예기』「증자문(曾子問)」: 喪之二孤, 則昔者, 衛靈公, 適魯, 遭季桓子之喪. 衛君
請弔, 哀公辭, 不得命. 公爲主, 客入弔, 康子立於門右, 北面, 公揖讓, 升自東階,
西鄕, 客升自西階, 弔. 公拜興哭, 康子拜稽顙於位, 有司弗辯也. 今之二孤, 自季
康子之過也.

「상복소기」 70장

참고-集說

錫者, 治其布使之滑易也. 國君自弔其臣, 則素弁環経錫衰; 弔異國臣, 則皮弁錫衰也. 凡免之節, 大功以上爲重服, ①<u>自始死至葬, 卒哭後, 乃不復免</u>; 小功以下爲輕服, 自始死至殯, 殯後不復免, 至葬啓殯之後而免, 以至卒哭如始死. 今人君來弔, 雖非服免之時, 必爲之免, 以尊重人君故也. 禮"旣殯而成服." 此言未喪服, 謂未成服也.

번역 '석(錫)'이라는 것은 포(布)를 다듬어서 매끄럽게 만든 것이다. 제후가 직접 자신의 신하에게 조문을 하게 되면, 소변에 환질을 두르고 석최를 착용하며, 다른 나라의 신하에게 조문을 한다면, 피변에 석최를 착용한다. 문(免)을 하는 절차에 있어서, 대공복으로부터 그 이상의 상복은 무거운 상복으로 여기고, 어떤 자가 이제 막 죽었을 때로부터 장례를 치를 때까지 하며, 졸곡을 끝낸 뒤에는 곧 재차 문(免)을 하지 않는다. 소공복으로부터 그 이하의 상복은 가벼운 상복으로 여기며, 이제 막 죽었을 때로부터 빈소를 차릴 때까지 하고, 빈소를 차린 뒤에는 다시 문(免)을 하지 않고, 장례를 치르게 되어, 가매장했던 빈소를 열게 된 이후에는 문(免)을 하여, 졸곡 때까지 하니, 어떤 자가 이제 막 죽었을 때처럼 하는 것이다. 현재 군주가 찾아와서 조문을 했는데, 비록 그 시기가 문(免)을 하는 시기가 아니더라도, 반드시 그를 위해 문(免)을 하니, 군주를 존중하기 때문이다. 예법에서는 "빈소를 차리고서 성복을 한다."라고 했는데, 이곳에서는 아직 상복을 입지 않았다고 했다. 이것은 아직 성복을 하지 않았다는 뜻이다.

① ○自始死[止]復免.

補註 按: 此非謂自始死至卒哭前, 長時可免也. 未成服之免, 及啓殯後之免, 五服悉同, 而但大功以上, 則成服, 後有事, 如君弔, 則亦可免也. 見下文主人未除喪章註, 至於小功, 則成服後啓殯前, 雖有事不免也.

번역 살펴보니, 이것은 어떤 자가 이제 막 죽었을 때로부터 졸곡을 하기 이

전까지 장시간 문(免)을 할 수 있다는 뜻이 아니다. 아직 성복을 하지 않았을 때 문을 하고 계빈을 한 이후에 문을 하는 것은 오복에서 모두 동일하게 따르는 것이다. 다만 대공복 이상의 상복에서는 성복을 한 이후에 시행할 일이 있을 경우, 예를 들어 군주가 조문을 온 경우라면 또한 문을 할 수 있다. 아래 "상주가 아직 상을 끝내지 않았다."[1]라고 한 문장의 주에서 소공복에 대해 성복을 한 이후와 계빈을 하기 이전에 비록 시행할 일이 있더라도 문을 하지 않는다는 설명에 나타난다.

補註 ○又按: 經文云已葬主人必免, 則此與未葬異, 餘人雖大功以上, 似不免. 疏曰: "主人必免, 謂大功以上也."

번역 ○또 살펴보니, 경문에서는 "이미 장례를 치른 뒤라도 상주는 반드시 문을 한다."[2]라고 했다면, 이것은 아직 장례를 치르기 이전과 차이가 나는 것인데, 나머지 사람들은 비록 대공복 이상의 상복을 착용하게 되더라도 문을 하지 않았을 것이다. 소에서는 "주인이 반드시 문을 한다는 것은 대공복 이상의 경우를 뜻한다."라고 했다.

---

1) 『예기』「상복소기(喪服小記)」: 主人未除喪, 有兄弟自他國至, 則主人不免而爲主.
2) 『예기』「상복소기(喪服小記)」: 諸侯弔必皮弁錫衰, 所弔雖已葬, 主人必免. 主未喪服, 則君亦不錫衰.

「상복소기」71장

참고─經文

養有疾者不喪服, 遂以主其喪. 非養者入主人之喪, 則不易己
之喪服. 養尊者必易服, ①養卑者否.

번역 친족 중 가까운 친족이 없는데 병에 걸린 자가 있어서, 본인이 그를 봉양하게
되면, 자신이 본래 입고 있던 상복을 벗고 봉양을 한다. 그리고 그 자가 죽게 되면,
봉양했던 인연에 따라 그의 상을 주관한다. 그를 봉양했던 자가 아니지만, 그가 죽
은 뒤에, 그 집에 찾아와서 그의 상을 주관하게 된다면, 자신이 본래 입고 있던 상
복을 바꾸거나 제거하지 않는다. 부친이나 형 항렬의 존귀한 자를 봉양하는 경우에
는 반드시 복장을 바꾸지만, 자식이나 동생 항렬의 낮은 자를 봉양하는 경우에는
바꾸지 않는다.

① 養卑者否.

補註 疏曰: 前云去喪服而養疾, 遂以主喪, 是父兄之行也.
번역 소에서 말하길, 이전에는 상복을 제거하고 봉양을 하고, 결국 그 일로
인해 상을 주관한다고 했는데, 이것은 반드시 부친이나 형 항렬에 해당하는
자에 대한 경우이다.

「상복소기」 72장

참고-經文

妾無妾祖姑者, ①易牲而祔於女君可也.

번역 첩에게 있어서, 고조의 첩이 없는 경우라면, 희생물을 바꾸고, 여군에게 합사해도 괜찮다.

① ○易牲而祔於女君.

補註 鄭註: "易牲而祔, 則凡妾下女君一等." 疏曰: "當易妾之牲, 用女君之牲, 祔於女君也. 妾與女君牲牢無文, 既云易牲, 故云下女君一等. 下女君一等者, 若女君少牢, 妾則特牲, 若女君特牲, 妾則特豚也."

번역 정현의 주에서 말하길, "희생물을 바꾸고 합사를 한다면, 모든 첩들에 대해서 여군보다 한 등급을 낮춘다."라고 했다. 소에서 말하길, "마땅히 첩에게 사용되는 희생물을 바꾸고, 여군에 대한 희생물을 사용하여, 여군에게 합사를 해야 한다. 첩과 여군에게 사용하는 희생물에 대해서는 기록이 남아 있지 않다. 그런데 이미 희생물을 바꾼다고 했기 때문에, 여군보다 한 등급을 낮춘다고 말한 것이다. 여군보다 한 등급을 낮춘다면, 만약 여군에게 소뢰를 사용하면 첩에게는 특생을 사용하는 것이다. 또는 여군에게 특생을 사용한다면 첩에게는 한 마리의 돼지를 사용하는 것이다."라고 했다.

補註 ○按: 鄭註雖涉疑晦, 而竊詳其意, 蓋以妾牲無見文, 故云凡妾下女君一等, 以明其卑於女君之牲, 不得不易之也. 疏說則太煞分明, 而類編引此註疏, 反以證用卑牲之義, 恐不然. 前章易牲註, 既曰不敢以卑牲祭尊也. 鄭註必無自相矛盾之理矣. 且以下文"其夫不爲大夫, 而祔於其妻, 則不易牲"之義推之, 則所謂易牲, 明是用尊牲之謂.

번역 ○살펴보니, 정현의 주가 불명확하더라도 그 의미를 상세히 따져보면 아마도 첩에게 사용하는 희생물에 대해서는 경문 기록이 나타나지 않는다.

그렇기 때문에 첩은 여군보다 한 등급이 낮다고 말하여 여군에게 사용하는 희생물보다 낮아서 바꾸지 않을 수가 없음을 나타낸 것이다. 소의 주장은 매우 분명한데, 『유편』에서는 이러한 주와 소의 주장을 인용하여 도리어 낮은 자의 희생물을 사용한다는 뜻을 증명하였는데, 아마도 그렇지 않을 것이다. 앞에서 희생물을 바꾼다고 한 문장의 주에서도 이미 감히 미천한 자의 희생물로 존귀한 자에게 제사를 지낼 수 없다고 말했다. 정현의 주도 분명 서로 모순되지 않을 것이다. 또 아래문장에서 "남편이 어떤 사정으로 인해 대부에서 물러났고, 남편이 죽어서 아내에게 합사를 하게 되면, 희생물로 바꾸지 않는다."라고 한 뜻으로 유추를 해보면, 희생물을 바꾼다는 것은 존귀한 자에게 사용하는 희생물을 쓴다는 뜻임이 분명하다.

「상복소기」 73장

참고-經文

①婦之喪虞卒哭, 其夫若子主之, 祔則舅主之.

번역 며느리의 상을 치를 때, 우제와 졸곡은 침(寢)에서 치르므로, 그녀의 남편이나 자식이 주관하고, 부제는 묘(廟)에서 치르므로 그녀의 시아비가 주관한다.

① 婦之喪[止]舅主之.

補註 鄭註: 婦, 謂凡適婦·庶婦也.

번역 정현의 주에서 말하길, '부(婦)'는 적자의 부인과 서자의 부인을 모두 가리킨다.

「상복소기」 74장

①士不攝大夫, 士攝大夫唯宗子.

번역 사의 상에서는 대부를 섭주로 삼을 수 없다. 사가 종자의 신분이라면, 대부를 섭주로 삼을 수 있다.

① ○士不攝大夫[止]宗子.

補註 按: 陳註有兩說, 而上說雖本古註, 文理牽强, 下說爲是.

번역 살펴보니, 진호의 주에는 두 가지 주장이 나오는데, 앞의 주장은 비록 옛 주에 근거한 것이지만, 문맥의 흐름상 견강부회했으니, 뒤의 주장이 옳다.

참고-集說 士喪無主, 不敢使人大夫兼攝爲主. 若士是宗子, 則主喪之任, 可使人大夫攝之, 以宗子尊故也. 一說, 大夫之喪無主, 士不敢攝而主之, 若士是宗子則可.

번역 사의 상에 상주를 맡을 자가 없다고 하더라도, 감히 대부로 하여금 섭주의 임무를 맡게 해서, 상주로 삼을 수 없다. 만약 사가 종자의 신분이라면, 상을 주관하는 임무에 대해서, 대부로 하여금 돕도록 할 수 있으니, 종자는 존귀한 신분이기 때문이다. 일설에는 대부의 상에 상주가 없을 경우, 사가 감히 섭주를 맡아서 상주 노릇을 할 수 없고, 만약 사가 종자의 신분이라면 가능하다는 뜻이라고 주장한다.

「상복소기」 76장

참고-經文

①陳器之道, 多陳之而省納之可也, 省陳之而盡納之可也.

번역 장례 때 함께 부장하는 명기(明器)의 경우, 그것을 진열하는 법도는 빈객에게 받은 것들은 모두 진열하지만, 추려서 부장하는 것이 옳고, 상주가 제작한 것들은 추려서 진열하지만 모두 부장하는 것이 옳다.

① ○陳器[止]納之可也.

補註 徐志修曰: 小註陸說, 與本註差異, 而似長.

번역 서지수가 말하길, 소주에 나온 육씨의 주장은 본래의 주와는 차이가 나는데, 더 나은 것 같다.

참고-大全 山陰陸氏曰: 陳器之道, 如其陳之數而納之正也. 卽雖多陳之少納之, 省陳之盡納之, 禮亦不禁, 是之謂可.

번역 산음육씨가 말하길, 명기(明器)를 진열하는 도리는 진열했던 수만큼 부장하는 것이 올바른 도리이다. 그런데 비록 많이 진열하지만 적게 부장하고, 줄여서 진열하지만 모두 부장한다는 것도 예법에서는 금하지 않는다. 이러한 까닭으로 "괜찮다[可]."라고 말한 것이다.

「상복소기」77장

兄弟, 天倫也. 所知, 人情也. 係於天者情急於禮, 由於人者禮
勝於情. ①宮, 故殯宮也.

번역 형제는 천륜으로 맺어진 관계이다. 알고 있는 사이는 인정으로 맺어진 관계이
다. 천성적인 관계에서는 그 정감이 예법보다 우선되고, 인정에 따른 관계에서는
예법이 정감보다 우세하다. '궁(宮)'은 이전에 만들었던 빈궁을 뜻한다.

① ○宮故殯宮也.

補註 按: 旣葬則無殯, 故曰故殯宮.

번역 살펴보니, 장례를 치르게 되면 빈소가 없어지게 된다. 그렇기 때문에
'고빈궁(故殯宮)'이라고 부른 것이다.

「상복소기」 79장

①與諸侯爲兄弟者, 服斬.

번역 다른 나라에 거주하고 있지만, 본국의 제후와 형제인 자는 제후의 상이 발생하면, 본국으로 되돌아와서 참최복을 착용한다.

① 與諸侯[止]服斬.

補註 鄭註: "謂卿大夫以下, 與尊者爲親, 不敢以輕服服之. 言諸侯者, 明雖在異國猶來爲三年也." 疏曰: "謂諸侯死, 凡與諸侯有五屬之親者, 皆服斬也. 不云君, 而云諸侯, 故知客在異國也."

번역 정현의 주에서 말하길, "경과 대부로부터 그 이하의 형제들을 뜻하니, 존귀한 자와 친족 관계가 있다고 하더라도, 감히 수위가 낮은 상복으로 그에 대한 복상을 할 수 없다는 의미이다. '제후(諸侯)'라고 말한 것은 비록 다른 나라에 거주하는 자라도 본국으로 와서 삼년상을 치러야 함을 나타낸다."라고 했다. 소에서 말하길, "제후가 죽었을 때, 제후와 다섯 부류의 친족 관계에 포함되는 자들은 모두 참최복을 입는다는 뜻이다. '군(君)'이라 말하지 않고 '제후(諸侯)'라고 말했기 때문에 빈객의 신분으로 다른 나라에 거주하는 경우임을 알 수 있다."라고 했다.

卿大夫於君自應服斬, 若不爲卿大夫而有五屬之親者, 亦皆服斬衰. 此記者恐疑服本親兄弟之服, 故特明之, 蓋謂國君之兄弟先爲本國卿大夫, ①今居他國未仕, 而本國君卒, 以有兄弟

번역 경과 대부는 자신의 군주에 대해서 제 스스로 마땅히 참최복을 착용해야 하는데, 만약 경과 대부의 신분이 아니지만, 다섯 부류의 친족에 포함되는 자라면, 또한 모두들 참최복을 착용해야 한다. 이것은 『예기』를 기록한 자가 본래 친족 관계인 형제에 대한 상복에 따라서 복장을 착용해야 한다고 오해할 것을 염려했기 때문에, 특별히 명시한 것이니, 제후의 형제들은 이전에 본국의 경과 대부의 신분이었지만, 현재는 다른 나라에 거주하며 아직 벼슬살이를 하지 않았는데, 본국의 제후가 죽게 되면, 그에게는 형제의 관계가 있게 되고, 또 그는 옛 군주에 해당하니, 반드시 본국으로 되돌아와서 참최복을 착용해야 한다. "군주에 대해서 형제가 된다."라고 말하지 않고, "제후에 대해서 형제가 된다."라고 말한 것은 다른 나라에 거주하고 있다는 사실을 밝히기 위해서이다.

① 今居他國[止]服斬也.

補註 按: 古註疏, 則此章通本國及在他國言之, 而陳註則初若通言本國, 今乃專言在他國, 語意糢糊.

번역 살펴보니, 옛 주와 소는 이 문장이 본국과 다른 나라에 머물러 있는 경우를 통괄해서 말한 것이라고 했는데, 진호의 주에서는 처음에는 마치 본국에 있는 경우까지도 통괄해서 말하는 것처럼 하다가 이곳에서는 전적으로 다른 나라에 머물러 있는 경우만으로 설명을 했으니, 말의 뜻이 모호하다.

補註 ○又按: 疏曰, "曾在本國作卿大夫, 今來他國未仕, 或與諸侯爲兄弟, 雖仕他國, 皆爲舊君服斬." 蓋服斬之義, 專在未仕他國, 及有兄弟之親.

번역 ○또 살펴보니, 소에서는 "일찍이 본국에서 경과 대부의 신분을 맡았는데, 현재 다른 나라에 가서 아직 벼슬살이를 하지 않았거나 혹은 제후와 형제가 된다면 비록 다른 나라에서 벼슬살이를 하더라도 모두 옛 군주를 위해서 참최복을 착용한다."라고 했다. 아마도 참최복을 착용한다는 도의는 다른 나라에서 아직 벼슬살이를 하지 않았거나 형제관계에 있는 친족에게만 해당하는 것 같다.

補註 ○沙溪曰: 諸侯兄弟居他國, 不應反服斬, 疑當服兄弟之服, 註說恐非經意.
번역 ○사계가 말하길, 제후의 형제가 다른 나라에 거주한다면 되돌아가서 참최복을 착용할 수 없고, 아마도 본래의 형제관계에 따른 상복을 착용해야 할 것 같으니, 주의 설명은 아마도 경문의 본의가 아닌 것 같다.

「상복소기」 80장

本是期服之親, 以死在下殤, 降爲小功, 故云下殤小功也. 其帶
以澡麻爲之, 謂夏治其麻, 使之潔白也. 不絶本, 不斷去其根
也. 報, 猶合也. 垂麻向下, 又屈之而反向上, 以合而糾之, 故云
詘而反以報之也. ①凡殤服之麻皆散垂, 此則不散, 首経麻無
根, 而要帶猶有根, 皆示其重也.

번역 본래는 기년복을 입어야 하는 친족이지만, 그가 하상(下殤)의 나이에 요절을
하여, 수위를 낮춰 소공복을 착용한 것이다. 그렇기 때문에 "하상을 하여 소공복을
입는다."라고 말한 것이다. 대(帶)는 조마(澡麻)로 만드니, 마(麻)를 두들기고 다
듬어서, 깨끗하고 희게 만든 것을 뜻한다. "본(本)을 자르지 않는다."는 말은 그 뿌
리를 제거하지 않는다는 뜻이다. '보(報)'는 "합한다[合]."는 뜻이다. 마(麻)는 밑
으로 늘어뜨리고, 또 그것을 굽혀서 반대로 위로 향하게 하여, 합해서 매듭을 묶는
다. 그렇기 때문에 "굽히고 반대로 올려서 합한다."라고 말한 것이다. 무릇 요절한
자를 위한 상복에서 마(麻)로 만든 대(帶)는 모두 끝을 늘어뜨리게 되는데, 이러한
경우라면 늘어뜨리지 않고, 수질(首経)에 하는 마(麻)에는 뿌리 부분이 없지만, 요
대(要帶)에는 오히려 뿌리 부분이 있으니, 이 모두는 중시 여김을 나타낸다.

① ○凡殤服之麻[止]不散.

補註 沙溪曰: 此獨不散, 何義也?

번역 사계가 말하길, 이러한 경우에만 끝을 늘어뜨리지 않는다고 하니 무슨
도의에 따른 것인가?

補註 ○按: 儀禮·喪服, 殤大功, 傳曰, "喪成人者, 其文縟, 喪未成人者,
其文不縟, 故殤之経不樛垂. 蓋未成人也." 註, "不樛垂者, 不絞其帶之
垂者. 雜記大功以上散垂." 疏曰, "凡喪至小斂服麻, 大功以上散帶之垂,
成服乃絞, 小功以下, 初而絞之. 今殤大功, 亦於小斂服麻, 散垂, 至成

服, 亦散不絞, 與成人異也."

번역 ○살펴보니, 『의례』「상복(喪服)」편에서는 요절한 자를 위해 대공복을 착용한다고 했고, 전문에서는 "성인이 된 이후에 죽은 자에 대해 복상할 때에는 문식이 많지만, 아직 성인이 되지 못한 상태에서 죽은 자에 대해 복상할 때에는 문식이 많지 않다. 그렇기 때문에 요절한 자에 대해 차는 질은 늘어트린 것을 꼬지 않는다. 아직 성인이 되지 못했기 때문이다."[1]라고 했고, 주에서는 "늘어트린 끈을 꼬지 않는다는 것은 요대의 늘어트리는 부분을 꼬지 않는다는 뜻이다. 『예기』「잡기(雜記)」편에서는 '대공복으로부터 그 이상의 상복을 착용할 때에는 마(麻)로 만든 대(帶)의 끝을 흩트려 늘어트린다.'[2]라고 했으며, 소에서는 "상을 치를 때 소렴에 이르게 되어 마(麻)로 된 것을 차게 되면, 대공복으로부터 그 이상은 요대의 끝을 늘어트리게 되며, 성복을 하게 되면 꼬게 된다. 소공복으로부터 그 이하는 애초에 그것을 꼬게 된다. 현재 요절한 자를 위해 대공복을 착용할 때에도 소렴을 하여 마로 된 것을 착용하게 되면 끝을 늘어트리고 성복을 하게 되더라도 늘어트린 것을 꼬지 않으니, 성인이 된 자와 차이를 두기 위해서이다."라고 했다.

補註 ○又按: 喪服圖式・成服旁通圖, 小功殤服條曰, "自此以下, 絰初則絞之, 今仍著耳. 初指小斂, 今指成服以喪服." 註, "疏及圖式觀之, 殤絰不樛垂者, 只指大功而言." 蓋大功之帶有垂, 故云不樛垂, 非謂凡殤服之麻, 皆散垂也. 但此章鄭註, "下殤小功, 本齊衰之親, 其絰帶, 不絕其本, 屈而上至要, 中合而糾之, 明親重也. 凡殤散帶垂." 疏曰, "凡殤散帶垂者, 謂成人大功以下之殤, 其殤旣輕, 唯散麻帶垂而下, 不屈而上糾, 異於下殤小功故也." 與陳註槪同, 而與喪服註疏及圖式違異, 恐誤.

---

1) 『의례』「상복(喪服)」: 子・女子子之長殤・中殤. 傳曰, 何以大功也? 未成人也. 何以無受也? 喪成人者其文縟, 喪未成人者其文不縟, 故殤之絰不樛垂, 蓋未成人也, 年十九至十六爲長殤, 十五至十二爲中殤, 十一至八歲爲下殤, 不滿八歲以下皆爲無服之殤. 無服之殤以日易月. 以日易月之殤, 殤而無服. 故子生三月則父名之, 死則哭之, 未名則不哭也.

2) 『예기』「잡기상(雜記上)」: 緦冠繰纓, 大功以上散帶.

且陳註旣曰, "凡殤服之麻, 皆散垂", 則是自大功至緦, 皆散垂之謂也.
何獨於下殤小功, 乃曰此則不散乎? 註又云"示其重", 亦不可曉. 斬服長
殤之降大功者, 其重顧不如期服下殤之降小功者乎? 禮大功以上散垂,
則散垂, 正所以示重, 豈可以不散爲示重乎? 愚意, 此反紏不散, 正爲其
小功故耳. 須以喪服疏及圖式爲準, 然後方通.

번역 ○또 살펴보니, 『상복도식』「성복방통도(成服旁通圖)」의 '소공상복(小
功殤服)'의 조목에서는 "이로부터 그 이하의 경우 질은 애초부터 꼬게 되는
데, 현재는 착용만 할 따름이다. 초(初)는 소렴을 가리키며, 금(今)은 상복으
로 성복을 한 것을 가리킨다."라고 했고, 주에서는 "소 및 『상복도식』을 통
해 살펴보면 요절한 자에 대한 질은 늘어트리는 것을 꼬지 않는다고 했는데,
이것은 단지 대공복의 경우만을 가리켜서 말한 것이다."라고 했다. 대공복의
요대는 늘어트리기 때문에 늘어트리는 것을 꼬지 않는다고 말한 것이니, 요
절한 자의 상복 중 마(麻)로 된 질을 모두 늘어트린다는 뜻은 아니다. 다만
이곳 문장에 대한 정현의 주에서는 "하상(下殤)을 하여 소공복을 착용하는
경우, 본래는 자최복을 착용해야 하는 친족이니, 그때 착용하는 질(絰)과 대
(帶)는 그 뿌리를 제거하지 않고, 끝을 굽혀서 위로 올려 허리까지 올린 다
음 중간에 합쳐서 매듭을 지으니, 관계가 깊은 친족임을 나타낸다. 요절한
자에 대해서는 대(帶)의 끝을 늘어트린다."라고 했고, 소에서는 "요절한 자에
대해서는 대(帶)의 끝을 늘어트린다고 했는데, 성인이었을 때 죽은 경우 본
래 대공복이나 그 이하의 경우에 해당하는 자가 요절했다면, 요절한 자에 대
해서는 수위를 낮추게 되어, 오직 마(麻)로 만든 대(帶)의 끝을 풀어서 밑으
로 늘어트리고, 굽혀서 위에서 매듭을 짓지 않으니, 하상을 하여 소공복을
착용한 경우와 달리하기 때문이다."라고 했다. 이 말은 진호의 주와 대략적
으로 동일하지만 「상복」편의 주·소와 『상복도식』의 내용과는 어긋나므로
아마도 잘못된 설명인 것 같다. 또 진호의 주에서는 이미 "무릇 요절한 자를
위한 상복에서 마(麻)로 만든 대(帶)는 모두 끝을 늘어트리게 된다."라고 했
으니, 이것은 대공복으로부터 시마복에 이르기까지 모두 끝을 늘어트리게
됨을 뜻한다. 그런데 어찌 하상을 하여 소공복을 착용한 경우에만 이러한 경
우에는 늘어트리지 않는다고 하는가? 주에서는 또한 "관계가 깊음을 드러내

기 위해서이다."라고 했는데, 이 또한 이해할 수 없는 말이다. 기년복인데 장상을 하여 대공복으로 수위를 낮춘 자의 경우 그 관계의 깊이가 기년복인데 하상을 하여 소공복을 착용한 자와 같지 않다는 말인가? 예법에 따르면 대공복 이상의 경우 끝을 늘어트린다면 끝을 늘어트리는 것이 바로 관계가 깊음을 드러내는 방법이 되는데, 어떻게 늘어트리지 않는 것으로 관계가 깊음을 드러낸다고 할 수 있는가? 내가 생각하기에 이러한 경우 반대로 꼬아서 늘어트리지 않는 것은 소공복이 되기 때문일 뿐이다. 「상복」편의 소 및 『상복도식』을 준칙으로 삼아야만 그 뜻이 통하게 된다.

「상복소기」 81장

참고─經文

婦祔於祖姑. ①祖姑有三人, 則祔於親者.

번역 며느리는 조부의 처에게 합사를 한다. 간혹 계모가 있어서, 조고가 세 사람이라면, 시아비를 낳은 생모에게 합사한다.

① 祖姑有三人.

補註 按: 不曰二人而必曰三人, 未詳. 家禮祔祭章曰, "祖妣二人以上, 則以親者."

번역 살펴보니, 2사람이라 말하지 않고 3사람이라고 기필하여 말한 것은 이해할 수 없다. 『가례』의 부제(祔祭)장에서는 "조비가 2명 이상인 경우라면 시아비의 생모에게 합사한다."라고 했다.

「상복소기」82장

①疏曰: 此謂始來仕而無廟者, 若有廟, 則死者當祔於祖, 不得祔於妻也. 惟宗子去他國以廟從.

번역 소에서 말하길, 이 내용은 처음으로 이 나라에 찾아와서 벼슬살이를 하여, 묘(廟)가 없는 경우를 뜻하니, 만약 묘가 있다면, 죽은 자는 마땅히 조부의 묘에 합사를 해야 하고, 처에게 합사할 수 없다. 오직 종자만이 다른 나라로 떠날 때, 묘의 신주를 가지고 간다.

① ○疏曰[止]祔於妻也.

補註 類編曰: 此言夫妻合享之祭亦名祔, 猶合葬亦言祔也, 非必謂無祖廟也. 其國如無廟, 則當是爲壇而祔, 豈可以無祖廟而祔於妻乎?

번역 『유편』에서 말하길, 이것은 남편과 아내에 대해서 합사하여 제사를 지내는 것을 '부(祔)'라고 부른 것을 뜻하니, 합장 또한 부(祔)라고 말하는 것과 같다. 따라서 이것은 조묘가 없는 경우를 뜻하는 경우가 아니다. 그 나라에 묘가 없는 경우라면 마땅히 제단을 만들어서 부제를 치르게 되는데, 어떻게 조묘가 없다고 해서 아내에게 합사를 한단 말인가?

①朱子曰: 程氏祭儀謂"凡配止用正妻一人, 或奉祀之人是再娶所生, 卽以所生配." 謂"凡配止用正妻一人", 是也. 若再娶者無子, 或祔祭別位, 亦可也. 若奉祀者是再娶之子, 乃許用所生配, 而正妻無子遂不得配祭, 可乎? 程先生此說恐誤. 唐會要中

有論, "凡是適母, 無先後皆當並祔合祭, 與古者諸侯之禮不同." 又曰: 夫婦之義, 如乾大坤至, 自有差等, 故方其生存, 夫得有妻有妾, 而妻之所天, 不容有二. 況於死而配祔, 又非生存之比? 橫渠之說, 似亦推之有太過也. 只合從唐人所議爲允. 況又有前妻無子, 後妻有子之礙, 其勢將有所机陧而不安者, 唯葬則今人夫婦未必皆合葬, 繼室別營兆域, 宜亦可矣.

번역 주자가 말하길, 정씨의 『제의』에서는 "무릇 배향의 경우에는 정처 한 사람만 할 뿐인데, 간혹 제사를 받드는 사람이 재취를 한 여자에게서 낳은 자식이라면, 그를 낳은 여자를 배향한다."라고 했다. "배향에는 정처 한 사람만 할 뿐이다."라고 한 말은 옳다. 만약 재취를 한 여자에게 자식이 없어서, 혹여 부제를 지내며 별도의 자리를 마련한다면 또한 가능하다. 만약 제사를 받드는 자가 재취를 한 여자에게서 낳은 자식인 경우, 그를 낳은 여자를 배향하도록 허용하면, 정처에게 자식이 없을 경우 결국 배향하여 제사를 지낼 수 없게 되는데, 가능하겠는가? 따라서 정선생의 이러한 주장은 아마도 잘못된 말인 것 같다. 『당회요』 중에서는 "무릇 적모의 경우, 선후에 상관없이 모두 마땅히 부제를 지내며 합제를 해야 하니, 고대 제후의 예법과는 다르다."라고 했다. 또 주자가 말하길, 부부의 도의는 건(乾)이 크고 곤(坤)이 지극한 것과 같아서, 그 자체에 차등적 등급이 있기 때문에, 생존해 있을 때 남편은 처와 첩을 두고, 처가 하늘로 섬기는 자는 두 명이 있을 수 없다. 하물며 죽었을 때 배향하여 부제를 지내는 경우, 또한 생존해 있을 때와 견주지 않는다면 어떻게 하겠는가? 따라서 횡거의 주장 또한 그 사안을 미루어보면 큰 과실을 범한 것 같다. 그러므로 단지 당나라 사람들이 의론한 것에 맞추는 것이 마땅하다. 하물며 전처에게 자식이 없었고, 후처에게 자식이 있는 상황이 발생한다면, 그 형세는 저애되는 점이 발생하여 불안하게 되며, 장례의 경우에도 현재 사람들은 남편과 아내가 모두 합장을 하는 것이 아니며, 후처에 대해서는 별도로 무덤을 조성함이 또한 마땅하다.

① 朱子曰[止]宜亦可矣.

補註 按: 此見續通解祔祭條, 而勉齋又自書於其下曰: "今案喪服小記, 婦祔於祖姑, 祖姑有三人, 則祔於親者, 其中必有再娶者, 則再娶之妻,自可祔廟. 程子‧張子特考之未詳. 朱先生所辨, 正合禮經也."

번역 살펴보니, 이 기록은『속통해』의 부제(祔祭) 조목에 나오는데, 면재는 또 그 밑에 스스로 기록을 하여 "「상복소기」편에서 며느리는 조부의 처에게 합사를 하는데 조고가 세 사람이라면 시아비를 낳은 생모에게 합사한다고 했으니, 중간에 분명 재취를 하였다면 재취를 한 처는 그 자체로 묘에 부제를 치를 수 있다. 정자와 장자가 특별히 이 부분을 고찰했지만 자세히 살피지 못했다. 주자가 논변한 것이 예경의 뜻에 부합한다."라고 했다.

補註 ○張子曰: 祔葬祔祭, 極至理而論, 則只合祔一人, 夫婦之道, 當其初婚, 未嘗約再配, 是夫只合一娶, 婦只合一嫁, 今婦人夫死而不可再嫁, 如天地之大義, 夫豈得而再娶? 然養親承家, 祭祀繼續, 不可無也. 故有再娶之理, 然其葬其祔, 同穴同筵几, 譬之人情, 一室中豈容二妻? 以義斷之, 須祔以首妻, 繼室別爲一所可也.

번역 ○장자가 말하길 부장과 부제에 있어서 지극한 이치에 따라 논의를 해보면 단지 한 사람만 합사하는 것으로, 부부의 도에 있어서 최초 혼인을 했을 때에는 재취를 하겠다고 약조한 적이 없으니, 남편은 한 명의 아내와만 합할 뿐이며, 부인도 단지 하나의 가정만 꾸릴 따름이다. 따라서 부인은 남편이 죽었을 때 재가를 하지 않는 것은 천지의 대의와 같은데 어떻게 재취를 할 수 있겠는가? 그러나 부모를 봉양하고 가정을 꾸리며 제사를 지속하기 위해서는 아내가 없을 수 없다. 그렇기 때문에 재취를 하는 이치가 생긴 것인데, 장례를 치르거나 부제를 할 때에는 같은 무덤을 쓰고 같은 자리와 안석을 사용하게 되니, 인정에 비유하자면 한 방에 어찌 두 명의 아내가 있는 것을 용납하겠는가? 도의에 따라 판단한다면 첫 번째 아내를 합사하고 나머지 아내에 대해서는 별도의 장소를 마련하는 것이 옳다.

補註 ○按: 朱子所謂推之太過, 勉齋所謂考之未詳者, 指此.

번역 ○살펴보니, 주자가 "그 사안을 미루어보면 큰 과실을 범한 것 같다."라고 말하고 면재가 "고찰했지만 자세히 살피지 못했다."라고 한 말은 바로 이것을 가리킨다.

補註 ○又按: 此小註, 恐當入上章之下.

번역 ○또 살펴보니, 이 소주는 아마도 앞 장의 밑에 삽입되어야 할 것 같다.

「상복소기」 83장

①爲父後者, 爲出母無服. 無服也者, 喪者不祭故也.

번역 부친의 후계자가 된 자는 출모를 위해서 상복을 착용하지 않는다. 상복을 착용하지 않는 이유는 상을 치르는 자는 제사를 지내지 못하기 때문이다.

① 爲父後[止]不祭故也.

補註 陽村曰: 此擧前章而釋其義也. 然爲父後者, 父在則己不主祭, 又有父命則喪出母, 此孔子使伯魚喪之者也.

번역 양촌이 말하길, 이것은 앞 장의 내용을 제시해서 그 의미를 풀이한 것이다. 그런데 부친의 후계자가 된 자는 부친이 생존해 계시다면 본인이 제사를 주관하지 않고, 또 부친의 명이 있다면 출모의 상을 치르게 되니, 이것은 공자가 백어로 하여금 모친의 상을 치르도록 한 이유이다.

出母, ①父所棄絶, 爲他姓之母以死, 則有他姓之子服之. 蓋居喪者不祭, 若喪他姓之母, 而廢己宗廟之祭, 豈禮也哉? 故爲父後者不喪出母, 重宗祀也. 然雖不服, 猶以心喪自居爲恩也, 非爲後者期而不禫.

번역 '출모(出母)'는 부친으로부터 쫓겨나서 관계가 끊어진 여자이니, 다른 성(姓)을 가진 자의 모친이 된 상태로 죽었다면, 다른 성을 가진 자식이 그녀를 위해 복상하게 된다. 무릇 상을 치르는 자는 제사를 지내지 않는데, 만약 다른 성의 모친에 대해 상례를 치른다면, 자기 종묘의 제사를 폐지하는 꼴이 되니, 어찌 예법에 맞는 행동이라 할 수 있겠는가? 그렇기 때문에 부친의 후계자가 된 자는 출모를 위해서 상을 치르지 않으니, 종묘의 제사를 중시여기기 때문이다. 그러나 비록 상복을 입지 않는다고 하더라도, 여전히 심상의 방법으로 거처하게 되니, 은정 때문이며, 후계자가 아닌 자는 기년상을 치르되 담제는 지내지 않는다.

① 父所棄絕[止]之母.

補註 類編曰: 按, 父所棄絕者是矣. 爲他姓之母, 是嫁母出而不嫁, 猶爲出母, 他姓與否不當論.

번역 『유편』에서 말하길, 살펴보니 부친에게 쫓겨나서 관계가 끊어졌다는 말은 옳다. 다른 성을 가진 자의 모친이 되었다고 했는데, 모친이 쫓겨나서 아직 시집을 가지 않았더라도 출모가 되니, 다른 성을 가진 자의 모친이라거나 그렇지 않다는 등의 문제는 따질 것이 못 된다.

「상복소기」 84장

婦人不爲主而杖者, ①姑在爲夫杖. 母爲長子削杖. ②女子子
在室爲父母, 其主喪者不杖, 則③子一人杖.

번역 부인이 상주가 아닌데도 지팡이를 잡는 경우가 있으니, 시어미가 생존해 계실
때, 죽은 남편을 위해서 지팡이를 잡는다. 모친이 장자의 상을 치르게 되면 삭장(削
杖)을 잡는다. 딸 중 아직 시집을 가지 않은 여자는 부모의 상을 치를 때, 남자 형제
가 없어서 같은 성씨의 남자를 섭주로 삼아, 그 자가 지팡이를 잡지 않으면, 딸 중
한 명이 지팡이를 잡는다.

① 姑在爲夫杖.

補註 鄭註: 姑不厭婦.
번역 정현의 주에서 말하길, 시어미는 며느리에 대해서 수위를 낮추지 않는다.

補註 ○按: 姑在下當著羅刀吐, 諺讀誤.
번역 ○살펴보니, '고재(姑在)'라는 구문 뒤에는 마땅히 라도[羅刀]토를 붙여
야 하니, 『언독』은 잘못되었다.

② 女子子在室.

補註 鄭註: 亦童子也. 筓爲成人, 成人正杖.
번역 정현의 주에서 말하길, 또한 어린아이를 뜻한다. 비녀를 꼽은 것은 성
인이 된 것이니, 성인은 곧 지팡이를 잡아야 한다.

③ 子一人.

補註 鄭註: 謂長女也.

번역 정현의 주에서 말하길, 장녀를 뜻한다.

嚴陵方氏曰: 削杖, 桐也, 杖桐, 非所以服男子, 然母爲長子, 則
杖之者, 以其①所只服我者而報之也.

번역 엄릉방씨가 말하길, 삭장(削杖)은 오동나무로 만든 지팡이인데, 오동나무로
만든 지팡이는 남자의 상에 대한 복장이 아니지만, 모친이 장자의 상을 치르면 이
지팡이를 잡게 된다. 그 이유는 나의 상에 대해서 이러한 지팡이를 잡게 되어, 보답
차원에서 잡는 것이다.

① 所只服我者.

補註 只, 唐本作以.

번역 '지(只)'자를 『당본』에서는 이(以)자로 기록했다.

「상복소기」 85장

①緦小功, 虞卒哭則免.

번역 시마복과 소공복을 치르는 상에서는 우제와 졸곡을 치르게 되면, 문(免)을 한다.

① 緦小功[止]則免.

補註 鄭註: "棺柩已藏, 嫌恩輕可以不免也." 疏曰: "虞前有葬, 葬是喪之大事, 棺柩旣啓, 著免可知. 嫌虞與卒哭棺柩旣掩, 不復著免, 故特明之也."

번역 정현의 주에서 말하길, "관을 실은 영구를 이미 매장했다면, 은정이 가벼워서 문(免)을 하지 않아도 된다고 오해할 수도 있기 때문이다."라고 했다. 소에서 말하길, "우제를 치르기 이전에는 장례 절차를 시행하고, 장례는 상의 절차 중 중대사에 해당하며, 관을 실은 영구에 대해서 이미 계빈을 하였다면, 문(免)을 하게 된다는 사실을 알 수 있다. 우제와 졸곡에서 관을 실은 영구가 땅에 묻혀 다시 문(免)을 착용하지 않는다고 오해할 수 있기 때문에, 특별히 이러한 사실을 나타낸 것이다."라고 했다.

「상복소기」 86장

참고-大全

①山陰陸氏曰: 旣葬而不報虞, 則雖主人皆冠, 此言過期而葬也. 蓋亦報虞姑然者, 以亦報虞知之也. 蓋禮如期而葬, 如期則虞, 故曰葬而虞, 弗忍一日離也. 不及時而葬, 渴葬也, 過時而葬, 慢葬也, 故禮使後其虞, 以責子道, 先王之所以必其時也. 會葬者, 葬已而去, 卽欲會虞, 報而後知之. 言雖主人皆冠, 嫌不冠也, 及虞則皆免, 據此報葬虞自有日. 但禮文殘闕, 其期不得而知也.

번역 산음육씨가 말하길, 이미 장례를 치렀는데도 신속히 우제를 치르지 않았다면, 비록 상주라도 모두 관(冠)을 쓴다고 했는데, 이것은 기간을 지나쳐서 장례를 치른 경우이다. 무릇 신속히 우제를 치르는 것을 잠시 미룬 경우에도 또 신속히 우제를 치러야 한다는 사실을 알 수 있다. 예법에 따르면, 정해진 시기가 되어야만 장례를 치르고, 또 정해진 시기가 되어야만 우제를 치른다. 그렇기 때문에 "장례를 치르고 곧바로 우제를 치르는 것은 하루라도 신령이 떨어져 있는 것을 참아낼 수 없기 때문이다."[1]라고 한 것이다. 시기가 되지도 않았는데 장례를 치르는 경우는 갈장(渴葬)에 해당하고, 시기를 넘겨서 장례를 치르는 경우는 만장(慢葬)에 해당한다. 그렇기 때문에 예법에서는 우제를 뒤늦게 치르게 함으로써, 자식에 대한 도리로 책임을 추궁하니, 선왕이 반드시 정해진 시기에 맞추게끔 했던 방법이다. 장례에 참여하는 자들은 장례가 끝나면 떠나서 우제에 참여하고자 하니, 신속히 하여 곧바로 그 뒤에 치르게 됨을 알 수 있다. 비록 상주라도 모두 관(冠)을 쓴다고 말한 이유는 관을 쓰지 않아도 된다고 오해할까 염려되기 때문이다. 우제를 치르게 되면 모두 문(免)을 한다고 했는데, 이것은 신속히 장례를 치르고, 우제 자체에 정해진 시일을 둔 경우에 기준을 둔 것이다. 다만 예의 기록들은 누락되고 생략되어, 그 기간에 대해서는 알 수 없다.

---

1) 『예기』「단궁하(檀弓下)」: 葬日虞, 弗忍一日離也.

① ○山陰陸氏曰[止]知也.

補註 按: 陸氏以報虞之報, 作報知之義, 誤矣. 上文"報葬者報虞, 三月而後卒哭", 報讀爲赴, 急疾之義, 與少儀毋報往之報, 音義同, 更何疑貳之有?

번역 살펴보니, 육씨는 '보우(報虞)'의 보(報)자를 보고하여 알린다는 뜻으로 여겼는데 잘못된 해석이다. 앞 문장에서 "죽자마자 장례를 치르는 경우에는 우제 또한 신속히 치른다. 다만 졸곡의 경우에는 3개월이 지난 뒤에 치른다."2)라고 하여 '보(報)'자를 부(赴)자로 풀이하여 신속하다는 의미로 여겼고, 『예기』「소의(少儀)」편에서 "갑작스럽게 떠나서는 안 된다."3)라고 했을 때의 보(報)자도 그 음과 뜻이 같으니, 어떻게 다른 뜻으로 풀이할 수 있겠는가?

---

2) 『예기』「상복소기(喪服小記)」: 報葬者報虞, 三月而後卒哭.
3) 『예기』「소의(少儀)」: 毋拔來, 毋報往.

「상복소기」 87장

참고-經文

①爲兄弟旣除喪已, 及其葬也反服其服, 報虞卒哭則免, 如不
報虞則除之.

번역 형제의 상을 치르는데, 기간이 오래되어 이미 상복을 벗은 상태이나 그의 장
례를 치르게 되면, 다시 본래의 상복을 착용하고, 신속히 우제와 졸곡을 치르면, 문
(免)을 한다. 만약 신속히 우제를 치르지 못한다면, 문(免)을 하지 않고 상복을 제
거한다.

① 爲兄弟旣除喪章.

補註 鄭註: 小功以下.

번역 정현의 주에서 말하길, 소공복으로부터 그 이하의 상복을 입는 자들을
뜻한다.

補註 ○按: 未葬而除服者, 唯小功緦容或有之, 故鄭云爾歟. 然此章可
與久而未葬者章通看, 陳註不分服之輕重, 恐得之.

번역 ○살펴보니, 아직 장례를 치르지 않았는데 상복을 제거하는 경우는 오
직 소공복이나 시마복에서만 간혹 용인될 수 있다. 그렇기 때문에 정현이 이
처럼 말한 것이다. 그런데 이 문장은 오랜 기간이 지나도록 장례를 치르지
못했다고 한 문장과 통괄해서 볼 수 있는데, 진호의 주에서는 상복의 수위를
구분하지 않았으니 아마도 합당한 해석인 것 같다.

「상복소기」 88장

참고-經文

遠葬者, ①比反哭者皆冠, 及郊而後免反哭.

번역 장지가 멀리 떨어진 경우, 장례를 치를 때에는 반곡을 할 때까지 모두 관(冠)을 쓰고, 장례를 치르고 교외에 도달한 이후에는 문(免)을 하며, 집의 묘(廟)에 와서 반곡을 한다.

① ○比反哭者皆冠.

補註 按: 疏曰, "葬訖, 臨欲反哭之時, 乃皆著冠" 以臨字釋比字, 比反哭者爲一句, 而諺讀反下句絶, 誤矣.

번역 살펴보니, 소에서는 "장례 치르는 일을 끝내고 반곡을 하고자 하는 때에는 모두 관(冠)을 착용한다."라고 하여 임(臨)자로 비(比)자를 풀이했으니, 비반곡자(比反哭者)가 하나의 구문이 된다. 그런데 『언독』에서는 반(反)자 뒤에서 구문을 끊었으니, 잘못되었다.

「상복소기」 89장

君弔, 本國之君來弔也. 不散麻, 謂糾其要絰不使散垂也. 親者
皆免, 謂大功以上之親皆從主人而免, ①所以敬異國之君也.
餘見前章諸侯弔下.

번역 군주가 조문을 왔다는 말은 본국의 군주가 찾아와서 조문을 한다는 뜻이다.
'불산마(不散麻)'는 요질(要絰)을 묶어서 끝을 늘어트리지 않는다는 뜻이다. '친자
개문(親者皆免)'은 대공복으로부터 그 이상의 상복을 착용한 친족들은 모두 상주
를 따라서 문(免)을 한다는 뜻이니, 다른 나라의 군주에 대해서 공경을 표하는 방법
이기 때문이다. 나머지 내용들은 앞에서 "제후가 조문한다."는 기록부터 그 이하의
기록에 나온다.

① ○所以敬異國之君.

補註 陽村曰: 親者皆免, 非唯敬異國之君, 是兼其國與異國之君而言之.
번역 양촌이 말하길, 가까운 친족들은 모두 문(免)을 하는데, 이것은 다른
나라의 군주를 공경하기 위해서만이 아니다. 따라서 이것은 본국과 다른 나
라의 군주를 겸해서 말한 것이다.

補註 ○按: 此當與上文諸侯弔章叅看, 親者皆免, 無乃指未葬時歟. 抑
勿論未葬已葬, 主人免, 則親者皆從而免歟.
번역 ○살펴보니, 이것은 마땅히 앞 문장에서 "제후가 조문을 한다."[1]라고
했던 문장과 함께 살펴보아야 하니, 가까운 친족이 모두 문을 한다는 것은
아직 장례를 치르지 않은 시기를 가리키는 것일 것이다. 또는 아직 장례를
치르지 않았거나 장례를 이미 치렀다는 것을 따지지 않고 주인이 문을 한다
면 가까운 친족은 모두 그에 따라 문을 한다는 뜻일 것이다.

---

1) 『예기』「상복소기(喪服小記)」: 諸侯弔於異國之臣, 則其君爲主.

「상복소기」91장

참고-經文

> 奔父之喪, 括髮於堂上, 袒降踊, ①襲経于東方. 奔母之喪, 不
> 括髮, 袒於堂上降踊, 襲免于東方. ①経即位成踊, 出門哭止,
> 三日而五哭三袒.

번역 부친의 상에 분상을 하게 되면, 도착하여 빈궁의 당상에서 머리를 묶고, 단(袒)을 한 뒤에 내려와서 용(踊)을 하며, 다시 동서(東序)의 동쪽에서 옷을 껴입고 질(経)을 두른다. 모친의 상에 분상을 하게 되면, 머리를 묶지 않고, 당상에서 단(袒)을 하고 내려와서 용(踊)을 하며, 동서의 동쪽에서 옷을 껴입고 문(免)을 한다. 질(経)을 차게 되면, 자리로 나아가서 마저 용(踊)을 하고, 빈궁의 문밖으로 나아가 임시숙소로 가면 곡을 그치니, 3일 동안 다섯 차례 곡을 하고, 세 차례 단(袒)을 한다.

① 襲経[又]経即位.

補註 按: 此兼首経腰経, 詳見奔喪補註. 陳註只以要経爲言, 非是.

번역 살펴보니, 이것은 수질과 요질을 겸해서 말한 것으로, 상세한 내용은 『예기』「분상(奔喪)」편의 보주에 나온다. 진호의 주에서는 단지 요질로 설명을 했는데 잘못된 해석이다.

補註 ○疏曰: 始死在家, 哭踊無節, 今聞喪已久, 奔喪禮殺, 故三日五哭, 異於在家也. 此謂已殯而來者, 若未殯而來, 當與在家同, 不得減殺也.

번역 ○소에서 말하길, 이제 막 죽었을 때 집에 있는 경우라면, 곡과 용(踊)을 하는데 정해진 규범이 없지만, 현재는 상의 소식을 들은 지 이미 오랜 기간이 흐른 것이니, 분상의 예법에서는 그 단계를 낮추기 때문에, 3일 동안 다섯 차례 곡을 하여, 집에 머물러 있을 때와는 다르게 하는 것이다. 이 문장의 내용은 이미 빈소를 차린 뒤에 찾아온 경우를 뜻하니, 만약 아직 빈소를 차리기 이전에 찾아왔다면, 마땅히 집에 머물러 있을 때와 동일하게 하여, 감히 낮추거나 줄일 수 없다.

참고-集說

不言笄纚者, 異於始死時也. 至卽以麻括髮于殯宮之堂上, 袒去上衣, 降阼階之東而踊, 踊而升堂, 襲掩所袒之衣而著要経于東方. 東方者, 東序之東也. 此奔父喪之禮如此. 若①奔母喪, 初時括髮, 至又哭以後至於成服皆不括髮, 其袒於堂上降踊者與父同. 父則括髮而加経, 母則不括髮而加免, 此所異也. 著免加要経而卽位於阼階之東而更踊, 故云経卽位成踊也. 其卽位成踊, 父母皆然. 出門, 出殯宮之門而就廬次也, 故哭者止. 初至一哭, 明日朝夕哭, 又明日朝夕哭, 所謂三日而五哭也. 三袒者, 初至袒, 明日朝袒, 又明日朝袒也.

번역 "비녀를 꼽고 리(纚)를 싸맨다."는 말을 언급하지 않은 것은 처음 돌아가셨을 때와는 다르게 하기 때문이다. 도착하게 되면 마(麻)를 이용해서 빈궁의 당상에서 머리를 묶고, 단(袒)을 하여 상의를 제거하고, 동쪽 계단의 동쪽으로 내려가서 용(踊)을 하며, 용을 하고 당에 오르고, 단(袒)을 했던 옷을 가려서 끼우고, 동방(東方)에서 요질(要経)을 찬다. '동방(東方)'은 동서(東序)의 동쪽을 뜻한다. 이것은 부친의 상에 분상하는 예법이 이와 같다는 뜻이다. 만약 모친의 상에 분상을 하는 경우라면, 최초 머리를 묶고, 도달한 뒤에는 또 곡을 하고 그 이후로부터 성복(成服)을 할 때까지는 모두 머리를 묶지 않으며, 당상에서 단(袒)을 하고, 내려가서 용(踊)을 하는 것들은 부친의 상에 분상하는 경우와 동일하다. 그러나 부친의 상이라면, 머리를 묶은 뒤에 질(経)을 차지만, 모친의 경우라면 머리를 묶지 않고 문(免)을 하니, 이것이 그 차이점이다. 문을 하고 요질을 착용하고서, 동쪽 계단의 동쪽으로 나아가 자리를 잡고 다시금 용(踊)을 한다. 그렇기 때문에 "질(経)을 하고 자리로 나아가 용(踊)을 마친다."라고 한 것이다. 자리로 나아가서 용(踊)을 마친다는 것은 부친과 모친에 대해서 모두 이처럼 한다. '출문(出門)'은 빈궁의 문을 빠져나와서, 상중에 머무는 임시 숙소로 나아간다는 뜻이다. 그렇기 때문에 곡하던 것을 그친다. 최초 도착했을 때에는 한 차례 곡을 하고, 그 다음날 아침저녁으로 곡을 하며, 또 그 다음날 아침저녁으로 곡을 하니, 이것이 이른바 3일 동안 다섯 차례 곡을 한다는 뜻이다. '삼단(三袒)'이라는 것은 최초 도착했을 때 단(袒)을 하고, 그 다음날 아침에 단(袒)을 하며, 또 그 다음날 아침에 단(袒)을 한다는 뜻이다.

① **奔母喪初時括髮.**

補註 按: 奔喪至家, 及於又哭三哭仍括髮者, 乃爲父之禮, 詳見奔喪. 奔喪又曰: "爲母所以異於父者, 壹括髮, 其餘免以終事."

번역 살펴보니, 분상을 하여 집에 도착했는데, 그 시기가 재차 곡을 하고 세 차례 곡을 하는 시점이라면 머리를 묶으니 이것은 부친을 위한 예법으로, 상세한 내용은 『예기』「분상(奔喪)」편에 나온다. 「분상」편에서는 또한 "모친의 상에 분상을 할 때 부친의 상에 분상하는 것과 차이가 나는 것은 한 차례 머리를 묶고, 나머지 절차에서는 문(免)을 하고서 일을 끝낸다."[1]라고 했다.

---

1) 『예기』「분상(奔喪)」: 爲母所以異於父者, 壹括髮, 其餘免以終事, 他如奔父之禮.

「상복소기」 92장

참고-經文

①適婦不爲舅姑後者, 則姑爲之小功.

번역 적부의 상이 발생했는데, 그 남편이 후계자가 되지 못했다면, 시어미는 그녀를 위해서 소공복을 착용한다.

① **適婦不爲舅姑後章.**

補註 按: 古經舅下無姑字.

번역 살펴보니, 옛 경문에는 '구(舅)'자 뒤에 고(姑)자가 없다.

補註 ○沙溪曰: 儀禮, 衆子婦小功, 兄弟之子之妻大功. 魏徵升衆子婦爲大功, 升適婦爲期年. 而家禮因之, 適婦不爲舅姑後者, 今則當爲大功.

번역 ○사계가 말하길, 『의례』에서는 적자를 제외한 나머지 아들들의 부인에 대해서는 소공복을 착용하고, 형제의 자식 처에 대해서는 대공복을 착용한다고 했다. 위징은 나머지 아들들의 부인에 대해서 수위를 높여 대공복으로 정했고, 적자의 부인에 대해서 수위를 높여 기년복으로 정했다. 『가례』에서는 그에 따랐는데, 적자의 부인이지만 시부모의 후계자가 되지 못한 경우라면 현재로는 대공복을 착용해야 한다.

補註 ○按: 兄弟之子之妻服, 喪服經則無文, 圖云小功, 圖式云大功.

번역 ○살펴보니, 형제의 자식 처에 대한 상복에 있어서, 『의례』「상복(喪服)」편의 경문에는 관련 기록이 없고, 『의례도』에서는 소공복이라고 했으며, 『상복도식』에서는 대공복이라고 했다.

補註 ○大全答余正甫書曰: 禮經嚴適, 故儀禮適婦大功, 庶婦小功, 此固無可疑者. 但兄弟子之婦, 正經無文, 而舊制爲之大功, 乃更重於衆子之婦, 雖以報服使然, 然於親疎輕重之間, 亦可謂不倫矣. 故魏公因太宗之問而正之. 然不敢易其報服大功之重, 而但升適婦爲期, 正得嚴適之義, 升庶婦爲大功, 亦未害於降殺之差也.

번역 ○『대전』에서 여정보에게 답한 서신에서 말하길, 예경에서는 적자를 엄격히 구분하고 있다. 그렇기 때문에 『의례』에서 적자의 부인에 대해서는 대공복을 착용하고 서자의 부인에 대해서는 소공복을 착용한다고 했는데, 여기에는 진실로 의심할 것이 없다. 다만 형제 자식의 부인에 대해서는 경문에 관련 기록이 없는데, 옛 제도에서는 그녀를 위해 대공복을 착용한다고 했으니, 적자를 제외한 나머지 아들들의 부인보다 수위를 높인 것인데, 비록 상대가 나를 위해 상복을 착용하는 것에 보답하기 위해 그처럼 한다지만, 친소와 경중의 구분에 있어서 순차에 따르지 않은 것이라 평할 수 있다. 그렇기 때문에 위공은 태종의 질문으로 인해 그 제도를 바로잡은 것이다. 그러나 보복(報服)으로 대공복이라는 수위가 높은 상복을 착용하는 것을 감히 바꿀 수 없어서, 적자의 부인에 대해서는 기년복으로 올렸으니, 적자를 엄격히 구분하는 도의에도 합당하고, 서자의 부인에 대해서는 대공복으로 올렸으니, 이 또한 높이고 낮추는 차등에도 저해가 되지 않는다.

禮記補註卷之十六

『예기보주』 16권

「대전(大傳)」 제16편

「대전」 1장

참고-經文

①禮不王不禘. 王者禘其祖之所自出, 以其祖配之.

번역 예법에 따르면, 천자가 아니면 체(禘)제사를 지내지 않는다. 천자는 자신의 시조를 낳은 대상에 대해서 체제사를 지내고, 자신의 시조를 배향한다.

① 禮不王不禘[止]配之.

補註 語類曰: 吳斗南說, "禮, 不王不禘, 王, 如來王之王. 四夷之君, 世見中國. 一世王者立, 則彼一番來朝, 故王者行禘禮以接之. 彼本國之君一世繼立, 則亦一番來朝, 故歸國亦行禘禮." 此說亦有理. 所謂吉禘于莊公者, 亦此類, 非五年之禘也.

번역 『어류』에서 말하길, 오두남은 "예법에 따르면 왕(王)이 아니면 체제사를 지내지 않는다고 했는데, 여기에서 말하는 '왕(王)'은 내왕(來王)[1]의 왕과 같다. 사방 오랑캐 땅의 군주들은 세대마다 한 차례 중국에 찾아와 천자를 알현하였다. 한 세대의 왕이 즉위하게 되면 그들은 1번 찾아와서 조회를 했다. 그렇기 때문에 왕은 체제사의 예법을 시행하여 그들을 영접하는 것이다. 그들 오랑캐 본국의 군주가 지위를 계승하여 새로운 한 세대가 되면, 또한 한 차례 찾아와서 조회를 한다. 그렇기 때문에 귀국하면 또한 체제사의

---

1) 내왕(來王)은 고대의 제후들이 정기적으로 천자에게 찾아와 조근(朝覲) 등을 실시하는 것을 뜻한다.

예법을 시행하는 것이다."라고 했다. 이 주장에도 일리가 있다. 이른바 "장공에게 길체(吉禘)2)를 지냈다."3)라고 한 것들이 그 부류가 되는데, 이것은 5년마다 1차례 지내는 체제사가 아니다.

補註 ○續通解曰: 趙伯循云, "禮記·大傳曰, '禮, 不王不禘, 王者, 禘其祖之所自出, 以其祖配之.' 喪服小記曰, '王者, 禘其祖之所自出.' 又云, '禮, 不王不禘.' 正與大傳同, 則諸侯不得禘禮明矣. 是以祭法云, '有虞氏禘黃帝, [舜祖顓頊, 顓頊出於黃帝, 則所謂禘其祖之所自出也.] 而郊嚳, 祖顓頊, 而宗堯. 夏后氏亦禘黃帝, [義同舜也.] 而郊鯀, 祖顓頊, 而宗禹. 殷人禘嚳, [殷祖契, 出自嚳.] 而郊冥, 祖契, 而宗湯. 周人禘嚳, [義與殷同.] 而郊稷, 祖文王, 而宗武王.' 禘者, 王立始祖之廟, 猶謂未盡其追遠尊先之義, 故又推尋始祖所出之帝, 而追祀之, 以其祖配之者, 謂於始祖廟祭之, 而便以始祖配祭也." 此祭不兼群廟之主, 爲其疏遠不敢褻狎也. 鄭玄註祭法云, "禘爲配祭昊天上帝於圜丘也." 蓋見祭法所說, 文在郊上, 謂爲郊之最大者, 故爲此說耳. 祭法所論禘·郊·祖·宗者, 謂六廟之外, 永世不絶者, 有四種爾, 非關配祭也. 禘之所及最遠, 故先言之爾, 何關圜丘哉? 然則春秋書魯之禘何也? 曰成王追寵周公故也. 祭統云成王追念周公, 賜之重祭郊·社·禘·嘗是也. 魯之用禘, 蓋於周公廟, 而上及文王, 卽周公之所出故也.

번역 ○『속통해』에서 말하길, 조백순은 『예기』「대전」편에서는 '예법에 따르면, 천자가 아니면 체(禘)제사를 지내지 않는다. 천자는 자신의 시조를 낳은 대상에 대해서 체제사를 지내고, 자신의 시조를 배향한다.'라고 했고, 「상복소기(喪服小記)」편에서는 '천자는 시조를 출생시킨 제왕에게 체(禘)제사를 지낸다.'4)라고 했으며, 또 '예법에 따르면, 천자가 아니라면 체(禘)제사를

---

2) 길체(吉禘)는 삼년상을 끝내고 죽은 자의 신주를 묘에 안치하게 되면, 대수가 멀어진 신주는 체천이 되어 조묘(祧廟)로 옮겨지게 되는데, 이 일로 인해 성대한 제사를 지내서 소목의 질서를 살핀다. 이러한 제사를 '길체'라고 부른다.

3) 『춘추』「민공(閔公) 2년」: 夏, 五月, 乙酉, <u>吉禘于莊公</u>.

지내지 않는다.'5)라고 했으니, 바로 「대전」편의 내용과 동일하므로, 제후는 체제사의 예법을 시행할 수 없음이 분명하다. 이러한 까닭으로 『예기』 「제법 (祭法)」편에서는 '유우씨 때에는 황제에게 체(禘)제사를 지냈고 [순임금은 전욱을 시조로 섬겼고 전욱은 황제에게서 나왔으니, 이른바 자신의 시조를 낳은 대상에 대해서 체제사를 지낸다는 뜻이다.] 제곡에게 교(郊)제사를 지냈으며, 전욱을 조(祖)로 모셨고 요임금을 종(宗)으로 모셨다. 하후씨 때에도 황제에게 체제사를 지냈고 [그 의미는 순임금의 경우와 동일하다.] 곤에게 교제사를 지냈으며, 전욱을 조로 모셨고 우임금을 종으로 모셨다. 은나라 때에는 제곡에게 체제사를 지냈고 [은나라의 시조는 설인데 제곡으로부터 나왔다.] 명에게 교제사를 지냈으며, 설을 조로 모셨고 탕임금을 종으로 모셨다. 주나라 때에는 제곡에게 체제사를 지냈고 [그 의미는 은나라의 경우와 동일하다.] 후직에게 교제사를 지냈으며, 문왕을 조로 모셨고 무왕을 종으로 모셨다.'6)라고 했다. '체(禘)'라는 것은 천자가 시조의 묘를 세웠는데, 여전히 존귀한 선조에 대해 추원하는 뜻을 다하지 못하기 때문에 재차 시조를 낳은 제왕까지도 거슬러 올라가 미루어 제사를 지내는 것이며, 시조를 배향한다는 것은 시조의 묘에서 제사를 지내므로 재차 시조를 배향해서 제사를 지낸다는 뜻이다."라고 했다. 이러한 제사에서는 뭇 묘의 신주들은 포함시키지 않으니 그 관계가 소원하여 감히 너무 친숙하게 대할 수 없기 때문이다. 정현은 「제법」편의 주에서 "체제사는 환구에서 호천상제에게 배향하여 지내는 제사이다."라고 했다. 아마도 이것은 「제법」편에서 말하고 있는 내용을 보았을 때, 그 기록이 교제사보다 앞에 있어서 교제사 중에서도 가장 성대한 것이라고 여겼기 때문에 이러한 설명을 한 것일 따름이다. 「제법」편에서 논의한 체·교·조·종이라는 것은 6개의 묘 외에 영원히 관계가 단절되지 않는

---

4) 『예기』 「상복소기(喪服小記)」: <u>王者禘其祖之所自出</u>, 以其祖配之, 而立四廟. 庶子王亦如之.

5) 『예기』 「상복소기(喪服小記)」: 禮不王不禘.

6) 『예기』 「제법(祭法)」: 祭法: 有虞氏禘黃帝而郊嚳, 祖顓頊而宗堯; 夏后氏亦禘黃帝而郊鯀, 祖顓頊而宗禹; 殷人禘嚳而郊冥, 祖契而宗湯; 周人禘嚳而郊稷, 祖文王而宗武王.

대상으로 이러한 네 종류가 있다는 것이니, 배향의 제사에는 관계되지 않는다. 체제사에서 소급하는 대상은 가장 먼 대상이기 때문에 먼저 말한 것일 뿐인데, 어떻게 환구와 관련이 된단 말인가? 그렇다면 『춘추』에서 노나라에서 체제사를 지냈다고 한 것은 어째서인가? 성왕이 주공을 높였기 때문이다. 『예기』「제통(祭統)」편에서 성왕이 주공이 세운 업적을 추념하여 중대한 제사인 교·사·체·상제사를 하사했다는 것[7]이 바로 이것을 뜻한다. 노나라에서 체제사의 예법을 사용한 것은 아마도 주공의 묘에서 시행했을 것이고, 위로는 문왕까지 미쳤을 것이니, 주공을 낳은 대상이기 때문이다.

補註 ○按: 祖之所自出, 小記及此章鄭註, 皆以爲感生帝, 而陳註則皆不釋, 想不取鄭註, 而又難於明言故也.

번역 ○살펴보니, 시조를 낳은 대상에 대해서「상복소기」및 이 문장에 대한 정현의 주는 모두 감생제로 여겼는데, 진호의 주에서는 모두 풀이하지 않았으니, 정현의 주장에 따르고자 하지 않았기 때문이며, 또 설명하기도 어려웠기 때문일 것이다.

方氏曰: 此禘也, 以其非四時之常祀, 故謂之①間祀. 以其及祖之所自出, 故謂之①追享. 以其比常祭爲特大, 故謂之大祭. 以其猶事生之有享焉, 故謂之①肆獻祼. 名雖不同, 通謂之禘也.

번역 방씨가 말하길, 여기에서 말한 체(禘)제사는 사계절마다 주기적으로 지내는

---

7) 『예기』「제통(祭統)」: 昔者周公旦有勳勞於天下, 周公旣沒, 成王·康王追念周公之所以勳勞者, 而欲尊魯, 故賜之以重祭, 外祭則郊·社, 是也, 內祭則大嘗·禘, 是也. 夫大嘗·禘, 升歌淸廟, 下而管象, 朱干玉戚以舞大武, 八佾以舞大夏, 此天子之樂也. 康周公, 故以賜魯也. 子孫纂之, 至于今不廢, 所以明周公之德, 而又以重其國也.

제사가 아니기 때문에, '간사(間祀)'라고 부른다. 또 자신의 시조를 낳은 대상에게 제사를 지내기 때문에, '추향(追享)'이라고 부른다. 또 정규적으로 지내는 제사에 대비하면, 매우 성대하기 때문에, '대제(大祭)'라고 부른다. 또 여전히 살아계실 때처럼 섬기며 흠향을 시키기 때문에, '사헌관(肆獻祼)'이라고 부른다. 명칭은 비록 다르지만, 이것들을 통괄적으로 '체(禘)'라고 부른다.

① 間祀追享肆獻祼.

補註 周禮·春官·司尊彝: "凡四時之間祀, 追享·朝享, 祼用虎彝·蜼彝." 註: "鄭司農云, '追享·朝享, 謂禘·祫也. 在四時之間, 故曰間祀.'" 又大宗伯: "以肆獻祼享先王, [肆, 他歷反, 音剔.] 以饋食享先王, 以祠春享先王, 以禴夏享先王, 以嘗秋享先王, 以烝冬享先王." 註: "宗廟之祭, 有此六享. 肆獻祼·饋食, 在四時之上, 則是祫也, 禘也. 肆者, 進所解腥體, 謂薦孰時也. 獻, 獻醴, 謂薦血腥也. 祼之言灌以鬱鬯, 始獻尸求神時也. 祫言肆獻祼, 禘言饋食, 著有黍稷, 互相備也." 疏曰: "肆獻祼是祫之大祭, 饋食是禘之大祭." 又曰: "三年一祫, 五年一禘."

번역 『주례』「춘관(春官)·사준이(司尊彝)」편에서는 "사계절의 간사로 추향(追享)[8]과 조향(朝享)[9]에는 관(祼)을 하며 호이(虎彝)와 유이(蜼彝)를 사

---

8) 추향(追享)은 추향(追饗)이라고도 부른다. 제사 명칭이며, 체(禘)제사를 뜻한다. 『주례』「춘관(春官)·사준이(司尊彝)」편에는 "凡四時之間祀, <u>追享·朝享</u>."이라는 기록이 있는데, 이에 대한 정현의 주에서는 "鄭司農云, '追享·朝享, 謂禘祫也.' 杜子春云, '追享, 謂追祭遷廟之主, 以事有所請禱.'"라고 풀이했다. 즉 '추향'은 체(禘)제사를 뜻하는데, 천묘(遷廟)된 신주에게도 거슬러 올라가 제사를 지내며, 기도를 드리기 때문에, '추향'이라고 부르는 것이다. 한편 손이양(孫詒讓)의 『정의(正義)』에서는 "任啓運曰, '追享, 大禘也, 以追所自出, 故曰追享. …… 陸淳春秋纂例, '古者喪除, 朝廟合群祖而祭焉, 故祫謂之朝享; 明年又禘其祖之所自出, 故禘謂之追享.'"이라고 풀이했다. 즉 임계운(任啓運)의 주장에 따르면, '추향'은 성대하게 지내는 체(禘)제사를 뜻하는데, 자신의 혈통이 비롯된 오래된 선조들에 대해서도 거슬러 올라가 제사를 지내기 때문에, '추향'이라고 부르는 것이다. 그리고 육순(陸淳)의 『춘추찬례(春秋纂例)』에 따르면, 고대에는 상(喪)을 끝내고 난 뒤, 여러 조상들의 신주들을 한곳에 합사하여 제사를 지냈는데, 이것을 협(祫)제사 또는 조향(朝享)이

용한다."10)라고 했고, 주에서는 "정사농은 '추향과 조향은 체제사와 협제사를 뜻한다. 사계절의 정규 제사 사이에 지내기 때문에 간사라고 부른다.'"라고 했다. 또 『주례』「대종백(大宗伯)」편에서는 "사(肆)·헌(獻)·관(祼)으로 선왕에게 제사지내며, ['肆'자는 '他(타)'자와 '歷(력)'자의 반절음이며 그 음은 '剔(척)'이다.] 궤식(饋食)으로 선왕에게 제사를 지내고, 사(祠)11)제사의 방법으로 봄에 선왕에게 제사를 지내며, 약(禴)12)제사의 방법으로 여름에

라고 부르며, 그 다음 해에는 자신의 선조가 비롯된 오래된 선조에 대해서도 성대한 제사를 지내게 되는데, 이것을 체(禘)제사 또는 '추향'이라고 부른다는 뜻이다.

9) 조향(朝享)은 조향(朝饗)이라고도 부른다. 제사 명칭이며, 협(祫)제사를 뜻한다. 천자는 종묘(宗廟)에서 제사를 지낼 때, 이것을 기회로 조회를 열어 시행해야 할 정령(政令)을 받게 된다. 이러한 뜻에서 '조향'이라는 단어가 생기게 되었고, 『예기』「제법(祭法)」편에서 말하는 월제(月祭)가 바로 '조향'을 가리킨다. 『주례』「춘관(春官)·사준이(司尊彝)」편에는 "凡四時之間祀, 追享·朝享."이라는 기록이 있는데, 이에 대한 정현의 주에서는 "鄭司農云, '追享·朝享, 謂禘祫也.' …… 朝享, 謂朝受政於廟."라고 풀이했고, 가공언(賈公彦)의 소(疏)에서는 "朝享謂朝受政於廟者, 謂天子告朔於明堂, 因卽朝享. 朝享, 卽祭法謂之月祭."라고 풀이했다.

10) 『주례』「춘관(春官)·사준이(司尊彝)」: 春祠夏禴, 祼用雞彝·鳥彝, 皆有舟; 其朝踐用兩獻尊, 其再獻用兩象尊, 皆有罍, 諸臣之所酢也. 秋嘗冬烝, 祼用斝彝·黃彝, 皆有舟; 其朝獻用兩著尊, 其饋獻用兩壺尊, 皆有罍, 諸臣之所酢也. 凡四時之間祀追享朝享, 祼用虎彝·蜼彝, 皆有舟; 其朝踐用兩大尊, 其再獻用兩山尊, 皆有罍, 諸臣之所酢也.

11) 사(祠)는 봄에 종묘(宗廟)에서 지내는 제사를 뜻한다. '사'자는 음식[食]을 뜻하는 글자로, 선왕(先王)들에게 음식을 대접한다는 의미에서, 봄의 제사를 '사'라고 부르는 것이다. 『이아』「석천(釋天)」편에는 "春祭曰祠."라는 기록이 있는데, 이에 대한 곽박(郭璞)의 주에서는 "祠之言食."이라고 풀이했다. 한편 『예기』「왕제(王制)」편에는 "天子諸侯宗廟之祭, 春曰礿, 夏曰禘, 秋曰嘗, 冬曰烝."이라는 기록이 있고, 이에 대한 정현의 주에서는 "此蓋夏殷之祭名. 周則春曰祠, 夏曰礿, 以禘爲殷祭."라고 풀이했다. 즉 하(夏)나라와 은(殷)나라에서는 봄에 종묘에서 지내는 제사를 약(礿)이라고 불렀는데, 주(周)나라에 이르러, '약'이라는 명칭을 '사'로 고치게 되었다는 뜻이다.

12) 약(礿)은 약(禴)이라고도 부른다. 하(夏)나라와 은(殷)나라 때에는 봄에 종묘(宗廟)에서 지내는 제사를 뜻하는 용어로 사용하였지만, 주(周)나라 때에는 명칭을

선왕에게 제사를 지내고, 상(嘗)제사의 방법으로 가을에 선왕에게 제사를 지내며, 증(烝)제사의 방법으로 가을에 선왕에게 제사를 지낸다."[13]라고 했고, 주에서는 "종묘의 제사에는 이러한 육향(六享)[14]이 있는데, 사헌관(肆獻祼)

고쳐서, 여름에 지내는 제사의 명칭으로 삼았다. '약(礿)'이 봄 제사를 뜻하는 용어로 사용될 때에는 적다[薄]라는 뜻으로, 봄에는 만물이 아직 성숙하지 않았으므로, 제사 때 차려내는 제수(祭需)들이 적게 된다. 그렇기 때문에 그 제사를 '약(礿)'이라고 부르는 것이다. 『예기』「왕제(王制)」편에는 "天子諸侯宗廟之祭, 春曰礿, 夏曰禘, 秋曰嘗, 冬曰烝."이라는 기록이 있고, 이에 대한 정현의 주에서는 "此蓋夏殷之祭名. 周則春曰祠, 夏曰礿, 以禘爲殷祭."라고 풀이했고, 진호(陳澔)의 『집설(集說)』에서는 "礿, 薄也. 春物未成, 祭品鮮薄也."라고 풀이했다. 한편 '약(礿)'자가 여름 제사를 뜻하는 용어로 사용될 때에는 삶다[汋=礿]의 뜻으로, 여름 4월에는 보리가 익어서, 삶아서 밥을 지을 수가 있다. 여름 제사 때에는 이처럼 보리밥을 헌상하기 때문에, 그 제사를 '약(礿)'이라고 부르는 것이다. 『춘추공양전』「환공(桓公) 8년」편에는 "夏曰礿."이라는 기록이 있는데, 이에 대한 하휴(何休)의 주에서는 "薦尙麥苗, 麥始熟可礿, 故曰礿."이라고 풀이했다. 그리고 『주례』「춘관(春官)·사준이(司尊彝)」편에서는 "春祠夏禴, 祼用雞彝·鳥彝, 皆有舟."라고 하여, 약(礿)을 '약(禴)'자로 기록하고 있다.

13) 『주례』「춘관(春官)·대종백(大宗伯)」: 以肆獻祼享先王, 以饋食享先王, 以祠春享先王, 以禴夏享先王, 以嘗秋享先王, 以烝冬享先王.

14) 육향(六享)은 주나라 때 종묘에서 시행된 여섯 종류의 제사를 뜻한다. 제사를 '향(享)'이라고 부른 것은 하늘에 대한 제사를 사(祀)라 부르고 땅에 대한 제사를 제(祭)라고 부른 것과 대비를 시킨 것이다. '향(享)'은 "바친다[獻]."는 뜻이니, 제사를 갖춰서 신령에게 바친다는 의미이다. 여섯 종류의 제사는 첫 번째 사(肆)·헌(獻)·관(祼)을 통해 선왕에게 제사를 지내는 것이다. 사(肆)는 희생물의 몸체를 해체하여 바친다는 뜻으로, 익힌 고기를 바치는 때를 의미한다. 헌(獻)은 단술을 따라서 바친다는 뜻으로, 희생물의 피와 생고기를 바치는 때를 의미한다. 관(祼)은 울창주를 땅에 부어 강신제를 한다는 뜻으로, 처음 시동에게 술을 따라 신이 강림하길 바라는 때를 의미한다. 사(肆)·헌(獻)·관(祼)을 한다는 것은 성대한 협(祫)제사를 지낸다는 의미이다. 두 번째는 궤식(饋食)으로 선왕에게 제사를 지내는 것이다. '궤식(饋食)'은 음식을 바친다는 뜻으로, 이곳에서는 체(禘)제사를 의미한다. 세 번째는 봄에 지내는 사(祠)제사이며, 네 번째는 여름에 지내는 약(禴)제사이고, 다섯 번째는 가을에 지내는 상(嘗)제사이며, 여섯 번째는 겨울에 지내는 증(烝)제사이다. 『주례』「춘관(春官)·대종백(大宗伯)」편에서는 "以肆獻祼享先王, 以

과 궤식(饋食)은 사계절 제사보다 앞에 있으니 협제사와 체제사에 해당한
다. 사(肆)는 희생물의 몸체를 해체하여 바치는 것이니, 익힌 음식을 바치는
때를 뜻한다. 헌(獻)은 단술을 따라서 바친다는 뜻으로, 희생물의 피와 생고
기를 바치는 때를 의미한다. 관(祼)은 울창주를 땅에 붓는 것으로 처음 시동
에게 술을 따라 신이 강림하길 바라는 때를 의미한다. 협제사에 대해 사·
헌·관을 말했고, 체제사에 대해 궤식을 말했으며, 서직이 포함됨을 드러내
며 상호 보완이 되도록 기록한 것이다."라고 했으며, 소에서는 "사·헌·관
을 하는 것은 협제사 중에서도 성대한 제사를 뜻하며, 궤식을 하는 것은 체
제사 중에서도 성대한 제사를 뜻한다."라고 했고, 또 "3년마다 1차례 협제사
를 지내고, 5년마다 1차례 체제사를 지낸다."라고 했다.

補註 ○按: 方氏說, 以禘爲肆獻祼, 固違於周禮之註. 而辨疑又只引此註
祫也禘也之說, 不及其下文有若以肆獻祼爲禘祫之通名者, 然恐不察也.
번역 ○살펴보니, 방씨의 주장에서는 체제사를 사헌관으로 여겼는데, 이것
은『주례』의 주와 위배된다.『변의』에서는 또한 이곳 주에서 협제사와 체제
사라고 한 주장만을 인용하고 그 뒤에 있는 사헌관 등이 체제사와 협제사를
통칭하는 명칭으로 사용함을 언급하지 않았으니, 아마도 자세히 살피지 못
한 것 같다.

饋食享先王, 以祠春享先王, 以禴夏享先王, 以嘗秋享先王, 以烝冬享先王."이
라고 했다.

「대전」 2장

참고-經文

諸侯及其太祖. ①大夫士有大事省於其君, 干祫及其高祖.

번역 제후가 협(祫)제사를 지낼 때에는 태조까지도 제사를 지낸다. 대부와 사에게 협제사를 지낼 일이 있다면, 군주에게 문의를 하여 허락을 받아야 하며, 허락을 받아 협제사를 지낼 때에도 고조까지만 지낸다.

① 大夫士[止]及其高祖.

補註 楊梧曰: 夫三廟分定, 若可干請而及高祖, 又何限爲之制乎? 且於交義亦覺牽强. 鄭註: "大事, 寇戎之事也. 省, 善也, 善於其君, 謂免於大難也. 干, 猶空也. 空祫, 謂無廟祫, 祭之於壇墠." 此說近之.

번역 양오가 말하길, 3개의 묘를 세우는 것은 신분에 따라 확정된 것인데, 만약 청원을 하여 고조까지도 제사를 지낼 수 있었다면 어찌 제도를 마련해 제한을 두었겠는가? 또 의미를 검토해보더라도 억지로 끼워맞춘 주장임을 알 수 있다. 정현의 주에서는 "대사(大事)는 도적이나 적군을 방비하는 일을 뜻한다. 성(省)자는 좋다는 뜻이니, 군주에게 좋게 했다는 말은 큰 혼란에서 벗어났다는 뜻이다. 간(干)자는 비었다는 뜻이다. 공협(空祫)은 묘(廟)가 없을 때의 협제사를 뜻하니, 제단에서 제사를 지낸다는 의미이다."라고 했는데, 이 주장이 정답에 가깝다.

補註 ○陽村曰: 省, 減也.
번역 ○양촌이 말하길, '생(省)'자는 줄인다는 뜻이다.

補註 ○按: 朱子引此, 證人皆可以祭及高之義, 見家禮時祭附註, 與陳註槪同, 陳註不可非也.
번역 ○살펴보니, 주자는 이 문장을 인용하여, 사람들이 모두 고조까지 제사

를 지낼 수 있는 도의를 증명하였고, 그 내용은『가례』시제 항목의 부주에
나오는데, 진호의 주와 대략적으로 동일하다. 따라서 진호의 주가 잘못되었
다고 할 수 없다.

「대전」 3장

참고-經文

牧之野, 武王之大事也. 旣事而退, 柴於上帝, 祈於社, 設奠於
牧室, 遂率天下諸侯執豆籩, 遂奔走, 追王大王亶父・王季
歷・文王昌, ①不以卑臨尊也.

번역 목야(牧野) 땅에서 은나라와 전쟁을 벌인 것은 무왕(武王)의 중대사이다. 전
쟁을 치른 이후 물러나서, 상제에게 시제[1]를 지내고, 땅에게 기원을 했으며, 목야
의 숙소에서 전제사를 지냈고, 결국 천하의 제후들을 통솔하여, 그들이 두(豆)와
변(籩)과 같은 제기들을 들고 분주하게 뒤따르도록 하여, 태왕단보(大王亶父)・왕
계력(王季歷)・문왕창(文王昌) 등 천자의 칭호를 추증했으니, 미천한 자가 존귀한
자를 임할 수 없기 때문이다.

① ○不以卑臨尊也.

補註 按: 註, "謂不可以諸侯之卑, 臨天子之尊也." 此本於古註疏, 而小
註方說則不同, 未詳孰勝.

번역 살펴보니, 주에서는 "제후라는 낮은 신분으로 천자처럼 존귀한 자를 임
할 수 없다는 뜻이다."라고 했는데, 이것은 옛 주와 소에 근거한 것이지만,
소주에 나온 방씨의 주장은 이와 다르니, 누구의 주장이 옳은지 모르겠다.

참고-大全 嚴陵方氏曰: 爾雅言邑外曰郊, 郊外曰牧, 牧外曰野. 書言王朝
至于殷郊牧野, 此又言牧之野, 則武王之事, 乃在於殷邑之外而已. 國之
大事, 在祀與戎, 故曰牧之野, 武王之大事也. 柴者, 升其氣, 祈者, 求以

---

1) 시제(柴祭)는 일종의 하늘에 대한 제사이다. 초목을 태워서 그 연기를 하늘로 올려
보내며 아뢰는 의식이다. 『서』「우서(虞書)・순전(舜典)」편에는 "歲二月, 東巡守,
至于岱宗, 柴."라는 기록이 있고, 이에 대한 공안국(孔安國)의 전(傳)에서는 "燔柴
祭天告至."라고 풀이했다.

事, 奠者, 薦以物. 天下諸侯執豆籩, 逡奔走, 則各以其職來祭故也. 執
豆籩, 以見四時之和氣, 逡奔走, 以見四表之歡心. 所謂古公也, 季歷也,
西伯也, 皆當時之所稱也, 大王也, 王季也, 文王也, 乃後來之所追也.
且祖禰爲侯, 子孫爲王, 則是以卑臨尊也, 故追王之者, 不敢以子孫之卑
而臨祖禰之尊, 故曰不以卑臨尊也.

번역 엄릉방씨가 말하길, 『이아』에서는 "읍(邑) 밖을 교(郊)라고 부르며, 교
(郊) 밖을 목(牧)이라고 부르고, 목(牧) 밖을 야(野)라고 부른다."2)라고 했
다. 『서』에서는 "천자가 은(殷)나라의 교외 목야(牧野)에 와서 조회를 했
다."라고 했고,3) 이곳에서는 또한 '목지야(牧之野)'라고 했으니, 무왕의 일이
라는 것은 곧 은나라 읍 밖에서 진행된 것일 따름이다. 나라의 대사(大事)는
곧 제사와 전쟁에 있다. 그렇기 때문에 "목야의 일은 무왕(武王)의 중대사이
다."라고 말한 것이다. '시(柴)'는 그 기운을 위로 올리는 것이며, '기(祈)'는
어떤 사안에 따라 요구하는 것이고, '전(奠)'은 어떤 사물을 통해 바치는 것
이다. "천하의 제후들이 두(豆)와 변(籩)을 들고서 분주히 뒤따랐다."라고 했
으니, 각각 자신의 직무에 따라서 찾아와 제사를 도왔기 때문이다. "두(豆)
와 변(籩)을 들었다."는 말은 이것을 통해서 사계절의 기운이 조화롭다는 뜻
을 나타내며,4) "분주히 뒤따랐다."는 말은 이것을 통해 사표(四表)5)의 기뻐
하는 마음을 나타냈다. 이른바 '고공(古公)' · '계력(季歷)' · '서백(西伯)'이라
는 말들은 모두 당시에 지칭하던 용어이며, '태왕(大王)' · '왕계(王季)' · '문
왕(文王)'은 곧 후대에 추증하여 붙인 칭호이다. 또 조부나 부친이 제후의
신분이고, 자식이나 손자가 천자의 신분이라면, 낮은 자가 존귀한 자를 임하

---

2) 『이아』「석지(釋地)」: <u>邑外謂之郊, 郊外謂之牧, 牧外謂之野</u>. 野外謂之林. 林外
謂之坰.

3) 『서』「주서(周書) · 목서(牧誓)」: 時甲子昧爽, <u>王朝至于商郊牧野</u>, 乃誓.

4) 제기(祭器)를 통해 제물을 바치게 되는데, 각각의 제물들은 각 지역 및 시기에 의해
공납된다. 따라서 제수를 갖춤으로써 천하가 조화롭게 다스려지고 있음을 나타낸다
는 의미이다.

5) 사표(四表)는 사방의 매우 먼 지역을 지칭하는 말이며, 또한 천하를 범칭하는 용어
로도 사용된다.

는 꼴이 되기 때문에, 천자의 호칭을 추증한 것은 감히 자손의 미천함으로 조부와 부친처럼 존귀한 자를 임할 수 없기 때문이다. 그래서 "낮은 자가 존귀한 자를 임하지 않는다."라고 말한 것이다.

石梁王氏曰: ①周頌作駿, ②以此章參之, 書武成及中庸有不同者, 先儒言文王已備禮亶父 · 季歷, 克商後但尊稱其號, 若王者禮制, 至周公相成王而後備也.

번역 석량왕씨가 말하길, 『시』「주송(周頌)」편에서는 '준(駿)'자로 기록했는데,[6] 「대전」편의 기록을 통해 참고해보면, 『서』의 「무성(武成)」편과 『예기』「중용(中庸)」편의 기록이 같지 않은데, 선대 학자들은 문왕(文王) 때 이미 단보(亶父)와 계력(季歷)에 대해 예법을 갖춰 대했고, 은나라를 이긴 이후에는 단지 호칭만을 높였을 뿐이며, 천자에게 걸맞은 예법을 제정한 것은 주공(周公)이 성왕(成王)을 도운 이후에야 갖춰졌다.

① 周頌作駿.

補註 按: 周頌上當有駿字.

번역 살펴보니, '주송(周頌)'이라는 말 앞에는 준(駿)자가 기록되어야만 한다.

② 以此章[止]後備也.

補註 按: 古註疏引讖緯書, 謂文王已稱王, 追王先王, 武王時, 乃定謚號. 中庸周公追王太王 · 王季者, 以王禮改葬耳. 不改葬文王者, 先以王禮

---

6) 『시』「주송(周頌) · 청묘(淸廟)」: 於穆淸廟, 肅雝顯相. 濟濟多士, 秉文之德. 對越在天, 駿奔走在廟. 不顯不承, 無射於人斯.

葬故也. 其言甚謬.

번역 살펴보니, 옛 주와 소에서는 참위설의 서적을 인용하여, 문왕 때 이미 왕(王)이라 지칭했고, 선왕에 대해 추왕을 한 것은 무왕 때이며 이때 시호를 확정하였다. 『중용』에서 주공이 태왕과 왕계를 추왕했다는 것은 천자의 예법으로 장례의 법도를 고쳤다는 뜻일 뿐이다. 문왕에 대해 장례의 예법을 고치지 않았던 것은 그보다 이전에 천자의 예법으로 장례를 치렀기 때문이라고 했다. 그 말은 매우 잘못되었다.

補註 ○語類: 問, "中庸周公成文・武之德, 追王太王・王季, 考之武成・金縢及禮記・大傳, 疑武王時已追王." 曰, "武王時恐且是呼喚作王, 至周公制禮樂, 方行其事, 如今奉上冊寶之類. 然無可證, 姑闕之可也."

번역 ○『어류』에서 말하길, 묻기를 "『중용』에서는 주공이 문왕과 무왕의 덕을 완성하여, 태왕과 왕계를 추왕(追王)했다고 했는데, 『서』「무성(武成)」과 「금등(金縢)」편 및 『예기』「대전(大傳)」편을 살펴보면, 아마도 무왕 때 이미 추왕을 했던 것 같습니다."라고 하자 "무왕 때 아마도 왕(王)이라고 불렀을 것이고, 주공 때에 이르러 예악을 제정하자 이러한 일을 시행하게 되었던 것 같으니, 현재 책과 보옥을 받드는 부류와 같은 것이다. 그러나 증명할 만한 기록이 없으니 잠시 놔두는 것이 좋을 것 같다."라고 대답했다.

「대전」 5장

聖人南面而聽天下, 所且先者五, 民不與焉. 一曰治親, 二曰報
功, 三曰擧賢, 四曰使能, 五曰①存愛. 五者一得於天下, 民無
不足無不贍者; 五者一物②紕繆, 民莫得其死. 聖人南面而治
天下, 必自人道始矣.

번역 성인이 남면하여 천하의 정사를 들을 때에는 우선적으로 처리해야 할 것이 나
섯 가지인데, 백성들을 다스리는 일은 별개의 문제이다. 첫 번째는 친족들을 다스리
는 일이다. 두 번째는 신하들의 공적에 대해 보답하는 일이다. 세 번째는 현명한
자를 등용하는 일이다. 네 번째는 능력이 있는 자를 임명하는 일이다. 다섯 번째는
친애하는 것들을 자세히 살핀다는 뜻이다. 이 다섯 가지가 천하에 모두 행해지게
된다면, 백성들 중에는 부족한 자가 없게 되고, 구휼을 받지 못하는 자가 없게 된
다. 만약 이 다섯 가지 중에서 한 가지 사안이라도 어그러지게 된다면, 백성들은
제대로 된 죽음조차 얻지 못하게 된다. 성인이 남면하고 천하를 다스리는 것은 반
드시 인도로부터 시작해야 한다.

① 存愛.

補註 鄭註: "察存仁愛也." 疏曰: "察於側陋之中, 若有雖非賢能而有仁
愛之心, 亦賞異之."

번역 정현의 주에서 말하길, "인애(仁愛)를 갖춘 자를 살핀다는 뜻이다."라
고 했다. 소에서 말하길, "누추한 곳에서도 자세히 살펴서, 만약 현명하거나
능력이 있는 자만 못하더라도 인애의 마음을 가진 자가 있다면, 또한 그에게
상을 하사하여 남다르게 대하는 것이다."라고 했다.

補註 ○按: 此與陳註各異, 而兩說俱未穩. 愚意, 只是常存仁愛之心也.
未及於治民之事, 則與民不與焉, 不相妨碍. 小註方說, 亦此意.

번역 ○살펴보니, 이것은 진호의 주와 각각 차이를 보이는데, 두 주장 모두 온당하지 못하다. 내가 생각하기에 이것은 단지 인애의 마음을 항상 보존한다는 뜻이다. 백성들을 다스리는 일에는 미치지 않으니, 백성들과 그 일에 관여하지 않아 서로 방해가 되지 않는다. 소주에 나온 방씨의 주장도 이러한 의미이다.

참고-大全 嚴陵方氏曰: 所先者五, 言未暇致其詳也. 民不與焉, 非不以民爲事, 苟能行此五者, 民亦從而治矣, 故後言民無不足無不贍者. 夫正之以善之謂治, 予其所施之謂報, 升之於位之謂擧, 任之以職之謂使, 念之而不忘之謂存, 而愛則人之所不可忘者也. 聖人治天下, 必自人道始, 蓋以治親爲先故也. 始言聽天下, 終言治天下者, 蓋事之來也, 聽其可否而後, 治之使正焉, 故言之序如此.

번역 엄릉방씨가 말하길, 우선적으로 해야 할 것이 다섯 가지라고 했는데, 이것은 아직 그 상세한 부분까지 다스릴 여유가 없음을 뜻한다. "백성들에 대한 일은 관계되지 않는다."라고 했는데, 이것은 백성들에 대한 일을 다스리는 대상으로 삼지 않는다는 뜻이 아니며, 진실로 이러한 다섯 가지를 시행할 수 있다면, 백성들 또한 그에 따라 다스려진다는 뜻이다. 그렇기 때문에 뒤에서는 "백성들 중에 부족한 자가 없고, 구휼을 받지 못하는 자가 없다."라고 말한 것이다. 무릇 올바르게 하여 선하게 만드는 것을 '치(治)'라고 부르며, 베푼 것에 대해 주는 것을 '보(報)'라고 부르고, 그 지위로 승격시키는 것을 '거(擧)'라고 부르며, 임무를 맡겨서 직무를 갖게 하는 것을 '사(使)'라고 부르고, 유념하여 잊지 않는 것을 '존(存)'이라고 부르는데, 친애하는 대상은 사람으로서 잊을 수가 없는 대상이 된다. 성인이 천하를 다스릴 때에는 반드시 인도로부터 시작해야 하니, 친족을 다스리는 일을 우선으로 삼는 이유이다. 처음에는 "천하의 정사를 듣는다."라고 했고, 끝에서는 "천하를 다스린다."라고 했는데, 일에 따른 순서이니, 그 가부를 듣고 판단한 뒤에야, 다스려서 올바르게 할 수 있기 때문에, 말하는 순서가 이와 같은 것이다.

② 紕繆.

補註 類編曰: 韻會, "織布, 兩絲同齒曰紕, 言紊亂也."

번역 『유편』에서 말하길, 『운회』에서 말하길, "포를 직조함에 끈을 두 가닥으로 하여 치를 같게 함을 비(紕)라고 부르니, 문란하다는 뜻이다."라고 했다.

참고-集說

民不與焉, 謂未及治民也. 治親, 卽上治下治旁治也. 君使臣以
禮, 故功曰報. ①行成而上, 故賢曰擧. ①藝成而下, 故能曰使.
存, 察也. 人於其所親愛而辟焉, 有以察之, 則所愛者一出於
公, 而四者皆無私意之累矣. 一得, 猶皆得也. 瞻, 賙也. 物, 事
也. 紕繆, 舛戾也. 民莫得其死, 言此五事之得失, 關國家之治
亂也. 人道, 申言上文之意.

번역 '민불여언(民不與焉)'이라는 말은 백성들을 다스리는 일까지는 미치지 않는다는 뜻이다. '치친(治親)'은 위로 다스리고, 밑으로 다스리며, 옆으로 다스린다는 뜻이다. 군주는 신하를 부릴 때 예(禮)로써 하기 때문에, 공적에 대해서는 "보답한다[報]."라고 말한 것이다. 행실을 이루는 것이 우선이기 때문에, 현명한 자에 대해서는 "등용한다[擧]."라고 말한 것이다. 재예를 이루는 것은 상대적으로 뒤이기 때문에, 능력 있는 자에 대해서는 "시킨다[使]."라고 말한 것이다. '존(存)'자는 "살핀다[察]."는 뜻이다. 사람은 자신이 친애하는 대상에 대해서 회피하게 되니, 살피게 된다면 친애하는 것들이 모두 공적인 것에서 도출되어, 네 가지 것들도 모두 사사로운 뜻에 얽매임이 없게 된다. '일득(一得)'은 모두 얻는다는 뜻이다. '섬(瞻)'자는 "진휼하다[賙]."는 뜻이다. '물(物)'은 '사안[事]'을 뜻한다. '비무(紕繆)'는 어그러지고 잘못된다는 뜻이다. "백성들이 죽음을 얻지 못한다."는 말은 이 다섯 가지 일들의 득실은 국가가 다스려지거나 혼란스럽게 됨과 연계된다는 뜻이다. '인도(人道)'는 앞 문장의 뜻을 거듭 밝힌 것이다.

① 行成而上藝成而下.

補註 樂記文.

번역 『예기』「악기(樂記)」편의 기록이다.[1]

---

1) 『예기』「악기(樂記)」 : 樂者, 非謂黃鐘大呂弦歌干揚也, …… 是故德成而上, <u>藝成而下, 行成而先</u>, 事成而後. 是故先王有上有下有先有後, 然後可以有制於天下也.

「대전」 8장

同姓從宗合族屬. 異姓①主名治際會, 名著而②男女有別.

번역 동성의 친족들은 대종 및 소종을 통해 종족들이 회합된다. 이성의 친족들은 명칭을 중심으로 회합하니, 명칭이 드러나면, 남녀 사이에 구별됨이 생긴다.

① 主名.

補註 疏曰: 夫若爲父行, 則主母名. 夫若爲子行, 則主婦名.

번역 소에서 말하길, 남편이 만약 부친 항렬이 된다면, 그 아내는 모친이라는 명칭을 중심으로 관계가 정해진다. 남편이 만약 자식 항렬이 된다면, 그 아내는 며느리라는 명칭을 중심으로 관계가 정해진다.

② 男女有別.

補註 鄭註: 名不明, 則人倫亂. 若衛宣公·楚平王爲子取而自納焉.

번역 정현의 주에서 말하길, 명칭이 불분명하다면 인륜의 질서가 혼란스럽게 된다. 위나라 선공이나 초나라 평왕이 아들의 여자를 자신의 아내로 들인 일과 같다.

「대전」9장

참고─經文

其夫屬乎父道者, 妻皆母道也; 其夫屬乎子道者, 妻皆婦道也.
①<u>謂弟之妻婦者, 是嫂亦可謂之母乎?</u> 名者人治之大者也, 可
無愼乎?

번역 아녀자들은 남편의 항렬에 따르므로, 만약 남편이 부친 항렬에 속한다면, 그
의 처도 모두 모친 항렬에 해당한다. 반대로 남편이 자식 항렬에 속한다면, 그의
처도 모두 며느리 항렬에 해당한다. 동생의 처는 제수인데, 그녀에 대해서 며느리라
고 부를 수 없다. 만약 이처럼 부르게 된다면, 형수에 대해서 또한 모친이라고 부를
수 있게 되는데, 가능하겠는가? 명칭이라는 것은 인도의 다스림 중 가장 큰 것이니,
신중히 하지 않을 수 있겠는가?

① ○謂弟之妻[止]母乎.

補註 鄭註: 謂之婦與嫂者, 以其在已之列, 以名遠之耳. 復謂嫂爲母, 則
令昭穆不明.

번역 정현의 주에서 말하길, 며느리라고 부르거나 형수라고 부르는 것은 자
신의 항렬에 달려 있는 문제이기 때문에, 명칭에 따라서 멀리 대한 것일 뿐
이다. 재차 형수에 대해서 모친이라고 부르게 된다면, 소목의 항렬을 불분명
하게 만든다.

補註 ○按: 陳所謂舊說, 卽鄭註也. 但古文以弟妻爲婦者多, 小註陳說
及家禮旁親班祔註劉氏說, 亦可見也. 此蓋承訛已久而然.

번역 ○살펴보니, 진호가 옛 주장이라고 한 말은 정현의 주에 해당한다. 다
만 옛 기록에서는 동생의 처를 부(婦)로 여긴 것이 많은데, 소주에 나온 진
씨의 주장과 『가례』의 방친반부(旁親班祔)의 주에 나온 유씨의 주장에서도
확인할 수 있다. 이것은 아마도 전승하는 과정에서 와전된 것이 이미 오래되

어 이처럼 된 것 같다.

補註 ○續通解曰: 先師云, "傳意本謂, 弟妻不得爲婦, 兄妻不得爲母, 故反言以詰之曰, 若謂弟妻爲婦, 則是兄妻亦可謂之母矣而可乎? 言其不可爾." 非欲卑遠弟妻而正謂之婦也, 註疏皆誤.

번역 ○『속통해』에서 말하길, 선사들은 "전문의 뜻은 본래 동생의 처는 부(婦)가 될 수 없고 형의 처는 모(母)가 될 수 없다는 의미이다. 그렇기 때문에 말을 반대로 하여 결론을 맺으며 '만약 동생의 처를 부라고 한다면 형의 처 또한 모라고 할 수 있는데 가능하겠는가?'라고 했던 것이니, 불가하다는 의미일 뿐이다."라고 했다. 이것은 동생의 처를 낮추고 멀리 대하고자 해서 부라고 부른다는 뜻이 아니니, 주와 소의 설명은 모두 잘못되었다.

四世而緦, 服之窮也. 五世袒免, ①殺同姓也. 六世親屬竭矣.
其庶姓別於上, 而戚單於下, 昏姻可以通乎?

번역 4세대가 지나면, 같은 고조를 모시는 친족들이 되니, 서로를 위해서 시마복 (緦麻服)을 착용한다. 5세대가 지나면, 고조의 부친을 함께 모시는 친족들이 되니, 서로를 위해서 단문(袒免)을 할 따름으로, 동성(同姓)인 친족이라도 줄이게 된다. 6세대가 지나면, 고조의 조부를 함께 모시는 친족들이 되니, 친족관계가 끝나게 된 다. 씨(氏)는 정식 성(姓)에 있어서 윗세대에서 갈라져 나온 것이고, 친족관계도 후대에서 다하였다고 하지만, 혼인을 할 수 있겠는가?

① ○殺同姓也.

補註 按: 此謂同五世祖者, 但是同姓而服窮, 故殺之也. 姓, 生也. 孫是 子所生, 故謂之子姓. 同姓, 謂同爲五代祖所生也.

번역 살펴보니, 이것은 5대조가 같은 자들은 단지 성이 같아서 상복의 제도 가 다하게 된다. 그렇기 때문에 줄이게 된다는 뜻이다. '성(姓)'자는 낳는다 는 뜻이다. 손자는 자식이 출생한 자이다. 그렇기 때문에 자성(子姓)이라고 부른다. '동성(同姓)'은 같은 5대조로부터 출생한 자들을 뜻한다.

「대전」12장

疏曰: 親親者, 父母爲首, 次妻子伯叔. ①尊尊者, 君爲首, 次公卿大夫. 名者, 若伯叔母及子婦②弟婦兄嫂之屬. 出入者, 女在室爲入, 適人爲出, 及爲人後者. 長幼者, 長謂成人, 幼謂諸殤. 從服者, 下文六等, 是也.

번역 소에서 말하길, 친근한 자를 친근하게 대하는 경우, 부모가 첫 번째가 되고, 그 다음으로는 처나 자식, 백부나 숙부에 대한 경우가 된다. 존귀한 자를 존귀하게 대하는 경우, 군주가 첫 번째가 되고, 그 다음으로는 공·경·대부 등에 대한 경우가 된다. 명칭에 따른 경우는 마치 백모·숙모 및 자부·제부·형수 등의 부류가 여기에 해당한다. '출입(出入)'이라는 것은 여자가 아직 시집을 가지 않은 경우에는 '입(入)'이 되고, 남에게 시집을 간 경우에는 '출(出)'이 되며, 남의 후손이 된 경우도 해당한다. '장유(長幼)'라는 것은 '장(長)'은 성인을 뜻하며, '유(幼)'는 요절한 자들을 뜻한다. '종복(從服)'이라는 것은 아래 문장에 나오는 여섯 등급의 경우가 여기에 해당한다.

① ○尊尊者君爲首.

補註 類編曰: 小記註以尊尊爲曾高祖服, 與此逕庭.

번역 『유편』에서 말하길, 『예기』「상복소기(喪服小記)」편의 주에서는 '존존(尊尊)'을 증조나 고조부에 대한 상복으로 여겼으니, 이곳 주와는 큰 차이가 있다.

② 弟婦兄嫂之屬.

補註 按: 旣云服術, 則恐不當言無服之弟婦兄嫂也. 鄭註亦只曰: "名, 世母·叔母之屬."

번역 살펴보니, 이미 '복술(服術)'이라고 했다면, 아마도 상복관계가 없는 제부와 형수 등을 언급하는 것이 마땅하지 않은 것 같다. 정현의 주에서도 단지 "'명(名)'이라는 것은 세모·숙모 등의 부류에 해당한다."라고 했다.

「대전」 13장

①從服有六: 有屬從, 有徒從, 有從有服而無服, 有從無服而有服, 有從重而輕, 有從輕而重.

번역 종복(從服)의 경우에는 여섯 가지가 있다. 첫 번째는 친속 관계에 따라 상복을 착용하는 경우이다. 두 번째는 공허하게 남을 따라서 친속 관계가 없는 자에 대해 산복을 착용하는 경우이다. 세 번째는 상복을 차용해야 하는 자를 따라서 산복을 착용해야 하지만 실제로 상복을 착용하지 않는 경우이다. 네 번째는 상복을 착용하지 않아야 하는 자를 따라서 상복을 착용하지 않지만 실제로 상복을 착용하는 경우이다. 다섯 번째는 수위가 높은 상복을 입는 자를 따라서 상복을 착용하지만, 수위가 낮은 상복을 착용하는 경우이다. 여섯 번째는 수위가 낮은 상복을 입는 자를 따라서 상복을 착용하지만, 수위가 높은 상복을 착용하는 경우이다.

① 從有服[止]從輕而重.

補註 按: 此四條, 本註所解, 皆據服問文, 而推廣之耳.

번역 살펴보니, 이러한 4개 조목에 대해 본주에서 풀이한 것은 모두『예기』「복문(服問)」편의 기록에 근거하여 그것을 미루어 폭넓게 설명한 것일 뿐이다.

屬, 親屬也. 子從母而服母黨, 妻從夫而服夫黨, 夫從妻而服妻黨, 是屬從也. 徒, 空也. 非親屬而空從之服其黨, 如臣從君而服君之黨, 妻從夫而服夫之君, 妾服女君之黨, 庶子服君母之父母, 子服母之君母, 是徒從也. 如公子之妻爲父母期, 而公子爲君所厭, 不得服外舅外姑, 是妻有服而公子無服, 如兄有服而嫂無服, 是從有服而無服也. 公子爲君所厭, ①不得爲外兄弟服, 而公子之妻則服之, 妻爲夫之昆弟無服, 而服娣姒, 是從無服而有服也. 妻爲其父母期, 重也. 夫從妻而服之三月, 則爲輕. 母爲其兄弟之子大功, 重也. 子從母而服之三月, 則爲輕. 此從重而輕也. 公子爲君所厭, 自爲其母練冠, 輕矣, 而公子之妻爲之服期, 此從輕而重也.

번역 '속(屬)'자는 친속을 뜻한다. 자식은 모친을 따라서 모친의 친족을 위해서 상복을 착용하고, 처는 남편을 따라서 남편의 친족을 위해서 상복을 착용하며, 남편은 처를 따라서 처의 친족을 위해서 상복을 착용하는 경우가 '속종(屬從)'에 해당한다. '도(徒)'자는 "공허하다[空]."는 뜻이다. 친속 관계가 아님에도, 공허하게 남을 따라서 그의 친족을 위해 상복을 착용하는 것이니, 마치 신하가 군주를 따라서 군주의 친족을 위해 상복을 착용하고, 처가 남편을 따라서 남편의 군주를 위해서 상복을 착용하며, 첩이 여군의 친족을 위해서 상복을 착용하고, 서자가 군모의 부모를 위해서 상복을 착용하며, 자식이 모친의 군모를 위해서 상복을 착용하는 경우가 '도종(徒從)'에 해당한다. 예를 들어 공자(公子)의 처는 자신의 부모를 위해서 기년상(期年喪)을 치르게 되지만, 공자는 군주에 의해서 수위를 낮추게 되어, 장인과 장모에 대해서 상복을 착용하지 못하게 되니, 이것은 처는 상복을 착용하지만, 공자는 상복을 착용하지 않는 경우이다. 또 예를 들어 형에 대해서는 상복을 착용하지만, 형수에 대해서는 상복을 착용하지 않는 경우가 있는데, 이것은 상복을 착용하는 자를 따라서 상복을 착용해야 하지만 실제로는 상복을 착용하지 않는 경우이다. 공자는 군주에 의해 수위를 낮추게 되어, 외가의 형제들에 대해서는 상복을 착용하지 않지만, 공자의 처인 경우에는 그들을 위해서 상복을 착용하며, 처는 남편의 곤제를 위해서 상복을 착용하지 않지만, 손윗동서와 손아랫동서를 위해서는 상복을 착용하니, 이것은 상복을 착용하지 않는 자를 따라서 상복을 착용하지 않아야 하지만 실제로는 상복을 착용하는 경우이다. 처는 그녀의 부모에 대해서 기년상을 치르니, 중복(重服)[1]을 착용한 경우이다. 남편은 처를 따라서 그들을 위해 3개월 상을 치르니, 이것은 수위가 낮은 상복을 착용한 것이다. 모친은 그녀의 형제 자식들을 위해

---

1) 중복(重服)은 상복(喪服)의 단계를 뜻하는 용어 중 하나이다. 대공복(大功服) 이상이 되는 상복을 '중복'이라고 부른다.

서 대공복을 착용하니, 중복을 착용한 경우이다. 그러나 자식은 모친을 따라서 그들을 위해 상복을 착용할 때 3개월 상을 치르니, 이것은 수위가 낮은 상복을 착용한 경우이다. 이러한 경우 등은 수위가 높은 상복을 입은 자를 따라서 상복을 착용하지만, 수위가 낮은 상복을 착용하는 경우이다. 공자가 군주에 의해 수위를 낮추게 되면, 스스로 그의 모친에 대해서는 연관(練冠)을 착용하니, 수위를 낮추는 것인데, 공자의 처는 공자의 모친을 위해서 기년복을 착용하니, 이것은 수위가 낮은 상복을 입은 자를 따라서 상복을 착용하지만, 수위가 높은 상복을 착용하는 경우이다.

① 不得爲外兄弟服.

補註 按: 服問註以外兄弟, 解作外祖父母從母.

번역 살펴보니, 『예기』「복문(服問)」편의 주에서는 '외형제(外兄弟)'를 외조부모 및 종모로 풀이하였다.

「대전」 18장

①有小宗而無大宗者, 有大宗而無小宗者, 有無宗亦莫之宗者, 公子是也.

번역 특수한 경우로, 소종(小宗)은 있어도 대종(大宗)이 없는 경우가 있고, 대종은 있어도 소종이 없는 경우가 있으며, 종자도 없고 종자로 삼을 자도 없는 경우가 있으니, 이러한 경우는 오직 공자(公子)에게만 해당한다.

① 有小宗而[止]公子是也.

補註 語類曰: 此說公子之宗也. 謂如人君有三子, 而一嫡二庶, 則庶宗其嫡, 是謂有大宗而無小宗, 皆庶, 則宗其庶長, 是謂有小宗而無大宗, 止有一人, 則無人宗之, 己亦無所宗焉, 是謂無宗亦莫之宗也.

번역 『어류』에서 말하길, 이것은 공자의 종가에 대해서 설명한 것이다. 만약 군주에게 3명의 아들이 있는데, 1명이 적자이고 2명이 서자라면 서자들은 적자를 종자로 섬기게 되니, 이것은 대종이 있고 소종이 없는 경우이다. 모두 서자인 경우라면 서자 중 장자를 종자로 섬기게 되니, 이것은 소종이 있고 대종이 없는 경우이다. 아들이 1명만 있다면 그를 종자로 섬길 사람이 없고, 자신 또한 종자로 섬길 대상이 없으니, 이것은 종자도 없고 종자로 삼을 자도 없는 경우이다.

「대전」 19장

참고-經文

公子有宗道. ①公子之公, 爲其士大夫之庶者, 宗其士大夫之
適者, 公子之宗道也.

번역 공자(公子)에게는 종주의 도리가 포함되어 있다. 공자들의 군주인 자는 자신의 서자 형제들 중 사나 대부의 신분인 자들을 위해서, 적자 형제들 중 사나 대부의 신분인 자를 세워 그를 종주로 삼게 되니, 이것이 바로 공자에게 포함된 종주의 도리이다.

① ○公子之公[止]適者.

補註 語類曰: 此正解有大宗而無小宗一句. "之公"之公, 猶君也.
번역 『어류』에서 말하길, 이것은 바로 "대종이 있고 소종이 없다."는 구문을 풀이한 것이다. '지공(之公)'에서의 공(公)자는 군(君)자와 같다.

「대전」 20장

三從兄弟同高祖, 故服緦麻, 至四從則族屬絶, 無延及之服矣.
移, 讀爲施. 在旁而①反之曰施, 服之相爲以有親而各以其屬
爲之服耳, 故云親者屬也.

번역 삼종형제는 고조가 같은 자들이다. 그렇기 때문에 서로를 위해서 시마복(緦
麻服)을 착용한다. 사종형제에 이르게 되면, 친족관계가 끊어지게 되어, 관계를 연
장하여 그에 대한 상복을 착용하는 일이 없다. '이(移)'자는 "베풀다[施]."는 뜻으
로 풀이한다. 방계의 친족에 대해서, 그에 대한 상복 규정이 소급되는 것을 '시(施)'
라고 부르니, 서로를 위해 상복을 착용하는 것은 그와 친족관계에 있기 때문이며,
각자 그 친속 관계에 따라서 상복을 착용할 따름이다. 그렇기 때문에 "친족관계에
있는 자는 해당 복장을 착용한다."고 말한 것이다.

① ○反之曰施.

補註 反, 當作及.

번역 '반(反)'자는 마땅히 급(及)자로 기록해야 한다.

「대전」21장

참고-經文

自仁率親, 等而上之至于祖; 自義率祖, 順而下之至於禰. 是故
人道親親也. 親親故尊祖, 尊祖故敬宗, 敬宗故收族, 收族故宗
廟嚴, 宗廟嚴故重社稷, ①重社稷故愛百姓, 愛百姓故刑罰中,
刑罰中故庶民安, 庶民安故財用足, 財用足故②百志成, 百志
成故③禮俗刑, 禮俗刑然後樂. 詩云: "不顯不承, 無斁於人斯."
此之謂也.

번역 은정을 써서 부모에 따르면, 등급대로 위로 올라가 조상에게 이르게 된다. 의
로움을 써서 조상에 따르면, 순차적으로 밑으로 내려가서 부친에게 이르게 된다.
이러한 까닭으로 인도는 친근한 자를 친근하게 대하는 도리에 해당한다. 친근한 자
를 친근하게 대하기 때문에 조상을 존숭하게 되고, 조상을 존숭하기 때문에 종가를
공경하게 되며, 종가를 공경하기 때문에 족인들을 거둬들이게 되고, 족인들을 거둬
들이기 때문에 종묘의 제사가 엄숙하게 되며, 종묘의 제사가 엄숙하기 때문에 사직
의 제사를 중시하고, 사직의 제사를 중시하기 때문에 모든 관리들을 사랑하게 되며,
모든 관리들을 사랑하기 때문에 형벌이 알맞게 되고, 형벌이 알맞기 때문에 백성들
이 편안하게 느끼게 되며, 백성들이 편안하게 느끼기 때문에 재화가 풍족하고, 재화
가 풍족하기 때문에 모든 뜻이 이루어지며, 모든 뜻이 이루어지기 때문에 예와 풍
속이 이루어지고, 예와 풍속이 이루어진 뒤에라야 즐거워하게 된다. 『시』에서 "드
러나지 아니하며 떠받들지 아니할까, 사람들에게 미움을 받는 일이 없도다."라고
한 말이 바로 이러한 경지를 가리킨다.

① 重社稷故愛百姓.

補註 按: 社稷, 爲民而立者也. 知社稷之重, 則愛民矣.

번역 살펴보니, 사직(社稷)은 백성들을 위해서 세우는 것이다. 사직의 중대
함을 안다면 백성들을 사랑하게 된다.

② 百志成.

補註 疏曰: 君及民人百志悉成.

번역 소에서 말하길, 군주 및 백성들의 뜻이 모두 완성된다는 의미이다.

補註 ○楊梧曰: 此就君志說, 陳註只指民志, 覺太拘矣.

번역 ○양오가 말하길, 이것은 군주의 뜻으로 설명한 것인데, 진호의 주에서는 단지 백성들의 뜻을 가리킨다고 했으니, 너무 자구에만 얽매인 것 같다.

③ 禮俗刑.

補註 按: 陳註, "刑, 猶成也." 此本鄭註, 而似因王制所謂"刑者, 侀也. 侀者, 成也"之語而取義也.

번역 살펴보니, 진호의 주에서는 "'형(刑)'자는 이루어진다는 뜻이다."라고 했는데, 이것은 정현의 주에 근거한 것이며, 아마도 『예기』「왕제(王制)」편에서 "형(刑)이란 말은 형(侀)자의 뜻이니, 형(侀)이란 이룬다는 뜻이다."[1]라고 한 말에서 의미를 취한 것 같다.

補註 ○楊梧曰: 一云, 刑, 作儀刑之刑, 言爲後世法也.

번역 ○양오가 말하길, 한편에서는 '형(刑)'자를 의형(儀刑)이라고 할 때의 형(刑)자로 풀이하니 후세의 법도가 된다는 의미이다.

---

1) 『예기』「왕제(王制)」: 刑者, 侀也, 侀者, 成也. 一成而不可變. 故君子盡心焉.

官得其人, 則刑不濫而民安其生. 安生樂業, 而食貨所資, 上
下俱足, 有恒産者有恒心, 倉廩實而知禮節. 故非心邪念不萌,
而百志以成; 乖爭陵犯不作, 而禮俗一致. 刑, 猶成也. 如此則
①協氣嘉生, 薰爲太和矣, 豈不可樂乎? 詩, 周頌淸廟之篇, 言
文王之德, 豈不光顯乎? 豈不見尊奉於人乎? 無厭斁於人矣. 引
此以喩人君自親親之道, 推之而家而國而天下, 至於禮俗大
成, 其可樂者, 亦無有厭斁也.

번역 조상 중 체천되는 자는 그 대수가 더욱 멀어지고, 종자를 계승하는 자는 끝이
없으니, 반드시 조상을 존숭할 줄 알아야만, 종가를 공경할 수 있다. '수(收)'자는
떠나거나 흩어지지 않게 한다는 뜻이다. 종가의 도리가 이미 존엄하기 때문에, 족인
들 중에 흩어지거나 떠나는 자가 없고, 제사의 예법이 엄숙해진다. 내적으로 종묘의
제사를 엄숙하게 대하기 때문에, 외적으로도 사직(社稷)의 예법을 중시한다. 사직
의 제사를 소홀히 할 수 없음을 안다면, 모든 관리와 족인들에 대해서 사랑해야만
함을 알게 된다. 해당 관직에 그에 걸맞은 인물을 얻는다면, 형벌이 범람하지 않고,
백성들이 자신의 생활을 안정되게 느낀다. 생활이 안정되고 과업을 즐거워하며, 음
식과 재화가 풍족하여 상하 모든 계층이 풍족하면, 항산(恒産)하는 자는 항심(恒
心)을 같게 되고,[2] 창고가 가득하여 예절을 알게 된다. 그렇기 때문에 그릇된 마음
과 사특한 생각이 싹트지 않고, 모든 뜻이 이루어지며, 어그러진 다툼과 참람됨이
일어나지 않아서, 예와 풍속이 일치된다. '형(刑)'자는 "이루어진다[成]."는 뜻이다.
이와 같게 되면, 기운을 합하여 무수하게 생겨나고, 무르익어 큰 조화를 이루는데,
어찌 즐겁지 않을 수 있겠는가? '시(詩)'는 『시』「주송(周頌)·청묘(淸廟)」편으
로,[3] 문왕의 덕을 노래한 것이니, 어찌 빛나지 않겠는가? 또 어찌 존경을 받아 사람
들이 떠받들지 않겠는가? 이것이 사람들이 싫어하지 않는 이유라는 의미이다. 이
시를 인용하여, 군주 스스로 친근한 자를 친근하게 대하는 도를 실천하여, 이것을
미루어 가(家)·국(國)·천하(天下)에 이르게 해서, 결국 예와 풍속이 크게 완성되

---

2) 『맹자』「등문공상(滕文公上)」: 民之爲道也, <u>有恒産者有恒心</u>, 無恒産者無恒心.
苟無恒心, 放辟邪侈, 無不爲已.

3) 『시』「주송(周頌)·청묘(淸廟)」: 於穆淸廟, 肅雝顯相. 濟濟多士, 秉文之德. 對越
在天, 駿奔走在廟. <u>不顯不承, 無射於人斯.</u>

는 지경에 이르게 됨을 비유한 것이니, 기뻐할 수 있다는 것은 또한 싫어하지 않는 것이다.

① 協氣嘉生薰爲太和.

補註 按: 協氣, 出史記‧封禪書, 協氣橫流. 嘉生, 出漢書‧郊祀志, 民業敬而不黷, 神降之嘉生. 註應劭曰: "嘉, 穀也." 師古曰: "衆瑞也." 但此二句, 似有出處, 更詳之.

번역 살펴보니, '협기(協氣)'라는 말은 『사기』「봉선서(封禪書)」에서 "조화로운 기운이 넘쳐흐른다."라고 한 말에서 나온 것이고, '가생(嘉生)'은 『한서』「교사지(郊祀志)」에서 "백성들이 종사해야 할 임무를 공경하여 더럽히지 않는다면 신이 무수한 곡물을 내려준다."라고 한 말에서 나온 것이다. 주에서 응소는 "가(嘉)자는 곡식을 뜻한다."라고 했고, 안사고는 "무수히 많은 상서로움을 뜻한다."라고 했다. 다만 이 두 구문에 대해서는 아마도 그 출처가 있을 것이니 다시 살펴보아야 한다.

「소의(少儀)」 제17편

補註 通解目錄曰: 言少者, 事長之節. 註疏以爲細小威儀, 非也.
번역 『통해』「목록」에서 말하길, '소(少)'라고 말한 것은 어른을 섬기는 예절에 해당하기 때문이다. 주와 소에서는 소소한 의례규정을 기록했기 때문이라고 했는데, 잘못된 해석이다.

補註 ○陽村曰: 此篇記與人交際言行之節, 非直爲少者言也, 故王氏以爲非幼少之少. 然亦少者所當儀刑者, 故曰少儀, 非幼少之少, 卽何哉?
번역 ○양촌이 말하길, 「소의」편은 다른 사람과 교제할 때의 언행에 대한 예절을 기록하고 있는데, 이것은 단지 어린사람을 위해서만 한 말이 아니다. 그렇기 때문에 왕씨는 어린아이라고 할 때의 소(少)자가 아니라고 했다. 그러나 이 내용은 또한 어린사람이 마땅히 의례의 준칙으로 삼아야 할 것들이다. 그렇기 때문에 '소의(少儀)'라고 한 것인데, 그렇다면 어린아이라고 할 때의 소(少)자가 아니라면 무슨 뜻이란 말인가?

「소의」 1장

聞始見君子者, 辭曰: "某固願聞名於將命者." ①不得階主. 適
者曰: "某固願見." 罕見曰: "聞名", 亟見曰: "朝夕", 瞽曰: "聞名".

번역 듣건대, 처음 군자를 뵙는 자는 말을 전하며, "아무개는 진실로 명령을 전달하
는 자에게 제 이름이 전해지기를 원합니다."라고 말하니, 주인에게 직접적으로 전
달할 수 없기 때문이다. 만약 신분이 대등한 자의 경우라면, "아무개는 진실로 명령
을 전달하는 자를 만나보기를 원합니다."라고 말한다. 만약 만나본 지가 매우 오래
된 경우라면, "명령을 전달하는 자에게 제 이름이 전해지기를 원합니다."라고 말하
고, 자주 만나보는 사이라면, 군자에 대해서는 "아무개는 아침이나 저녁 문안인사
를 드리고자 하여, 명령을 전달하는 자에게 제 이름이 전해지기를 원합니다."라고
말하고, 신분이 대등한 자에 대해서는 "아무개는 아침이나 저녁 문안인사를 드리고
자 하여, 명령을 전달하는 자를 만나보기를 원합니다."라고 말한다. 찾아온 자가 장
님인 경우라면, "아무개는 명령을 전달하는 자에게 제 이름이 전해지기를 원합니
다."라고 말한다.

① 不得階主.

補註 按: 士相見禮 "某也願見, 無由達", 與此語意相同. 小註邵說, 似好,
諺讀亦不從陳註, 而從邵說. 但是五之吐, 恐誤, 當改以乎代.

번역 살펴보니, 『의례』 「사상견례(士相見禮)」편에서는 "아무개는 만나 뵙기
를 원하지만, 이전에 인연이 없어 직접적으로 전달할 길이 없습니다."[1]라고
하여 이곳 문장의 뜻과 동일하다. 소주에 나온 소씨의 주장이 옳은 것 같은데,
『언독』 또한 진호의 주에 따르지 않고 소씨의 주장에 따랐다. 다만 이외[是
五]라는 토는 아마도 잘못된 것 같으니 마땅히 호대[乎代]토로 고쳐야 한다.

---

1) 『의례』 「사상견례(士相見禮)」: 士相見之禮. 摯, 冬用雉, 夏用腒, 左頭奉之. 曰,
"某也願見, 無由達, 某子以命命某見."

「소의」 2장

①適有喪者曰: “比”, 童子曰: “聽事”.

번역 상을 당한 자에게 찾아가서 만나보고자 할 때에는 “아무개는 명령을 전달하는 자를 돕고자 합니다.”라고 말하고, 어린아이인 경우라면, “아무개는 명령을 전달하는 자의 지시를 따르고자 합니다.”라고 말한다.

① ○適有喪者曰比.

補註 通解曰: 比, 恐當爲比附之義.

번역 『통해』에서 말하길, ‘비(比)’자는 아마도 비슷한 것에 견준다는 뜻인 것 같다.

「소의」 3장

適公卿之喪, 則曰: "①聽役於司徒."

번역 공이나 경의 상에 가서 찾아뵙고자 한다면, "아무개는 사도의 심부름을 따르고자 합니다."라고 말한다.

① ○聽役於司徒.

補註 疏曰: 司徒主徒役之事, 故其職云: "大喪, 帥六鄕之衆庶, 屬其六引而治其政令." 檀弓云: "孟獻子之喪, 司徒旅歸四布." 隱義云: "公卿亦有家臣司徒, 以掌喪事也."

번역 소에서 말하길, 사도는 부역에 대한 일들을 담당하기 때문에, 그 직무 기록에서는 "대상(大喪)이 발생하면, 육향(六鄕)에 있는 하위 관리들을 통솔하여, 상여에 달린 여섯 가닥의 줄을 당기도록 하고, 명령 내리는 일을 다스린다."1)라고 했고, 『예기』 「단궁(檀弓)」편에서는 "맹헌자의 상에서 사도는 그 휘하의 하사(下士)들을 시켜서, 부의로 들어왔던 재화 중 남은 것들을 부의를 보내준 사방의 여러 사람들에게 되돌려주도록 했다."2)라고 했으며, 『예기은의』에서는 "공과 경에게는 또한 사도(司徒)라는 관리가 있어서, 그가 상사의 일을 담당했다."라고 했다.

---

1) 『주례』 「지관(地官)·대사도(大司徒)」: 大喪, 帥六鄕之衆庶, 屬其六引, 而治其政令.

2) 『예기』 「단궁상(檀弓上)」: 孟獻子之喪, 司徒旅歸四布. 夫子曰: "可也."

「소의」 5장

참고-經文

臣致襚於君, 則曰: "致廢衣於①賈人", 敵者曰: "襚". 親者兄弟
不以襚進.

번역 신하가 죽은 군주에게 수의를 보내게 되면, "가인(賈人)에게 보잘것없는 의복
을 보냅니다."라고 말하고, 상대가 자신과 신분이 대등한 자라면, "수의를 보냅니
다."라고 말한다. 친족의 형제들에 대해서는 다른 사람을 통해 수의를 전달하지 않
는다.

① ○賈人.

補註 鄭註: 周禮, 玉府掌凡王之獻金玉·兵器·文織·良貨賄之物, 受
而藏之. 有賈八人.

번역 정현의 주에서 말하길, 『주례』에서는 "옥부(玉府)라는 관리는 천자에
게 헌상되는 금과 옥, 병장기, 무늬가 들어간 견직물, 좋은 재화 등을 받아서
보관하는 일을 담당한다."[1]라고 했다. 그 휘하에는 가인 8명이 포함되어 있
다.[2]

---

1) 『주례』「천관(天官)·옥부(玉府)」: 凡王之獻金玉·兵器·文織·良貨賄之物, 受
而藏之.

2) 『주례』「천관총재(天官冢宰)」: 玉府, 上士二人, 中士四人, 府二人, 史二人, 工八
人, 賈八人, 胥四人, 徒四十有八人.

「소의」 6장

臣爲君喪, 納貨貝於君, 則曰: "納甸於有司". 贈馬入廟門. ①賻馬與其幣大白兵車, 不入廟門.

번역 신하는 군주의 상을 위해서, 군주에게 재물을 보내게 된다면, "부여받은 채읍에서 산출된 물건을 유사에게 드렸습니다."라고 말한다. 영구를 전송하는 말을 부의로 보내왔다면, 묘문(廟門)으로 들일 수 있다. 그러나 상주를 돕기 위해 부의로 보내온 말과 폐물 또 대백(大白)의 깃발과 전쟁용 수레는 묘문 안으로 들일 수 없다.

① ○賻馬與其幣.

補註 按: 賻馬下無吐亦可, 其幣下當有臥吐.

번역 살펴보니, '부마(賻馬)' 뒤에는 토가 없어도 괜찮고, '기폐(其幣)' 뒤에는 왜(臥)토가 있어야 한다.

「소의」 8장

참고-經文

①受立授立不坐, ②性之直者則有之矣.

번역 서 있는 자에게 물건을 받거나 서 있는 자에게 물건을 건넬 때에는 모두 무릎을 꿇지 않는다. 그러나 감정에만 내맡겨서 경솔하게 행동하는 자라면, 간혹 무릎을 꿇는 경우도 있다.

① ○受立授立不坐.

補註 疏曰: 受立, 謂尊者立, 以物授卑者, 卑者受之. 授立, 謂尊者立, 己以物授之也. 皆不坐, 以尊者立. 若坐則尊者屈而低身故也.

번역 소에서 말하길, 서 있는 자에게 물건을 받는다는 것은 존귀한 자가 서 있고 어떤 사물을 신분이 낮은 자에게 건네게 되어, 신분이 낮은 자가 존귀한 자의 물건을 받는 경우를 뜻한다. 서 있는 자에게 물건을 건넨다는 것은 존귀한 자가 서 있는데 본인이 서 있는 존귀한 자에게 물건을 건넨다는 뜻이다. 두 사안에 대해서는 모두 무릎을 꿇지 않으니, 존귀한 자가 서 있기 때문이다. 만약 무릎을 꿇게 된다면 존귀한 자가 몸을 굽혀 신체를 낮추게 되기 때문이다.

② 性之直者則有之矣.

補註 鄭註: "尊者短則跪, 不敢以長臨之." 疏曰: "性, 謂天性. 言尊者天性直自如此短小, 尊者雖立, 有坐而受授. 所以然者, 若立對之, 則以長臨尊故也."

번역 정현의 주에서 말하길, "존귀한 자의 키가 매우 작다면 무릎을 꿇게 되니, 감히 자신의 큰 키로 존귀한 자를 임할 수 없기 때문이다."라고 했다. 소에서 말하길, "'성(性)'자는 천성을 뜻한다. 존귀한 자가 천성적으로 매우 키가 작다면, 존귀한 자가 비록 서 있더라도 무릎을 꿇고서 건네거나 받는 경우도 있다. 이처럼 하는 이유는 만약 서서 그를 마주하게 된다면, 자신의 큰 키로 존귀한 자를 임하게 되기 때문이다.

補註 ○通解曰: 此句文義皆未通, 恐是記失禮耳. 性之直, 猶所謂直情而徑行者歟.

번역 ○『통해』에서 말하길, 이 구문의 뜻은 모두 통하지 않으니, 아마도 잘못된 예를 기록한 것인 것 같다. '성지직(性之直)'이라는 말은 "단지 감정에만 내맡겨서 경솔하게 행동한다."[1]라는 말과 같은 뜻일 것이다.

참고-集說

①受人之物而立, 與以物授人之立者皆不跪, 此皆委曲以盡禮之當然耳. 然直情徑行之人亦或有跪者, 故曰性之直者則有之矣.

번역 남의 물건을 받는 자가 서 있고, 물건을 남에게 주는 자가 서 있는 경우에는 모두 무릎을 꿇지 않는데, 이것은 모두 완곡하게 예법의 마땅함을 다한 것일 뿐이다. 그러나 단지 감정에만 내맡겨서 경솔하게 행동하는 자라면 또한 무릎을 꿇는 자도 있다. 그렇기 때문에 "감정에만 따르는 경우라면, 그러한 경우도 있다."라고 말한 것이다.

① 受人之物而立.

補註 按: 此句語意未瑩, 豈以受人之物而自己立爲釋耶? 若然則自己旣立矣, 有何不坐之可論乎? 當以受物於立者爲釋.

번역 살펴보니, 이 구문의 뜻은 명료하지 못한데, 어떻게 남의 물건을 받으

---

1) 『예기』「단궁하(檀弓下)」: 子游曰: "禮有微情者, 有以故興物者, 有直情而徑行者, 戎狄之道也. 禮道則不然."

며 자신이 서 있다는 뜻으로 풀이할 수 있단 말인가? 만약 그렇다면 자신은
이미 서 있는데 어떻게 무릎을 꿇지 않는다는 것을 논의할 수 있단 말인가?
서 있는 자에게서 물건을 받는다는 뜻으로 풀이해야만 한다.

補註 ○更按: "之物"之之, 或恐是持之訛歟.

번역 ○재차 살펴보니, '지물(之物)'이라고 했을 때의 지(之)자는 혹시 지
(持)자가 와전된 것일 수도 있다.

「소의」 13장

①**不疑在躬. 不度民械, 不願於大家, ②不訾重器.**

번역 남의 의심을 사지 않게 함은 전적으로 자신에게 달려 있다. 소장하고 있는 병장기에 대해서는 살펴보지 않으며, 부유한 집에 대해서 부러워하지 않고, 남이 가지고 있는 보물을 훑뜯지 않는다.

① 不疑在躬.

補註 鄭註: 不服行所不知, 使身疑也.

번역 정현의 주에서 말하길, 알지 못하는 것을 시행하여 자신에게 의혹이 쏠리도록 하지 않는다.

補註 ○陽村曰: 身之所行, 皆能見, 信於人無可疑之事, 卽誠身之謂也.

번역 ○양촌이 말하길, 자신이 시행하는 것은 모두가 볼 수 있으니, 남이 의심할 것이 없도록 신의를 얻는 것은 곧 성신(誠身)을 말한다.

② 不訾重器.

補註 通解曰: 訾, 猶計度也, 下無訾衣服成器字義同. 謂不欲量物之貴賤, 亦避不審也.

번역 『통해』에서 말하길, '자(訾)'자는 헤아린다는 뜻이다. 아래문장에서 "남의 아름다운 옷과 기물에 대해서 헤아려서는 안 된다."[1]라고 한 말과 같은 뜻이다. 즉 사물의 값어치에 대해 헤아리고 싶지 않음을 뜻하며, 또한 의심스러운 혐의를 피하기 위해서이다.

---

1) 『예기』「소의」 : *毋訾衣服成器, 毋身質言語.*

一言一行, 皆其在躬者也. ①口無擇言, 身無擇行, 是不疑在躬
也. 器械之備所以防患, 不可度其利鈍, 恐人以非心議己. 大家
之富, 爵位所致, 不可願望於己, 以其有僭竊之萌. 訾, 鄙毀之
也. 重器之傳, 寶之久矣, 乃從而毀之, 豈不起人之怒乎?

번역 한 마디의 말과 행동은 모두 자신에게 달려 있는 것이다. 입으로는 자기 멋대
로 선택하여 내뱉는 말이 없도록 하며, 몸으로는 자기 멋대로 선택하여 행동하는
일이 없도록 함이 곧 의심을 사지 않음이 자기에게 달려 있다는 뜻이다. 병장기를
갖춘 것은 우환을 내비하기 위해서인데, 그 날카로움과 눈함에 대해 헤아려서는 안
되니, 상대가 그릇된 마음으로 자신과 의론하게 됨을 염려하기 때문이다. 큰 가문의
부유함은 작위에 따라 이룬 것이므로, 자신에 대해서도 동일한 것을 원할 수 없으
니, 참람되게 훔치고 싶은 마음이 생겨나기 때문이다. '자(訾)'자는 헐뜯는다는 뜻이
다. 보물로 여기는 기물이 전수되었다면, 오래전부터 귀중하게 여겨 왔던 것인데,
그 기물에 대해 헐뜯는다면, 어찌 상대방의 분노를 일으키지 않겠는가?

① 口無擇言身無擇行.

補註 孝經文.
번역 『효경』의 기록이다.[2]

「소의」 14장

氾埽曰埽, ①埽席前曰拚. ②拚席不以鬣, ③執箕膺擖.

번역 넓은 장소를 쓰는 것을 '소(埽)'라고 부르며, 자리 주변을 청소하는 것을 '분 (拚)'이라고 부른다. 자리 주변을 청소할 때에는 큰 빗자루를 이용하지 않고, 쓰레 받기를 들었을 때 그 입구가 자신의 가슴 쪽을 향하도록 든다.

① 埽席前曰拚.

補註 按: 音註, 拚, 讀爲糞. 陸音, 又作▼(扌+糞).

번역 살펴보니, 『음주』에서는 '拚'자를 '糞(분)'자로 풀이했다. 육덕명의 『음 의』에서는 또한 '분(▼(扌+糞))'자로도 기록한다고 했다.

② 拚席不以鬣.

補註 鄭註: "鬣, 帚也, 恒埽地, 不潔淸也." 疏曰: "鬣, 謂埽地帚也."

번역 정현의 주에서 말하길, "'엽(鬣)'은 큰 빗자루를 뜻하니, 넓은 땅을 쓸 때 사용하며, 깨끗하게 청소되지 않는다."라고 했다. 소에서 말하길, "'엽 (鬣)'은 땅을 청소하는 큰 빗자루를 뜻한다."라고 했다.

③ 執箕膺擖.

補註 按: 此與曲禮以箕自鄕而扱之之義, 槪同, 當叅考.

번역 살펴보니, 이것은 『예기』「곡례(曲禮)」편에서 "빗자루를 자신의 방향으 로 쓸어서 쓰레받기에 담는다."[1]라고 했던 뜻과 대략적으로 동일하니, 참고 해야만 한다.

---

1) 『예기』「곡례상(曲禮上)」: 凡爲長者糞之禮, 必加帚於箕上, 以袂拘而退. 其塵不 及長者, 以箕自鄕而扱之.

「소의」 15장

참고—經文

①不貳問. ②問卜筮, 曰: "義與志與?" 義則可問, 志則否.

번역 거북점과 시초점은 동일한 사안에 대해서 재차 점을 치지 않는다. 거북점과 시초점을 치는 것을 보고 어떤 사안인가 궁금하여 질문을 하게 되면, "의로운 일인가? 아니면 자신의 뜻에 따른 것인가?"라고 말한다. 의로운 일이라면, 어떤 사안인지를 물어볼 수 있지만, 자신의 뜻에 따른 일이라면, 물어보아서는 안 된다.

① ○不貳問.

補註 楊梧曰: 卜筮之法, 初筮告, 再三瀆, 瀆不告, 故雖不得吉, 不可再問也.

번역 양오가 말하길, 거북점과 시초점을 치는 법도에 있어서, 처음 시초점을 친 것이라면 알려주지만 두 차례나 세 차례 반복해서 친 것이라면 무례하게 되니, 무례하다면 알려주지 않는다.[1] 그렇기 때문에 길한 점괘를 얻지 못하더라도 재차 묻지 않는 것이다.

② 問卜筮[止]志則否.

補註 鄭註: 大卜問來卜筮者也. 義, 正事也. 志, 私意也.

번역 정현의 주에서 말하길, 대복(大卜)이 찾아와서 거북점과 시초점을 친 자에 대해 물은 것이다. '의(義)'는 올바른 사안이다. '지(志)'는 사적인 뜻이다.

補註 ○楊梧曰: 問卜筮者, 當審其宜, 不可干其私也.

---

1) 『역』 「몽괘(蒙卦)」 : 蒙, 亨. 匪我求童蒙, 童蒙求我, <u>初筮告, 再三瀆, 瀆則不告</u>. 利貞.

번역 ○양오가 말하길, 거북점과 시초점에 대해 묻는 자는 그것이 마땅한가를 살피게 되니, 사적인 것에 간여할 수 없다.

補註 ○按: 楊梧說恐是, 敬愼於諏問神明也. 陳註有兩說, 下說出古註疏, 而皆未通.

번역 ○살펴보니, 양오의 주장이 아마도 옳은 것 같으니, 신명에게 질문하는 것을 공경스럽고 신중하게 한다는 뜻인 것 같다. 진호의 주에는 두 가지 주장이 수록되어 있는데, 뒤의 주장은 옛 주와 소에서 도출된 것이지만, 둘 모두 뜻이 통하지 않는다.

참고-集說 不貳問, 謂謀之龜筮, 事雖正而兆不吉, 則不可以不正者再問之也. 見人卜筮, 欲問其所卜何事, 則曰義與志與. 義者, 事之宜爲. 志, 則心之隱謀也. 故義者則可問其事, 志則不可問其事也. 一說, 卜者, 問求卜之人, 義則爲卜之, 志則不爲之卜, 亦通.

번역 "질문을 두 번 하지 않는다."는 말은 거북점과 시초점을 통해 계책을 물을 때, 그 사안이 비록 바르지만, 조짐이 길하지 않다고 나왔다면, 올바르지 않은 것으로 재차 거북점과 시초점을 쳐서는 안 된다는 뜻이다. 남이 거북점과 시초점을 치는 것을 보고서, 어떤 일에 대해서 점을 치는가를 묻고자 한다면, "의로운 일인가? 자기의 뜻에 따른 것인가?"라고 말한다. 의로운 일은 마땅히 시행해야 할 사안을 뜻한다. 자기의 뜻에 따른 것은 마음속으로 은밀히 계획을 세운 것이다. 그렇기 때문에 의로운 일에 해당하면, 그 사안에 대해서 물어볼 수 있지만, 자기의 뜻에 따른 것이라면, 그 사안을 물어볼 수 없다. 일설에는 점치는 자가 점을 의뢰한 자에게 질문을 한 것으로, 의로운 일에 해당한다면 그를 위해 점을 치고, 그 자의 개인적인 뜻에 따른 것이라면 그를 위해 점을 치지 않는 뜻이라고 하는데, 이 또한 통용되는 해석이다.

「소의」16장

尊長於己踰等, 不敢問其年. 燕見不將命. 遇於道見則面, 不請
所之. ①喪俟事不犆弔.

번역 존장자의 나이가 부친이나 조부 항렬에 해당한다면, 감히 그 자의 나이에 대
해서 물어보지 않는다. 사적으로 존장자를 찾아가 만나보는 경우에는 명령을 전달
하는 자를 통해서 말을 전하지 않는다. 도로에서 우연히 존장자를 보았다면, 상대가
자신을 보면 면전으로 다가가 만나보되 감히 가는 곳을 묻지 않는다. 존장자의 상
이 발생했을 때에는 해당 절차가 될 때까지 기다린 뒤에 조문을 하며, 해당 시기가
아닐 때 자기 홀로 조문을 하지 않는다.

① ○喪俟事不犆弔.

補註 按: 喪, 謂尊者有喪服, 陳註未瑩.
번역 살펴보니, '상(喪)'자는 존장자가 상복을 착용하고 있다는 뜻이니, 진호
의 주는 명료하지 못하다.

補註 ○鄭註: 事, 朝夕哭時.
번역 ○정현의 주에서 말하길, '사(事)'는 아침저녁으로 곡하는 시기를 뜻한다.

「소의」 19장

참고-集說

凡射必二人爲耦. ①福在中庭, 箭倚於福, 上耦前取一矢, 次下
耦又進取一矢, 如是更進, ②各得四矢. 若卑者侍射, 則不敢更
迭取之, 但一時并取四矢, 故謂之約矢也.

번역 무릇 활을 쏠 때에는 반드시 두 사람이 짝이 된다. 화살을 꼽아두는 복(福)은
마당에 있고, 화살은 복에 담겨 있는데, 두 명 중 앞서 쏘는 사람이 먼저 하나의
화살을 가져가고, 그 다음으로 뒤이어 쏘는 나머지 한 사람이 또한 나아가서 하나
의 화살을 가져가는데, 이처럼 번갈아가며 나아가서 가져가게 된다면 각각 네 개의
화살을 가지게 된다. 만약 신분이 미천한 자가 존장자를 모시고 활을 쏘는 경우라
면, 감히 교대로 화살을 가져갈 수 없으니, 단지 한꺼번에 네 개의 화살을 모두 가
져간다. 그렇기 때문에 "화살을 한꺼번에 가져간다."라고 말한 것이다.

① ○福在中庭.

補註 疏曰: 福者, 兩頭爲龍頭, 中央共一身, 而倚箭於身.
번역 소에서 말하길, '복(福)'이라는 것은 양쪽 끝을 용의 머리 형식으로 조
각하고, 중앙에 하나의 몸체가 있어서, 화살을 그 몸체에 꼽게 된다.

② 各得四矢.

補註 按: 此蓋節略疏說, 而疏此下有"升堂, 挿三於要, 手執一"之語.
번역 살펴보니, 이 설명은 아마도 소의 주장을 요약한 것 같은데, 소의 기록
에는 이 구문 뒤에 "당상에 올라서 허리에 세 개의 화살을 꼽고 손에 하나의
화살을 잡는다."는 말이 기록되어 있다.

「소의」 20장

참고─經文

①侍投則擁矢.

번역 존장자를 모시고 투호를 하는 경우라면, 모시는 자는 화살 네 개를 손에 쥐고 한다.

① 侍投.

補註 鄭註: 投, 投壺也, 投壺坐.

번역 정현의 주에서 말하길, '투(投)'자는 투호를 뜻하니, 투호를 하는 자리를 의미한다.

「소의」 21장

참고-經文

①勝則洗而以請, 客亦如之. ②不角, 不擢馬.

번역 승리한 자는 잔을 씻어서 술을 권해도 되는지를 청하고, 빈객에 대한 경우 또한 이처럼 한다. 벌주를 줄 때에는 뿔잔을 사용하지 않고, 일반잔을 사용하며, 투호에서 상대방의 마(馬)를 빼앗지 않는다.

① ○勝則洗[止]客亦如之.

補註 通解曰: 此二句, 皆是卑者與尊者爲耦, 而射及投壺, 若己勝而司射命酌, 則不敢使弟子酌酒以罰尊者, 必自洗爵而請行觴. 若耦勝則亦不敢煩他弟子酌而飮己, 必自洗爵而請自飮也. 註疏說, 恐非是.

번역 『통해』에서 말하길, 이 두 구문은 모두 미천한 자가 존귀한 자와 짝을 이루어 활쏘기나 투호를 하는 경우이니, 활쏘기와 투호에서 만약 자신이 승리하게 되어 사사가 술 따르기를 명하면, 감히 제자로 하여금 술을 따라 존귀한 자에게 벌주를 권하도록 시킬 수 없고, 반드시 직접 술잔을 씻어서 술을 권해도 되는지 청해 물어야 한다. 만약 상대방이 승리를 한 경우라도 감히 다른 제자를 번거롭게 하여 술을 따라 자신이 먹을 수 있도록 할 수 없어서, 반드시 직접 술잔을 씻고 직접 술을 마셔도 되는지 청해 물어야 한다. 주와 소의 주장은 아마도 잘못된 것 같다.

② 不角.

補註 鄭註: 角, 謂觥, 罰爵也.

번역 정현의 주에서 말하길, '각(角)'은 굉(觥)이라는 술잔이니, 벌주를 줄 때 사용하는 술잔이다.

射與投壺之禮, 勝者之弟子①酌酒置于豐上, 其不勝者跪而飲
之. 若卑者得勝, 則不敢徑酌, 當前洗爵而請行觴也. 客若不
勝, 則主人亦洗而請, 所以優賓也. 角, 兕觥也. 今飲尊者及客
不敢用角, 但如常獻酬之爵也. 擢, 進而取之也. 馬者, 投壺之
勝算, 每一勝則立一馬, 至三馬而成勝. 若一朋得二馬, 一朋得
一馬, 則二馬者, 取彼之一馬, 足成己之三馬. 今卑者雖得二
馬, 不敢取尊者之一馬以成己勝也.

번역 활쏘기나 투호의 예법에 있어서, 승리를 한 자의 제자는 술잔을 따라서 풍
(豐) 위에 놓아두고, 이기지 못한 자는 무릎을 꿇고서 그 술을 마신다. 만약 상대적
으로 신분이 미천한 자가 승리를 했다면, 감히 경솔하게 술을 따라서 권할 수 없으
니, 마땅히 그보다 앞서 술잔을 씻고서 술을 권해도 되는지 청해야 한다. 빈객이
만약 승리하지 못했다면, 주인 또한 술잔을 씻고서 술을 권해도 되는지 청하니, 빈
객을 우대하기 때문이다. '각(角)'은 시굉(兕觥)이라는 뿔잔이다. 현재의 상황은
존귀한 자에게 술을 권하거나 빈객에게 권하게 되어, 뿔잔을 사용하지 않고, 단지
일상적으로 술을 권할 때 사용하는 술잔을 이용한다. '탁(擢)'자는 나아가서 취한다
는 뜻이다. '마(馬)'라는 것은 투호를 하여 승리 횟수를 셈하고, 매번 한 번 승리할
때마다 한 개의 마(馬)를 세우고, 세 개의 마(馬)가 서게 되면 최종 승리를 하게
된다. 만약 한쪽이 두 개의 마(馬)를 얻었고, 다른 한쪽이 한 개의 마(馬)를 얻었다
면, 두 개의 마(馬)를 가진 자가 상대방의 마(馬) 한 개를 가져가서, 자기가 세워야
하는 세 개의 마(馬)를 만들 수 있다. 현재의 상황은 신분이 미천한 자가 비록 두
개의 마(馬)를 세웠지만, 감히 존귀한 자가 세운 한 개의 마(馬)를 가져다가 자기의
승리를 확정시킬 수 없다.

① 酌酒置于豐上.

補註 鄕射禮鄭註: 豐, 所以承其爵, 其形蓋似豆而卑.

번역 『의례』「향사례(鄕射禮)」편에 대한 정현의 주에서 말하길, 풍(豐)은 잔
을 받치기 위한 것이다. 그 모습은 두(豆)와 유사하지만 보다 낮다.

「소의」 22장

참고−經文

執君之乘車則坐. 僕者右帶劍, 負良綏, 申之面, ①拖諸幦. 以
散綏升, ②執轡然後步.

번역 군주의 수레를 몰게 되면, 무릎을 꿇고 군주가 탈 때까지 기다린다. 수레를
모는 자는 오른쪽으로 검을 차고, 군주가 수레에 탈 때, 군주가 잡는 끈을 등 뒤로
짊어지듯 넘긴 뒤, 끝의 끈을 늘어트리고, 수레의 덮개 위로 끌어당긴다. 수레를 모
는 자가 수레에 탈 때에는 산수(散綏)를 이용해서 수레에 오르고, 고삐를 잡은 뒤
에는 말이 몇 발자국 이동하도록 하여 상태를 살핀다.

① 拖諸幦.

補註 疏曰: 拖, 猶擲也.

번역 소에서 말하길, '타(拖)'자는 던진다는 뜻이다.

② 執轡然後步.

補註 鄭註: 步, 行也.

번역 정현의 주에서 말하길, '보(步)'자는 간다는 뜻이다.

참고−集說

方氏曰: 執, 謂執轡也. 凡御必立, 今坐者, 君未升車而車未行
也. 劍在左, 以便右抽, 僕則右帶者, 以君在左, 嫌妨君也. 良
綏, 正綏也. 猶良車良材之良. 散綏, 貳綏也. 猶散材之散. 正綏
君所執, 貳綏則僕執之. ①僕在車前, 而君自後升, 故曰負良綏.

申之面者, 言垂綏之末於前也. 拖諸幦者, 引之於車闌覆笭之上也. 以散綏升者, 復言僕初升時也. 執轡然後步者, 防馬之逸也.

번역 방씨가 말하길, '집(執)'자는 수레의 고삐를 잡는다는 뜻이다. 무릇 수레를 모는 자는 반드시 서 있어야 하는데, 현재 '좌(坐)'라고 한 것은 군주가 아직 수레에 오르지 않아서, 수레가 아직 움직이지 않았기 때문이다. 검은 좌측에 차서, 오른손으로 뽑기에 편리하도록 하는데, 복(僕)의 경우라면, 우측 허리띠에 차니, 군주가 좌측에 위치하여, 군주에게 방해가 될까를 염려해서이다. '양수(良綏)'는 군주가 수레에 탈 때 잡게 되는 끈이다. '양수(良綏)'라고 부르는 것은 '좋은 수레[良車]'나 '좋은 재목[良材]'이라고 하여 '양(良)'자를 붙이는 것과 같다. '산수(散綏)'는 보조 끈으로, 수레를 모는 자 등이 수레에 오를 때 잡는 끈이다. '산수(散綏)'라고 부르는 것은 '쓸모없는 재목[散材]'이라고 할 때 '산(散)'자를 붙이는 것과 같다. 정수는 군주가 잡는 끈이고, 이수(貳綏)는 복(僕) 등이 잡는 끈이다. 복(僕)은 수레의 전면에 있고, 군주는 뒤로부터 수레에 오르기 때문에, "양수를 짊어진다."라고 말한 것이다. '신지면(申之面)'이라는 말은 앞으로 끈의 끝부분을 늘어트린다는 뜻이다. '타저면(拖諸幦)'이라는 말은 수레의 난간 덮게 위로 끌어당긴다는 뜻이다. "산수를 잡고 오른다."는 말은 복(僕)이 최초 수레에 오를 때를 재차 설명한 말이다. "고삐를 잡고 몇 발자국을 움직이게 한다."라고 한 말은 말이 실수하는 것을 방지하기 위해서이다.

① 僕在車前[止]負良綏.

補註 疏曰: 君由後升, 僕者在車背君, 而面向前, 取君綏, 由左腋下加左肩上, 繞背入右腋下, 申綏於面前, 擲末於車前幦上也.

번역 소에서 말하길, 군주는 수레의 뒤로 오르니, 수레를 모는 자가 수레에 타 있게 되면 군주를 등지고, 전면을 향하며, 군주가 잡는 끈을 잡아서, 좌측 겨드랑이 밑으로부터 좌측 어깨 위로 올린 뒤, 등 뒤로 둘러서 우측 겨드랑이 밑으로 넣고, 끈의 끝을 앞으로 늘어트리게 되며, 그 끝을 수레 전면 덮게 위로 던진다.

補註 ○按: 此註未瑩, 而出於古疏, 故玆錄疏說以備參考, 而小註朱子說斥註疏之誤, 今當以朱訓爲正.

번역 ○살펴보니, 이 주석은 명확하지 않은데 옛 소에서 도출된 것이다. 그렇기 때문에 여기에 소의 주장을 기록하여 참고해 볼 수 있도록 했고, 소주에서 주자는 주와 소의 잘못된 점을 지적하였으니, 마땅히 주자의 풀이를 정론으로 삼아야 한다.

朱子曰: ①以言以散綏升, 則是此時僕方在車下, 帶劍負綏, 而擲綏末於幩上, 君固未就車也. 及僕以散綏升之後, 君方出而就車, 此疏乃言君由後升, 僕者在車背, 君取綏而拖諸幩, 誤矣. 又疑綏制, 當是以索爲環, 兩頭相屬, 故負之者, 得以如環處, 自左腋下, 過前後各上至背, 則合而出於右腋之中, 以申於前而自車下, 擲於幩上, 君升則還身向後, 復以覆幩如環處授君, 使君得以兩手執之而升也. 按此與曲禮君車將駕以下, 皆非專爲君御者之事, 蓋劍妨左人, 自當右帶, 綏欲授人, 自當負之以升, 又當升時, 無人授己, 故但取散綏以升, 乃僕之通法, 註疏皆誤.

번역 주자가 말하길, "산수(散綏)를 이용해서 오른다."라고 말했다면, 이 때에 수레를 모는 자가 수레 밑에 있었음을 뜻하고, 검을 차고 수(綏)를 짊어졌으며, 수(綏)의 끝을 덮개 위로 던졌으므로, 이 시기에 군주는 진실로 아직 수레에 다가가지 않은 것이다. 수레를 모는 자가 산수를 이용해서 수레에 오른 뒤에야 군주가 밖으로 나와서 수레로 다가가게 되는데, 이 내용에 대해서 공영달의 소(疏)에서는 곧 군주가 뒤로부터 오르게 되어, 수레를 모는 자가 수레의 뒤쪽에 있고, 군주가 수(綏)를 잡고 덮개 쪽으로 당긴다고 설명했는데, 이것은 잘못된 해석이다. 또한 수(綏)를 제작할 때에는 마땅히 동아줄로 둥글게 꼬아서, 양쪽 끝부분을 서로 연결했을 것이다. 그렇기 때문에 그것을 짊어진다고 했을 때, 둥근 고리처럼 해서, 좌측 겨드랑이 밑으로부터 앞뒤로 빼내어 각각 위로 올려 등 쪽으로 빼내면, 그 둘을 합해서 오른쪽 겨드랑이 사이로 빼내고, 그 끝을 앞으로 펼치고, 수레의 밑으로부터 덮개의 위로 던져놓고, 군주가 수레에 타게 되면, 몸을 돌려 뒤쪽으로 향하게 되며, 재차 덮개를 둥근 고리처럼 하여 군주에게 건네서, 군주로 하여금 양쪽 손으로 그것을 잡고 오르도록 한다. 살펴보니, 이 내용과 『예기』「곡례(曲禮)」편에서 "군주의 수레에 멍에를 멘다."[1]라고 한 구문부터 그 이하의 내용은 모두 전적으로 군주의 수레를 모는 자만을 위한 사안이 아니다. 무릇 검은 좌측에 있는 사람에게 방해가 되므로, 마땅히 오른쪽 띠에 차게 되고, 수(綏)는 남에게 건네려고 하는 것이니, 짊어져서 그것을 이용해 타도록 하고, 또 수레에 탈 때, 자신에게 끈을 건네줄 자가 없기 때문에, 단지 산수(散綏)를 잡고서 오르게 되니, 이것은 곧 수레를 모는 자들에게 일반적으로 통용되는 예법이다. 따라서 정현의 주와 공영달의 소에서 한 설명은 모두 잘못되었다.

① 以言以散綏升.

補註 按: 此說見通解, 而本文曰: "今按下文始言以散綏升"云, 則以言之以, 恐下之誤歟.

번역 살펴보니, 이러한 주장은 『통해』에 나타나는데, 본문에서는 "이제 아래 문장에서 비로소 산수를 이용해서 오른다고 말한 것을 살펴보면"이라고 했으니, '이언(以言)'에서의 이(以)자는 아마도 하(下)자의 오자일 것이다.

---

1) 『예기』「곡례상(曲禮上)」: 君車將駕, 則僕執策立於馬前.

「소의」 23장

참고-經文

①請見不請退. 朝廷曰退, 燕遊曰歸, ②師役曰罷.

번역 존장자에 대해서는 만나 뵙기를 청하되, 물러나고자 청해서는 안 된다. 되돌아가는 일에 있어서 그 장소가 조정이라면 '퇴(退)'라고 부르고, 한가롭게 거처하는 장소라면 '귀(歸)'라고 부르며, 병역이나 부역을 하던 곳이라면 '파(罷)'라고 부른다.

① 請見不請退.

補註 疏曰: 去必由於尊者, 故不敢請退.

번역 소에서 말하길, 물러나는 일은 반드시 존귀한 자에게서 비롯되기 때문에, 감히 물러나길 청할 수 없다.

② 師役曰罷.

補註 通解曰: 易曰"或鼓或罷", 與史記"將軍罷休就舍"之罷, 亦同.

번역 『통해』에서 말하길, 『역』에서 "북을 울리기도 하고 그만두기도 한다."[1]라고 말하고 『사기』에서 "장군이 훈련을 끝내고 숙소로 갔다."[2]라고 했을 때의 '파(罷)'자 또한 이와 같은 뜻이다.

補註 ○按: 鄭註, "罷之言罷勞也." 陸亦云, "罷, 音皮." 故朱子正之, 而但師役之還以罷爲名, 亦兼罷勞之義, 如免雖音問, 亦兼免冠之義.

번역 ○살펴보니, 정현의 주에서는 "'피(罷)'자는 고달프고 피곤하다는 뜻이

---

1) 『역』「중부괘(中孚卦)」: 六三, 得敵, <u>或鼓或罷</u>, 或泣或歌.
2) 『사기』「손자오기열전(孫子吳起列傳)」: 吳王曰, "<u>將軍罷休就舍</u>, 寡人不願下觀."

다."라고 했고, 육덕명 또한 "'罷'자의 음은 '皮(피)'이다."라고 했다. 그렇기 때문에 주자가 이것을 바로잡았던 것인데, 군역에서 물러나는 것을 파(罷)라고 불렀다면 여기에는 또한 고달프고 피곤하다는 뜻도 포함되어 있는 것으로, 마치 '免'자의 음이 비록 '問(문)'에 해당하지만, 이 글자에는 또한 관을 벗는다는 의미의 면(免)의 뜻도 포함된 것과 같다.

「소의」 24장

待坐於君子, 君子欠伸·運笏·澤劍首·①還屨·問日之蚤
莫, 雖請退可也.

번역 군자를 모시고 앉아 있을 때, 군자가 하품 또는 기지개를 켜거나 홀을 움직이
거나 검의 머리 부분을 만지작거린다거나 신발을 신을 수 있도록 돌려놓거나 해가
떠 있는지 아니면 저물었는지를 물어본다면, 비록 물러가기를 청하더라도 괜찮다.

① ○還屨.

補註 疏曰: 尊者說屨戶內, 屨恒在側, 故自還轉之也.

번역 소에서 말하길, 존장자는 방문 안쪽에 신발을 풀어놓고, 신발은 항상
자신 곁에 있기 때문에, 직접 신발의 방향을 돌릴 수 있다.

「소의」 25장

①事君者, 量而后入, 不入而后量. 凡乞假於人, 爲人從事者亦
然. 然故上無怨而下遠罪也.

번역 군주를 섬길 때에는 먼저 헤아린 이후에야 그의 휘하로 들어가니, 들어간 이
후에 헤아리는 것이 아니다. 무릇 남에게 무언가를 요구하거나 빌리고, 또 남을 위
해 어떤 일에 종사할 때에도 이처럼 한다. 이처럼 하기 때문에 윗사람은 노여워하
는 일이 없고, 아랫사람은 죄를 멀리하게 된다.

① ○事君者量而後入章.

補註 楊梧曰: 乞假二句, 言微者尙然, 況事君大事而不量乎?
번역 양오가 말하길, 걸가(乞假)로 시작하는 두 구문은 사소한 일에서도 오
히려 이처럼하는데, 하물며 군주를 섬기는 중대한 일이라면 헤아리지 않을
수 있겠느냐는 뜻이다.

馬氏曰: 古之人有能盡臣道, 量而后入者, ①莫如伊周. 不入而
后量者, 莫如孔孟.

번역 마씨가 말하길, 고대인들 중 신하의 도리를 다한 사람에 있어서, 헤아린 이후
에 들어가서 섬긴 자로는 이윤(伊尹)이나 주공(周公)만한 자가 없다. 또 들어간 이
후에 헤아리지 않은 자는 공자(孔子)나 맹자(孟子)만한 자가 없다.

① 莫如伊周.

補註 周, 恐當作呂.

번역 '주(周)'자는 아마도 여(呂)자로 기록해야 할 것 같다.

「소의」 26장

不窺密, ①<u>不旁狎</u>, 不道舊故, ②<u>不戲色</u>.

번역 은밀한 곳을 엿보아서는 안 되고, 친숙하게 대한다고 하여 버릇없이 굴어서는 안 되며, 옛날에 범한 잘못을 말해서는 안 되고, 희롱하는 표정을 지어서는 안 된다.

① 不旁狎.

補註 按: 小註朱子說, 與本註差異, 而當從.

번역 살펴보니, 소주에 나온 주자의 주장은 본주와 차이를 보이는데, 마땅히 주자의 주장에 따라야 한다.

참고-大全 朱子曰: 旁, 泛及也. 泛與人狎習, 不恭敬也. 不道舊故, 舊事旣非今日所急, 且或揚人宿過以取憎惡, 如陳勝賓客言勝, 故情爲勝所殺之類也. 戲色, 謂嘻笑侮慢之容.

번역 주자가 말하길, '방(旁)'자는 두루 미친다는 뜻이다. 남과 더불어 두루 익숙해지게 되면, 공경하지 못하게 된다. 옛날의 잘못을 언급하지 않는 것은 옛일은 오늘날 어찌할 수 있는 대상도 아니고, 또 상대의 잘못을 드러내어 증오를 살 수 있으니, 마치 진승(陳勝)이 빈객과 말을 할 때, 빈객이 진승이 했던 옛일을 언급하여, 진승에게 살해를 당한 부류와 같다. '희색(戲色)'은 비웃으며 거만스러운 표정을 짓는 모습이다.

② 不戲色.

補註 按: 通解曰, "戲色, 謂嘻笑侮慢之容", 見小註.

번역 살펴보니, 『통해』에서는 "희색(戲色)은 비웃으며 거만스러운 표정을 짓는 모습이다."라고 했는데, 소주에 나온다.

爲人臣下者, 有諫而無訕, 有亡而無疾, 頌而無諂, ①諫而無
驕, 怠則張而相之, 廢則埽而更之, 謂之社稷之役.

번역 남의 신하가 된 자는 간언은 하되 헐뜯는 일은 없으며, 도망은 가되 미워함이
없고, 칭송은 하지만 아첨하지 않으며, 간언은 하지만 교만함이 없으니, 어떤 사안
이 느슨해지면 다시 흥기시켜 돕고, 어떤 사안이 폐지되면 폐단을 제거하여 새롭게
고치니, 이러한 자를 사직에 공적을 세운 신하라고 부른다.

① ○諫而無驕.

補註 按: 疏說恐不親切, 小註說得之.

번역 살펴보니, 소의 설명은 아마도 친절하지 못한 것 같은데, 소주의 주장
이 합당하다.

참고-大全 慶源輔氏曰: 以下美上, 易失於諂. 以是諫非, 易失於驕. 志怠
則張而助之, 事廢則埽而改之, 謂之社稷之役者, 凡所以竭誠效力如此
者, 爲社稷而已.

번역 경원보씨가 말하길, 아랫사람이 윗사람을 칭송하면 아첨하는데 빠지기
쉽고, 옳은 일로 그릇됨을 간언하면 교만함에 빠지기 쉽다. 뜻이 태만하게
되면 다시 일으켜 세워 돕고, 사안이 폐지되면 폐단을 제거하여 고치니, 이
러한 자들을 사직의 신하라고 부르는 것은 무릇 이처럼 성심을 다하고 힘을
다하는 것은 사직을 위해서 한 일들이기 때문이다.

「소의」28장

①毋拔來, 毋報往.

번역 갑작스럽게 와서는 안 되고, 갑작스럽게 떠나서는 안 된다.

① ○毋拔來毋報往.

補註 鄭註: 報, 讀爲赴, 拔·赴, 皆疾也.
번역 정현의 주에서 말하길, '보(報)'자는 부(赴)자로 해석하니, '발(拔)'자와 '부(赴)'자는 모두 신속하다는 뜻이다.

補註 ○按: 報, 與喪服小記"報葬者報虞"之報, 音義同.
번역 ○살펴보니, '보(報)'자는 『예기』「상복소기(喪服小記)」편에서 "가난하거나 특별한 변고 때문에 죽자마자 장례를 치르는 경우에는 우제 또한 신속히 치른다."[1]라고 했을 때의 보(報)자와 음과 뜻이 같다.

朱子曰: 拔, 是急走倒從這邊來. 赴, 是又急再還倒向那邊去. 來往, 只是向背之意. 此兩句文義, 猶云①其就義若熱, 則其去義若渴. 言人見有箇好事, 火急歡喜去做, 這樣人不耐久, 少間心懶意闌, 則速去之矣. 所謂②其進銳者, 其退速也.

---

1) 『예기』「상복소기(喪服小記)」: 報葬者報虞, 三月而後卒哭.

번역 주자가 말하길, '발(拔)'자는 급히 달려서 이쪽으로 오는 것이다. '부(赴)'자는 또한 급히 재차 돌아가서 저쪽으로 가는 것이다. '내왕(來往)'은 단지 향하고 등지는 쪽을 뜻할 따름이다. 이곳 양 구문의 뜻은 마치 "의로움에 나아갈 때 맹렬하게 한다면 의로움을 떠나갈 때에도 목이 마른 듯 신속히 떠난다."라고 한 말과 같다. 즉 사람은 좋은 일이 있는 것을 보고 불처럼 급속히 기뻐하는데, 이러한 사람들은 오래 견뎌낼 수 없어서, 작은 틈에 마음이 게을러지고 뜻이 무뎌지면, 신속히 떠나가게 됨을 뜻한다. 이것은 이른바 "나아가길 민첩히 하는 자는 떠나갈 때에도 신속하다."는 뜻이다.

① 其就義[止]若渴.

補註 按: 此出莊子, 而本文熱渴互, 小學集說亦然.

번역 살펴보니, 이것은 『장자』에서 나온 말인데,[2] 본문에 나온 열(熱)자와 갈(渴)자는 상호 호환이 되며, 『소학집설』에 나온 문장 또한 그러하다.

② 其進銳者其退速.

補註 孟子 · 盡心文.

번역 『맹자』「진심(盡心)」편의 기록이다.[3]

---

2) 『장자』「열어구(列禦寇)」: 孔子曰, "凡人心險於山川, 難於知天. 天猶有春秋冬夏旦暮之期, 人者厚貌深情. 故有貌愿而益, 有長若不肖, 有順懁而達, 有堅而縵, 有緩而釬. 故其就義若渴者, 其去義若熱. 故君子遠使之而觀其忠, 近使之而觀其敬, 煩使之而觀其能, 卒然問焉而觀其知, 急與之期而觀其信, 委之以財而觀其仁, 告之以危而觀其節, 醉之以酒而觀其側, 雜之以處而觀其色. 九徵至, 不肖人得矣."

3) 『맹자』「진심상(盡心上)」: 孟子曰, "於不可已而已者, 無所不已. 於所厚者薄, 無所不薄也. 其進銳者, 其退速."

「소의」 29장

　　毋瀆神, 毋循枉, ①毋測未至.

번역 신을 업신여겨서는 안 되고, 잘못을 따라서는 안 되며, 아직 오지 않은 일을 함부로 예측해서는 안 된다.

① **毋測未至.**

補註 通解曰: 測, 意度也. 孔子所謂逆詐億不信之類也.

번역 『통해』에서 말하길, '측(測)'자는 속으로 헤아려본다는 뜻이다. 공자가 "남이 나를 속일까를 짐작하거나 남이 나를 믿어주지 않을까를 억측한다."[1] 고 했던 부류와 같다.

---

1) 『논어』「헌문(憲問)」: 子曰, "不逆詐, 不億不信, 抑亦先覺者, 是賢乎!"

「소의」 31장

①毋訾衣服成器, ②毋身質言語.

번역 남의 아름다운 옷과 기물에 대해서 헐뜯어서는 안 되며, 제 자신은 말을 할 때 의심스러운 부분에 대해서 함부로 말을 해서는 안 된다.

① ○毋訾衣服成器.

補註 通解曰: 與不訾重器之意同.

번역 『통해』에서 말하길, "남의 보물에 대해서는 헤아리지 않는다."[1]라고 한 말과 같은 뜻이다.

補註 ○徐志修曰: 小學集註不用朱子說, 未知有何商量.

번역 ○서지수가 말하길, 『소학집주』에서는 주자의 주장에 따르지 않았는데, 어떠한 의도에서 그렇게 했는지 모르겠다.

② 毋身質言語.

補註 鄭註: 質, 成也. 聞疑則傳疑, 若成之, 或有所誤.

번역 정현의 주에서 말하길, '질(質)'자는 "이룬다[成]."는 뜻이니, 의심스러운 말을 들었는데 그대로 의심스러운 이야기를 전달하여, 만약 그것을 사실인 것처럼 말한다면 잘못을 범할 수도 있다.

補註 ○通解曰: 卽疑事毋質之意.

번역 ○『통해』에서 말하길, "의심스러운 일에 대해서는 근거도 없는 말을 지어내서는 안 된다."[2]는 뜻이다.

---

1) 『예기』「소의(少儀)」: 不疑在躬. 不度民械, 不願於大家, <u>不訾重器</u>.
2) 『예기』「곡례상(曲禮上)」: <u>疑事毋質</u>, 直而勿有.

「소의」 32장

참고-經文

言語之美, 穆穆皇皇. 朝廷之美, 濟濟翔翔. 祭祀之美, 齊齊皇
皇. 車馬之美, ①<u>匪匪翼翼</u>. 鸞和之美, 肅肅雍雍.

번역 말을 할 때의 모습은 조화롭고 공경스러우며, 올바르고 아름답다. 조정에서의
모습은 출입을 할 때 가지런하며, 몸을 숙이고 폄이 선하다. 제사에서의 모습은 재
계를 지극히 하여 안정되고, 신령을 찾으나 찾을 수 없어 간절한 마음이 나타난다.
수레에 탔을 때의 모습은 행동에 격식이 나타나고 안정된다. 수레의 방울이 울리는
모습은 공경스럽고 조화롭다.

① ○匪匪.

補註 鄭註: 匪, 讀如"四牡騑騑"之騑.

번역 정현의 주에서 말하길, '비(匪)'자는 "네 필의 말이 끊임없이 달려간다."[1]
라고 했을 때의 비(騑)자로 해석한다.

참고-集說

方氏曰: 穆穆者, 敬以和; 皇皇者, 正而美; 濟濟者, 出入之齊;
翔翔者, 翕張之善. 齊齊, 致齊而能定也. 皇皇, 有求而不得也.
匪匪, 言行而有文. 翼翼, 言載而有輔. 肅肅, 唱者之敬. 雍雍,
應者之和. ①<u>此卽保氏所敎六儀也</u>.

---

1) 『시』「소아(小雅)·사모(四牡)」: <u>四牡騑騑</u>, 周道倭遲. 豈不懷歸, 王事靡盬, 我心
傷悲.

번역 방씨가 말하길, '목목(穆穆)'은 조화롭고 공경스러운 태도를 보인다는 뜻이다. '황황(皇皇)'은 바르면서도 아름답다는 뜻이다. '제제(濟濟)'는 출입함이 가지런하다는 뜻이다. '상상(翔翔)'은 몸을 숙이고 펴는 것이 좋다는 뜻이다. '제제(齊齊)'는 재계를 지극히 하여 안정될 수 있다는 뜻이다. '황황(皇皇)'은 찾지만 얻지 못함이 있다는 뜻이다. '비비(匪匪)'는 행동함에 격식이 있다는 뜻이다. '익익(翼翼)'은 수레에 탔는데 보필함이 있다는 뜻이다. '숙숙(肅肅)'은 울리는 소리가 공경스럽다는 뜻이다. '옹옹(雍雍)'은 응답하는 소리가 조화롭다는 뜻이다. 이것들은 곧 보씨(保氏)가 가르치는 육의(六儀)[2]에 해당한다.

① 此卽保氏所敎六儀.

補註 保氏, 周禮·司徒屬官.

번역 '보씨(保氏)'는『주례』사도(司徒)의 휘하에 있는 관리이다.

補註 ○保氏敎國子六儀, 一曰祭祀之容, 二曰賓客之容, 三曰朝廷之容, 四曰喪紀之容, 五曰軍旅之容, 六曰車馬之容.

번역 ○보씨는 국자들에게 육의를 가르치니, 첫 번째는 제사 때의 행동 방법이고, 두 번째는 빈객을 접대할 때의 행동 방법이며, 세 번째는 조정에서의 행동 방법이고, 네 번째는 상을 치를 때의 행동 방법이며, 다섯 번째는 군대와 관련된 행동 방법이고, 여섯 번째는 수레를 몰 때의 행동 방법이다.[3]

補註 ○疏曰: 鄭於彼註祭祀·朝廷·車馬之容, 皆引此文. 其賓客之容, 則此言語穆穆皇皇也. 彼註喪紀之容, 纍纍顚顚, 軍旅之容, 暨暨路路, 是玉藻文.

---

2) 육의(六儀)는 여섯 가지 의례들을 뜻한다. 즉 '제사 때의 행동 방법[祭祀之容]', '빈객을 접대할 때의 행동 방법[賓客之容]', '조정에서의 행동 방법[朝廷之容]', '상을 치를 때의 행동 방법[喪紀之容]', '군대와 관련된 행동 방법[軍旅之容]', '수레를 몰 때의 행동 방법[車馬之容]'을 뜻한다.

3)『주례』「지관(地官)·보씨(保氏)」: 乃敎之六儀: 一曰祭祀之容, 二曰賓客之容, 三曰朝廷之容, 四曰喪紀之容, 五曰軍旅之容, 六曰車馬之容.

번역 ○소에서 말하길, 정현은 「보씨」편에 대한 주에서 '제사'·'조정'·'거마'의 행동 방법에 대한 설명에서 모두 이곳 문장을 인용했다. 「보씨」편에 나온 '빈객을 접대할 때의 행동 방법'은 이곳에서 "말을 할 때에는 아름답고 융성해야 한다."라고 한 문장에 해당한다. 「보씨」편에 대한 주에서 "상을 치를 때의 행동 방법은 피곤하고 고단하여 실의에 빠진 것처럼 하고 근심스러운 생각을 떨치지 못한 것처럼 한다.⁴⁾ 군대와 관련된 행동 방법은 과감하고 강인해야 하고 엄격하게 교령을 내려야 한다.⁵⁾"라고 했는데, 이것은 『예기』 「옥조(玉藻)」편의 문장이다.

---

4) 『예기』「옥조(玉藻)」: <u>喪容纍纍, 色容顚顚</u>, 視容瞿瞿梅梅, 言容繭繭.
5) 『예기』「옥조(玉藻)」: <u>戎容暨暨, 言容詻詻</u>, 色容厲肅, 視容淸明.

「소의」 33장

問國君之子長幼, 長則曰: "能從社稷之事矣"; 幼則曰: ①"能御"·"未能御". 問大夫之子長幼, 長則曰: "能從樂人之事矣"; 幼則曰: "能正於樂人"·"未能正於樂人". 問士之子長幼, 長則曰: "能耕矣"; 幼則曰: "能負薪"·"未能負薪".

번역 제후의 자식에 대해 그 나이를 묻게 되면, 자식이 장성한 나이에 해당하면 "사직의 일을 잘해내실 수 있습니다."라고 말하고, 나이가 어리다면 "수레를 잘 모실 수 있습니다."라고 말하며, 나이가 매우 어리다면 "아직은 수레를 잘 모실 수 없습니다."라고 말한다. 대부의 자식에 대해 그 나이를 묻게 되면, 자식이 장성한 나이에 해당하면 "대사악이 가르치는 일들에 대해서 잘 따를 수 있습니다."라고 말하고, 나이가 어리다면 "악공들의 일에 대해 시비를 올바르게 가릴 수 있습니다."라고 말하며, 나이가 매우 어리다면 "아직은 악공들의 일에 대해 시비를 올바르게 가릴 수 없습니다."라고 말한다. 사의 자식에 대해 그 나이를 묻게 되면, 자식이 장성한 나이에 해당한다면 "경작을 잘 할 수 있습니다."라고 말하고, 나이가 어리다면 "땔나무를 짊어질 수 있습니다."라고 말하며, 나이가 매우 어리다면 "아직은 땔나무를 짊어질 수 없습니다."라고 말한다.

① 能御未能御.

補註 鄭註: "御, 謂御事." 疏曰: "已能治事." 又曰: "太幼則曰未能治事, 他倣此."

번역 정현의 주에서 말하길, "'어(御)'자는 일을 다스린다는 뜻이다."라고 했다. 소에서 말하길, "이미 그 사안들을 잘 다스릴 수 있다는 의미이다."라고 했고, 또 "너무 어리다면 아직 그 사안을 다스릴 수 없다고 말하며, 다른 용례들도 모두 이러한 뜻이다."라고 했다.

社稷之事, 如祭祀軍旅之類皆是也. 御者, 六藝之一. 國君尊,
故以社稷言. 樂人之事, 如周禮①樂德‧樂語‧樂舞之類, 大
司樂以敎國子者. 正者, 正其善否. 大夫下於君, 故以敎子言.
士賤, 則以耕與負薪言. 此與曲禮所記不同, 蓋記者之辭異耳.

번역 사직에 대한 일은 제사를 지내거나 군대에 대한 일 등이 모두 여기에 해당한
다. 수레를 모는 것은 육예(六藝) 중 하나이다. 제후는 존귀하기 때문에, 사직을
통해 언급한 것이다. 악인(樂人)의 일은 『주례』에서 말한 악덕(樂德)[1]‧악어(樂
語)[2]‧악무(樂舞)[3] 등의 부류로, 대사악(大司樂)이 이를 통해 국자들을 가르쳤

---

1) 악덕(樂德)은 음악을 가르치면서 교육했던 여섯 가지 음악의 덕목이다. 여섯 가지
덕목은 중(中)‧화(和)‧지(祇)‧용(庸)‧효(孝)‧우(友)이다. '중'은 충심을 뜻한
다. '화'는 굳셈과 부드러움이 알맞은 것을 뜻한다. '지'는 공경함을 뜻한다. '용'은
항상된 법도를 지닌다는 뜻이다. '효'는 부모를 잘 섬기는 것을 뜻한다. '우'는 형제들
과 잘 지내는 것을 뜻한다. 『주례』「춘관(春官)‧대사악(大司樂)」편에는 "以樂德
敎國子: 中‧和‧祇‧庸‧孝‧友."라는 기록이 있고, 이에 대한 정현의 주에서는
"中, 猶忠也; 和, 剛柔適也; 祇, 敬; 庸, 有常也; 善父母曰孝; 善兄弟曰友."라고
풀이했다.
2) 악어(樂語)는 음악의 가사를 익힐 때의 여섯 가지 이론을 뜻한다. 여섯 가지 이론은
흥(興)‧도(道)‧풍(諷)‧송(誦)‧언(言)‧어(語)이다. '흥'은 선한 사물을 통해서
선한 사안을 비유하는 것이다. '도'는 인도한다는 뜻으로, 고대의 일을 언급하여 현
재의 일에 알맞게 하는 것이다. '풍'은 가사를 암송하는 것이다. '송'은 소리에 맞춰서
읽는 것이다. '언'은 직접적으로 언급하는 것이다. '어'는 답변을 조술하는 것이다.
『주례』「춘관(春官)‧대사악(大司樂)」편에는 "以樂語敎國子: 興‧道‧諷‧誦‧
言‧語."라는 기록이 있고, 이에 대한 정현의 주에서는 "興者, 以善物喻善事; 道讀
曰導, 導者, 言古以剴今也; 倍文曰諷; 以聲節之曰誦; 發端曰言; 答述曰語."라고
풀이했다.
3) 악무(樂舞)는 음악을 연주할 때 추는 육대(六代)의 춤을 뜻한다. 육대의 춤은 운문
(雲門)‧대권(大卷)‧대함(大咸)‧대소(大韶)‧대하(大夏)‧대호(大濩)‧대무(大
武)이다. '운문'과 '대권'은 황제(黃帝) 때의 악무이다. '대함'은 요(堯)임금 때의 악무
이다. '대소'는 순(舜)임금 때의 악무이다. '대하'는 우(禹)임금 때의 악무이다. '대호'
는 탕(湯)임금 때의 악무이다. '대무'는 무왕(武王)에 대한 악무이다. 『주례』「춘관

다. '정(正)'자는 선하고 그렇지 못함을 올바르게 가린다는 뜻이다. 대부는 제후보다 낮기 때문에, 자식을 가르치는 일로 언급한 것이다. 사는 미천한 신분이니, 경작을 하거나 땔감을 짊어지는 일로 언급한 것이다. 이 내용은 『예기』「곡례(曲禮)」편에서 기록한 것과 동일하지 않은데, 아마도 『예기』를 기록한 자가 달리 들었던 내용을 기록한 것일 뿐이다.

① 樂德樂語樂舞.

補註 周禮・春官・大司樂: 以樂德敎國子, 中・和・祗・庸・孝・友. 以樂語敎國子, 興・道・諷・誦・言・語. 以樂舞敎國子, 舞雲門・大卷・大咸・大韶・大夏・大濩・大武.

번역 『주례』「춘관(春官)・대사악(大司樂)」편에서 말하길, 악덕으로 국자들을 가르치니, 중(中)・화(和)・지(祗)・용(庸)・효(孝)・우(友)이다. 악어로 국자들을 가르치니 흥(興)・도(道)・풍(諷)・송(誦)・언(言)・어(語)이다. 악무로 국자들을 가르치니 운문(雲門)・대권(大卷)・대함(大咸)・대소(大韶)・대하(大夏)・대호(大濩)・대무(大武)이다.[4)]

(春官)・대사악(大司樂)」편에는 "以樂舞敎國子: 舞雲門・大卷・大咸・大韶・大夏・大濩・大武."라는 기록이 있다.

4) 『주례』「춘관(春官)・대사악(大司樂)」: 以樂德敎國子: 中・和・祗・庸・孝・友. 以樂語敎國子: 興・道・諷・誦・言・語. 以樂舞敎國子: 舞雲門・大卷・大咸・大韶・大夏・大濩・大武.

「소의」 34장

①執玉執龜筴不趨, 堂上不趨, 城上不趨. 武車不式, 介者不拜.

번역 옥을 들거나 거북껍질 및 시초를 들고 있을 때에는 종종걸음으로 걷지 않고, 당상에서는 종종걸음으로 걷지 않으며, 성곽 위에서는 종종걸음으로 걷지 않는다. 전쟁용 수레에 타서는 식(式)을 잡고서 예의를 표하는 일을 하지 않고, 갑옷을 착용한 자는 절을 하지 않는다.

① 執玉[止]城上不趨.

補註 鄭註: 於重器, 於近尊, 於迫狹, 無容也.
번역 정현의 주에서 말하길, 중요한 기물에 대해서, 존귀한 자를 가까이할 때, 협소한 장소에서는 예법에 따른 평상시의 태도를 취함이 없다.

참고─經文

婦人吉事, 雖有君賜, ①肅拜. ②爲尸坐, 則①不手拜, 肅拜. 爲喪主則不手拜.

번역 부인은 길한 일에 있어서, 비록 군주의 하사품처럼 중대한 사안일지라도 숙배(肅拜)를 한다. 부인이 시동이 되어서 앉게 된다면, 수배(手拜)[1]를 하지 않고 숙배를 한다. 부인이 상주가 되었다면, 수배를 하지 않는다.

① ○肅拜[又]不手拜.

補註 鄭註: "肅拜, 拜低頭也. 手拜, 手至地也. 婦人以肅拜爲正, 凶事乃手拜耳." 疏曰: "肅拜, 是婦人之常, 而昏禮拜扱地, 以其新來, 盡禮於舅姑也. 凶事乃手拜者, 除爲喪主, 其餘輕喪, 凶事乃有手拜. 鄭知然者, 以經云: '爲喪主, 則不手拜', 明不爲喪主, 則手拜故也."

번역 정현의 주에서 말하길, "'숙배(肅拜)'는 절을 하며 고개를 숙이는 것이다. '수배(手拜)'는 손이 땅에 닿도록 절하는 것이다. 부인은 숙배를 절의 정규 방식으로 삼고, 흉사에 대해서는 수배를 할 따름이다."라고 했다. 소에서 말하길, "숙배는 부인들이 일상적으로 하는 절의 방식인데 혼례를 치를 때 부인들이 하는 절은 손이 땅까지 닿게 되니, 새로 시집을 와서 그 집안의 부인이 되어 시부모에게 예법을 다하기 때문이다. 흉사에 대해서는 수배를 할 따름이라고 했는데, 부인들 중 상주가 된 여자를 제외하고, 나머지 사람들은 상주보다 낮추게 되어, 흉사를 치르게 되면 수배만 할 따름이다. 정현이 이러한 사실을 알 수 있었던 이유는 경문에서 '상주가 되었다면 수배를 하지 않는다.'라고 했으니, 이 말은 상주가 되지 못한 여자라면 수배를 한다는 사실을 나타내기 때문이다."라고 했다.

---

1) 수배(手拜)는 무릎을 꿇고서 절을 하는 방법 중 하나이다. 양쪽 손을 먼저 땅바닥에 대고, 동시에 머리를 내리되 손등 위에 도달하면 그치게 된다.

補註 ○大戴禮註: "肅拜者, 但俯下手, 卽鄕飮酒, 賓客入門揖也. 春秋傳敢肅使者, 是也." [揖於至反, 卽今之揖也.] 又曰: "肅拜, 於拜中最輕, 軍中有肅拜, 婦人亦以肅拜爲正."

번역 ○『대대례기』의 주에서 말하길, "숙배(肅拜)라는 것은 단지 허리를 굽혀서 손을 밑으로 내리는 것이니, 『의례』「향음주례(鄕飮酒禮)」에서 빈객이 문으로 들어서면 의(揖)을 한다는 것과 『춘추전』에서 감히 사신에게 숙배를 한다는 것이 바로 이것이다."라고 했다. ['揖'자는 '於(어)'자와 '至(지)'자의 반절음으로, 오늘날의 읍(揖)에 해당한다.] 또 말하길, "숙배는 절 중에서도 가장 수위가 낮은 것이며 군대 안에서도 숙배를 하는 경우가 있고, 부인은 또한 숙배를 정규 방식으로 삼는다."라고 했다.

② 爲尸坐.

補註 疏曰: 周禮坐尸, 嫌婦人或異, 故明之.

번역 소에서 말하길, 주나라 때의 예법에서는 시동을 앉아 있도록 했는데,[2] 부인들에 대해서는 혹여 다르게 했을 것이라는 의심을 하기 때문에 명시한 것이다.

참고-集說

肅拜, 如今婦人拜也. 左傳, 三肅使者, 亦此拜. 手拜, 則手至地而頭在手上, 如今男子拜也. 婦人以肅拜爲正, 故雖君賜之重, 亦肅拜而受. ①爲尸, 虞祭爲祖姑之尸也. 爲喪主, ②夫與長子之喪也. 爲喪主則稽顙, 故不手拜. 若有喪而不爲主, 則手拜矣. 或曰, "爲喪主不手拜, 則亦肅拜也."

---

2) 『예기』「예기(禮器)」: 周坐尸, 詔侑武方, 其禮亦然, 其道一也.

번역 '숙배(肅拜)'는 마치 오늘날의 부인들이 하는 절의 방식과 같다. 『좌전』에서는 "세 차례 사신에게 숙배를 했다."라고 했는데, 이 또한 여기에서 말하는 절의 방식에 해당한다. '수배(手拜)'는 손을 땅에 대고, 머리를 손등 위에 올리는 방식으로, 마치 오늘날 남자들이 하는 절의 방식과 같다. 부인들은 숙배를 절의 정규 방식으로 삼는다. 그렇기 때문에 비록 군주의 하사품처럼 중대한 것에 대해서도 또한 숙배를 하고 받는다. "시동이 되다."라는 말은 우제(虞祭)를 치르며, 조모(祖母)의 시동이 되었다는 뜻이다. "상주가 되다."라는 말은 남편 및 장자의 상을 치르는 경우를 뜻한다. 상주가 된 여자는 이마가 땅에 닿도록 조아리는 절을 하기 때문에 수배를 하지 않는다. 만약 상이 발생했지만 상주를 맡지 않은 여자라면 수배를 한다. 어떤 자는 "상주가 되어서 수배를 하지 않는다면, 또한 숙배를 하는 것이다."라고 했다.

① 爲尸[止]祖姑之尸.

補註 疏曰: 士虞禮, "男, 男尸, 女, 女尸." 若平常吉祭, 則共以男子一人爲尸, 祭統云, "設同几", 是也.

번역 소에서 말하길, 『의례』「사우례(士虞禮)」편에서는 "죽은 자가 남자라면 남자 시동을 쓴다. 죽은 자가 여자라면 여자 시동을 쓴다."[3]라고 했다. 만약 평상시 지내는 길제인 경우라면, 남녀 조상에 대해서 공동으로 남자 한 사람을 시동으로 세운다. 그렇기 때문에 『예기』「제통(祭統)」편에서는 "공동으로 안석 한 개를 설치한다."[4]라고 말한 것이다.

② 夫與長子之喪.

補註 按: 爲夫與長子之喪稽顙, 卽喪服小記文. 疏以或說, 亦肅拜爲非, 以稽顙爲是.

번역 살펴보니, 남편과 장자의 상을 치를 때에는 이마가 땅에 닿도록 절을

---

3) 『의례』「사우례(士虞禮)」: <u>男, 男尸. 女, 女尸</u>, 必使異姓, 不使賤者.
4) 『예기』「제통(祭統)」: 鋪筵, <u>設同几</u>, 爲依神也. 詔祝於室, 而出于祊, 此交神明之道也.

한다고 했는데, 이것은 『예기』「상복소기(喪服小記)」편의 기록이다.[5] 소에
서 소개한 혹설에서도 숙배는 잘못되었고 이마를 땅에 닿도록 절하는 것이
옳다고 했다.

---

5) 『예기』「상복소기(喪服小記)」: <u>婦人爲夫與長子稽顙</u>, 其餘則否.

「소의」 39장

凡祭, 於室中堂上無跣, ①燕則有之.

번역 모든 제사에 있어서 방안과 당상에서는 신발을 벗는 일이 없는데, 연례(燕禮)를 시행하는 때라면, 당상에서 신발을 벗는 경우도 있다.

① 燕則有之.

補註 鄭註: "將燕, 降脫屨, 乃升堂." 疏曰: "此燕禮文."

번역 정현의 주에서 말하길, "연례를 시행하려고 하면, 밑으로 내려가서 신발을 벗고, 곧 당으로 올라간다."라고 했다. 소에서 말하길, "이것은 『의례』「연례(燕禮)」편[1]의 기록이다."라고 했다.

---

1) 『의례』「연례(燕禮)」: 賓反入, 及卿大夫皆脫屨, 升就席.

「소의」 40장

①嘗者, 薦新物於寢廟也. 未薦, 則孝子不忍先食. ②一云, 嘗,
秋祭也.

번역 '상(嘗)'이라는 것은 침묘(寢廟)¹⁾에 새로 수확한 물건을 바친다는 뜻이다. 아직 바치지 않았다면 자식은 차마 부모보다 먼저 먹을 수 없다. 한편으로 상(嘗)은 가을에 지내는 정규 제사를 뜻한다고 말한다.

① ○嘗者薦新物於寢廟.

補註 按: 此本鄭註, 而蓋據月令之文.

번역 살펴보니, 이것은 정현의 주에서 도출된 것인데, 아마도 『예기』「월령(月令)」의 기록에 근거한 것 같다.

---

1) 침묘(寢廟)는 '묘(廟)'와 '침(寢)'을 합쳐 부르는 말이다. 종묘(宗廟)에 있어서, 앞에 있는 정전(正殿)을 '묘'라고 부르며, 뒤에 있는 후전(後殿)을 '침'이라고 부른다. 이때 '묘'는 접신(接神)하는 장소이기 때문에 앞쪽에 있는 것이다. '침'은 의관(衣冠) 등을 보관하는 장소이다. '묘'에 비해 상대적으로 낮기 때문에 뒤에 위치하게 된다. 그리고 '묘'에는 동서쪽에 상(廂)이 있고, 서장(序牆)이 있는데, '침'에는 단지 실(室)만이 있게 된다. 『시』「소아(小雅)·교언(巧言)」편에는 "奕奕寢廟, 君子作之."라는 용례가 있다. 또한 『예기』「월령(月令)」편에는 "寢廟畢備."이라는 기록이 있는데, 이에 대한 정현의 주에서는 "凡廟, 前曰廟, 後曰寢."이라고 풀이하였으며, 공영달(孔穎達)의 소(疏)에서는 "廟是接神之處, 其處尊, 故在前, 寢, 衣冠所藏之處, 對廟爲卑, 故在後. 但廟制有東西廂, 有序牆, 寢制唯室而已. 故釋宮云, 室有東西廂曰廟, 無東西廂有室曰寢, 是也."라고 풀이하였다. 또한 '침묘'는 사람이 거주하는 집과 종묘를 지칭하는 용어로 사용되기도 한다. 『시』「대아(大雅)·숭고(崧高)」편에는 "有俶其城, 寢廟旣成."이라는 기록이 있는데, 이에 대한 공영달의 소에서는 "寢, 人所處, 廟神亦有寢, 但此宜, 處人神, 不應獨言廟事, 故以爲人寢也."라고 풀이하였다.

補註 ○月令仲春, "開氷, 先薦寢廟." 季春, "薦鮪于寢廟." 孟夏, 農乃登麥, 天子以彘嘗麥, 先薦寢廟. 仲夏, 農乃登黍, 天子以雛嘗黍, 羞以含桃, 先薦寢廟. 孟秋, 農乃登穀, 天子嘗新, 先薦寢廟. 仲秋, 天子以犬嘗麻, 先薦寢廟. 季秋, 天子以犬嘗稻, 先薦寢廟. 季冬, 天子乃嘗魚, 先薦寢廟.

번역 ○『예기』「월령(月令)」편에서는 중춘의 달에 "석빙고를 열어 얼음을 꺼내는데, 무엇보다도 침묘에 먼저 바친다."[2]라고 했고, 계춘의 달에 "침묘에 다랑어를 바친다."[3]라고 했으며, 맹하의 달에 "농부가 보리를 진상하면, 천자는 돼지고기를 곁들여서 보리밥을 맛보는데, 우선적으로 침묘에 바친다."[4]라고 했고, 중하의 달에 "농부가 기장을 진상하면, 천자는 어린새고기를 곁들여서 기장을 맛보며, 진수성찬을 차리며 앵두를 곁들이는데, 우선적으로 침묘에 먼저 바친다."[5]라고 했으며, 맹추의 달에 "농부가 햇곡식을 진상하면, 천자는 햇곡식을 맛보는데, 우선적으로 침묘에 바친다."[6]라고 했고, 중추의 달에 "천자는 개고기를 곁들여 마의 열매를 맛보는데, 우선적으로 침묘에 바친다."[7]라고 했으며, 계추의 달에 "천자는 개고기를 곁들여 쌀을 맛보는데, 우선적으로 침묘에 바친다."[8]라고 했고, 계동의 달에 "천자는 어사(漁師)가 잡은 물고기를 맛보는데, 우선적으로 침묘에 바친다."[9]라고 했다.

---

2) 『예기』「월령(月令)·중춘(仲春)」: 天子乃鮮羔開氷, 先薦寢廟.

3) 『예기』「월령(月令)·계춘(季春)」: 命舟牧, 覆舟. 五覆五反, 乃告舟備具于天子焉, 天子始乘舟, 薦鮪于寢廟, 乃爲麥祈實.

4) 『예기』「월령(月令)·맹하(孟夏)」: 農乃登麥, 天子乃以彘嘗麥, 先薦寢廟.

5) 『예기』「월령(月令)·중하(仲夏)」: 是月也, 農乃登黍, 天子乃以雛嘗黍, 羞以含桃, 先薦寢廟.

6) 『예기』「월령(月令)·맹추(孟秋)」: 是月也, 農乃登穀, 天子嘗新, 先薦寢廟. 命百官, 始收斂, 完隄坊, 謹壅塞, 以備水潦, 脩宮室, 坏垣墻, 補城郭.

7) 『예기』「월령(月令)·중추(仲秋)」: 天子乃難, 以達秋氣. 以犬嘗麻, 先薦寢廟.

8) 『예기』「월령(月令)·계추(季秋)」: 是月也, 天子乃以犬嘗稻, 先薦寢廟. 季秋, 行夏令, 則其國大水.

9) 『예기』「월령(月令)·계동(季冬)」: 是月也, 命漁師, 始漁, 天子親往, 乃嘗魚, 先薦寢廟.

② 一云嘗秋祭也.

補註 楊梧曰: 止以嘗言, 以物成於秋故也. 月令特于孟秋, 言嘗新者, 以此.

번역 양오가 말하길, 단지 상(嘗)이라고만 말한 것은 사물이 가을에 완성되기 때문이다. 「월령」편에서 맹추의 달에 특별히 '상신(嘗新)'을 말한 것도 이러한 이유 때문이다.

「소의」 41장

君子或升或下, 僕者皆授之綏. 始乘之時, 君子猶未至, 則式以
待君子之升. 凡僕之禮, 升在君子之先, 下在君子之後, 故君子下
車而步, 僕者乃得下而還車以立, 以待君子之去也. 貳車, ①朝祀
之副車也. 佐車, 戎獵之副車也. 朝祀尙敬, 故式. ②戎獵尙武
故不式

번역 군자가 수레에 오르거나 내릴 때, 수레를 모는 자는 모두 그에게 수레에 오르
고 내릴 때 잡는 끈을 건넨다. 수레에 처음 오를 때 군자가 아직 도착하지 않았다
면, 식(式)을 잡고서 예의를 표한 상태로 군자가 수레에 탈 때까지 기다린다. 무릇
수레를 모는 자가 따라야 하는 예에서는 군자보다 먼저 수레에 오르고, 군자보다
뒤에 수레에서 내린다. 그렇기 때문에 군자가 수레에서 내려서 걸어가게 되면, 수레
를 모는 자는 곧 수레에서 내려서, 수레를 거꾸로 돌려 세워 놓고, 군자가 다시 그
장소를 떠나려고 할 때까지 기다릴 수 있다. '이거(貳車)'는 조회에 참가하거나 제
사에 참여할 때 타는 뒤따르는 수레이다. '좌거(佐車)'는 전쟁이나 사냥을 할 때
타는 뒤따르는 수레이다. 조회나 제사에서는 공경함을 숭상하기 때문에 식(式)을
잡고서 예의를 표한다. 전쟁과 사냥에서는 무예를 숭상하기 때문에 식(式)을 잡고
예의를 표하는 행위를 하지 않는다.

① ○朝祀之副車.

補註 沙溪曰: 朝會·祭祀所乘也.

번역 사계가 말하길, 조회나 제사 때 타는 수레이다.

② 戎獵尙武故不式.

補註 按: 此與上文武車不式, 同義.

번역 살펴보니, 이것은 앞 문장에서 "전쟁용 수레에 타서는 식(式)을 잡고서

예의를 표하지 않는다."[1]라고 한 말과 같은 뜻이다.

---

1) 『예기』「소의(少儀)」: 執玉執龜筴不趨, 堂上不趨, 城上不趨. <u>武車不式</u>, 介者不拜.

「소의」 42장

貳車者, 諸侯七乘, 上大夫五乘, 下大夫三乘. 有貳車者之①乘
馬服車不齒, 觀君子之衣服服劍乘馬弗賈.

번역 뒤따르는 수레의 경우, 제후는 7대가 있고, 상대부는 5대가 있으며, 하대부는
3대가 있다. 뒤따르는 수레를 가진 자에 대해서, 그 말과 수레에 대해서는 연식을
따지지 않고, 군자의 의복 및 허리에 찬 검과 수레 및 말에 대해서는 가치를 평가하
지 않는다.

① 乘馬服車不齒.

補註 按: 不齒, 恐是不敢等列之意. 註說, 恐未然.

번역 살펴보니, '불치(不齒)'는 아마도 감히 등급을 매기지 않는다는 뜻인 것
같다. 주의 설명은 아마도 잘못된 것 같다.

①周禮, "貳車, 公九乘, 侯伯七乘, 子男五乘." 又②典命云, "卿
六命, 大夫四命, 車服各如命數." 與此不同者, 或周禮成而未
行, 亦或異代之制也. 服車, 所乘之車也. 馬有老少, 車有新舊,
皆不可齒次其年歲. 服劍, 所佩之劍也. 弗賈, 不可評論其所直
多少之價. 曲禮云, "齒路馬有誅." 此皆貴貴之道, 以廣敬也.

번역 『주례』에서는 "이거(貳車)의 경우 공작은 9대이고, 후작 · 백작은 7대이며, 자
작 · 남작은 5대이다."라고 했고, 「전명(典命)」편에서는 "경은 6명(命)의 등급이고,
대부는 4명(命)의 등급이며, 수레와 의복에 대해서는 각각 명(命)의 등급에 따른
다."라고 하여, 이곳 내용과 차이를 보인다. 그 이유는 주나라의 예법이 완성되었지

만 아직 시행되지 않았기 때문이거나 또는 다른 시대의 제도를 기록하고 있기 때문이다. '복거(服車)'는 타게 되는 수레를 뜻한다. 말에는 늙거나 젊은 차이가 있고, 수레에는 새것이나 오래된 것의 차이가 있으니, 모두 그 연식에 따라 등급을 나눠서는 안 된다. '복검(服劒)'은 허리에 차게 되는 검이다. '불가(弗賈)'는 두고 있는 물건들의 가치를 평해서는 안 된다는 뜻이다. 『예기』「곡례(曲禮)」편에서는 "노마(路馬)의 나이를 헤아리면, 형벌을 받게 된다."[1]라고 했다. 이러한 규정들은 모두 존귀한 자를 존귀하게 대하는 도이니, 이를 통해 공경스러운 태도를 폭넓게 나타내는 것이다.

① 周禮貳車[止]五乘.

補註 秋官·大行人文.

번역 『주례』「추관(秋官)·대행인(大行人)」편의 기록이다.[2]

② 典命.

補註 春官之屬.

번역 『주례』「춘관(春官)」에 속해 있는 관리이다.[3]

---

1) 『예기』「곡례상(曲禮上)」: 步路馬, 必中道. 以足蹙路馬芻有誅, 齒路馬有誅.
2) 『주례』「추관(秋官)·대행인(大行人)」: 上公之禮, 執桓圭九寸, 繅藉九寸, 冕服九章, 建常九斿, 樊纓九就, 貳車九乘, 介九人, 禮九牢, 其朝位, 賓主之間九十步, 立當車軹, 擯者五人, 廟中將幣三享, 王禮再祼而酢, 饗禮九獻, 食禮九舉, 出入五積, 三問三勞. 諸侯之禮, 執信圭七寸, 繅藉七寸, 冕服七章, 建常七斿, 樊纓七就, 貳車七乘, 介七人, 禮七牢, 朝位賓主之間七十步, 立當前疾, 擯者四人, 廟中將幣三享, 王禮壹祼而酢, 饗禮七獻, 食禮七舉, 出入四積, 再問再勞. 諸伯執躬圭, 其他皆如諸侯之禮. 諸子執穀璧五寸, 繅藉五寸, 冕服五章, 建常五斿, 樊纓五就, 貳車五乘, 介五人, 禮五牢, 朝位賓主之間五十步, 立當車衡, 擯者三人, 廟中將幣三享, 王禮壹祼不酢, 饗禮五獻, 食禮五舉, 出入三積, 壹問壹勞. 諸男執蒲璧, 其他皆如諸子之禮.
3) 『주례』「춘관(春官)·전명(典命)」: 王之三公八命, 其卿六命, 其大夫四命. 及其出封, 皆加一等. 其國家·宮室·車旗·衣服·禮儀亦如之. …… 其宮室·車旗·衣服·禮儀, 各視其命之數.

其以乘壺酒束脩一犬賜人, 若獻人, 則①陳酒執脩以將命, 亦曰: "乘壺酒束脩一犬."

번역 4개의 호(壺)에 담긴 술과 속수(束脩) 및 한 마리의 개를 아랫사람에게 하사하거나 윗사람에게 바칠 때라면, 술을 진설하고, 육포를 들고서 말을 전달하며, 또한 "4개의 호(壺)에 담긴 술과 속수와 한 마리의 개입니다."라고 말한다.

① 陳酒執脩.

補註 鄭註: 不言陳犬, 或無脩者, 牽犬以致命.

번역 정현의 주에서 말하길, 개를 진열한다고 말하지 않은 것은 간혹 속수가 없는 경우에는 개를 끌고 가서 말을 전달하기 때문이다.

犬則執緤, 守犬田犬則授擯者, 旣受乃①問犬名.

번역 개를 하사하거나 바치게 된다면, 개줄을 잡고서 가며, 집을 지키는 개나 사냥용 개를 바치는 경우라면, 주인의 부관에게 건네고, 부관은 개를 넘겨받은 뒤 개의 이름을 묻는다.

① ○問犬名.

補註 鄭註: "守犬・田犬問名, 畜養者當呼名, 謂若韓之盧・宋之鵲之屬." 疏曰: "下文云皆右之, 此謂守犬・田犬, 畜養馴善. 若食犬, 則左手牽之, 右手防禦, 故曲禮云: '效犬者, 左牽之.'"

번역 정현의 주에서 말하길, "수견(守犬)과 전견(田犬)에 대해서 이름을 묻는 것은 기르는 자는 마땅히 이름으로 불러야 하기 때문이니, '한로(韓盧)'나 '송작(宋鵲)' 등의 부류를 뜻한다."라고 했다. 소에서 말하길, "아래문장에서는 모두 오른손으로 잡는다고 했는데, 이곳의 내용은 사냥개나 집을 지키는 개는 길러서 순종적으로 만들었기 때문이다. 만약 식용으로 사용하는 개라면 왼손으로 끌고 가며 오른손으로 다른 짓을 못하도록 방비한다. 그렇기 때문에 『예기』「곡례(曲禮)」편에서는 '개를 바칠 때에는 좌측 손으로 끌고 간다.'[1]라고 한 것이다."라고 했다.

---

1) 『예기』「곡례상(曲禮上)」: 效犬者, 左牽之.

①車則說綏, 執以將命. ②甲若有以前之, 則執以將命, 無以前
之, 則袒橐奉冑.

번역 수레를 하사하거나 바치는 경우라면, 수레에 탈 때 잡는 끈을 풀어서, 그것을
잡고 나아가서 말을 전달한다. 갑옷을 하사하거나 바치는 경우, 만약 그보다 먼저
건넬 것이 있다면, 먼저 건넬 것을 잡고 나아가서 말을 전달하고, 만약 먼저 건넬
것이 없다면, 갑옷 주머니를 열어서 갑옷을 꺼낸 뒤 투구를 받들고 나아가서 말을
전달한다.

① ○車則說綏.

補註 按: 曲禮獻車馬者, 執策綏, 是也. 綏下當著爲也吐, 諺讀誤.

번역 살펴보니, 『예기』「곡례(曲禮)」편에서 "수레와 말을 헌상할 때에는 수
레와 말을 직접 주는 것이 아니라, 채찍과 수레를 탈 때 잡는 끈을 손을 쥐고
서, 그것들을 대신 바친다."[1]라고 한 말에 해당한다. '수(綏)'자 뒤에는 마땅
히 하야[爲也]토를 붙여야 하니, 『언독』은 잘못되었다.

② 甲若有以[止]將命.

補註 疏曰: 有以前之, 謂他物也, 若有他物, 同獻, 則陳鎧而執他物以將
命也.

번역 소에서 말하길, 앞설 것이 있다는 말은 다른 사물을 뜻하니, 만약 다른
사물을 바칠 것이 있어서, 갑옷과 함께 바치게 된다면, 갑옷은 진열해두고
보다 가벼운 다른 사물을 잡고 나아가서 말을 전달한다는 뜻이다.

---

1) 『예기』「곡례상(曲禮上)」: 獻車馬者, 執策綏.

前之, 謂以他物先之也. 古人獻物必有先之者, 如左傳所云"①
乘韋先, 牛十二"之類, 是也. 袒, 開也. 櫜, ②弢甲之衣也. 胄,
兜鍪也. 謂開櫜出甲, 而奉胄以將命也.

번역 '전지(前之)'라는 말은 다른 사물을 그보다 앞서 바친다는 뜻이다. 고대인들
은 사물을 헌상할 때 반드시 그보다 앞서 바치는 것들이 있었으니, 예를 들어 『좌전
』에서 "4마리의 소가죽을 먼저 바치고, 소 12마리를 바쳤다."[2]라고 한 부류와 같다.
'단(袒)'자는 "열다[開]."는 뜻이다. '고(櫜)'자는 갑옷을 넣어두는 주머니이다. '주
(胄)'자는 투구를 뜻한다. 즉 갑옷을 넣어둔 주머니를 열어서 갑옷을 꺼내고, 투구
를 받들고서 말을 전달한다는 뜻이다.

① 乘韋先牛十二.

補註 左傳僖三十三年, 秦師及滑, 鄭商人弦高遇之, 以乘韋先, 牛十二犒
師, 曰: "寡君聞吾子將步師出於敝邑, 敢犒從者." 註: "商, 行賈也. 乘,
四也. 韋, 熟革也. 古者, 獻遺於人, 必有以先之, 皆以輕先重. 此鄭商將
以牛十二獻秦, 故以乘韋先."

번역 『좌전』 희공 33년에, 진나라 군대가 활 땅에 이르자 정나라 상인 현고
가 그들을 만나게 되어, 4마리의 소가죽을 먼저 바치고 소 12마리를 주어
진나라 군대를 위로하였고, "저희 군주께서 그대가 군대를 이끌고 우리나라
에 온다는 소식을 접하시고 저를 시켜서 군대를 위로토록 했습니다."라고 했
다. 주에서는 "상(商)은 돌아다니며 장사를 하는 사람이다. 승(乘)은 4개를
뜻한다. 위(韋)는 숙련한 가죽을 뜻한다. 고대에 남에게 물건을 줄 때에는
반드시 그보다 먼저 주는 것이 있었는데, 모든 경우 가벼운 것을 무거운 것
보다 먼저 준다. 이것은 정나라 상인이 소 12마리를 진나라에 바치고자 했기
때문에 먼저 4마리의 소가죽을 먼저 바친 것이다."라고 했다.

---

2) 『춘추좌씨전』「희공(僖公) 33년」: 及滑, 鄭商人弦高將市於周, 遇之, 以乘韋先,
牛十二犒師.

② 弢甲.

補註 沙溪曰: 弢, 音叨, 韜也.

번역 사계가 말하길, '弢'자의 음은 '叨(도)'이니, 주머니를 뜻한다.

「소의」 51장

啓, 開也. 櫝, 劒匣也. 蓋者, 匣之蓋也. ①襲, 卻合也. ②夫襓,
劒衣也. 開匣以其蓋卻合於匣之底下, 乃加襓於匣中, 而以劒
置襓上也.

번역 '계(啓)'자는 "열다[開]."는 뜻이다. '독(櫝)'자는 검을 넣는 상자이다. '개
(蓋)'자는 상자의 뚜껑이다. '습(襲)'자는 합친다는 뜻이다. '부요(夫襓)'는 검집이
다. 상자를 열고 그 뚜껑을 상자의 바닥에 합한 뒤 상자 안에 검집을 넣고, 검은
검집 위에 올려둔다는 뜻이다.

① ○襲卻合也.

補註 按: 此本鄭註, 疏曰, "皇氏云'卻, 仰也', 謂仰蓋於函底之下, 加函底
於上, 重合之, 故云襲." 通解亦曰, "卻, 猶仰也."

번역 살펴보니, 이것은 정현의 주에 근거한 것이며, 소에서는 "황간은 '각
(卻)자는 쳐든다는 뜻이다.'라고 했으니, 뚜껑을 상자 밑쪽에 두어 위쪽을 향
하도록 두고, 그 위에 상자 밑 부분을 올려두어서, 겹쳐지도록 한다는 뜻이
다. 그렇기 때문에 '습(襲)'이라고 말했다."라고 했다. 『통해』에서도 "극(卻)
자는 앙(仰)자와 같다."라고 했다.

② 夫襓劒衣也.

補註 鄭註: "夫, 發聲." 疏曰: "然則襓之一字, 是衣之正名."

번역 정현의 주에서 말하길, "부(夫)자는 발어사이다."라고 했다. 소에서 말
하길, "'요(襓)'라는 한 글자가 바로 검집의 정식 명칭이다."라고 했다.

補註 ○按: 據此, 則陳註誤.

번역 ○살펴보니, 이러한 주장에 근거해보면 진호의 주는 잘못되었다.

「소의」 52장

참고-經文

笏·書·脩·苞苴·弓·茵·席·枕·几·穎·杖·琴·瑟,
戈有刃者櫝, 筴·籥, 其執之皆尚左手. 刀①郤刃授穎, 削授拊.
凡有刺刃者以授人, 則辟刃.

번역 홀(笏)·서책·육포·깔개를 대고 감싼 것·활·왕골자리·자리·베개·안석·나무 베개·지팡이·금(琴)·슬(瑟)이나 창 중 칼날이 있어서 상자에 넣은 것, 시초·피리 등을 하사하거나 바치게 되면, 그것을 잡을 때에는 모두 왼손을 위로 가게 해서 윗부분을 잡고 오른손으로는 밑을 받친다. 칼을 건넬 때에는 칼날을 피하여 손잡이 끝에 있는 고리 부분을 건네고, 굽어 있는 칼을 건넬 때에는 손잡이를 건넨다. 무릇 날카로운 칼날이 있는 것을 상대에게 건넬 때라면, 칼날이 상대를 향하지 않도록 피해서 준다.

① 郤刃授穎.

補註 陸音: 穎, 役頂反.

번역 육덕명의 『음의』에서 말하길, '穎'자는 '役(역)'자와 '頂(정)'자의 반절음이다.

補註 ○按: 與上穎音義, 不同.

번역 ○살펴보니, 앞에 나온 '영(穎)'자의 음과 뜻은 이와 다르다.

補註 ○更按: 通解上穎作頻, 然則字亦異也.

번역 ○다시 살펴보니, 『통해』에서는 앞의 '영(穎)'자를 빈(頻)자로 기록했으니, 글자 또한 차이가 난다.

「소의」 53장

乘兵車, 出先刃, 入後刃. ①軍尚左, 卒尚右.

번역 전쟁용 수레에 타게 되면, 국성을 빠져나갈 때에는 칼날이 전면을 향하게 하고, 국성으로 들어올 때에는 칼날이 후면을 향하게 한다. 장수에게 있어서는 좌측을 높이고, 병사들에게 있어서는 우측을 높인다.

① ○軍尚左卒尚右.

補註 疏曰: 軍將行伍, 尊尚左方, 士卒行伍, 貴尚於右.

번역 소에서 말하길, 장수의 대오에서는 좌측을 존귀하게 높이고, 병사들의 대오에서는 우측을 존귀하게 높인다.

「소의」 56장

客爵居左, 其飲居右. 介爵·酢爵·①僎爵, 皆居右.

번역 연회를 하며 술을 마시게 되면, 빈객이 주인으로부터 받은 술잔은 자신의 좌측에 놓아두고, 자신이 마시던 술잔은 우측에 놓아둔다. 빈객의 부관이 사용하는 술잔, 빈객이 주인에게 답례로 따라준 술잔, 준(僎)이 사용하는 술잔들은 모두 우측에 놓아둔다.

① ○僎.

補註 按: 僎義, 詳見下鄕飮義補註, 當參考.
번역 살펴보니, '준(僎)'의 뜻은 아래에 나오는 『예기』「향음주의(鄕飮酒義)」편의 보주에 자세히 나오니, 마땅히 참고해야만 한다.

疏曰: 鄕飮酒禮, 主人酬賓之爵, 賓受奠觶于①薦東, 是客爵居左也. 旅酬之時, 一人擧觶于賓, 賓奠觶于薦西, 至旅酬, 賓取薦西之觶以酬主人, 是其飮居右也. 介, 賓副也. 酢, 客酌還答主人也. 僎, 鄕人來觀禮副主人者也. 鄕飮禮, 介爵及主人受酢之爵幷僎爵, 皆不明奠置之所, 故記者於此明之.

번역 소에서 말하길, 『의례』「향음주례(鄕飮酒禮)」의 기록에 따르면, 주인이 빈객에게 권하는 술잔에 있어서, 빈객은 그것을 받아서 음식이 차려진 곳 동쪽에 술잔 치(觶)를 내려놓는다고 했으니, 이것이 빈객이 받은 술잔은 좌측에 놓아둔다는 뜻이다. 여수를 시행할 때, 한 사람이 빈객에게 치(觶)를 들어 올리면, 빈객은 음식이 차려진 곳 서쪽에 치(觶)를 내려놓고, 여수를 해야 할 때가 되면, 빈객은 음식이 차려진 곳 서쪽에 내려둔 치(觶)를 들어서 주인에게 술을 권하니, 이것이 자신이 마시던 술잔은 우측에 놓아둔다는 뜻이다. '개(介)'는 빈객의 부관을 뜻한다. '초(酢)'라는 것은 빈객이 술을 따라서 재차 주인에게 답례로 술을 권한다는 뜻이다. '준(僎)'[1]은 향인들 중 찾아와서 의례 시행을 살펴보고 주인을 보좌하는 자이다. 「향음주례」에서는 부관이 마시는 술잔 및 주인이 빈객으로부터 답례로 받은 술잔, 준(僎)의 술잔 등에 대해서는 모두 그 술잔을 놓아두는 장소를 언급하지 않았다. 그렇기 때문에 『예기』를 기록한 자가 이곳 문장에서 그 사실을 명시한 것이다.

① 薦東.

補註 按: 鄕飮禮薦, 卽脯醢也. 下薦西同.

번역 살펴보니, 『의례』「향음주례(鄕飮酒禮)」에서 말한 '천(薦)'은 포와 육장을 뜻한다. 뒤에 나오는 천서(薦西)의 천(薦)자도 이와 같다.

---

1) 준(僎)은 준(遵)이라고도 부르며, 향음주례(鄕飮酒禮) 등을 시행할 때 주인(主人)이 시행하는 의례절차를 보좌하던 사람이다.

「소의」 57장

羞濡魚者進尾, 冬右腴, 夏右鰭, ①祭膴.

번역 물기가 있는 생선을 음식으로 진설할 때에는 꼬리 쪽이 앞을 향하도록 두고, 겨울에는 배 쪽이 오른쪽으로 가도록 진설하며, 여름에는 지느러미가 오른쪽으로 가도록 진설하고, 제사를 지낼 때에는 배 쪽의 살찐 부위로 제사를 지낸다.

① 祭膴.

補註 按: 古經, 膴, 音㕁. 字書, 音呼. 此註許音, 恐非.

번역 살펴보니, 『고경』에서는 '膴'자의 음은 '㕁(후)'라고 했다. 『자서』에서는 그 음이 '呼(호)'라고 했다. 이곳의 『음주』에서는 그 음이 '許(허)'라고 했는데, 아마도 잘못된 것 같다.

擘濕魚從後起, 則脇肉易離, 故以尾向食者. 若乾魚則進首也. 腴, 腹下肥處. ①鰭在脊. 冬時陽氣在下, 夏則陽在上, 凡陽氣所在之處肥美. 右之者, 便於食也. 祭膴者, 剒魚腹下大臠以祭也. 此言尋常燕食進魚者如此, ②祭祀及饗食正禮者不然.

번역 물기가 있는 물고기를 뒤로부터 찢으면, 옆의 가시와 살점이 쉽게 분리된다. 그렇기 때문에 꼬리 쪽이 식사하는 자를 향하도록 둔다. 만약 마른 물고기라면 머리 쪽을 앞으로 둔다. '유(腴)'는 배 쪽의 살찐 부위이다. 지느러미[鰭]는 등뼈 쪽에 있다. 겨울에는 양기(陽氣)가 밑으로 내려가니, 여름의 경우에는 양기가 위로 상승한다. 무릇 양기가 있는 부위는 살찌고 맛있는 부위가 된다. 우측으로 둔다는 것은 식사를 하는데 편리하도록 하기 위해서이다. '제무(祭膴)'라는 말은 물고기

배 쪽의 큰 살점을 잘라내서 그것으로 제사를 지낸다는 뜻이다. 이 내용은 일상적인 연사(燕食)에서는 물고기를 이처럼 진설하지만, 제사를 지내거나 향례 및 사례 등의 정식 의례를 시행할 경우에는 이처럼 하지 않는다는 사실을 나타낸다.

① 鰭在脊.

補註 字彙: 鰭, 魚脊上鬣.

번역 『자휘』에서 말하길, '기(鰭)'는 물고기 등 위에 있는 지느러미이다.

② 祭祀及[止]不然.

補註 按: 此本疏說, 而引少牢·公食禮以證之.

번역 살펴보니, 이것은 소의 주장에 근거한 것인데, 소에서는 『의례』「소뢰궤식례(少牢饋食禮)」편과 「공사대부례(公食大夫禮)」편을 인용하여 증명하였다.

「소의」 58장

①凡齊, 執之以右, 居之於左.

번역 무릇 음식에 맛을 첨가하는 것들은 오른손으로 잡고, 좌측에 맛을 내는 대상을 놓는다.

① **凡齊.**

補註 鄭註: 謂食羹醬飮有齊和者.

번역 정현의 주에서 말하길, 밥·국·장·음료 등에 대해서 맛을 내도록 조미하는 것이다.

補註 ○按: 食齊·羹齊·醬齊·飮齊, 見內則.

번역 ○살펴보니, 사제(食齊)·갱제(羹齊)·장제(醬齊)·음제(飮齊)에 대한 것은 『예기』「내칙(內則)」편에 나온다.[1]

---

1) 『예기』「내칙(內則)」: 凡食齊視春時, 羹齊視夏時, 醬齊視秋時, 飮齊視冬時.

참고-經文

贊幣自左, ①詔辭自右.

번역 군주를 대신하여 폐물을 받는 자는 군주의 좌측에서 받고, 군주의 명령을 전달하는 자는 군주의 우측에서 한다.

① ○詔辭自右.

補註 楊梧曰: 地道右尊.

번역 양오가 말하길, 땅의 도리에서는 존귀한 것을 우측으로 두기 때문이다.

「소의」 60장

①酌尸之僕, 如君之僕. 其在車, 則左執轡, 右受爵, 祭左右軌 范乃飮.

번역 시동의 수레를 모는 자에게 술을 따라 줄 때에는 군주의 수레를 모는 자에게 술을 따라줄 때처럼 한다. 그가 수레에 있게 되면, 왼손으로 고삐를 잡고, 오른손으로 술잔을 받아서, 수레바퀴의 좌우측과 식(軾)의 앞부분에 술을 뿌려 제사를 지내고, 곧 그 술을 마신다.

① ○酌尸[止]君之僕.

補註 鄭註: "當其爲尸則尊." 疏曰: "將欲祭軷, 酌酒與尸之僕."
번역 정현의 주에서 말하길, "시동을 위해 수레를 몰게 된다면 존귀한 입장이 된다."라고 했다. 소에서 말하길, "장차 발제(軷祭)[1]를 지내려고 하면, 술을 따라서 시동의 수레를 모는 자에게 준다."라고 했다.

尸之僕, 御尸車者. ①軌, 轂末也. 范, 軾前也. 尸僕·君僕之在 車, 以左手執轡, 右手受爵, 祭軌之左右及范, 乃飮之也.

번역 '시지복(尸之僕)'은 시동의 수레를 모는 자를 뜻한다. '궤(軌)'는 수레바퀴의 끝부분이다. '범(范)'은 식(軾)의 앞부분이다. 시동의 수레를 모는 자와 군주의 수

---

1) 발제(軷祭)는 조도(祖道) 또는 조제(祖祭)와 같은 의미로, 외부로 출타하게 되었을 때, 도로의 신(神)에게 지내는 제사이다.

레를 모는 자가 수레에 있으면, 왼손으로 고삐를 잡고 오른손으로 술잔을 받으며, 수레바퀴의 좌우측과 식(軾)의 앞부분에 술을 뿌려 제사를 지내고, 곧 그 술을 마신다.

① 軌轂末也.

補註 按: 轂, 卽車輪當中小圈輻之所湊處. 軌, 軸也, 所以貫轂穴持輪者.

번역 살펴보니, '곡(轂)'은 수레의 바퀴 중앙에 있는 작은 구멍으로 바퀴살이 모여 있는 곳이다. '궤(軌)'는 굴대이니, 곡의 구멍에 끼워서 바퀴를 지지해 주는 것이다.

「소의」62장

圂, 與豢同, 謂犬豕也. 腴, 腸也. 犬豕亦食米穀, ①其腹與人相
似, 故不食其腸也.

번역 '환(圂)'자는 '가축[豢]'과 동일하니, 개와 돼지를 뜻한다. '유(腴)'자는 창자
[腸]를 뜻한다. 개와 돼지 또한 곡식을 먹어서, 그것의 창자는 사람의 것과 유사하
다. 그렇기 때문에 그 창자를 먹지 않는 것이다.

① ○其腹與人[止]其腸也.

補註 鄭註: "豢, 犬豕之屬, 食米穀者. 腴, 有似人穢." 疏曰: "腴, 謂腸胃
也. 故鼎闕一也."

번역 정현의 주에서 말하길, "환(豢)은 개나 돼지 등속처럼 곡식을 먹는 짐
승을 뜻한다. 유(腴)는 사람의 창자와 유사한 점이 있다."라고 했다. 소에서
말하길, "유(腴)는 창자와 위 등을 뜻한다. 그렇기 때문에 솥에서 삶을 때에
도 이것을 빼놓는 것이다."라고 했다.

「소의」 63장

小子走而不趨, 擧爵則①坐祭立飮.

번역 소자는 심부름을 할 때 달려가되 어른처럼 종종걸음으로 걷지 않는다. 술잔을 들게 되면, 무릎을 꿇고 술에 대한 제사를 지내고, 서서 술을 마신다.

① 坐祭立飮.

補註 疏曰: 得酒, 擧爵時, 先坐祭, 祭竟而立飮也.

번역 소에서 말하길, 술을 받게 된다면 술잔을 들 때 먼저 무릎을 꿇고서 술에 대한 제사를 지내고, 서서 술을 마신다는 뜻이다.

「소의」 65장

①牛羊之肺, 離而不提心.

번역 소나 양의 폐에 대해서는 자르되 중앙 부분을 자르지 않는다.

① ○牛羊之肺.

補註 按: 周人祭肺, 故只言肺. 周人祭肺, 見明堂位.

번역 살펴보니, 주나라 때에는 폐로 제사를 지냈기 때문에 폐만 말한 것이다. 주나라 때 폐로 제사를 지냈다는 것은 『예기』「명당위(明堂位)」편에 나온다.[1]

---

1) 『예기』「명당위(明堂位)」: 有虞氏祭首, 夏后氏祭心, 殷祭肝, 周祭肺.

「소의」 66장

凡羞, ①有湆者, 不以齊.

번역 무릇 음식 중에 국물이 있는 것이라면, 조미를 추가하지 않는다.

① ○有湆者不以齊.

補註 疏曰: 庾云, "若羞有汁, 則有塩梅齊和. 若食者更調和之, 則嫌薄主人味也."

번역 소에서 말하길, 유씨는 "만약 음식 중에 국물이 있는 것이라면, 미리 소금이나 매실 등의 조미를 추가하게 된다. 만약 식사를 하는 자가 재차 조미를 하게 된다면, 주인이 차려준 음식을 못마땅하게 여긴다는 혐의를 받는다."라고 했다.

補註 ○按: 疏有二義, 其一賀瑒說. 今陳註是也. 大羹, 非常用之物, 庾說爲長.

번역 ○살펴보니, 소에는 두 가지 주장이 나오는데 그 중 하나는 하창의 주장이다. 진호의 주는 그에 따른 것이다. 대갱(大羹)은 일상적으로 먹는 음식이 아니니, 유씨의 주장이 더 낫다.

참고-集說 湆, 大羹也. 大羹不和, 故不用鹽梅之齊也.

번역 '읍(湆)'은 대갱(大羹)이다. 대갱에는 조미를 가미하지 않기 때문에,[1]

---

1) 『예기』「예기(禮器)」: 有以素爲貴者, 至敬無文, 父黨無容. 大圭不琢, <u>大羹不和</u>, 大路素而越席, 犧尊疏布鼏, 樿杓. 此以素爲貴也. / 『예기』「교특생(郊特牲)」: 酒醴之美, 玄酒明水之尙, 貴五味之本也. 黼黻文繡之美, 疏布之尙, 反女功之始也. 莞簟之安, 而蒲越槀鞂之尙, 明之也. <u>大羹不和</u>, 貴其質也. 大圭不琢, 美其質

소금이나 매실 등의 조미료를 사용하지 않는다.

也. 丹漆雕幾之美, 素車之乘, 尊其樸也. 貴其質而已矣. 所以交於神明者, 不可
同於所安藝之甚也. 如是而后宜. / 『예기』「악기(樂記)」: 是故樂之隆, 非極音也.
食饗之禮非致味也. 淸廟之瑟朱弦而疏越, 壹倡而三歎, 有遺音者矣. 大饗之禮,
尙玄酒而俎腥魚, 大羹不和, 有遺味者矣. 是故先王之制禮樂也, 非以極口腹耳
目之欲也, 將以敎民平好惡而反人道之正也.

「소의」 67장

참고-經文

爲君子擇葱薤, 則①絶其本末. 羞首者, ②進喙祭耳.

번역 군자를 위해서 파나 염교 등을 고르게 되면, 뿌리와 끝부분을 자른다. 음식 중 머리가 있는 것을 진설하게 되면, 입 쪽이 군자를 향하도록 진설하고, 군자는 귀 부분을 가져다가 음식에 대한 제사를 지낸다.

① ○絶其本末.

補註 疏曰: 本, 根也. 根不淨, 末萎乾, 故擇者必絶去之.

번역 소에서 말하길, '본(本)'자는 뿌리를 뜻한다. 뿌리는 깨끗하지 않고 끝부분은 말라붙기 때문에, 고를 때에는 반드시 두 부분을 잘라낸다.

② 進喙.

補註 按: 喙, 陸音, 許穢反. 通解從之, 此云充芮反, 不可從.

번역 살펴보니, '喙'자에 대해 육덕명의 『음의』에서는 그 음이 '許(허)'자와 '穢(예)'자의 반절음이라고 했다. 『통해』에서도 그에 따르고 있는데, 이곳에서는 '充(충)'자와 '芮(예)'자의 반절음이라고 했으니, 그 주장에 따를 수 없다.

참고-經文

①尊者, 以酌者之左爲上尊.

번역 술동이를 진설하는 자는 술을 따라주는 자의 좌측 방향을 상등의 술동이를 놓아두는 장소로 삼는다.

① 〇尊者以酌者[止]上尊.

補註 通解曰: 今按設尊之法, 鄉飮云玄酒在西, 鄉射云左玄酒, 而鄭註云設尊者北面西曰左, 卽此所謂尊者以酌者之左爲上尊者, 蓋言設尊之人, 方其設時, 卽預度酌酒人之左尊, 而實以玄酒也. 若據燕禮, 則設尊者西面而左玄酒南上, 公乃卽位於阼階上, 則酌者不得背公, 當東面以酌, 而上尊乃在其右矣, 故此經所云以爲爲鄉飮・鄉射而言則可, 以爲爲燕禮而言則正與之相反. 今鄭註旣不分明, 庾・孔又引燕禮, 而反謂酌者西面, 其辟戾甚矣. 唯賈疏此指燕禮, 疏以爲據君面以左爲尊者, 得之.

번역 『통해』에서 말하길, 현재 살펴보니 술동이를 놓아두는 법도에 대해서, 『의례』「향음주례(鄕飮酒禮)」편에서는 현주를 서쪽에 둔다고 했고, 「향사례(鄕射禮)」편에서는 현주를 좌측에 둔다고 했으며 정현의 주에서는 술동이를 진설하는 자가 북쪽을 바라보았을 때 서쪽은 좌측이 된다고 했으니, 여기에서 술동이를 진설하는 자가 술을 따라주는 자의 좌측을 상등의 술동이를 놓아두는 장소로 삼는다고 한 말에 해당한다. 아마도 술동이를 진설하는 자가 술동이를 설치하려고 할 때에는 미리 술을 따라주는 자의 위치를 계산하여 술동이를 좌측에 두고 그곳에 현주를 채운다는 말인 것 같다. 만약 『의례』「연례(燕禮)」편에 근거한다면, 술동이를 진설하는 자는 서쪽을 바라보며 좌측으로 현주를 놓되 남쪽 끝에서부터 차례대로 정렬한다고 했고, 군주가 동쪽 계단 위로 나아가 자리한다면, 술을 따라주는 자는 군주를 등질 수 없으니 동쪽을 바라보며 술을 따라야 하고 상등의 술동이는 그 우측에 놓이게 된다. 그렇기 때문에 이곳 경문에서 언급한 내용을 향음주례나 향사례를 위해서 언급한 내용이라고 말한다면 옳지만, 연례를 위해서 언급한 내용이라고 한다면 정반대가 된다. 정현의 주에서는 이것을 분명하게 밝히지 않았고, 유씨와 공씨는 또한 「연례」편을 인용하여 반대로 술을 따라주는 자가 서쪽을 바라본다고 했으니, 매우 잘못된 것이다. 가공언의 소에서만 이것은 연례를 가리킨다고 했으며, 그 소에서는 군주가 바라보는 곳을 기준으로 그 좌측에 술동이를 둔다고 했으니 옳은 말이다.

補註 ○按: 鄭註"酌者向尊, 其左則右尊也." 此卽朱子所謂不明者, 然其左則右尊云者, 似謂酌者之左爲設者之右也.

번역 ○살펴보니, 정현의 주에서는 "술을 따라주는 자는 술동이를 바라보게 되니, 그의 좌측 방향은 술동이를 우측으로 두는 것이다."라고 했는데, 이것이 바로 주자가 불분명하다고 지적한 부분이다. 그런데 좌측이 술동이를 우측으로 두는 것이라고 한 말은 아마도 술을 따라주는 자의 좌측은 술동이를 설치하는 자의 우측이 된다는 말인 것 같다.

「소의」70장

①飮酒者, 禊者·醮者, ②有折俎不坐, 未步爵不嘗羞.

번역 술을 마실 경우, 그것이 목욕을 한 후에 마시는 것이거나 관례(冠禮)를 치른 뒤에 마시는 것이라면, 절조(折俎)1)가 있는 경우에는 자리에 앉지 않고, 무산작의 의례에서 술잔을 아직 돌리지 않았다면, 음식들을 맛보지 않는다.

① 〇飮酒者禊者醮者.

補註 疏曰: 飮酒者, 則下文禊者·醮者, 是也. 總以飮酒目之.

번역 소에서 말하길, '음주자(飮酒者)'라는 것은 뒤에 나오는 '기자(禊者)'나 '초자(醮者)'가 바로 이러한 경우에 해당한다. 이러한 것들을 총괄적으로 "술을 마신다."는 말로 지목한 것이다.

② 有折俎不坐.

補註 疏曰: 案鄕飮酒·燕禮有折俎者皆不坐, 此獨云禊者·醮者不坐者, 以禊者·醮者無俎之時則得坐, 嫌有折俎亦坐, 故特明之.

번역 소에서 말하길, 『의례』「향음주례(鄕飮酒禮)」편과 「연례(燕禮)」편을 살펴보면, 절조가 있는 경우에는 모두 자리에 앉을 수 없는데, 유독 "목욕을 한 뒤에 술을 마시거나 관례를 치른 뒤에 술을 마실 때에는 자리에 앉지 않는다."라고 한 이유는 목욕을 한 뒤에 술을 마시고 관례를 치르며 술을 마실 때, 특별히 술을 위해 도마에 차려낸 음식이 없다면, 자리에 앉을 수 있는데, 혹시 절조가 있을 때에도 또한 앉을 수 있다는 오해를 하게 될까봐 특별히 명시한 것이다.

---

1) 절조(折俎)는 제사나 연회를 시행할 때, 희생물을 도축하여, 사지를 해체하고, 그런 뒤에 도마 위에 올리게 되는데, 이 도마를 '절조'라고 부른다.

補註 ○沙溪曰: 按儀禮, 俎者, 肴之貴者, 故禮成之後, 主人請坐于賓, 賓辭以俎, 乃徹俎, 衆賓皆降, 脫屨, 揖讓如初, 升坐, 乃進羞, 無筭爵, 無筭樂.

번역 ○사계가 말하길, 『의례』를 살펴보니 조(俎)라는 것은 익힌 고기를 올려두는 존귀한 것이다. 그렇기 때문에 의례의 절차가 성립된 이후에 주인이 빈객에게 앉기를 청하면 빈객은 조를 이유로 사양하고, 그런 뒤에 조를 치우면 여러 빈객들이 모두 당하로 내려가 신발을 벗고 읍과 겸양을 처음과 같이 한 뒤에 당상으로 올라와서 앉고, 그런 뒤에 음식을 진설하게 되며, 무산작과 무산악(無筭樂)[2]을 시행한다.

禨, 沐而飲酒也. 醮, 冠而飲酒也. 折俎, 折骨體於俎也. 禨醮小事爲卑, 折俎禮盛, 故禨醮而有折俎則不坐, 無俎則可坐也. 步, 行也. ①無算爵之禮, 行爵之後乃得嘗羞, 謂庶羞也. 若正羞脯醢, 則飲酒之前得嘗之.

번역 '기(禨)'자는 목욕을 하고 술을 마신다는 뜻이다. '초(醮)'자는 관례(冠禮)를 치르고 술을 마신다는 뜻이다. '절조(折俎)'는 희생물의 뼈와 몸체를 갈라서 도마에 올린 것을 뜻한다. 목욕을 한 후에 술을 마시거나 관례를 치르고 술을 마시는 것은 작은 일에 해당하여 상대적으로 미천한 의례인데, 절조를 차리는 예법은 융성한 것이기 때문에, 목욕을 하고 술을 마시거나 관례를 치르고 술을 마시는데, 절조가 차려지게 된다면 자리에 앉지 않고, 절조가 없다면 앉을 수 있다. '보(步)'자는 "시행하다[行]."는 뜻이다. 무산작의 의례를 시행할 때, 술잔을 돌린 이후라면, 곧 음식을 맛볼 수 있으니, 여기에서 말한 '수(羞)'는 곧 여러 찬들을 뜻한다. 만약 정찬이나 포 및 육장[醢]의 경우라면, 술을 마시기 전에도 맛볼 수 있다.

---

2) 무산악(無算樂)은 악곡의 수를 정해놓지 않고 연주를 하는 것으로, 분위기를 돋우기 위한 것이다.

① 無筭爵之禮.

補註 按: 特牲禮・少牢禮・燕禮・大射禮・鄕飮禮・鄕射禮, 將畢事, 皆有無筭爵之禮. 註, "爵行無次序, 惟意所勸, 醉而止."

번역 살펴보니, 『의례』「특생궤식례(特牲饋食禮)」・「소뢰궤식례(少牢饋食禮)」・「대사례(大射禮)」・「향음주례(鄕飮酒禮)」・「향사례(鄕射禮)」편에서는 정규 의례절차를 마무리하려고 할 때 모두 무산작의 의례가 있다고 했다. 주에서는 "술잔을 돌림에 정해진 순차가 없고 오직 권유하는데 뜻을 두며 취하게 되면 그친다."라고 했다.

「소의」 71장

聶而切之者, 謂先聶爲大臠, 而後①報切之爲膾也. 餘見內則.

번역 얇게 저미서 잘라내는 것은 먼저 저미서 큰 덩어리로 자르고, 그 후에 재차 잘라서 회로 만든다는 뜻이다. 나머지 설명은 『예기』「내칙(內則)」편에 나온다.

① 〇報切之.

補註 按: 此本鄭註, 而疏不釋之.

번역 살펴보니, 이것은 정현의 주에 근거한 것인데, 소에서는 이 부분을 해석하지 않았다.

補註 〇沙溪曰: 報, 復也.

번역 〇사계가 말하길, '보(報)'자는 다시라는 뜻이다.

「소의」 72장

其有折俎者, ①取祭反之不坐, 燔亦如之. 尸則坐.

번역 절조(折俎)가 있을 경우, 그곳에서 희생물의 폐를 가져다가 음식에 대한 제사를 지내거나 다시 되돌려놓을 때에는 모두 자리에 앉지 않고, 불로 구운 고기에 대한 경우에도 이처럼 한다. 만약 시동의 입장이라면, 자리에 앉아서 시행한다.

① 取祭反之不坐.

補註 疏曰: 以俎有足, 故不坐. 唯於祭時坐耳. 此一節, 明祭俎之儀.

번역 소에서 말하길, 도마에는 다리가 달려 있기 때문에 앉지 않는 것이다. 제사를 지낼 때에만 앉을 따름이다. 이 문단은 도마에 있는 음식으로 제사지내는 의례를 나타내고 있다.

「소의」74장

참고-經文

其未有燭而後至者, 則①以在者告. 道瞽亦然. 凡飮酒, 爲獻主
者②執燭抱燋, 客作而辭, 然後以授人. 執燭不讓·不辭·不歌.

번역 아직 횃불을 붙이지 않았는데, 날이 저문 후에 방으로 들어오는 자가 있다면,
방안에 있는 사람이 누구인지를 알려준다. 장님에게 말해줄 때에도 또한 이처럼 한
다. 무릇 술을 마실 때, 주인이 불을 붙인 횃불을 잡고 아직 불을 붙이지 않은 횃불
을 잡으면, 빈객은 일어나서 물러나겠다고 사양을 하고, 그런 뒤에 주인은 상대에게
횃불을 건네준다. 횃불을 잡게 되면, 사양을 하지 않고, 재차 서로에게 사양을 하지
않으며, 노래도 부르지 않는다.

① ○以在者告道瞽亦然.

補註 鄭註: "爲其不見, 意欲知之也. 師冕, 及階, 子曰'階也.' 及席, 子曰
'席也.' 皆坐, 子告之曰'某在斯, 某在斯.'" 疏曰: "若日已闇, 而坐中未有
燭, 新有人後至者, 則主人以在坐中者而告之. 瞽無目, 故導之, 亦如無
燭時也."

번역 정현의 주에서 말하길, "보이지 않기 때문에 그들을 인지하게끔 해서이
다. 악사 면(冕)이 찾아뵈니 계단에 이르게 되자 공자는 '계단입니다.'라고
말했고, 자리에 이르게 되자 공자는 '자리입니다.'라고 말했다. 모두 앉게 되
자 공자는 그에게 알려주며, '아무개는 여기에 있고, 아무개는 여기에 있습니
다.'라고 했다.[1]"라고 했다. 소에서 말하길, "만약 날이 이미 어두워졌는데,
앉아 있는 자리에서 아직 횃불을 밝히지 않았고, 새로이 뒤늦게 들어온 자가

---

1) 『논어』「위령공(衛靈公)」: 師冕見, 及階, 子曰, "階也." 及席, 子曰, "席也." 皆坐,
子告之曰, "某在斯, 某在斯." 師冕出. 子張問曰, "與師言之道與?" 子曰, "然, 固
相師之道也."

있다면, 주인은 이미 앉아 있었던 자들에 대해서 알려준다. 악사[瞽]는 장님이기 때문에 인도하는 것으로, 또한 날이 어두웠는데 횃불이 없을 때처럼 한다."라고 했다.

補註 ○陸云: 道, 音導.
번역 ○육덕명이 말하길, '道'자의 음은 '導(도)'이다.

補註 ○按: 告下當句, 諺讀誤.
번역 ○살펴보니, '고(告)'자 뒤에서 구문을 끊어야 하니, 『언독』은 잘못되었다.

② **執燭抱燋.**

補註 疏曰: 旣欲留客, 又取未爇之炬抱之也.
번역 소에서 말하길, 빈객을 더 머물러 있게 하려고 하여, 아직 불을 붙이지 않은 횃불도 받들고 있는 것이다.

補註 ○按: 燭燋, 只是一物, 特已然未爇爲異. 蓋古無蠟燭, 謂炬爲燭, 見曲禮上補註.
번역 ○살펴보니, 촉(燭)과 초(燋)는 단지 동일한 사물인데, 불을 붙였느냐 그렇지 않느냐로 차이를 둔다. 고대에는 밀랍의 초가 없어서 횃불을 촉(燭)이라고 했으니, 자세한 내용은 『예기』「곡례상(曲禮上)」편의 보주에 나온다.

獻主, 主人也. ①人君則使宰夫燋未爇之炬也. 飮酒之禮, 賓主有讓, 及更相辭謝, 又各歌詩以見意. 今以暮夜, 略此三事. 一說, 執燭在手, 故不得兼爲之.

번역 '헌주(獻主)'는 주인을 뜻한다. 군주의 경우라면 재부(宰夫)를 시켜서 아직 다 타지 않은 횃불에 불을 붙이게 한다. 음주를 하는 예법에서 빈객과 주인은 양보를 하는데, 서로에게 거듭 사양을 하는데 이르면, 또한 각자 시가를 노래로 불러서 그 뜻을 나타낸다. 현재는 날이 저물어서, 이러한 세 가지 사안을 생략하는 것이다. 일설에는 횃불을 손으로 잡고 있기 때문에, 이러한 일들을 함께 시행할 수 없다고 주장한다.

① 人君則使宰夫.

補註 按: 燕禮·大射等禮, 君與賓尊卑不敵, 故皆以宰夫爲主人.

번역 살펴보니, 연례나 대사례와 같은 의례를 시행할 때 군주와 빈객의 신분이 대등하지 않기 때문에 모든 경우 재부를 주인으로 삼게 된다.

「소의」 75장

①洗盥執食飮者, 勿氣, 有問焉, 則辟咡而對.

번역 존장자를 위해 대야에 씻을 물을 들고서 가거나 음식을 들고서 갈 때에는 숨을 크게 내쉬어서는 안 되니, 숨기운이 존장자에게 닿지 않도록 해야 한다. 또 존장자가 질문을 하게 된다면, 입을 돌려서 존장자를 향하지 않도록 한 뒤에 대답을 해야 한다.

① 洗盥執食飮.

補註 疏曰: 洗, 謂與尊長洗足也. 盥, 謂與尊長洗手也.

번역 소에서 말하길, '세(洗)'자는 존장자에게 발 씻을 물을 드린다는 뜻이다. '관(盥)'자는 존장자에게 손 씻을 물을 드린다는 뜻이다.

補註 ○按: 爲長者沃盥, 見內則.

번역 ○살펴보니, 존장자를 위해 씻을 물을 따라주는 내용은 『예기』「내칙(內則)」편에 나온다.[1]

---

[1] 『예기』「내칙(內則)」: 及所, 下氣怡聲, 問衣燠寒, 疾痛苛癢, 而敬抑搔之. 出入, 則或先或後而敬扶持之. 進盥, 少者奉槃, 長者奉水, 請沃盥, 盥卒授巾, 問所欲而敬進之, 柔色以溫之.

「소의」 78장

참고-經文

凡膳告於君子, 主人①展之以授使者于②阼階之南面, ③再拜
稽首送, 反命, 主人又再拜稽首. 其禮大牢則④以牛左肩臂臑
折九箇, 少牢則以羊左肩七箇, 犆逐則以豕左肩五箇.

번역 무릇 군주에게 고기를 보내서 맛있는 음식이라고 알리거나 그 사안을 아뢰게
되면, 주인은 먼저 그것을 풀어서 확인하고, 동쪽 계단의 남쪽에서 남쪽을 바라보며
심부름을 하는 자에게 건네며, 재배를 하고 머리를 조아린 뒤에 보낸다. 심부름을
한 자가 다녀와서 그 사안을 보고하면, 주인은 또한 재배를 하고 머리를 조아린다.
그 예법에 있어서 태뢰(太牢)를 사용했다면, 소의 좌측 어깨로부터 다리까지를 9개
의 부위로 나눠서 보내고, 소뢰(少牢)를 사용했다면, 양의 좌측 어깨로부터 다리까
지를 7개의 부위로 나눠서 보내며, 한 마리의 돼지를 사용했다면, 돼지의 좌측 어깨
로부터 다리까지를 5개의 부위로 나눠서 보낸다.

① ○展之.

補註 鄭註: 展, 省具也.
번역 정현의 주에서 말하길, '전(展)'자는 갖춰진 것을 살펴본다는 뜻이다.

② 阼階之南面.

補註 按: 古經及通解南下, 又有南字, 當補.
번역 살펴보니, 『고경』과 『통해』에는 '남(南)'자 뒤에 남(南)자가 또 기록되
어 있으니, 마땅히 보충해 넣어야 한다.

③ 再拜稽首送反命.

補註 按: 諺讀吐, 恐誤. 稽首下當著爲也, 送下當著爲旀, 疏之句絶然也.

번역 살펴보니, 『언독』의 토는 아마도 잘못된 것 같다. '계수(稽首)' 뒤에 마땅히 하야[爲也]토가 붙어야 하고, '송(送)'자 뒤에 마땅히 하면[爲旀]토가 붙어야 하는데, 소에서 구문을 끊은 것도 이와 같다.

④ **以牛左肩臂臑.**

補註 鄭註: 羊豕不言臂臑, 因牛序之可知.

번역 정현의 주에서 말하길, 양과 돼지에 대해서는 '비노(臂臑)'라고 말하지 않았는데, 그 이유는 소에 대한 경우를 통해 순차적으로 따져보면, 그 부위를 사용하게 됨을 알 수 있기 때문이다.

「소의」 80장

雕, 刻鏤之也. ①幾, 漆飾之畿限也. 縢者, 縛約之名, 不用組以
連甲, ②及爲紟帶也. 以穀食馬曰秣.

번역 '조(雕)'자는 조각을 해서 새긴다는 뜻이다. '기(幾)'자는 옻칠로 장식을 해서
경계선을 드러낸다는 뜻이다. '등(縢)'이라는 것은 비단으로 꿰맨 것을 뜻하는 명
칭이니, 화려한 무늬가 들어간 끈을 사용해서 갑옷의 이음새를 연결하거나 비단으
로 연결 끈을 만들지 않는다는 뜻이다. 사람이 먹는 곡식을 말에게 먹이는 것을 '말
(秣)'이라고 부른다.

① ○幾漆飾之畿限.

補註 按: 郊特牲, "丹漆雕幾之美, 素車之乘, 尊其樸也." 雕幾之義, 與此
同. 畿, 卽界限也. 門限, 亦曰畿, 見郊特牲補註.

번역 살펴보니, 『예기』「교특생(郊特牲)」편에서는 "단색이나 옻칠을 하며
무늬를 조각하는 것을 아름답게 여기지만, 소박한 소거(素車)에 타는 것은
그 소박함을 존귀하게 여기기 때문이다."[1]라고 했는데, 조기(雕幾)라는 뜻
도 이와 같다. '기(畿)'자는 경계를 뜻한다. 문의 경계를 또한 기(畿)라고 부
르니, 자세한 내용은 「교특생」편의 보주에 나온다.

② 及爲紟帶.

補註 疏曰: 言紟帶, 解經縢字.

번역 소에서 말하길, '금대(紟帶)'라고 말한 것은 경문에 나온 '등(縢)'자를
풀이한 것이다.

---

1) 『예기』「교특생(郊特牲)」: 酒醴之美, 玄酒明水之尙, 貴五味之本也. 黼黻文繡之
美, 疏布之尙, 反女功之始也. 莞簟之安, 而蒲越稾鞂之尙, 明之也. 大羹不和, 貴
其質也. 大圭不琢, 美其質也. 丹漆雕幾之美, 素車之乘, 尊其樸也. 貴其質而已
矣. 所以交於神明者, 不可同於所安藝之甚也. 如是而后宜.

禮記補註卷之十七

『예기보주』 17권

「학기(學記)」 제18편

補註 通解曰: 言古者學校敎人傳道授業之次序, 得失興廢之所作, 兼大·小學言之.

번역 『통해』에서 말하길, 고대 학교에서 사람들을 교육하여 도와 과업을 전수하는 차례와 득실 및 성패가 발생하는 바를 언급하였고, 대학과 소학의 것도 함께 말하였다.

「학기」 1장

참고-經文

發慮憲, ①求善良, 足以謏聞, 不足以動衆.

번역 사고를 깊게 하여 법칙에 부합되기를 구하며, 선량하고 현명한 자를 구하면, 작은 명성을 이루기에는 충분하지만, 백성들을 감동시킬 수는 없다.

① 求善良.

補註 按: 朱子訓以用中材, 見小註. 而陳註云親賢也, 與下就賢相礙, 誤矣.

번역 살펴보니, 주자는 알맞은 인재를 등용한다는 뜻으로 풀이했는데, 그 내용이 소주에 나온다. 진호의 주에서는 현명한 자를 친근하게 대한다고 했는데, 이것은 아래문장에서 "현명한 자에게 나아간다."[1]라고 한 말과 서로 저애가 되니 잘못된 해석이다.

---

1) 『예기』「학기(學記)」: 就賢體遠, 足以動衆, 未足以化民.

「학기」 3장

①君子如欲化民成俗, 其必由學乎.

번역 군자가 만약 백성들을 교화하고 풍속 완성하기를 원한다면, 반드시 학문을 통해야만 이룩할 수 있을 것이다.

① ○君子[止]由學乎.

補註 按: 學, 似當作設學, 敎人之意看.

번역 살펴보니, '학(學)'자는 아마도 "학교를 설치한다[設學]."고 기록해서, 사람들을 가르친다는 의미로 보아야 한다.

補註 ○徐志修曰: 下文論立學敎人, 而曰, "夫然後, 化民易俗, 近悅遠懷." 觀此則此章欲化民成俗之君子, 正指敎者, 而陳註之意, 似指學者, 恐如何?

번역 ○서지수가 말하길, 아래문장에서는 학교를 세워 사람들을 가르친다는 내용을 논의하며, "이처럼 한 뒤에야 백성들을 교화하고 풍속을 좋게 바꿀 수 있으며, 가까운 자들은 감복하게 만들고 멀리 떨어져 있는 자들은 흠모하게 만든다."[1]라고 했다. 이를 통해 살펴본다면, 이 문장에서 백성들을 교화하고 풍속을 좋게 완성시키는 군자는 바로 가르치는 자를 가리키는데, 진호의 주에 나타난 의미는 아마도 배우는 자를 가리키는 것 같으니 어떠한가 모르겠다.

---

1) 『예기』「학기(學記)」: <u>夫然後足以化民易俗, 近者說服而遠者懷之.</u> 此大學之道也. 記曰: "蛾子時術之." 其此之謂乎.

「학기」 4장

建國君民, 謂建立邦國以君長其民也. 敎學爲先, 以①立敎立
學爲先務也. 兌命, 商書. 典, 常也.

번역 '건국군민(建國君民)'은 국가를 세워서 백성들에 대해 군주 노릇을 한다는 뜻
이다. '교학위선(敎學爲先)'은 가르침의 법도를 세우고 배움의 법도를 세우는 것을
급선무로 삼는다는 뜻이다. '열명(兌命)'은 『서』「상서(商書)」에 속한 편이다. '전
(典)'자는 "항상된 법도로 삼는다[常]."는 뜻이다.

① ○立敎立學.

補註 按: 敎學, 恐是敎而使學之謂, 與下文敎學同義. 敎屬國, 學屬民.
鄭註, "謂內則設師氏·保氏, 以敎使國子學焉, 外則有大學·庠序之官."
此恐得之.

번역 살펴보니, 교학(敎學)은 아마도 가르쳐서 배우도록 한다는 뜻이니, 아
래문장에 나온 교학(敎學)[1]과 같은 의미이다. 교(敎)는 나라에 해당하는 일
이고 학(學)은 백성에 해당하는 일이다. 정현의 주에서는 "내적으로 사씨와
보씨라는 관리를 두어 가르쳐서 국자들로 하여금 배우도록 만들고, 외적으
로 대학·상서(庠序)[2] 등의 학교를 둔다는 뜻이다."라고 했는데, 이 말이 아
마도 옳은 것 같다.

---

1) 『예기』「학기(學記)」: 雖有嘉肴, 弗食不知其旨也; 雖有至道, 弗學不知其善也.
   是故學然後知不足, 敎然後知困. 知不足, 然後能自反也; 知困, 然後能自强也.
   故曰: "敎學相長也." 兌命曰: "學學半", 其此之謂乎.
2) 상서(庠序)는 상(庠)과 서(序)를 합쳐서 부르는 말이다. '상'은 향(鄕) 밑의 행정단위
   인 당(黨)에 건립된 학교를 뜻하고, '서'는 향(鄕) 밑의 행정단위인 주(州)에 건립된
   학교를 뜻한다. 주로 지방의 학교를 통칭하는 말로 사용된다.

「학기」 5장

雖有嘉肴, 弗食不知其旨也; 雖有至道, 弗學不知其善也. 是故
學然後知不足, ①教然後知困. 知不足, 然後能自反也; 知困,
然後能自强也. 故曰: "②教學相長也." 兌命曰: "③學學半", 其
此之謂乎.

번역 비록 맛있는 음식이 있더라도, 그것을 먹어보지 않으면 그 맛을 알지 못한다.
이와 마찬가지로 비록 지극한 도리가 있더라도, 그것을 배우지 않으면 그 선함을
알지 못한다. 이러한 까닭으로 배운 뒤에라야 부족함을 알게 되고, 가르친 뒤에라야
곤궁함을 알게 된다. 부족함을 안 뒤에라야 스스로에게 반추할 수 있고, 곤궁함을
안 뒤에라야 스스로 노력할 수 있다. 그러므로 "가르치는 일과 배우는 일은 서로
배양한다."라고 말한 것이다. 「열명(兌命)」편에서 "가르치는 일은 배움의 반이다."
라고 했는데, 바로 이러한 뜻을 나타낼 것이다.

① 教然後知困.

補註 張子曰: 困者, 益之基也. 學者之病, 正在於不知困矣. 自以爲知,
而問之不能言, 用之不能行者多矣.
번역 장자가 말하길, 곤궁함은 발전의 기틀이 된다. 학자의 병폐는 바로 곤
궁함을 알지 못하는데 있다. 스스로 자신이 안다고 여기지만 물음에 답하지
도 못하고 행실에 써먹지도 못하는 자들이 대부분이다.

② 教學相長.

補註 陸音: 長, 丁丈反.
번역 육덕명의 『음의』에서 말하길, '長'자는 '丁(정)'자와 '丈(장)'자의 반절음
이다.

③ 學學半.

補註 上學, 書本文作斅.

번역 앞의 '학(學)'자를 『서』의 본문에서는 효(斅)자로 기록했다.

補註 ○徐志修曰: 陳註雖用書本註之意, 而引之之意, 恐只明教學相長之義. 小註方氏所引孔子曰之類, 是也.

번역 ○서지수가 말하길, 진호의 주는 비록 『서』에 나온 주석의 뜻에 따른 것이지만, 이 말을 인용한 의도는 단지 가르치고 배우는 일이 서로를 배양한다는 뜻을 밝히기 위해서인 것 같다. 소주에서 방씨가 인용한 공자의 말과 같은 부류가 여기에 해당한다.

참고-大全 嚴陵方氏曰: 肴有味, 唯食之, 然後可以辨其味. 道有理, 唯學之, 然後可以窮其理. 然而味有旨否, 唯肴之嘉者爲旨, 理有善惡, 唯道之至者爲善. 人莫不飮食, 鮮能知味也, 此以食喩道者也. 以道之難明, 故所況如此, 若夫造道之全, 則淡乎其無味, 又豈肴之可比哉? 足則厭矣, 故學以不厭爲知. 困則倦矣, 故敎以不倦爲仁. 知其不足, 然後能自反, 以求其足, 知其困, 然後能自强, 以濟其困. 自反, 若所謂自反而仁之類. 自强, 若所謂自强不息之類. 敎人之功, 得學之半, 故引說命之言, 以證之. 上學字, 宜讀曰斅, 說命亦作斅, 斅卽敎也. 孔子曰, 起予者商也, 又曰, 回也, 非助我者也, 於吾言無所不說, 豈非斅學半之謂乎?

번역 엄릉방씨가 말하길, 음식에 포함된 맛은 오직 먹어본 뒤에라야 그 맛을 변별할 수 있다. 도리에 내포된 이치는 오직 배운 뒤에라야 그 이치를 다할 수 있다. 그런데 맛에는 맛있는 것도 있고 그렇지 않은 것도 있는데, 오직 음식 중의 좋은 것만이 맛있는 것이 되고, 이치에는 선악이 있는데, 오직 도의 지극한 것만이 선함이 된다. 사람이 음식을 먹어보지 않았다면, 그 맛을 알기가 거의 불가능하니, 이것이 바로 음식을 통해 도를 비유한 이유이다. 도에 대해서는 깨닫기 어렵기 때문에 이처럼 비유를 든 것이니, 만약 덕을 쌓고 수양하는 일의 전반에 대해서라면 아무 맛도 없는 음식보다 더욱 담박한데, 또한 어떻게 음식으로 비유를 할 수 있겠는가? 만족한다면 싫증을 느끼기 때문에 배움에서는 싫증을 느끼지 않는 것을 앎으로 여긴다. 곤궁하다면 게으르게 되기 때문에 가르침에 게으르지 않은 것은 인(仁)이 된다.[1] 부족함을 안 뒤에라야 스스로에게 반추하여 채움을 구하게 되고, 곤궁함을 안 뒤에라야 스스로 노력하여 곤궁함을 구제할 수 있다. 스스로 반추하는 것은 마치 "스스로 돌이켜서 인(仁)하게 된다."[2]는 부류와 같다. 스스로 노력함은 마치 "스스로 노력함에 쉬지 않는다."[3]는 부류와 같다. 남을 가르치는 공력은 배움의 반절이 된다. 그렇기 때문에 「열명(說命)」편의 말을 인용하여 증명한 것이다. 그런데 인용문에 나오는 앞의 '학(學)'자는 마땅히 '효(斅)'자로 읽어야 하니, 『서』「열명」편에도 '효(斅)'자로 기록되어 있고, '효(斅)'자는 "가르친다[敎]."는 뜻이다. 공자는 "나를 일으키는 자는 상(商)이로구나."[4]라고 했고, 또 "회(回)는 나를 돕는 자가 아니구나. 나의 말에 대해서 기뻐하지 않는 것이 없구나."[5]라고 했으니, 어찌 가르치는 일이 배움의 반이 됨을 이르는 말이 아니겠는가?

---

1) 『논어』「술이(述而)」: 子曰, "黙而識之, 學而不厭, 誨人不倦, 何有於我哉?" / 『논어』「술이(述而)」: 子曰, "若聖與仁, 則吾豈敢? 抑爲之不厭, 誨人不倦, 則可謂云爾已矣." 公西華曰, "正唯弟子不能學也." / 『맹자』「공손추상(公孫丑上)」: 曰, "惡! 是何言也? 昔者子貢問於孔子曰, '夫子聖矣乎?' 孔子曰, '聖則吾不能, 我學不厭而敎不倦也.' 子貢曰, '學不厭, 智也, 敎不倦, 仁也. 仁且智, 夫子旣聖矣.' 夫聖, 孔子不居——是何言也?"

2) 『맹자』「이루하(離婁下)」: 其自反而仁矣, 自反而有禮矣, 其橫逆由是也, 君子必自反也, 我必不忠.

3) 『역』「건괘(乾卦)」: 象曰, 天行健, 君子以自强不息.

4) 『논어』「팔일(八佾)」: 子夏問曰, "'巧笑倩兮, 美目盼兮, 素以爲絢兮.'何謂也?" 子曰, "繪事後素." 曰, "禮後乎?" 子曰, "起予者商也! 始可與言詩已矣."

5) 『논어』「선진(先進)」: 子曰, "回也非助我者也, 於吾言無所不說."

「학기」 6장

古之敎者, 家有塾, 黨有庠, ①術有序, 國有學. 比年入學, 中年考校. 一年視離經辨志, 三年視敬業樂群, 五年視博習親師, 七年視論學取友, 謂之小成. ②九年知類通達, 强立而不反, 謂之大成.

번역 고대의 학교제도에 있어서, 가(家)에 속한 자들은 마을의 숙(塾)에서 배웠고, 당(黨)에 속한 자들 중 승급된 자들은 상(庠)에서 배웠으며, 주(州)에 속한 자들 중 승급된 자들은 서(序)에서 배웠고, 국성에는 가장 높은 학교인 학(學)이 있었다. 매해 학생들은 입학을 하고, 매번 1년을 걸러서 그들의 재예를 시험한다. 1년째에는 경전의 구문을 끊어서 읽는 수준과 그들의 뜻이 올바른지를 변별한다. 3년째에는 과업을 공경스럽게 익히고 동급생들과 친하게 지내는지를 살펴본다. 5년째에는 널리 익히고 스승을 친애하는지를 살펴본다. 7년째에는 학문의 오묘한 뜻을 연구하고 자신보다 나은 벗들을 사귀고 있는지를 살펴본다. 이처럼 할 수 있다면, 이러한 자들을 소성(小成)이라고 부른다. 9년째가 되면, 의리를 깊이 연구하였으니, 같은 부류에 대해서도 그 지식을 확장해서 달통하지 않음이 없게 되며, 굳건하게 자신을 세우고 그 뜻이 무너지지 않으니, 이러한 자들을 대성(大成)이라고 부른다.

① ○術有序.

補註 鄭註: "術, 當爲遂, 聲之誤也. 五百家爲黨, 萬二千五百家爲遂. 黨屬於鄕, 遂在遠郊之外." 疏曰: "六鄕擧黨, 六遂擧序, 則餘閭里以上, 皆有學可知."

번역 정현의 주에서 말하길, "'술(術)'자는 마땅히 수(遂)자가 되어야 하니, 소리가 비슷해서 생긴 오자이다. 500개의 가(家)는 1개의 당(黨)이 되며, 12,500개의 가(家)는 1개의 수(遂)가 된다. 당(黨)은 향(鄕)에 속해 있고, 수(遂)는 원교(遠郊) 밖에 있다."라고 했다. 소에서 말하길, "육향에 대해서는 당(黨)을 거론했고, 육수에 대해서는 서(序)를 언급했으니, 나머지 여(閭)나리(里) 이상의 행정단위에서도 모두 학교를 세웠었다는 사실을 알 수 있다."
라고 했다.

補註 ○周禮·大司徒: "五家爲比, 五比爲閭, 四閭爲族, 五族爲黨, 五黨
爲州, 五州爲鄕." 又遂人: "掌邦之野, 五家爲鄰, 五鄰爲里, 四里爲酇,
五酇爲鄙, 五鄙爲縣, 五縣爲遂." 註曰: "鄰·里·酇·鄙·縣·遂, 猶郊
內比·閭·族·黨·州·鄕也. 田野之居, 其比伍之名, 與國中異制耳."
又州長: "春秋以禮會民, 而射于州序."

번역 ○『주례』「대사도(大司徒)」편에서는 "5개의 가(家)는 1개의 비(比)가
되고, 5개의 비는 1개의 여(閭)가 되며, 4개의 여는 1개의 족(族)이 되고, 5
개의 족은 1개의 당(黨)이 되며, 5개의 당은 1개의 주(州)가 되고, 5개의 주
는 1개의 향(鄕)이 된다."[1]라고 했다. 또『주례』「수인(遂人)」편에서는 "나
라의 교외에 대한 일을 담당하여, 5개의 가는 1개의 인(鄰)이 되고, 5개의
인은 1개의 이(里)가 되며, 4개의 이는 1개의 찬(酇)이 되고, 5개의 찬은 1개
의 비(鄙)가 되며, 5개의 비는 1개의 현(縣)이 되고, 5개의 현은 1개의 수
(遂)가 된다."[2]라고 했고, 주에서는 "인·이·찬·비·현·수는 교내에 있는
비·여·족·당·주·향과 같다. 경작지의 편제단위를 비(比)나 오(伍) 등
으로 부르는 것은 국성 안의 제도와 달리한 것일 뿐이다."라고 했다. 또『주
례』「주장(州長)」편에서는 "봄과 가을에는 예법에 따라 백성들을 모아서 주
에 있는 서(序)에서 활쏘기를 한다."[3]라고 했다.

---

1) 『주례』「지관(地官)·대사도(大司徒)」: 令<u>五家爲比</u>, 使之相保; <u>五比爲閭</u>, 使之
相受; <u>四閭爲族</u>, 使之相葬; <u>五族爲黨</u>, 使之相救; <u>五黨爲州</u>, 使之相賙; <u>五州爲鄕</u>,
使之相賓.
2) 『주례』「지관(地官)·수인(遂人)」: 以土地之圖經田野, 造縣鄙形體之法. <u>五家爲</u>
<u>鄰, 五鄰爲里, 四里爲酇, 五酇爲鄙, 五鄙爲縣, 五縣爲遂</u>, 皆有地域, 溝樹之. 使
各掌其政令刑禁, 以歲時稽其人民, 而授之田野, 簡其兵器, 敎之稼穡.
3) 『주례』「지관(地官)·주장(州長)」: 若以歲時祭祀州社, 則屬其民而讀法, 亦如之.
<u>春秋以禮會民而射于州序</u>.

補註 ○按: 術字, 連於黨下, 州之有序, 見於州長. 恐陳註之讀作州者爲是. 鄭註讀作遂, 疏以爲互擧鄕遂, 而文不倫, 整必不然也. 此乃專言郊內之學, 而郊外之制, 自可推知, 亦必里有塾, 鄙有庠, 縣有序也.

번역 ○살펴보니, '술(術)'자는 당(黨)에 대한 내용 뒤에 연이어 나오고, 주(州)에는 서(序)라는 학교가 있으니, 「주장」편에 나온다. 따라서 진호의 주에서 이 글자를 주(州)자로 풀이한 것이 옳은 것 같다. 정현의 주에서는 이 글자를 수(遂)자로 풀이했고, 소에서는 향(鄕)과 수(遂)에 대한 것을 상호 제시한 것이라고 여겼는데, 문장의 순서가 맞지 않으니, 문장을 바르게 고친다면 분명 그렇지 않을 것이다. 이것은 전적으로 교내의 학교에 대해서 언급한 것인데, 교외의 제도에 대해서는 이를 통해 추론해보면 알 수 있어서, 분명 이에는 숙(塾)이 있고 비에는 상(庠)이 있으며 현에는 서(序)가 있었을 것이다.

② **九年[止]大成.**

補註 張子曰: 九年者, 言其太略, 人性有遲敏, 氣有昏明, 豈可齊也? 强立而不反, 可與立者也. 學至於立, 則自能不息以至于聖人, 而敎者可以無恨矣.

번역 장자가 말하길, 9년이라는 말은 대략적인 기간을 언급한 것이니, 사람의 본성에는 느리고 민첩한 차이가 있고, 기질에도 어둡고 밝은 차이가 있는데, 어떻게 일률적으로 적용하겠는가? '강립이불반(强立而不反)'은 함께 설 수 있다는 뜻이다.[4] 학문을 통해 설 수 있는 경지까지 도달한다면, 스스로 노력을 그치지 않아서 성인의 경지에 도달할 수 있으니, 가르치는 자도 후회가 없을 수 있다.

---

4) 『논어』「자한(子罕)」: 子曰, "可與共學, 未可與適道, 可與適道, 未可與立, 可與立, 未可與權." "唐棣之華, 偏其反而. 豈不爾思? 室是遠而." 子曰, "未之思也, 夫何遠之有?"

古者二十五家爲閭, 同在一巷, 巷首有門, 門側有塾. 民在家者, 朝夕受教於塾也. 五百家爲黨, 黨之學曰庠, 教閭塾所升之人也. 術, 當爲州. ①萬二千五百家爲州, 州之學曰序. 周禮, "鄕大夫②春秋以禮會民, 而射于州序", 是也. 序, 則教黨學所升之人. 天子所都, 及諸侯國中之學, 謂之國學, 以教元子·衆子及卿大夫士之子, 與所升③俊選之士焉. 比年, 每歲也. 每歲皆有入學之人. 中年, 間一年也. 與小記中一以上之中同. 每間一年而考校其藝之進否也. 離經, 離絕經書之句讀也. 辨志, 辨別其趨向之邪正也. 敬業, 則於所習無怠忽. 樂群, 則於朋徒無睽貳. 博習, 則不以程度爲限制. 親師, 則於訓誨知嗜好. 論學, 講求學問之縕奧也. 取友, 擇取益者而友之也. 能如此, 是學之小成也. 至於九年, 則理明義精, 觸類而長, 無所不通, 有卓然自立之行, 而外物不得以奪之矣, 是大成也.

번역 고대에는 25개의 가(家)가 1개의 여(閭)가 되었으며, 모두 1개의 마을에 모여 있었고, 1개의 마을에는 마을 입구에 문이 있었으며, 문 측면에는 마을 학교인 숙(塾)이 있었다. 백성들 중 가(家)에 속한 자들은 아침저녁으로 숙(塾)에서 가르침을 받았다. 500개의 가(家)는 1개의 당(黨)이 되는데, 당(黨)의 학교는 상(庠)이라고 부르며, 여(閭)의 학교인 숙(塾)에서 승급된 자들을 가르쳤다. '술(術)'자는 마땅히 주(州)자가 되어야 한다. 12,500개의 가(家)는 1개의 주(州)가 되는데, 주(州)의 학교는 서(序)라고 부른다. 『주례』에서 "향대부[5]는 봄과 가을에 예법에 따라 백성들을 모아서, 주(州)의 서(序)에서 사례(射禮)를 시행했다."[6]라고 한 말이 바로 이러한 사실을 나타낸다. 서(序)에서는 당(黨)의 학교에서 승급된 자들을 가르쳤다. 천자가 도읍으로 삼은 곳이나 제후의 국성(國城)에 있는 학교를 국학(國學)이라고 부르며, 천자와 제후의 적장자 및 나머지 아들들, 그리고 경·대부·사의

---

5) 향대부(鄕大夫)는 주대(周代)의 행정단위였던 향(鄕)을 담당하는 관리이다.

6) 『주례』「지관(地官)·주장(州長)」: 若以歲時祭祀州社, 則屬其民而讀法, 亦如之. 春秋以禮會民而射于州序.

아들들과 승급된 준선(俊選)7)의 사들을 가르쳤다. '비년(比年)'은 매해를 뜻한다. 해마다 학교에는 입학하는 자들이 있다. '중년(中年)'은 1년을 거른다는 뜻이다. 『예기』「상복소기(喪服小記)」편에서 "한 대를 걸러서 그 이상의 대상에게 한다."8)라고 했을 때의 '중(中)'자와 동일한 의미이다. 매번 한 해를 걸러서 재예의 진척 정도를 시험한다. '이경(離經)'은 경전의 구문을 끊어서 읽는 것을 뜻한다. '변지(辨志)'는 그가 지향하는 것이 그른지 또는 옳은지를 변별한다는 뜻이다. "과업을 공경한다[敬業]."면 익히는 대상에 대해서 태만하거나 소홀함이 없다. "무리들을 좋아한다[樂群]."면 동급생들에 대해서 질시함이 없다. "널리 익힌다[博習]."면 특정한 굴레에 따라 제한을 두지 않는다. "스승을 친애한다[親師]."면 스승의 가르침에 대해서 즐기고 좋아할 줄 알게 된다. '논학(論學)'은 학문의 깊고 오묘한 뜻을 강론하여 탐구하는 것이다. '취우(取友)'는 자신보다 나은 자를 택해서 그와 벗하는 것을 뜻한다. 이처럼 할 수 있다면, 이것은 학문을 작게 이룬 것이다. 9년째가 되면 의리가 분명해지고 정밀해져서, 그 부류를 접해 확장해가서 달통하지 않은 것이 없고, 의젓하게 스스로를 세울 수 있는 행실을 갖추며, 외물이 그것을 빼앗을 수 없게 되니, 이것을 학문의 '큰 이룸[大成]'이라고 한다.

① 萬二千五百家爲州.

補註 按: 萬字, 恐衍. 周禮註及論語註, 明以二千五百家爲州, 以比·閭·族·黨之數推之, 則亦可見.

번역 살펴보니, '만(萬)'자는 아마도 연문으로 들어간 글자인 것 같다. 『주례』의 주 및 『논어』의 주에서도 2,500가를 1개의 주로 여겼고, 비·여·족·당의 수치로 추산해보더라도 이러한 사실을 확인할 수 있다.

---

7) 준선(俊選)은 준사(俊士)와 선사(選士)를 합쳐 부르는 말이다. 향학(鄕學)의 사(士)들 중에서 덕행과 재예(才藝)가 뛰어난 사를 수사(秀士)라고 불렀고, 수사들 중에서도 뛰어난 사람은 사도(司徒)에게 천거되는데, 그 사람을 선사(選士)라고 불렀다. 준사(俊士)는 선사(選士)들 중에서도 덕행과 재주가 뛰어나서, 국학(國學)에 입학하였던 자들을 뜻한다.

8) 『예기』「상복소기(喪服小記)」: 士大夫不得祔於諸侯, 祔於諸祖父之爲士大夫者. 其妻祔於諸祖姑, 妾祔於妾祖姑, 亡則中一以上而祔, 祔必以其昭穆.

② 春秋以禮[止]州序.

補註 按: 此乃州長之文, 而今云鄕大夫, 想以兩職相連, 故不察而有此誤.

번역 살펴보니, 이것은 「주장」편의 기록인데, 이곳에서 '향대부(鄕大夫)'라고 말한 것은 두 직무가 서로 연관된다고 여겼기 때문에 자세히 살피지 못하여 이러한 오류가 발생한 것이다.

③ 俊選之士.

補註 按: 此卽王制所謂俊士·選士.

번역 살펴보니, 이것은 『예기』「왕제(王制)」편에서 말한 준사(俊士)와 선사(選士)를 뜻한다.

「학기」 7장

참고-經文

夫然後足以化民易俗, 近者說服而遠者懷之. 此大學之道也.
記曰: "①蛾子時術之." 其此之謂乎.

번역 무릇 이처럼 완성된 사람을 등용해야만 백성들을 교화하여 풍속을 좋게 바꿀
수 있으니, 가까이 있는 자들은 기뻐하며 감복하고, 멀리 떨어져 있는 자들은 흠모
하게 된다. 이것이 바로 대학의 도에 해당한다. 고대의 『기』에서는 "개미는 수시로
흙덩이를 나른다."라고 했으니, 바로 이러한 뜻을 나타낼 것이다.

① 蛾子時術.

補註 鄭註: 蛾, 蚍蜉也.
번역 정현의 주에서 말하길, '아(蛾)'자는 왕개미를 뜻한다.

補註 ○陸云: 蛾, 本或作蟻. 爾雅, "蚍蜉, 大蟻也."
번역 ○육덕명이 말하길, '아(蛾)'자는 판본에 따라서 또한 '의(蟻)'자로도 기
록한다. 『이아』에서는 "비부(蚍蜉)는 왕개미이다."[1]라고 했다.

補註 ○語類曰: 改經文, 固啓學者不敬之心. 然舊有一人, 專攻鄭康成
所解禮記不合改其文. 如蛾子時術之, 亦不改, 只作蠶蛾子, 云如蠶種之
生, 循環不息, 是何義理?
번역 ○『어류』에서 말하길, 경문을 고치는 것은 배우는 자들의 불경스러운
마음을 일깨우기 위한 것이다. 그런데 옛날에 어떤 한 사람은 정현이 해석한
『예기』를 연구하였는데, 경문을 고친 것이 합당하지 않았다. 예를 들어 '아
자시술지(蛾子時術之)'라는 말은 제대로 고치지 않고 단지 잠아자(蠶蛾子)

---

1) 『이아』 「석충(釋蟲)」: <u>蚍蜉, 大螘</u>. 小者螘. 蠪, 朾螘. 蠲, 飛螘. 其子蚳.

라고만 기록하여 누에과에 해당하는 생물들은 순환하여 그치지 않는다고 했는데, 이것이 무슨 뜻이란 말인가?

「학기」9장

①宵雅肄三, ②官其始也.

번역 『시』「소아(小雅)」에 속한 세 편의 시를 익히게 하여, 벼슬살이를 하는 것에 대해 가르친다.

① ○宵雅.

補註 鄭註: 宵之言小也.
번역 정현의 주에서 말하길, '소(宵)'자는 소(小)자를 뜻한다.

② 官其始也.

補註 疏曰: 始者, 始入學習之也.
번역 소에서 말하길, '시(始)'는 처음으로 입학하여 익힌다는 뜻이다.

補註 ○類編曰: 言於其始學, 便敎以居官受任之事.
번역 ○『유편』에서 말하길, 그가 처음 학문을 익히기 시작할 때 관직에 머물며 임무를 받는 등의 일을 가르친다는 뜻이다.

①朱子曰: 聖人敎人, ②合下便要他用, 便要用賢以治不賢, 擧能以敎不能, 所以公卿大夫在下思各擧其職.

번역 주자가 말하길, 성인이 사람을 교육할 때에는 그의 재능을 사용하여, 현명한 자를 써서 현명하지 않은 자를 다스리도록 했고, 유능한 자를 써서 유능하지 못한 자를 가르치도록 했으니, 이것이 바로 공·경·대부들이 그 휘하에 있으면서 각각 그들의 직무를 실천했던 이유이다.

① 朱子曰[止]擧其職.

補註 按: 語類, 問"宵雅肄三, 官其始也", 則朱子答之以此. 各擧其職下有曰, "不似而今上下都恁地了, 使窮困之民無所告訴."

번역 살펴보니, 『어류』에서는 "「소아(小雅)」 세 편의 시를 익히게 하여, 벼슬살이를 하는 것에 대해 가르친다고 했는데 맞습니까?"라고 묻자 주자는 이와 같이 답변하였다. 그리고 '각거기직(各擧其職)'이라는 말 뒤에서는 "지금은 상하계층이 모두 이와 같지 않아서 곤궁한 백성들로 하여금 호소할 곳도 없게 만든다."라고 했다.

② 合下.

補註 按: 猶言本來也.

번역 살펴보니, 본래(本來)라는 말과 같다.

「학기」 10장

참고-集說

入學時, ①大胥之官擊鼓以召學士, ②學士至, 則發篋以出其
書籍等物, 警之以鼓聲, 使以遜順之心進其業也. 書言惟學遜
志.

번역 학교에 들어갔을 때, 대서(大胥)라는 관리는 북을 쳐서 학생들을 불러 모으
고, 학생들이 모두 도착하면, 상자를 열어서 책 등의 물건을 꺼내는데, 북소리로 그
들에게 주의를 주어, 그들로 하여금 공손히 따르는 마음으로 학업에 전념하도록 하
는 것이다. 『서』에서는 "오직 배움에 있어서는 뜻을 겸손히 한다."[1]라고 했다.

① ○大胥[止]以召學士.

補註 按: 周禮, 凡用樂, 大胥以鼓徵學士, 是也. 文王世子亦曰, "大昕鼓
徵."

번역 살펴보니, 『주례』에서는 음악을 사용해야 할 때 대서가 북으로 학사들
을 불러 모은다고 했다.[2] 『예기』「문왕세자(文王世子)」편에서도 "동틀 무렵
에 북을 쳐서 불러 모은다."[3]라고 했다.

② 學士至[止]業也.

補註 鄭註: "鼓篋, 擊鼓警衆, 乃發篋, 出所治經業也." 疏曰: "所以然者,
欲使學者恭順其經業."

번역 정현의 주에서 말하길, "'고협(鼓篋)'은 북을 쳐서 많은 사람들을 경각

---

1) 『서』「상서(商書)·열명하(說命下)」: 惟學遜志, 務時敏, 厥修乃來.

2) 『주례』「춘관(春官)·대서(大胥)」: 凡祭祀之用樂者, 以鼓徵學士.

3) 『예기』「문왕세자(文王世子)」: 天子視學, 大昕鼓徵, 所以警衆也. 衆至然後, 天
   子至, 乃命有司, 行事, 興秩節, 祭先師先聖焉. 有司卒事, 反命.

시킨 뒤에 곧 상자를 열어 익혀야 할 서적들을 꺼낸다는 뜻이다."라고 했다. 소에서 말하길, "이처럼 하는 이유는 학생들로 하여금 서적과 학업에 대해 공손히 따르게 하고자 했기 때문이다."라고 했다.

補註 ○按: 陳註書籍下等物二字, 既涉贅剩, 警之以鼓聲一句, 有若復擊鼓, 亦未瑩. 孫其業之訓, 亦衍一進字.

번역 ○살펴보니, 진호의 주에서 서적(書籍) 뒤에 있는 등물(等物)이라는 두 글자는 군더더기에 해당하고, '경지이고성(警之以鼓聲)'이라는 구문은 마치 재차 북을 두드리는 것과 같이 보이며 뜻도 명확하지 못하다. 경문의 '손기업(孫其業)'이라는 구문의 풀이에서도 쓸데없이 진(進)자를 추가하였다.

「학기」11장

①夏楚二物, ②收其威也.

번역 개오동나무와 가시나무를 이용해서 회초리를 만드는 것은 자신을 가다듬어 위엄스러운 행동을 하도록 만들기 위해서이다.

① 夏楚二物.

補註 楊梧曰: 此卽舜典扑作敎刑也.

번역 양오가 말하길, 이것은 『서』「순전(舜典)」에서 "회초리는 학교의 형벌로 만든다."[1]라고 한 뜻에 해당한다.

② 收其威也.

補註 按: 陳註本出鄭註, 而鄭註朱子已載通解. 且收其威, 與孫其業, 游其志, 存其心, 句法正同. 類編訓威爲威嚴, 非是.

번역 살펴보니, 진호의 주는 본래 정현의 주에 근거한 것인데, 정현의 주는 주자가 이미 『통해』에 수록하였다. 또 "자신을 가다듬어 위엄스러운 행동을 하도록 만들기 위해서이다[收其威]."는 말은 "그들이 공손히 학업에 전념하도록 만들기 위해서이다[孫其業]."[2]라는 말과 "학생들의 뜻을 우대하기 위해서이다[游其志]."라는 말과 "그의 마음을 보존하기 위해서이다[存其心]."라는 말[3]은 문장의 구성방식이 동일하다. 『유편』에서는 '위(威)'자를 위엄으로

---

1) 『서』「우서(虞書)·순전(舜典)」: 肇十有二州, 封十有二山, 濬川, 象以典刑, 流宥五刑, 鞭作官刑, <u>扑作敎刑</u>, 金作贖刑, 眚災肆赦, 怙終賊刑.

2) 『예기』「학기(學記)」: 入學鼓篋, <u>孫其業</u>也.

3) 『예기』「학기(學記)」: 未卜禘不視學, <u>游其志</u>也. 時觀而弗語, <u>存其心</u>也. 幼者聽而弗問, 學不躐等也. 此七者, 敎之大倫也. 記曰: "凡學, 官先事, 士先志." 其此之謂乎.

풀이했는데, 잘못된 해석이다.

夏, 榎也. 楚, 荊也. 榎形圓, 楚形方, ①以二物爲朴, 以警其怠
忽者, 使之收歛威儀也.

번역 '하(夏)'는 개오동나무이다. '초(楚)'는 가시나무이다. 개오동나무는 형체가
둥글고 가시나무는 형체가 네모지니, 이 두 사불을 이용해 회초리를 만들어서 태만
하게 구는 자를 경각시키는 것은 그들로 하여금 자신을 가다듬어서 위엄스러운 행
동을 하도록 만들기 위해서이다.

① 以二物爲朴.

補註 朴, 當作扑, 音卜.
번역 '박(朴)'자는 마땅히 '扑'자로 기록해야 하니, 그 음은 '卜(복)'이다.

「학기」12장

未卜禘不視學, 游其志也. ①時觀而弗語, 存其心也. 幼者②聽
而弗問, 學不躐等也. 此七者, 教之大倫也. 記曰: "凡學, ③宜
先事, 士先志." 其此之謂乎.

번역 아직 체(禘)제사를 지낼 날짜에 대해서 거북점을 치지 않았다면, 천자는 시학
(視學)을 하지 않으니, 학생들의 뜻을 우대하기 위해서이다. 스승은 수시로 학생들
을 관찰하지만 모든 것을 말해주지 않으니, 그의 마음을 보존하기 위해서이다. 나이
가 어린 자는 듣기만 하며 질문을 하지 않으니, 학문을 할 때에는 등급을 뛰어넘을
수 없기 때문이다. 이러한 7가지 사안은 대학 교육의 큰 법칙이다. 고대의 『기』에서
는 "무릇 배움에 있어서, 관직에 있는 자는 우선적으로 자신이 맡고 있는 일과 관련
된 사안을 배우고, 아직 벼슬에 나아가지 않은 자는 우선적으로 그 뜻을 기를 수
있는 것을 배운다."라고 했으니, 바로 이러한 뜻을 나타낼 것이다.

① 時觀而弗語.

補註 鄭註: 使之悱悱憤憤, 然後啓發也.

번역 정현의 주에서 말하길, 그들로 하여금 애태워하며 고민하게 한 뒤에야
계발시켜주기 때문이다.

補註 ○通解曰: 今按, 觀, 示也, 謂示以所學之端緒, 語, 告也.

번역 ○『통해』에서 말하길, 현재 살펴보니 '관(觀)'자는 시(示)자의 뜻으로,
배워야 할 것의 단서를 보여준다는 의미이고, '어(語)'는 일러준다는 뜻이다.

補註 ○按: 朱子說如此, 觀當爲去聲.

번역 ○살펴보니, 주자의 주장도 이와 같으니, '관(觀)'자는 마땅히 거성으로
읽어야 한다.

② 聽而弗問.

補註 疏曰: 幼者有疑, 但推長者問而聽之, 不可躐等問其師也.

번역 소에서 말하길, 나이가 어린 자는 의문이 생겼을 때 단지 연장자의 질문을 통해 그 대답을 들어야 하며, 등급을 뛰어넘어 스승에게 직접 질문할 수 없다.

補註 ○楊梧曰: 陳註幼者未必能問, 問未必能知. 若然則列此等于學宮, 何爲設有穎悟者處其中能禁不知乎? 蓋辨復往來, 便有與師互持之意, 惟成人纔可. 若幼者, 則開其躁妄速成之心, 故禁之.

번역 ○양오가 말하길, 진호의 주에서는 "나이가 어린 자는 아직까지 질문을 잘 할 수 없고, 질문을 하더라도 반드시 알아듣는 것도 아니다."라고 했다. 만약 그렇다면 학교에 이러한 등급들을 지정해두고, 영특한 자가 그 가운데 있더라도 어떻게 그가 알아듣지 못한다고 하여 질문을 금지할 수 있겠는가? 아마도 논쟁을 주고받더라도 스승과 서로를 지지해주는 뜻을 갖추는 것은 오직 성인이라야만 가능한 일이다. 어린 자의 경우라면 조급히 빨리 이루려고 하는 마음을 일으키기 때문에 금지하는 것이다.

③ 官先事士先志.

補註 張子曰: 謂有官者, 先教之事, 未官者, 使正其志焉. 志者, 以教之大倫而言.

번역 장자가 말하길, 관직을 가지고 있는 자에게는 우선적으로 관련된 일들을 가르치고, 아직 관직에 나아가지 않은 자들은 그 뜻을 바르게 만들도록 시킨다는 의미이다. '지(志)'는 큰 인륜의 가르침으로 말한 것이다.

「학기」 13장

大學之敎也, ①時敎必有正業, 退息必有居學. 不學操縵, 不能
安弦; 不學②博依, 不能安詩; 不學③雜服, 不能安禮; ④不興
其藝, 不能樂學. 故君子之於學也, ⑤藏焉, 修焉, 息焉, 遊焉.

번역 대학(大學)의 가르침에 있어서, 각 계절에 따른 가르침에는 반드시 정해진 과
업이 있고, 학생들이 물러나서 휴식을 취할 때에도 개인적으로 익히는 것이 있다.
학생들이 휴식을 취할 때 현악기를 손에 익도록 연습하지 않는다면, 현악기를 연주
하는 일에 있어서 안정될 수가 없다. 또 『시』에 나타난 다양한 비유와 사물의 이치
에 대해서 개인적으로 연습하지 않는다면, 『시』에 대해서 안정되게 사용할 수가 없
다. 또 선왕이 제정한 각종 복식 제도에 대해서 개인적으로 배우지 않는다면, 예
(禮)를 실천하는데 있어서 안정되게 할 수가 없다. 그러므로 이러한 배움에 대해서
개인적으로 흥기시키지 못한다면, 학문을 좋아할 수가 없다. 그래서 군자는 학문에
대해, 간직하고 수양할 때 정규 과업을 통해 익히고, 휴식을 취하고 한가롭게 있을
때, 개인적인 노력을 통해 익힌다.

① ○時敎[止]居學.

補註 語類曰: 陸農師點大學之敎也作一句, 時敎必有正業, 退息必有居
學, 當從之.

번역 『어류』에서 말하길, 육농사는 '대학지교야(大學之敎也)'를 하나의 구
문으로 보아서, '시교필유정업(時敎必有正業)'과 '퇴식필유거학(退息必有
居學)'으로 구문을 끊었는데, 이 해석에 따라야 한다.

補註 ○通解曰: 鄭註孔疏讀時字居字句絶, 而學字自爲一句, 恐非. 文
意當以也字學字爲句. 時敎, 如春夏禮樂·秋冬詩書之類. 居學, 如易之
居業, 蓋常時所習, 如下文操縵·博依·興藝·藏·修·息·遊之類. 所
以學者能安其學而信其道.

번역 ○『통해』에서 말하길, 정현의 주와 공영달의 소에서는 시(時)자와 거(居)자에서 구문을 끊었고, 학(學)자는 그 자체로 하나의 구문이 된다고 여겼는데, 잘못된 해석인 것 같다. 문맥에 따르면 마땅히 야(也)자와 학(學)자에서 구문을 끊어야 한다. 시교(時敎)는 봄과 여름에는 예와 악을 익히고, 가을과 겨울에는 『시』・『서』를 익히는 부류를 뜻한다. '거학(居學)'은 『역』에서 말한 "본업을 닦는다."[1]라는 것과 같으니, 평상시 익히는 것들로 아래 문장에서 말한 조만(操縵)・박의(博依)・흥예(興藝)・장(藏)・수(脩)・유(游)・식(息) 등의 부류와 같다. 이것은 배우는 자로 하여금 학문을 편안하게 여기며 그 도를 믿게끔 하는 방법이다.[2]

② 博依.

補註 張子曰: 依, 聲之依永者也.

번역 장자가 말하길, '의(依)'는 소리는 길게 읊는데 의지한다고 했을 때[3]의 글자 뜻이다.

③ 雜服.

補註 張子曰: "服, 事也. 雜服, 灑掃・應對・投壺・沃盥細碎之事." 又曰: "古之敎人, 先有以樂之, 如操縵・博依・雜服, 如此已心樂, 樂則道義生. 今無此以致樂, 專義理自得以爲樂. 然學者太苦思, 恐進銳退速, 苦其難而不知其益, 莫能安樂也."

---

1) 『역』「건괘(乾卦)」: 子曰, "君子進德脩業. 忠信, 所以進德也, 脩辭立其誠, 所以居業也. 知至至之, 可與言幾也, 知終終之, 可與存義也. 是故居上位而不驕, 在下位而不憂. 故乾乾因其時而惕, 雖危无咎矣."

2) 『예기』「학기(學記)」: 夫然, 故安其學而親其師, 樂其友而信其道, 是以雖離師輔而不反也. 兌命曰: "敬孫務時敏, 厥脩乃來." 其此之謂乎.

3) 『서』「우서(虞書)・순전(舜典)」: 帝曰, 夔, 命汝典樂, 敎胄子, 直而溫, 寬而栗, 剛而無虐, 簡而無傲, 詩言志, 歌永言, 聲依永, 律和聲, 八音克諧, 無相奪倫, 神人以和. 夔曰, 於予擊石拊石, 百獸率舞.

번역 장자가 말하길, "복(服)자는 일삼는다는 뜻이다. 잡복(雜服)은 물 뿌리고 청소하며, 응대하고, 투호를 하며, 물을 따르고 세숫물을 받치는 등의 자질구레한 일들을 뜻한다."라고 했다. 또 말하길 "옛날에는 사람을 가르칠 때 우선적으로 즐거워하는 마음을 갖도록 했으니, 조만(操縵)·박의(博依)·잡복(雜服)의 경우에도 이러한 것들에 대해 즐거워하는 마음이 있었고, 즐거워한다면 도의가 생겨나게 된다. 현재는 이처럼 즐거운 마음을 일으킬 것이 없고, 오로지 의리만 연구하여 그것을 터득하는 것을 즐거움으로 삼고 있다. 이처럼 한다면 배우는 자는 생각만 고달파져서 나아가기도 빠르겠지만 물러나는 것도 빠르게 되며, 어려운 문제에 대해서 곤욕스러워하고 그것이 자신에게 보탬이 된다는 것을 생각하지 못하니, 편안하게 여기며 즐거워할 수 없게 된다."라고 했다.

補註 ○語類: 問, "鄭註謂'服, 是皮弁·冕服', 橫渠謂'服, 事也, 如灑掃·應對·沃盥之類.'" 曰, "恐只如鄭說. 古人服各有等降, 若理會得雜服, 則於禮亦思過半矣. 如冕服是天子祭服, 皮弁是天子朝服. 諸侯助祭於天子, 則服冕服, 自祭於其廟, 則服弁冕. 大夫助祭於諸侯, 則服玄冕, 自祭於其廟, 則服皮弁. 又如天子常朝, 則服皮弁, 朔旦則服玄冕. [無旒之冕也.] 諸侯常朝則用玄端, 朔旦則服皮弁. 大夫私朝亦用玄端, 夕深衣. 士則玄端以祭, 上士玄裳, 中士黃裳, 下士雜裳. [前玄後黃也.] 庶人深衣."

번역 ○『어류』에서 말하길, 묻기를 "정현의 주에서는 '복(服)은 피변과 면복에 해당한다.'라고 했고, 장횡거는 '복(服)은 사(事)이니 물 뿌리고 청소하며, 응대하고, 물을 따르고 세숫물을 받치는 등의 부류이다.'라고 했는데, 누구의 말이 맞습니까?"라고 하자 "아마도 정현의 주장대로일 것이다. 옛 사람들의 복장에는 각각 신분에 따른 차등이 있었는데, 만약 잡복에 대해 이해를 했다면 예법에 대해서도 절반은 안 것이다. 예를 들어 면복은 천자가 제사 때 착용하는 복장이고, 피변은 천자가 조회를 할 때의 복장이다. 제후가 천자의 제사를 도울 경우라면 면복을 착용하고, 자신의 종묘에서 직접 제사를 지내게 되면 변면을 착용한다. 대부가 제후의 제사를 도울 경우라면 현면을 착용하고, 자신의 종묘에서 직접 제사를 지내게 되면 피변을 착용한다. 또 천자가 평상시 조회를 하게 되면 피변을 착용하고, 초하루 아침에는 현면을 착용한다. [끈 장식이 없는 면류관이다.] 제후가 평상시 조회를 하게 되면 현단을 착용하고, 초하루 아침에는 피변을 착용한다. 대부가 사조에서 조회를 할 때에도 현단을 착용하고, 저녁식사 때에는 심의를 착용한다. 사의 경우에는 현단을 착용하고 제사를 지내는데, 상사는 현색의 하의를 착용하고, 중사는 황색의 하의를 착용하며, 하사는 잡색의 하의를 착용한다. [앞은 현색이고 뒤는 황색이다.] 서인은 심의를 착용한다."라고 대답했다.

④ **不興其藝.**

補註 鄭註: 藝, 謂禮・樂・射・御・書・數.
번역 정현의 주에서 말하길, '예(藝)'자는 예(禮)・악(樂)・사(射)・어(御)・서(書)・수(數)를 뜻한다.

補註 ○張子曰: 禮・樂之文, 如琴・瑟・笙・磬, 古人皆能之, 以中制節. 射・御亦必合於禮・樂之文, 如不失其馳, 舍矢如破, 騶虞・和・鸞, 動必相應也. 書・數, 其用雖小, 但施於簡策, 然亦莫不出於學. 故人有倦時, 又用此以游其志, 所以使之樂學也.
번역 ○장자가 말하길, 예와 악의 격식을 뜻하니, 예를 들어 금(琴)・슬(瑟)・생황[笙]・석경[磬] 등에 있어서, 고대인은 모두 능숙하게 다루었고, 알맞음에 따라 규범을 제정했다. 활쏘기[射]와 수레 몰기[御] 또한 반드시 예악의 격식에 합치되도록 하여, 마치 말을 모는 법도를 잃지 않고, 화살을 쏨에 깨트리는 듯했고,[4] 「추우(騶虞)」라는 악곡 및 수레에 매다는 화(和)나 난(鸞) 등의 종도 움직임에 따라 반드시 서로 호응하게 되었다. 글쓰기[書]와 셈하기[數]에 있어서, 그 활용도가 비록 작지만 서책을 기록하는데 있어서 모든 것이 배움에서 비롯되지 않은 것이 없다. 그렇기 때문에 사람에게

---

4) 『시』「소아(小雅)・거공(車攻)」: 四黃旣駕, 兩驂不猗. <u>不失其馳, 舍矢如破.</u>

있어서 조금 나태해지는 때가 있더라도, 또한 이러한 것들을 활용하여 그 뜻이 자유롭게 학문을 익히게 했으니, 학문을 좋아하도록 만드는 방법이다.

補註 ○按: 以此觀之, 操縵 · 博依 · 雜服 · 興藝, 明是各項. 蓋藝, 又兼射 · 御 · 書 · 數, 而陳註以藝字謂揔言弦詩禮三者, 誤矣.

번역 ○살펴보니, 이를 통해 관찰해보면 조만(操縵) · 박의(博依) · 잡복(雜服) · 흥예(興藝)에는 분명히 각각에 해당하는 항목이 있다. 예(藝)라는 것은 또한 활쏘기 · 수레몰기 · 글쓰기 · 셈하기를 겸하고 있는데, 진호의 주에서는 예(藝)자가 현악기 · 시 · 예라는 세 가지 것을 총괄해서 말한 것이라고 했으니, 잘못된 해석이다.

⑤ 藏焉[止]遊焉.

補註 鄭註: 藏, 謂懷抱之. 修, 習也. 息, 謂作勞休止於之息. 遊, 謂閑暇無事於之遊.

번역 정현의 주에서 말하길, '장(藏)'자는 마음속에 간직한다는 뜻이다. '수(脩)'자는 익힌다는 뜻이다. '식(息)'자는 수고로운 일을 하고 쉴 때 여기에서 휴식을 취한다는 뜻이다. '유(遊)'자는 한가하고 특별한 일이 없을 때 여기에서 노닌다는 뜻이다.

補註 ○按: 陳註與鄭不同, 而據上文朱子說, 則以藏修息遊並爲居學, 當從之.

번역 ○살펴보니, 진호의 주와 정현의 주가 다른데, 앞 문장에 나온 주자의 주장에 근거해보면 장(藏) · 수(修) · 식(息) · 유(遊)를 모두 본업을 닦는 것으로 여겼으니, 이 주장에 따라야 한다.

舊說, 大學之敎也時, 句絶, 退息必有居, 句絶. 今讀時字連下
句, 學字連上句, 謂四時之敎, 各有正業, 如①春秋敎以禮樂,
冬夏敎以詩書, ②春誦夏弦之類, 是也. ③退而燕息, 必有燕居
之學, 如退而省其私, 亦足以發, 是也. 弦也, 詩也, 禮也, 此時
敎之正業也. 操縵, 博依, 雜服, 此退息之居學也. 凡爲學之道,
貴於能安, 安則心與理融而成熟矣. 然未至於安, 則在乎爲之
不厭, 而不可有作輟也. 操縵, 操弄琴瑟之弦也. 初學者手與弦
未相得, 故雖退息時, 亦必操弄之不廢, 乃能習熟而安於弦也.
詩人比興之辭, 多依託於物理. 而物理至博也, 故學詩者但講
之於學校, 而不能於退息之際, 廣求物理之所依附者, 則無以
驗其實, 而於詩之辭, 必有疑殆而不能安者矣. 雜服, 冕弁衣裳
之類. 先王制作, 禮各有服, 極爲繁雜. 學者但講之於學, 而不
於退息時, 游觀行禮者之雜服, 則無以盡識其制, 而於禮之文,
必有彷彿而不能安者矣. 興者, 意之興起而不能自已者. 藝, 卽
三者之學是也. 言退息時, 若不興此三者之藝, 則謂之不能好
學矣. 故君子之於學也, 藏焉修焉之時, 必有正業, 則所習者專
而志不分; 息焉遊焉之際, 必有居學, 則所養者純而藝愈熟. 故
其學易成也.

번역 옛 학설에서는 '대학지교야시(大學之敎也時)'에서 구문을 끊었고, '퇴식필유
거(退息必有居)'에서 구문을 끊었다. 그러나 현재는 '시(時)'자를 뒤의 구문과 연
결해서 구문을 끊고, '학(學)'자를 앞의 구문과 연결해서 구문을 끊으니, 사계절마
다 가르치는 일에 있어서는 각각 정해진 과업이 있다는 뜻으로, 예를 들어 봄과 가
을에는 예(禮)와 악(樂)을 가르치고, 겨울과 여름에는 『시』와 『서』를 가르치며, 봄
에는 암송하고 여름에는 현악기로 연주하는 부류가 바로 이러한 것들을 가리킨다.
물러나서 한가롭게 휴식을 취할 때에는 반드시 한가롭게 거처하며 배워야 할 것이
있으니, 마치 물러나서 그 사생활을 살펴보니, 또한 충분히 이치를 드러낸다고 한
말이 바로 이러한 것이다. 현악기를 연주하고, 『시』를 배우며, 예(禮)를 익히는 것

들은 모두 각 계절마다 가르치는 정규 과업에 해당한다. 현악기를 손에 익도록 하고, 시를 통해 비유를 하며, 각종 복장 등의 제도를 익히는 것들은 물러나 휴식을 취하며 학습하는 것들이다. 무릇 학문의 도에서는 안정되게 할 수 있음을 귀하게 여기니, 안정된다면 마음과 이치가 융합하고 성숙하게 된다. 그러나 아직 안정되는 단계에 이르지 못했다면, 그 성패가 학문을 익힘에 싫증을 내지 않음에 달려 있어서, 단절됨이 발생하도록 만들어서는 안 된다. '조만(操縵)'은 금슬(琴瑟)의 현들을 만지작거리며 손에 익도록 한다는 뜻이다. 처음 학문을 하는 자는 손이 현들에 대해 아직 익숙하지 않기 때문에, 비록 물러나 휴식을 취하는 때라 하더라도, 또한 반드시 현악기를 다루는 연습을 그쳐서는 안 되니, 이처럼 하게 되면 익숙하게 탈수 있어서 현악기 연주에 대해 안정되게 할 수 있다. 『시』는 사람들이 비흥(比興)5) 을 통해 표현한 말들이니, 대부분 사물의 이치에 의탁한 것들이다. 그런데 사물의 이치는 지극히 광대하기 때문에, 『시』를 배우는 자가 단지 학교에서만 익히고, 물러나 휴식을 취할 때 사물의 이치가 깃들에 있는 것들에 대해 널리 배우지 못한다면, 그 실질을 증험할 수 없고, 『시』의 말들에 대해서 반드시 의심되고 불안한 면이 생겨서 안정되게 할 수 없다. '잡복(雜服)'은 면류관·변(弁)·상의·하의 등의 부류를 뜻한다. 선왕이 제도를 만들 때 예법에 따라 각각 해당하는 복장을 제정해 두었는데, 그 제도는 지극히 복잡하다. 학생들이 단지 학교에서만 익히고, 물러나 휴식을 취할 때, 의례를 시행하는 자들이 착용하는 다양한 복식 제도에 대해서 살펴보지 않는다면, 그 제도에 대해서 모두 알 수 없고, 예의 형식에 대해서도 반드시 곡진하지 않은 점이 있어서 안정되게 할 수 없다. '흥(興)'이라는 것은 뜻이 흥기하여 스스로 그만둘 수 없음을 뜻한다. '예(藝)'는 곧 이 세 가지의 배움을 뜻한다. 즉 물러나서 휴식을 취할 때, 이러한 세 가지의 배움을 흥기시키지 못한다면, 학문을 좋아할 수 없다고 말한다. 그렇기 때문에 군자는 학문에 대해서 간직하고 수양을 할 때, 반드시 익혀야 하는 정규 과업이 있다면, 익히는 것이 전일하여 뜻이 분열되지 않는다. 그리고 휴식을 취할 때, 반드시 홀로 익히는 것이 있다면, 배양하는 것이 순일하여 도예가 더욱 성숙하게 된다. 그렇기 때문에 그 학문을 쉽게 이루게 된다.

---

5) 비흥(比興)은 본래 『시』의 육의(六義) 중 하나인 비(比)와 흥(興)을 가리킨다. '비'는 저 사물을 통해 이 사물에 대해 비교를 하는 것이다. '흥'은 먼저 다른 사물을 언급하여, 시로 표현하고자 하는 말들을 이끌어내는 것이다. 후대에는 시가(詩歌)를 창작하는 용어로도 사용되었다.

① 春秋[止]詩書.

補註 王制文.

번역 『예기』「왕제(王制)」편의 기록이다.[6]

② 春誦夏絃.

補註 文王世子文.

번역 『예기』「문왕세자(文王世子)」편의 기록이다.[7]

③ 退而[止]以發.

補註 論語 · 爲政文.

번역 『논어』「위정(爲政)」편의 기록이다.[8]

---

6) 『예기』「왕제(王制)」: 樂正, 崇四術, 立四敎, 順先王詩書禮樂, 以造士. <u>春秋, 敎以禮樂, 冬夏, 敎以詩書.</u>

7) 『예기』「문왕세자(文王世子)」: <u>春誦, 夏弦,</u> 大師詔之瞽宗. 秋學禮, 執禮者詔之, 冬讀書, 典書者詔之, 禮在瞽宗, 書在上庠.

8) 『논어』「위정(爲政)」: 子曰, "吾與回言終日, 不違如愚. <u>退而省其私, 亦足以發,</u> 回也不愚."

「학기」 14장

참고-經文

夫然, 故安其學而親其師, 樂其友而信其道, 是以雖離師輔而
不反也. ①兌命曰: "敬孫務時敏, 厥修乃來." 其此之謂乎.

번역 무릇 이처럼 하기 때문에, 그 학문을 안정되게 할 수 있고 스승을 친애할 수
있으며, 벗들을 좋아하고 그 도리를 믿을 수 있게 된다. 이러한 까닭으로 비록 스승
이나 벗들과 멀리 떨어져 있더라도 도리를 위배하지 않게 된다. 「열명(兌命)」편에
서 "공경히 따르고, 항상 민첩하도록 힘쓰면, 그 공력은 곧 이루어지게 된다."라고
했으니, 바로 이러한 뜻을 나타낼 것이다.

① 兌命[止]乃來.

補註 按: 說命本文, 敬孫, 作惟學遜志.

번역 살펴보니, 『서』「열명(說命)」편의 본문에서는 '경손(敬孫)'을 "배움에
있어서는 뜻을 겸손하게 해야 한다[惟學遜志]."라고 기록했다.[1]

---

1) 『서』「상서(商書)·열명하(說命下)」: 惟學遜志, 務時敏, 厥修乃來. 允懷于玆, 道
積于厥躬.

「학기」 15장

今之敎者, 呻其佔畢, ①多其訊, ②言及于數, 進而不顧其安, ③使人不由其誠, 敎人不盡其材, 其施之也悖, 其求之也佛. 夫然, 故④隱其學而疾其師, 苦其難而不知其益也. 雖終其業, 其⑤去之必速. 敎之不刑, 其此之由乎.

번역 현재의 교육에 있어서는 가르치는 자들은 단지 눈에 보이는 글자만을 읊조리고, 여러 가지 질문을 해서 학생들을 힐책하며, 말도 다방면의 것을 언급하여, 진도는 나가지만 학생들이 학과목에 대해서 안정되게 시행할 수 있는지는 살펴보지 않고, 학생들을 시키되 진실된 뜻에 따르게끔 하지 못하고, 학생들을 가르치되 그의 장점을 살리지 못하니, 가르침도 어그러지고, 학생들이 배우고자 하는 것들도 어그러지게 된다. 이처럼 되었기 때문에 학생들은 배운 것들을 감추고 자신의 스승을 질시하며, 어려운 것에 대해서는 곤욕스러워하며 학문이 자신에게 보탬이 된다는 사실을 모른다. 따라서 비록 그 과업을 끝내더라도, 신속히 떠나가게 된다. 교육이 완성되지 못한 것은 바로 이러한 이유 때문일 것이다.

① ○多其訊.

補註 語類曰: 多其訊, 如公羊·穀梁所謂何者, 是也.
번역 『어류』에서 말하길, '다기신(多其訊)'은 『공양전』이나 『곡량전』에서 "무슨 뜻인가[何者]."라고 하는 것들이다.

② 言及于數.

補註 鄭註: 發言出說, 不首其義, 動云有所法象而已.
번역 정현의 주에서 말하길, 말을 하고 설명을 하는 것이 그 의미에 근본을 두지 않고, 행동에 있어서도 본받는 바가 있다고만 말할 따름이다.

補註 ○通解曰: 數, 謂刑名度數. 言及於數, 欲以是窮學者之未知, 非求其本也. 古註法象之說, 恐非.

번역 ○『통해』에서 말하길, '수(數)'는 실질과 명칭 및 규칙 등을 뜻한다. '언급어수(言及於數)'는 이를 통해 학생들이 모르는 부분을 끝까지 연구하도록 하고자 한 것이지만 본질을 찾는 것이 아니다. 옛 주에서는 본받는다는 뜻이라고 설명했는데, 아마도 잘못된 주장인 것 같다.

補註 ○按: 陳註訓數以不止一端, 尤非.

번역 ○살펴보니, 진호의 주에서는 수(數)자를 하나의 단서에만 그치지 않는다는 뜻으로 풀이했는데, 매우 잘못된 해석이다.

③ **使人不由其誠.**

補註 按: 古註疏, 以不由其誠, 爲敎者之誠, 而橫渠乃以誠與材, 皆作學者之誠材看. 小註周說亦然, 當從之.

번역 살펴보니, 옛 주와 소에서는 불유기성(不由其誠)에서의 성(誠)을 가르치는 자의 성실함으로 풀이했는데, 장횡거는 성(誠)과 재(材)를 모두 학생들의 성실함과 재주로 보았다. 소주에 나온 주씨의 주장 또한 이와 같은데, 마땅히 이러한 해석에 따라야 한다.

④ **隱其學.**

補註 通解曰: 隱其學, 謂以其學爲幽隱而難知.

번역 『통해』에서 말하길, '은기학(隱其學)'은 배움이 그윽하고 은밀하여 알기 어렵다고 여긴다는 뜻이다.

⑤ **去之必速.**

補註 鄭註: 學不心解, 則忘之易.

번역 정현의 주에서 말하길, 배움에 있어서 마음으로 이해를 못한다면 쉽게 잊어버린다.

①朱子曰: 橫渠作簡與人言, 其子日來誦書不熟且敎他熟誦,
以盡其誠與材. 他解此兩句, 只作一意解, 言人之材足以有爲,
但以不由於誠, 則不盡其材.

번역 주자가 말하길, 장횡거는 책을 쓰거나 남과 이야기를 하는 경우로 여겨서, 그 사람이 날마다 찾아와서 책을 읽는데 잘하지 못하여, 또한 그가 잘 읽을 수 있도록 가르쳐서, 정성과 재주를 다한다고 했다. 다른 자는 이 두 구문을 해석하여, 단지 하나의 뜻이라고 풀이를 했으니, 그 자의 재주로는 충분히 할 수 있지만, 진실된 마음에서 비롯되지 않는다면, 그 재주를 다 사용할 수 없다는 뜻이라고 했다.

① 朱子曰[止]不盡其材.

補註 按: 此見語類, 而人之材以下十八字, 乃橫渠所自說, 故語類不曰
言, 直稱其言曰.

번역 살펴보니, 이 기록은 『어류』에 보이는데, 인지재(人之材)로부터 그 이하의 18개 글자는 횡거가 말한 것이다. 그렇기 때문에 『어류』에서는 '언(言)'이라고 말하지 않고, 직접 '기언왈(其言曰)'이라고 지칭했다.

참고-集說

豫者, 先事之謂; 時者, 不先不後之期也. 陵, 踰犯也. 節, 如節
候之節. 禮有禮節, 樂有樂節, 人有長幼之節, 皆言分限所在.
不陵節而施, 謂①不教幼者以長者之業也. 相觀而善, 如稱甲
之善, 則乙者觀而效之, 乙有善可稱, 甲亦如之. 孫, 以順言;
摩, 以相厲而進爲言也.

번역 '예(豫)'라는 것은 해당 일보다 앞서는 것을 뜻한다. '시(時)'라는 것은 앞서
지도 않고 늦지도 않은 적절한 시기를 뜻한다. '능(陵)'자는 "뛰어넘어 범한다."는
뜻이다. '절(節)'자는 절기와 기후를 뜻할 때의 '절(節)'자와 같다. 예에는 예법에
따른 절도가 있고, 악에는 음악에 따른 악절이 있으며, 사람에게는 나이에 따른 마
디가 있는데, 이 모두는 한계가 있는 곳을 뜻한다. "한계를 범하지 않고 베푼다."는
말은 나이가 어린 자에게 나이가 많은 자가 익혀야 할 학업으로 가르치지 않는다는
뜻이다. "서로 살펴보며 선하게 한다."는 말은 마치 갑이 선하다고 일컫는다면 을이
그것을 살펴서 본받고, 을에게 칭송할만한 선한 점이 있다면 갑 또한 을처럼 본받
는다는 것과 같다. '손(孫)'자는 "따른다[順]."는 뜻으로 한 말이고, '마(摩)'자는
서로 수양하며 나아간다는 뜻으로 한 말이다.

① ○不敎幼者[止]之業.

補註 按: 此註專主敎幼言, 恐涉偏礙. 愚意, 不陵節而施, 卽所謂敎不躐
等, 如先傳近小, 後敎遠大是也. 鄭註, "謂不敎長者·才者以小, 敎幼
者·鈍者以大", 差勝.

번역 살펴보니, 이 주석은 전적으로 어린 사람을 가르치는 것을 위주로 언급
했는데, 아마도 너무 치우친 해석인 것 같다. 내가 생각하기에 "절차를 뛰어
넘지 않고 가르친다."는 것은 바로 가르칠 때에는 등급을 뛰어넘을 수 없다
는 뜻이니, 예를 들어 먼저 친숙하고 작은 일들을 전수하고, 이후에 원대한
것을 가르치는 것이다. 정현의 주에서는 "나이가 많은 자와 재주가 뛰어난

자에게는 작은 것을 가르칠 수 없고, 나이가 어린 자와 우둔한 자에게는 큰 것을 가르칠 수 없다는 뜻이다."라고 했는데, 이 해석이 보다 낫다.

石梁王氏曰: ①註專以時爲年, 二十之時, 非也.

번역 석량왕씨가 말하길, 정현의 주에서는 '시(時)'자를 전적으로 나이에 대한 뜻으로만 여겨서, 20세가 되는 때라고 했는데, 잘못된 주장이다.

① 註專以時[止]之時.

補註 按: 註, 卽鄭註也. 通解已辨之, 今見小註.
번역 살펴보니, '주(註)'자는 정현의 주에 해당한다. 『통해』에서 이 부분에 대해 변론을 했는데, 소주에 나온다.

補註 ○徐志修曰: 不當以年數爲斷, 朱子說誠然, 而方氏則又通言七年十年十三成童之時, 恐與經文大學之法云者, 不相合.
번역 ○서지수가 말하길, 나이로 판단해서는 안 되니, 주자의 주장이 진실로 맞다. 그런데 방씨는 또한 7세·10세·13세·성동(成童)의 시기를 통괄해서 말한다고 했는데, 아마도 경문에서 '대학지법(大學之法)'이라고 한 말과 부합하지 않는 것 같다.

참고-集說 方氏曰: 若七年男女不同席, 不共食, 幼子常視毋誑, 則可謂之豫矣. 若十年學書計, 十三年舞勺, 成童舞象, 可謂之時矣.
번역 방씨가 말하길, "7세가 되면, 남자아이와 여자아이는 같은 자리에 앉지 않고, 함께 음식을 먹지 않는다."[1]라는 말이나 "어린아이에게는 항상 거짓되

---

1) 『예기』 「내칙(內則)」 : 六年, 敎之數與方名. <u>七年, 男女不同席, 不共食.</u> 八年, 出

지 않고 속임이 없는 것만을 보여주어야 한다."²⁾라는 말 등은 '예(豫)'라고 부를 수 있다. "남자아이의 나이가 10세가 되면 육서(六書)와 구수(九數)를 배운다."는 말이나 "남자아이의 나이가 13세가 되면 작(勺)이라는 춤을 추게 한다. 15세 이상이 된 남자아이들은 상(象)이라는 춤을 추게 한다."³⁾라는 말 등은 '시(時)'라고 부를 수 있다.

참고-大全

①朱子曰: 禁於未發, 但謂豫, 爲之防, 其事不一, 不必皆謂十五 時也. 當其可, 謂適當其可告之時, 亦不當以年爲斷. 相觀而善, 但謂觀人之能, 而於己有益, 如以兩物相摩, 而各得其助也.

번역 주자가 말하길, 아직 발생하지 않은 것에 대해 금지하는 것은 단지 '예(豫)'라고 하는데, 방지하는 것은 그 사안이 하나가 아니므로, 반드시 이 모두를 15세에 대한 내용이라고 할 필요는 없다. '당기가(當其可)'는 알려줄 수 있을 때에 알려준다는 뜻이니, 이 또한 마땅히 나이에 따라 기간을 단정해서는 안 된다. 서로 살펴서 선하게 한다는 것은 단지 남의 잘하는 점을 살펴보고 자신에게 보탬이 되도록 하는 것인데, 만약 두 대상이 서로 수양하게 된다면 각각 도움을 얻게 된다.

① **朱子曰[止]得其助也.**

補註 按: 鄭註, "未發, 謂年十五時. 可, 謂年二十, 成人時也." 故朱子辨 之如此.

번역 살펴보니, 정현의 주에서는 "'미발(未發)'은 나이가 15세인 시기를 뜻한다. '가(可)'자는 나이가 20세인 때를 뜻하니, 성인이 되었을 시기이다."라고 했다. 그렇기 때문에 주자가 이와 같이 분별한 것이다.

入門戶, 及卽席飮食, 必後長者, 始敎之讓.

2) 『예기』「곡례상(曲禮上)」: 幼子, 常視毋誑.

3) 『예기』「내칙(內則)」: 十有三年, 學樂, 誦詩, 舞勺. 成童, 舞象, 學射御.

「학기」 17장

發然後禁, 則①扞格而不勝; 時過然後學, 則勤苦而難成; 雜施
而不孫, 則壞亂而不修; 獨學而無友, 則孤陋而寡聞; ②燕朋逆
其師; ③燕辟廢其學. 此六者, 教之所由廢也.

번역 이미 발생한 이후에 금지를 한다면, 저항을 일으키고 감당하지 못하게 된다.
때가 지나친 뒤에야 가르친다면, 고생을 하더라도 이루기가 어렵다. 등급과 절차를
무시하고 마구잡이로 가르치고 순서에 따르지 않는다면, 무너지고 학문을 닦지 못
한다. 홀로 배우기만 하고 도와줄 벗이 없다면, 고루하고 편협하며 학식이 천박해진
다. 놀기만 하는 친구와 사귀게 되면 스승의 가르침을 거스르게 된다. 놀기만 하며
사벽한 짓을 하면 학문을 버리게 된다. 이러한 여섯 가지는 가르침이 폐지되는 이
유이다.

① 扞格.

補註 小學栗谷註: 格, 如民莫敢格之格, 讀如字, 拒逆之意.

번역 『소학』의 율곡 주에서 말하길, '격(格)'자는 "백성들이 감히 막지 못한다."
라고 했을 때의 격(格)과 같으니, 글자대로 풀이하며 거역한다는 의미이다.

② 燕朋逆其師.

補註 通解曰: 今按大戴·保傳篇, 作"左右之習反其師", 明此燕朋是私藝
之友, 所謂損者三友之類. 註說, 非也.

번역 『통해』에서 말하길, 『대대례기』 「보부(保傳)」편을 살펴보면 "좌우에서
익힌 것이 그 스승을 거스른다."[1]라고 했으니, 연붕(燕朋)이 사적으로 친근

---

1) 『대대례기(大戴禮記)』 「보부(保傳)」: 天子宴瞻其學, <u>左右之習反其師</u>, 答遠方諸
  侯, 不知文雅之辭, 應群臣左右, 不知已諾之正, 簡聞小誦, 不傳不習, 凡此其屬,

한 벗을 가리킴을 나타내며, 이른바 "손해를 끼치는 세 가지 벗이다."2)라고
한 부류를 의미한다. 따라서 주의 주장은 잘못되었다.

補註 ○按: 註說, 卽鄭註也. 並燕辟註見下.
번역 ○살펴보니, 주의 주장은 정현의 주를 가리킨다. 연벽(燕辟)에 대한 주
와 함께 아래에 나온다.

③ 燕辟廢其學.

補註 通解曰: 燕譬以上文推之, 但謂私褻之談, 無益於學, 而反有害也.
註亦非是.
번역 『통해』에서 말하길, '연벽(燕辟)'은 앞 문장의 뜻으로 유추해보면, 단지
사적으로 친근한 자들과 담화를 나누는 것을 뜻하니, 학문에는 보탬이 없고
도리어 해를 깨치게 된다. 이것에 대한 주 또한 잘못되었다.

補註 ○按: 大戴禮, "天子宴譬廢其學, 左右之習反其師." 朱子曰, "譬,
本作瞻, 又無廢字. 今以學記刊補, 左右之習反其師, 卽學記所謂燕朋逆
其師者也." 愚意, 朱訓雖如此, 陳註亦儘好讀. 作譬者未穩, 大戴此段,
見通解踐阼.
번역 ○살펴보니, 『대대례기』에서는 "천자의 연비(宴譬)가 학문을 폐지하
고, 좌우의 습(習)이 스승을 거스른다."라고 했다. 주자는 "비(譬)자는 판본
에 따라 첨(瞻)자로도 기록하고, 또 폐(廢)자가 없기도 한다. 「학기」편을 통
해 고치고 보충해보면, 좌우의 습(習)이 스승을 거스른다는 말은 「학기」편
에서 연붕(燕朋)이 스승을 거스른다는 말에 해당한다."라고 했다. 내가 생각
하기에 주자의 풀이가 이와 같지만 진호의 주 또한 그 풀이가 좋다. 비(譬)

少師之任也.

2) 『논어』「계씨(季氏)」: 孔子曰, "益者三友, 損者三友. 友直, 友諒, 友多聞, 益矣.
友便辟, 友善柔, 友便佞, 損矣."

자로 기록하는 것은 타당하지 못하며, 『대대례기』의 이 단락에 대한 사안은 『통해』 천조(踐阼) 항목에 나온다.

補註 ○又按: 類編曰, “燕辟, 似指嗜好之私, 如聲色·狗馬之屬.” 蓋此訓辟字, 與大學辟焉之辟, 同義.

번역 ○또 살펴보니, 『유편』에서는 “연벽(燕辟)은 사적으로 즐기고 좋아하는 것을 가리키는 것 같으니, 예를 들어 음악과 여색 및 개나 말 등의 부류와 같은 것들이다.”라고 했다. 이러한 벽(辟)자에 대한 풀이는 『대학』에서 “편벽된다.”[3]라고 했을 때의 벽(辟)자와 같은 뜻인 것 같다.

鄭氏曰: 燕, 猶褻也. ①褻其朋友, 褻師之譬喩.

번역 정현이 말하길, ‘연(燕)’자는 “너무 친근해서 버릇없이 군다[褻].”는 뜻이다. 벗들에 대해서 버릇없이 구는 것이며, 스승에게 버릇없이 구는 것을 비유했다.

① 褻其朋友[止]譬喩.

補註 按: 鄭註, 燕訓爲褻, 辟讀作譬, 此兩句解燕朋·燕辟, 而通解斥之, 不必收載.

번역 살펴보니, 정현의 주에서는 연(燕)자를 설(褻)자로 풀이했고, 벽(辟)자를 비(譬)자로 풀이했는데, 이 두 구문은 연붕(燕朋)과 연벽(燕辟)을 해석한 것으로, 『통해』에서는 그 주장을 비판하였으므로, 이 주장을 수록할 필요는 없을 것 같다.

---

3) 『대학』「전(傳) 8장」: 所謂齊其家在修其身者, 人之其所親愛而辟焉, 之其所賤惡而辟焉, 之其所畏敬而辟焉, 之其所愛矜而辟焉, 之其所敖惰而辟焉. 故好而知其惡, 惡而知其美者, 天下鮮矣.

「학기」 18장

君子旣知敎之所由興, 又知敎之所由廢, 然後可以爲人師也. 故君子之敎喩也, 道而弗牽, ①强而弗抑, 開而弗達. 道而弗牽則和, 强而弗抑則易, ②開而弗達則思. 和·易以思, 可謂善喩矣.

번역 군자가 가르침이 흥성하게 되는 이유와 폐지되는 이유를 알고 있다면, 그런 뒤에는 남의 스승이 될 수 있다. 그렇기 때문에 군자가 가르침을 베풀 때에는 도로 들어가는 방법은 알려주되 억지로 이끌지는 않고, 뜻과 기상을 굳세게 만들지만 억누르지 않으며, 단서를 열어주지만 모든 절차에 대해서 알려주지 않는다. 도로 들어가는 방법만 알려주고 억지로 이끌지 않는다면, 가르침을 받아들임에 조화롭게 되고, 뜻과 기상을 굳세게 만들어주고 억누르지 않는다면, 가르침을 받아들임에 쉽게 익히게 되며, 단서를 열어주되 모든 것을 알려주지 않는다면, 학생들이 스스로 생각하여 터득하게 된다. 조화롭고 쉽게 학문을 익혀 생각하게 된다면, 좋은 가르침이라고 평가할 수 있다.

① 强而不抑.

補註 按: 此三句大旨略同. 此言雖勉强, 其進學而不抑勒於才之所不及. 鄭註, "抑, 猶推也." 似亦此意. 陳註, 恐不然.

번역 살펴보니, 세 구문의 요지는 대략적으로 동일하다. 이것은 비록 억지로 시키더라도 학문으로 나아감에 있어서는 재주가 미치지 못하는 것에 대해서 강제하지 않는다는 뜻이다. 정현의 주에서 "억(抑)자는 추(推)자의 뜻이다."라고 했는데, 이 또한 이러한 의미로 본 것 같다. 진호의 주는 아마도 잘못된 것 같다.

② 開而弗達則思.

補註 陽村曰: 開而不達, 卽引而不發也.

번역 양촌이 말하길, '개이부달(開而不達)'은 곧 "당기기만 하고 쏘지 않는다."[1]는 뜻에 해당한다.

補註 ○按: 陳註未襯, 小註輔氏解此頗善. 陽村說尤好.
번역 ○살펴보니, 진호의 주는 잘 들어맞지 않는 것 같고, 소주에서 보씨가 이 구문을 풀이한 것이 매우 좋으며, 양촌의 주장은 더욱 좋다.

補註 ○愚伏曰: 自大學之教也以下數節, 皆言從容誘掖, 使學者興起樂學, 無扞格疾苦之患之意. 此所謂不牽不抑不達, 正所以申上章之義也. 抑, 卽韓文公所謂抑而行之之抑, 乃驅迫馳驟之意. 註謂不沮抑之使退, 似失經意. 達, 有發盡之意, 如十分道理, 只說二三分以開其端, 不盡發其底蘊, 則學者必致思而自得之矣. 註引雜施觀善等語以釋思字, 亦未襯貼.
번역 ○우복이 말하길, '대학지교야(大學之教也)'로부터 그 이하의 여러 문단들은 모두 차분하게 이끌고 도와주어서 학생들을 흥기시키고 학문을 좋아하도록 만들며 거스르거나 괴롭게 되는 우환이 없게 한다는 뜻을 말한 것이다. 여기에서 불견(不牽)·불억(不抑)·부달(不達)이라고 한 말들은 바로 앞 장의 뜻을 거듭 밝히기 위한 것이다. 억(抑)은 한유가 "억지로 행하게 한다."라고 했을 때의 억(抑)에 해당하는 것으로, 몰고 재촉하여 달려 나가도록 한다는 뜻이다. 주에서는 억눌러서 물러나도록 하지 않는다고 풀이했는데, 아마도 경문의 본지를 놓친 것 같다. 달(達)에는 모두 다 열어준다는 뜻이 있는데, 예를 들어 10분의 도리에 대해서 단지 2~3분만 설명하여 그 단서를 열어주고 그 밑에 온축된 뜻을 모두 설명해주지 않는다면, 학생은 반드시 깊이 생각하여 스스로 터득하게 될 것이다. 주에서는 뒤죽박죽으로 알려주고 선을 살피도록 한다는 등의 말을 인용해서 사(思)자를 풀이했는데, 이 또한 적절하지 못한 것 같다.

---

1) 『맹자』「진심상(盡心上)」: 孟子曰, "大匠不爲拙工改廢繩墨, 羿不爲拙射變其彀率. 君子<u>引而不發</u>, 躍如也. 中道而立, 能者從之."

참고-大全 慶源輔氏曰: 知所由興則行之, 知所由廢則防之, 然後可以爲人師. 道而弗牽則和, 强而弗抑則易, 所謂優而柔之, 使自求之也. 先儒謂至道懇切, 固是誠意, 若迫切不中理, 則反爲不誠, 則敎者亦豈可不知此理哉? 開, 謂開其端緒, 開其端緒, 則自不能已於致思, 故可以致於自得之地, 於敎喩而如此謂之善.

번역 경원보씨가 말하길, 학문이 흥기되는 이유를 알고 행동하며, 학문이 폐지되는 이유를 알아서 방지를 한 뒤에야 남의 스승이 될 수 있다. 도로 들어가는 방법을 알려주되 억지로 이끌지 않는다면 조화롭게 되고, 뜻과 기상을 굳세게 만들되 억누르지 않는다면 쉽게 익히니, 뜻을 여유롭게 가지도록 대우하고 유연하게 생각하도록 하여 스스로 터득하도록 한다는 뜻이다. 선대 학자들은 도에 이르도록 간절히 노력하는 것이 바로 진실된 뜻이라고 했는데, 만약 급박하고 절실하게 하지만 도리에 맞지 않는다면 도리어 진실되지 않음이 되니, 가르치는 자가 또한 어찌 이러한 이치를 모를 수 있겠는가? '개(開)'자는 단서를 열어준다는 뜻이니, 단서를 열어준다면 스스로 생각을 지극히 하는 것을 그칠 수 없다. 그렇기 때문에 스스로 터득하는 경지에 도달할 수 있으니, 가르침에 있어서 이와 같이 하는 것을 '선(善)'이라고 부른다.

「학기」19장

참고-經文

學者有四失, 教者必知之. 人之學也, ①或失則多, 或失則寡, 或失則易, 或失則止. 此四者, 心之莫同也. 知其心, 然後能救其失也. 教也者, ②長善而救其失者也.

번역 배우는 자에게는 네 가지 잘못이 발생할 수 있으니, 가르치는 자는 반드시 이러한 사안을 알아야만 한다. 사람이 학문을 함에 어떤 자는 깊이가 없이 많은 것만 보고 듣는데 힘쓰는 잘못을 범하고, 또 어떤 자는 범위를 적게 잡아 적은 것만을 보고 듣는 잘못을 범한다. 어떤 자는 너무 쉽게 여겨서 대충하는 잘못을 범하고, 또 어떤 자는 스스로 한계를 정해서 더 이상 정진하지 못하는 잘못을 범한다. 이러한 네 가지 잘못이 발생하는 것은 각각의 마음이 다르기 때문이다. 따라서 그 마음을 알아본 뒤에야 그들이 범할 잘못을 구원할 수 있다. 가르치는 자는 상대의 좋은 점을 배양해주고, 상대의 잘못을 구원해주는 자이다.

① ○或失則多[止]則止.

補註 張子曰: 爲人則多, 好高則寡, 不察則易, 苦難則止.

번역 장자가 말하길, 남을 위한 학문을 한다면 깊이가 없이 지식만 많아지고, 높은 것만 좋아하면 식견이 좁아지며, 정밀이 살피지 않으면 쉽게만 여기고, 어려운 것을 두려워하면 스스로 그친다.

② 長善.

補註 陸音: 長, 丁丈反.

번역 육덕명의 『음의』에서 말하길, '長'자는 '丁(정)'자와 '丈(장)'자의 반절음이다.

方氏曰: 或失則多者, 知之所以過. 或失則寡者, 愚之所以不及. 或失則易, 賢者之所以過. 或失則止, 不肖者之所以不及. 多聞見而適乎邪道, 多之失也. ①寡聞見而無約無卓, 寡之失也. ②子路好勇過我無所取材, 易之失也. 冉求之③今女畫, 止之失也. ④約我以禮, 所以救其失之多; ④博我以文, 所以救其失之寡; ⑤兼人則退之, 所以救其失之易; ⑤退則進之, 所以救其失之止也.

번역 방씨가 말하길, '혹실즉다(或失則多)'는 지혜로운 자가 지나치게 되는 이유이다. '혹실즉과(或失則寡)'는 우매한 자가 미치지 못하게 되는 이유이다. '혹실즉이(或失則易)'는 현명한 자가 지나치게 되는 이유이다. '혹실즉지(或失則止)'는 어리석은 자가 미치지 못하게 되는 이유이다. 많이 보고 들었지만 사벽한 도리에 빠지는 것은 지식만 많은 자의 잘못이다. 적게 보고 들어서 요약됨이 없고 탁월함이 없는 것은 지식이 적은 자의 잘못이다. 자로(子路)가 용맹을 좋아함은 나보다 낫지만 재목으로 취할 것이 없다고 한 말이 바로 쉽게 여기는 자의 잘못이다. 염구(冉求)가 현재 스스로 한계를 지은 것은 멈추는 자의 잘못이다. 자신을 예(禮)에 따라서 요약하도록 하는 것이 지식만 많은 자의 잘못을 구원하는 방법이고, 자신을 글을 통해 널리 익히도록 하는 것이 지식이 적은 자의 잘못을 구원하는 방법이다. 또 남보다 낫다면 물러나게 하니, 이것이 쉽게 여기는 자의 잘못을 구원하는 방법이다. 스스로 물러난다면 나아가게 하니, 이것이 스스로 멈추는 자의 잘못을 구원하는 방법이다.

① 寡聞見[止]無卓.

補註 按: 揚子 · 吾子篇曰: "多聞則守之以約, 多見則守之以卓, 寡聞則無約也, 寡見則無卓也." 方說本此.

번역 살펴보니, 『양자』「오자(吾子)」편에서는 "듣는 것이 많다면 요약됨으로 지켜야 하고, 보는 것이 많다면 탁월함으로 지켜야 하니, 듣는 것이 적다면 요약됨이 없고 보는 것이 적다면 탁월함이 없다."라고 했는데, 방씨의 주장은 이 말에 근거한 것이다.

② 子路[止]取材.

補註 論語・公冶長文.

번역 『논어』「공야장(公冶長)」편의 기록이다.[1]

③ 今女畫.

補註 雍也文.

번역 『논어』「옹야(雍也)」편의 기록이다.[2]

④ 約我以禮博我以文.

補註 子罕文.

번역 『논어』「자한(子罕)」편의 기록이다.[3]

⑤ 兼人則退之退則進之.

補註 先進文.

번역 『논어』「선진(先進)」편의 기록이다.[4]

---

1) 『논어』「공야장(公冶長)」: 子曰, "道不行, 乘桴浮于海. 從我者其由與?" 子路聞 之喜. 子曰, "由也好勇過我, 無所取材."

2) 『논어』「옹야(雍也)」: 冉求曰, "非不說子之道, 力不足也." 子曰, "力不足者, 中道 而廢. 今女畫."

3) 『논어』「자한(子罕)」: 顏淵喟然歎曰, "仰之彌高, 鑽之彌堅. 瞻之在前, 忽焉在後. 夫子循循然善誘人, 博我以文, 約我以禮, 欲罷不能. 既竭吾才, 如有所立卓爾. 雖欲從之, 末由也已."

4) 『논어』「선진(先進)」: 子路問, "聞斯行諸?" 子曰, "有父兄在, 如之何其聞斯行 之?" 冉有問, "聞斯行諸?" 子曰, "聞斯行之." 公西華曰, "由也問聞斯行諸, 子曰, '有父兄在', 求也問聞斯行諸, 子曰, '聞斯行之'. 赤也惑, 敢問." 子曰, "求也退, 故進之, 由也兼人, 故退之."

東萊呂氏曰: 多才有餘者, 寡才不足者, 易①俊快者, 止鈍滯者.
四者, 心之莫同, 病各自別, 知其心, 然後能救其失, 譬如醫者
要識他病處, 方始隨證用藥.

번역 동래여씨가 말하길, '다(多)'는 재능이 넘치는 자를 뜻하며, '과(寡)'는 재능이
부족한 자를 뜻하고, '이(易)'는 뛰어나고 신속한 자를 뜻하며, '지(止)'자는 노둔하
고 더딘 자를 뜻한다. 이 네 가지 부류에 해당하는 자들은 마음이 동일하지 않으므
로 병폐도 제각각 나타나게 되니, 그 마음을 알아본 뒤에야 그의 잘못을 구제할 수
있다. 비유하자면 의원은 그의 병환이 걸린 곳도 알아야만 비로소 그 병세에 따라
약을 쓸 수 있는 있다.

① 俊快.

補註 快, 當作快.

번역 '앙(快)'자는 마땅히 쾌(快)자로 기록해야 한다.

「학기」 20장

善歌者, 使人繼其聲; 善教者, 使人繼其志. 其言也約而達, 微
而臧, 罕譬而喩, 可謂①繼志矣.

번역 노래를 잘 부르는 자는 사람들이 그의 소리를 배워서 계승하고자 한다. 잘 가
르치는 자는 사람들이 그의 뜻을 배워서 계승하고자 한다. 잘 가르치는 자의 말은
간략하면서도 의미가 분명하게 통하고, 엄하게 하지 않지만 선한 도리를 말해주어
뜻이 분명해지고, 비유를 적게 들면서도 잘 깨우쳐주니, 이처럼 하게 되면, 그 뜻을
계승할 수 있다고 평가할 수 있다.

① 繼志.

補註 按: 陳註未瑩. 朱子所解在小註, 當看.

번역 살펴보니, 진호의 주는 분명하지 않다. 주자가 풀이한 것은 소주에 수
록되어 있으니, 마땅히 살펴봐야 한다.

참고-大全 朱子曰: 繼聲, 繼志者, 皆謂微發其端而不究其說, 使人有所玩
索而自得之也. 約而達, 微而臧, 罕譬而喩, 三者皆不務多言而使人自得
之意.

번역 주자가 말하길, 그 소리를 계승하고 그 뜻을 계승하는 경우는 모두 그
단서만 은미하게 드러내고 모두 설명해주지 않아서, 사람들이 깊이 사색하
여 스스로 터득하게 만드는 것을 뜻한다. 간략하지만 의미가 통하고, 은미하
게 말하지만 깊이 간직하게 하며, 비유를 적게 들면서도 깨우쳐준다고 했는
데, 이 세 가지 것들은 모두 말을 많이 하는데 힘쓰지 않고 사람들로 하여금
스스로 터득하게 한다는 뜻이다.

「학기」 21장

君子知至學之難易而知其美惡, 然後能博喻, 能博喻然後能爲師, 能爲師然後能爲長, 能爲長然後能爲君. 故①師也者, 所以學爲君也. 是故擇師不可不愼也. 記曰: "三王②四代唯其師." 其此之謂乎.

번역 군자는 학생들이 학문에 도달하는 수준 차이를 알고 재능의 차이를 알아야만 하며, 그런 뒤에야 널리 가르칠 수 있다. 널리 가르칠 수 있은 뒤에야 스승이 될 수 있다. 스승이 될 수 있은 뒤에야 수장이 될 수 있다. 수장이 될 수 있은 뒤에야 군주가 될 수 있다. 그렇기 때문에 스승이 된다는 것은 군주가 되기 위한 방법을 배우는 것이다. 이러한 까닭으로 스승을 택할 때에는 신중을 기하지 않을 수가 없다. 고대의 『기』에서는 "삼왕 및 사대 때의 군주는 훌륭한 스승이었다."라고 했으니, 바로 이러한 뜻을 나타낼 것이다.

① ○師也者[止]爲君也.

補註 按: 此亦有朱子說, 當看小註.

번역 살펴보니, 이 구문에 대해서도 주자의 풀이가 있으니, 마땅히 소주를 살펴봐야 한다.

補註 ○楊梧曰: 師道裕乎君道如此, 則師雖不直學爲君, 而君道寓此, 便似習學爲君底一般.

번역 ○양오가 말하길, 스승의 도가 이처럼 군주의 도보다 폭넓으니, 스승이 된다는 것이 비록 직접적으로 군주가 되기 위한 것을 배우는 것은 아니지만, 군주의 도는 여기에 깃들어 있어서 학습하여 군주가 될 수 있다.

참고-大全 朱子曰: 能爲師以教人, 則能爲君以治人. 擇師不可不愼, 言能

爲君者其人難得, 故不可不擇.

번역 주자가 말하길, 스승이 되어 남을 가르칠 수 있다면 군주가 되어 남을 다스릴 수 있다. 스승을 택함에 신중을 기하지 않을 수 없다는 말은 군주의 재목이 될 수 있는 자는 구하기 어렵기 때문에 신중히 고르지 않을 수 없다는 뜻이다.

② 四代.

補註 鄭註: 虞·夏·商·周.

번역 성현의 주에서 말하길, 우(虞)·하(夏)·은(殷)·주(周) 등의 왕조를 뜻한다.

至學, 至於學也. 鈍者至之難, 敏者至之易, 質美者向道, 不美者叛道. 知乎此, 然後能博喩, 謂循循善誘, 不拘一塗也. 周官 ①太宰, 長以貴得民, 師以賢得民. 長者一官之長, 君則一國之君也. 言爲君之道, 皆自務學充之, 三王四代之所以治, 以能作之君, 作之師爾. 周子曰, 師道立則善人多, 善人多則朝廷正而天下治矣.

번역 '지학(至學)'은 배움에 이른다는 뜻이다. 우둔한 자는 도달하기가 어렵고 민첩한 자는 도달하기가 수월하며, 재질이 아름다운 자는 도를 지향하지만 아름답지 못한 자는 도를 위반한다. 이러한 것들을 알고 있은 뒤에야 널리 깨우칠 수 있으니, 차근차근 잘 이끌어서[1] 한 가지 방법으로만 얽어매지 않는다. 『주례』 「태재(太宰)」

---

1) 『논어』 「자한(子罕)」: 顏淵喟然歎曰, "仰之彌高, 鑽之彌堅. 瞻之在前, 忽焉在後. 夫子循循然善誘人, 博我以文, 約我以禮, 欲罷不能. 旣竭吾才, 如有所立卓爾. 雖欲從之, 末由也已."

편에서는 "수장은 존귀함으로써 백성들을 얻고, 선생은 현명함으로써 백성들을 얻는다."2)라고 했다. '장(長)'은 한 관부의 수장을 뜻하며, '군(君)'은 한 나라의 군주를 뜻한다. 즉 군주가 되는 도는 모두 스스로 학문에 힘써서 가득 채우는데 있으니, 삼왕(三王)과 사대(四代)의 군주가 잘 다스릴 수 있었던 까닭은 군주가 될 수 있고 스승이 될 수 있는 방도로 시행했기 때문이다. 주자3)는 "스승의 도리가 확립되면 선한 사람이 많아지고, 선한 사람이 많아지면 조정이 올바르게 되고 천하가 다스려진다."라고 했다.

① 太宰[止]以賢得民.

補註 周禮 · 太宰: "以九兩繫邦國之民. 一曰牧, 以地得民. 二曰長, 以貴得民. 三曰師, 以賢得民. 四曰儒, 以道得民. 五曰宗, 以族得民. 六曰主, 以利得民. 七曰吏, 以治得民. 八曰友, 以任得民. 九曰藪, 以富得民." 註曰: "兩, 猶耦也, 所以協耦萬民. 藪亦有虞, 掌其政令, 使其地之民, 守其材物. 以時入於王府, 頒其餘於萬民."

번역 『주례』「태재(太宰)」편에서는 "아홉 가지로 나라의 백성들을 협력시키고 결속시킨다. 첫 번째는 목(牧)으로 이를 통해 그 지역에 백성들을 거주시킨다. 두 번째는 장(長)이니 존귀한 자를 통해 백성들이 추앙하도록 만든다. 세 번째는 사(師)이니 현명함을 통해 백성들을 교화시킨다. 네 번째는 유(儒)이니 육예를 통해 백성들을 교화시킨다. 다섯 번째는 종(宗)이니 종족들을 보살핌으로써 백성들을 보존시킨다. 여섯 번째는 주(主)이니 이로움을 통

---

2) 『주례』「천관(天官) · 대재(大宰)」: 以九兩繫邦國之名: 一曰牧, 以地得民; <u>二曰長, 以貴得民; 三曰師, 以賢得民</u>; 四曰儒, 以道得民; 五曰宗, 以族得民; 六曰主, 以利得民; 七曰吏, 以治得民; 八曰友, 以任得民; 九曰藪, 以富得民.

3) 주돈이(周敦頤, A.D.1017~A.D.1073): =염계선생(濂溪先生) · 주자(周子) · 주렴계(周濂溪) · 주무숙(周茂叔). 북송(北宋) 때의 학자이다. 북송오자(北宋五子) 및 송조육현(宋朝六賢) 중 한 사람으로 손꼽힌다. 초명(初名)은 돈실(惇實)이었지만, 영종(英宗)에 대한 피휘 때문에, 돈이(敦頤)로 개명하였다. 자(字)는 무숙(茂叔)이다. 염계서당(濂溪書堂)에서 강학을 하였기 때문에, '염계선생(濂溪先生)'이라고도 부른다. 저서로는 『태극도설(太極圖說)』 · 『통서(通書)』 등이 있다.

해 백성들을 이롭게 만든다. 일곱 번째는 이(吏)이니 정치를 통해 백성들을
다스린다. 여덟 번째는 우(友)이니 소임을 통해 백성들을 결속시킨다. 아홉
번째는 수(藪)이니 재물을 통해 백성들을 풍족하게 만든다."[4]라고 했고, 주
에서는 "양(兩)자는 짝한다는 뜻이니, 만민을 협력하도록 만드는 것이다. 물
이 적고 초목이 우거진 지역에도 우(虞)라는 관리가 있어서, 해당 지역의 정
령을 담당하며, 그 지역의 백성들로 하여금 재물을 지키도록 한다. 시기별로
왕실의 창고에 보관하고 그 나머지를 백성들에게 분배한다."라고 했다.

補註 ○按: 太宰, 即冢宰也.
번역 ○살펴보니, '태재(太宰)'는 총재에 해당한다.

---

4) 『주례』「천관(天官)·대재(大宰)」: 以九兩繫邦國之民: 一曰牧, 以地得民; 二曰
長, 以貴得民; 三曰師, 以賢得民; 四曰儒, 以道得民; 五曰宗, 以族得民; 六曰主,
以利得民; 七曰吏, 以治得民; 八曰友, 以任得民; 九曰藪, 以富得民.

「학기」 22장

石梁王氏曰: 詔於天子無北面, ①註引武王踐阼, 出大戴禮.

번역 석량왕씨가 말하길, 천자에게 아뢰며 북면함이 없다는 말에 대해서, 정현의 주에서는 무왕(武王)이 동쪽 계단을 밟았던 일을 인용했는데, 이것은 『대대례기(大戴禮記)』의 기록에 따른 것이다.

① ○註引武王踐阼.

補註 按: 阼, 當作阼. 武王踐阼, 大戴禮篇名.

번역 살펴보니, '조(阼)'자는 마땅히 조(阼)자로 기록해야 한다. '무왕천조(武王踐阼)'는 『대대례기』의 편명이다.

補註 ○鄭註: 武王踐阼, 召師尙父而問焉, 曰, "昔黃帝·顓頊之道存乎意, 今忽不可得見與?" 師尙父曰, "在丹書. 王欲聞之, 則齊矣." 王齊三日, 端冕, 師尙父亦端冕, 奉書而入, 負屛而立. 王下堂南面而立. 師尙父曰, "先王之道, 不北面." 王行西, 折而南, 東面而立, 師尙父西面道書之言.

번역 ○정현의 주에서 말하길, 무왕은 동쪽 계단을 밟고 서서, 사상보를 불러서 묻기를 "예전 황제(黃帝)[1]와 전욱(顓頊)의 도는 항상 생각을 하고 있

---

[1] 황제(黃帝)는 헌원씨(軒轅氏), 유웅씨(有熊氏)라고도 부른다. 전설시대에 존재했다고 전해지는 고대 제왕(帝王)이다. 소전(少典)의 아들이고, 성(姓)은 공손(公孫)이다. 헌원(軒轅)이라는 땅의 구릉 지역에 거주하였기 때문에, 그를 '헌원씨'라고도 부르는 것이다. 또한 '황제'는 희수(姬水) 지역에도 거주를 하였기 때문에, 이 지역의 이름을 따서 성(姓)을 희(姬)로 고치기도 하였다. 그리고 수도를 유웅(有熊) 땅에 마련하였기 때문에, 그를 '유웅씨'라고도 부르는 것이다. 한편 오행(五行) 관념에 따라서, 그는 토덕(土德)을 바탕으로 제왕이 되었다고 여겼는데, 흙[土]이 상징하

는데, 그것이 또한 묘연하니 살펴볼 수 없는가?"라고 하자 서상보는 "『단서』[2]에 있습니다. 왕께서 듣고자 하신다면 재계를 하십시오."라고 했다. 무왕은 3일 동안 재계를 하고, 단면(端冕)[3]을 착용했으며, 사상보 또한 단면을 착용하고 책을 받들고서 들어왔고, 병풍을 등지고 섰다. 무왕은 당하로 내려가서 남면을 하고 섰다. 사상보는 "선왕의 도는 북면을 하지 않습니다."라고 했다. 그러자 무왕은 서쪽으로 이동하고 방향을 틀어서 남쪽으로 갔고, 동쪽을 바라보고 섰으며, 사상보는 서쪽을 바라보며 책에 있는 내용을 조술했다.

는 색깔은 황(黃)이므로, 그를 '황제'라고 부르는 것이다. 『역』「계사하(繫辭下)」편에는 "神農氏沒, 黃帝·堯·舜氏作, 通其變, 使民不倦."이라는 기록이 있는데, 이에 대한 공영달(孔穎達)의 소(疏)에서는 "黃帝, 有熊氏少典之子, 姬姓也."라고 풀이했다. 한편 '황제'는 오제(五帝) 중 하나를 뜻한다. 오행(五行)으로 구분했을 때 토(土)를 주관하며, 계절로 따지면 중앙 계절을 주관하고, 방위로 따지면 중앙을 주관하는 신(神)이다. 『여씨춘추(呂氏春秋)』「계하기(季夏紀)」편에는 "其帝黃帝, 其神后土."라는 기록이 있고, 이에 대한 고유(高誘)의 주에서는 "黃帝, 少典之子, 以土德王天下, 號軒轅氏, 死託祀爲中央之帝."라고 풀이했다.

2) 『단서(丹書)』는 전설 속에 나오는 서적으로, 문왕(文王) 때 붉은 색의 봉황이 입에 물고 날아와서 건네준 상서로운 서적을 뜻한다.

3) 단면(端冕)은 검은색의 옷과 면류관을 뜻한다. 즉 현면(玄冕)을 의미한다. '단(端)'자는 검은색의 옷을 뜻하는데, 면복(冕服)에 대해서, '단'자로 지칭하는 것은 면복 자체가 정폭(正幅)으로 제작되기 때문에, '단'자를 붙여서 부르는 것이다. 『예기』「악기(樂記)」편에서는 "吾端冕而聽古樂, 則唯恐臥; 聽鄭衛之音, 則不知倦."이라는 기록이 있는데, 이에 대한 정현의 주에서는 "端, 玄衣也."라고 풀이했고, 공영달(孔穎達)의 소(疏)에서는 "云'端, 玄衣也'者, 謂玄冕也. 凡冕服, 皆其制正幅, 袂二尺二寸, 袪尺二寸, 故稱端也."라고 풀이했다.

「학기」 23장

善學者, 師逸而功倍, 又從而庸之; 不善學者, 師勤而功半, 又從而怨之. 善問者如攻堅木, ①先其易者, 後其節目, 及其久也, 相說以解; 不善問者反此. 善待問者如撞鐘, 叩之以小者則小鳴, 叩之以大者則大鳴, 待其②從容, 然後盡其聲; 不善答問者反此. 此皆進學之道也.

번역 배우기를 잘하는 학생에 대해서는 스승도 가르치기 편하고 그 결과도 배가 되며, 또 학생은 그에 따라 스승의 은혜에 감격한다. 반면 배우기를 잘하지 못하는 학생은 스승도 가르치기 어렵고 그 결과도 절반에 이르며, 또 학생도 그에 따라 스승을 원망하게 된다. 질문을 잘하는 학생은 단단한 나무를 베는 것과 같으니, 쉬운 부분을 먼저 자르고, 단단한 옹이는 뒤에 자르게 되는데, 공부에 있어서도 이처럼 하면, 쉬운 것부터 배워나가서 그 기간이 오래되면, 그 동안 배운 것이 서로 풀이를 해주어 해답을 찾게 된다. 반면 질문을 잘하지 못하는 학생은 이와 반대로 시행한다. 또 질문에 대답을 잘하는 스승은 마치 종을 치는 것과 같으니, 작은 것으로 종을 치면 작은 소리를 내고, 큰 것으로 종을 치면 큰 소리를 내어, 급박하지 않게 차분하게 종을 친 뒤에야 종도 그 나름의 소리를 모두 내게 된다. 반면 질문에 대답을 잘하지 못하는 스승은 이와 반대로 시행한다. 이러한 것들은 모두 학문에 나아가는 도에 해당한다.

① 先其易者後其節目.

補註 語類曰: "今人多以難中有道理, 而不知通其易則難自通." 又曰: "如攻堅木, 先其易, 後其節目, 非特善問, 讀書求義理之法皆然. 置其難處, 先理會其易處. 易處通, 則堅節自迎刃而解矣. 若先其難者, 則刃頓斧傷, 而木終不可攻, 縱使能攻, 而費工竭力, 無自然相說而解之功也."

번역 『어류』에서 말하길, "오늘날의 사람들은 대부분 어려운 것 가운데 도리가 있다고 여기지만, 쉬운 부분을 이해하면 어려운 부분도 저절로 이해할 수 있음을 모르고 있다."라고 했다. 또 말하길, "단단한 나무를 베는 것과 같으니, 쉬운 부분을 먼저 자르고 단단한 옹이는 뒤에 자른다고 했는데, 이것은 질문을 잘하는 경우에만 해당하는 것이 아니라 독서를 하여 의리를 연구하는 방법 또한 이와 같다. 어려운 부분을 잠시 놔두고 먼저 쉬운 곳부터 이해해야 한다. 쉬운 곳이 이해되면 단단한 마디도 저절로 칼날이 들어가 쪼개지게 된다. 만약 어려운 곳부터 이해하려고 한다면, 칼날이 무뎌지고 도끼도 상하게 되며 나무도 끝내 자를 수 없으며, 비록 잘라낸다 하더라도 공력만 허비하여 자연히 서로 말하여 풀어지는 공효도 없게 된다."라고 했다.

② 從容.

補註 通解曰: 鄭註從讀如舂, 非是. 從容, 正謂聲之餘韻從容而將盡者, 言必答盡所問之意, 然後止也.

번역 『통해』에서 말하길, 정현의 주에서는 '종(從)'자를 용(舂)자로 풀이했는데 잘못된 해석이다. '종용(從容)'이라는 것은 바로 소리의 여운이 여유롭게 퍼져서 그 소리를 다하게 된다는 뜻이니, 반드시 질문한 것에 대해 모두 대답을 한 뒤에야 그친다는 의미이다.

補註 ○按: 從容之訓, 陳註旣不從舊說, 則從字, 當如字讀, 而反著舂音, 誤.

번역 ○살펴보니, '종용(從容)'의 풀이에 있어서 진호의 주에서는 옛 주장에 따르지 않고 있으니, 종(從)자는 마땅히 글자대로 풀이해야 한다. 그런데 도리어 그 음이 '舂(용)'이라고 기록했으니, 잘못된 주장이다.

참고-集說

朱子曰: 說字人以爲悅, ①恐只是說字. 先其易者, 難處且放下, 少間見多了, 自然相證而解, 解物爲解, 自解釋爲解, 恐是相證而曉解也.

번역 주자가 말하길, '설(說)'자에 대해서 사람들은 '열(悅)'자로 여기는데, 아마도 이 글자는 본래의 '설(說)'자에 해당하는 것 같다. 쉬운 것을 먼저 한다는 말은 어려운 것을 잠시 그대로 남겨놓고, 그 사이에 여러 가지 것들을 보게 되면 저절로 서로 증명이 되어 그 해답이 나오게 되는데, 사물을 이해하는 것도 해답이 되며, 스스로 해석하는 것도 해답이 되니, 아마도 서로 증명하여 해답을 깨우친다는 의미인 것 같다.

① 恐只是說字.

補註 按: 語類此下有"說證之義也"五字.

번역 살펴보니, 『어류』에는 이 구문 뒤에 "설자는 증명한다는 뜻이다[說證之義也]."라는 다섯 글자가 더 기록되어 있다.

「학기」 24장

참고-經文

①記問之學不足以爲人師, ②必也其聽語乎! ③力不能問, 然後
語之. 語之而不知, 雖舍之可也.

번역 단순히 옛 기록만 암송하고 기억하는 것으로는 남의 스승이 되기에 부족하니,
반드시 학생들이 질문하는 말뜻을 알아들어야 한다. 학생들의 수준으로 더 이상 질
문을 할 수 없게 된 뒤에야 알려준다. 알려주되 그가 알아듣지 못한다면, 비록 알려
주지 않더라도 괜찮다.

① 記問.

補註 鄭註: 記問, 謂豫誦雜難·雜說, 至講時爲學者論之.
번역 정현의 주에서 말하길, '기문(記問)'은 각종 논변과 각종 학설을 미리
암송하여, 강의할 시기가 되면 학생들에게 논변해주는 것을 뜻한다.

補註 ○楊梧曰: 因上文善答問·不善答問, 又言此.
번역 ○양오가 말하길, 앞 문장에서 질문에 잘 답변하거나 잘 답변하지 못하
는 내용을 기술한 것으로 인해 재차 이처럼 말한 것이다.

② 必也其聽語乎.

補註 鄭註: 必待其問乃說之也.
번역 정현의 주에서 말하길, 반드시 질문을 할 때까지 기다린 뒤에야 대답을
해준다.

補註 ○按: 聽語, 恐是聽而語之之義.
번역 ○살펴보니, '청어(聽語)'는 아마도 듣고서 말해준다는 뜻인 것 같다.

③ 力不能問.

補註 愚伏曰: 不能問之上, 著一力字, 可見憤悱之極, 而不能自言之意, 非懵然不能問之謂也.

번역 우복이 말하길, '불능문(不能問)'이라는 말 앞에 역(力)자를 기록하였으니, 답을 찾으려고 극도로 노력했음에도 스스로 말하지 못한다는 뜻을 살펴볼 수 있으니, 어리석어서 질문조차 할 수 없다는 뜻이 아니다.

참고-集說

記問, 謂記誦古書以待學者之問也. 以此爲學, 無得於心, 而所知有限, 故不足以爲人師. 聽語, 聽學者所問之語也. 不能問則告之, 不知而舍之, 以其終不可入德也. ①不以三隅反則不復, 亦此意.

번역 '기문(記問)'은 옛 서적을 기억하고 암송했던 것으로 학생들의 질문에 대답한다는 뜻이다. 이것을 배움으로 삼는다면 마음에 얻는 것이 없고 아는 것도 한계가 있게 된다. 그렇기 때문에 남의 스승이 되기에는 부족하다. '청어(聽語)'는 학생들이 질문하는 말을 알아듣는다는 뜻이다. 질문을 더 이상 하지 못한다면 알려주되, 알아듣지 못하면 그만두니, 그는 끝내 덕으로 들어갈 수 없기 때문이다. "나머지 세 귀퉁이에 대해서 반추하지 못한다면, 다시 알려주지 않는다."라는 말 또한 이러한 의미이다.

① 不以三隅反則不復.

補註 論語 · 述而文.

번역 『논어』「술이(述而)」편의 기록이다.[1]

---

[1] 『논어』「술이(述而)」: 子曰, "不憤不啓, 不悱不發. 擧一隅, <u>不以三隅反, 則不復</u>也."

「학기」 25장

疏曰: 善治之家, 其子弟見其父兄陶鑄金鐵, 使之柔合以補治破器, 故此子弟能學爲袍裘, 補續獸皮, 片片相合, 以至完全也. 箕, 柳箕也. 善爲弓之家, 使幹角①煣屈, 調和成弓, 故其子弟亦觀其父兄世業, 學取柳條和軟①煣之成箕也. 馬子始學駕車之時, 大馬駕在車前, 將馬子繫隨車後而行, 故云反之. 所以然者, 此駒未曾駕車, 若忽駕之必驚奔. 今以大馬牽車於前, 而繫駒於後, 使日日見車之行, 慣習而後駕之, 不復驚矣. 言學者亦須先教小事如操縵之屬, 然後乃示其業, 則易成也.

번역 소에서 말하길, 대장간 일을 잘하는 집안에서, 그 자제들은 부친과 형이 금이나 철을 주조하여 깨진 그릇 등을 수리하는 것을 보았기 때문에, 그 자제들은 솜옷이나 가죽옷 만드는 일을 배울 수 있어서, 짐승의 가죽을 꿰매어 조각들을 합쳐 완성품을 만들게 된다. '기(箕)'자는 버드나무로 만든 키이다. 활을 잘 만드는 집안에서는 등뼈나 뿔을 굽혀 휘어지게 하여 활을 만들게 된다. 그렇기 때문에 그 자제들은 또한 그들의 부친과 형이 대대로 이어온 가업을 살펴보고, 버드나무 가지들을 가져다가 부드럽게 휘어서 키 만드는 것을 배운다. 말의 새끼가 처음으로 수레에 멍에를 메는 것을 배울 때, 큰 말에는 멍에를 메어 수레 앞에 두고 말의 새끼는 수레에 연결하여 뒤에서 따라오게 한다. 그렇기 때문에 "반대로 돌려놓는다."라고 말한 것이다. 이처럼 하는 이유는 망아지는 일찍이 수레에 멍에를 메어 본 적이 없어서, 만약 갑작스럽게 멍에를 메게 하면 반드시 놀라서 달아나기 때문이다. 현재 큰 말이 수레를 끌도록 앞에 두고, 망아지를 연결하여 그 뒤에 있게 한 것은 수레가 움직이는 것을 매일 보도록 하여, 습관을 들인 이후에 멍에를 메게 해서 재차 놀라는 일이 없게끔 하기 위해서이다. 이것은 학생들에게는 또한 우선적으로 금슬(琴瑟) 등의 악기가 익숙하도록 손으로 놀리는 일 등을 가르쳐야 하고, 그런 뒤에 그가 익혀야 할 과업을 제시한다면 쉽게 완성할 수 있다는 뜻이다.

① ○橈屈[又]橈之.

補註 二橈, 疏本文, 皆作撓.

번역 2개의 '요(橈)'자를 소의 본문에서는 모두 요(撓)자로 기록했다.

「학기」 26장

참고―經文

古之學者, ①比物醜類. 鼓無當於五聲, 五聲弗得不和; 水無當
於五色, 五色弗得不章; 學無當於②五官, 五官弗得不治; 師無
當於五服, ③五服弗得不親.

번역 고대의 학생들은 사물을 견주고 같은 부류에 견주어서 이치를 이해했다. 예를
들어 북소리는 오성(五聲)에 해당하지 않지만, 오성은 북소리가 없으면 조화를 이
루지 못한다. 물은 오색(五色)[^1]에 해당하지 않지만, 오색은 물의 무색을 얻지 못하
면 선명하게 드러나지 못한다. 배움은 신체의 오관(五官)에 해당하지 않지만, 오관
은 배움을 얻지 못하면 다스릴 수 없다. 스승은 오복(五服)에 해당하는 친족이 아
니지만, 오복의 친족은 스승을 얻지 못하면 서로 친근하게 될 수 없다.

① 比物醜類.

補註 鄭註: 醜, 猶比也.
번역 정현의 주에서 말하길, '추(醜)'자는 "비교하다[比]."는 뜻이다.

② 五官.

補註 按: 五官, 鄭註無訓. 疏曰: "金·木·水·火·土之官也." 通解載註
不載疏, 陳註以爲身·口·目·耳·心者, 以洪範貌·言·視·聽·思推
之也.
번역 살펴보니, '오관(五官)'에 대해 정현의 주에는 풀이가 없다. 소에서는
"금·목·수·화·토를 주관하는 관부의 수장이다."라고 했다. 『통해』에서

---

[^1]: 오색(五色)은 청색[靑], 적색[赤], 백색[白], 흑색[黑], 황색[黃]을 뜻한다. 고대에는
이 다섯 가지 색깔을 순일한 색깔로 여겨서, 정색(正色)으로 규정하였고, 그 이외의
색깔들은 간색(間色)으로 분류하였다.

는 진호의 주만 수록하고 소의 주장은 수록하지 않았는데, 진호의 주에서는
몸·입·귀·눈·마음이라고 여겼으니, 『서』「홍범(洪範)」편에서 말한 모
습·말·봄·들음·생각함[2]으로 유추한 것이다.

補註 ○沙溪曰: 五官, 心經退溪註“耳·目·口·鼻·形”, 與此不同.
번역 ○사계가 말하길, ‘오관(五官)’에 대해 『심경』에 대한 퇴계의 주에서는
“귀·눈·입·코·몸이다.”라고 하여, 이곳과 차이를 보인다.

③ 五服.

補註 疏曰: 斬衰也·齊衰也·大功也·小功也·緦麻也.
번역 소에서 말하길, 참최복·자최복·대공복·소공복·시마복을 뜻한다.

陳氏曰: 類者, 物之所同, 醜之爲言衆也. 理有所不顯, 則比物
以明之; 物有所不一, 則醜類以盡之. 然後因理以明道, 而善乎
學矣. 總而論之, 鼓非與乎五聲, 而五聲待之而和; 水非與乎五
色, 而五色待之而章; 學非與乎五官, 而五官待之而治; 師非與
乎五服, 而五服待之而親. 是五聲·五色·五官·五服雖不同,
而同於①有之以爲利; 鼓也·水也·學也·師也雖不一, 而一
於①無之以爲用. 然則古之學者比物醜類, 而精微之意有寓於
是, 非窮理之至者, 孰能與此?

번역 진씨가 말하길, ‘유(類)’는 사물의 동일한 점이다. ‘추(醜)’자는 무리[衆]라는

---

2) 『서』「주서(周書)·홍범(洪範)」: 五事, 一曰貌, 二曰言, 三曰視, 四曰聽, 五曰思.
貌曰恭, 言曰從, 視曰明, 聽曰聰, 思曰睿.

뜻이다. 이치에 드러나지 않는 점이 있다면 다른 사물에 견주어서 드러내고, 사물에 동일하지 않은 점이 있다면 부류를 많이 하여 다 드러낸다. 그런 뒤에야 이치에 따라서 도를 밝히고 학업을 잘 할 수 있다. 총괄적으로 논의를 해보면, 북은 오성(五聲)에 관여되지 않지만, 오성은 북소리에 따라서 조화를 이루게 된다. 물은 오색(五色)에 관여되지 않지만, 오색은 물에 따라서 드러나게 된다. 배움은 오관(五官)에 관여되지 않지만, 오관은 배움에 따라서 다스려지게 된다. 스승은 오복(五服)에 관여되지 않지만, 오복의 친족은 스승에 따라서 친근하게 된다. 따라서 오성 · 오색 · 오관 · 오복은 비록 동일하지 않지만, 그것을 갖추는 것을 이로움으로 삼는다는 측면에서는 동일하며, 북 · 물 · 배움 · 스승은 비록 한 가지가 아니지만, 그것을 드러내지 않는 것을 쓸모로 여긴다는 측면에서는 동일하다. 그렇다면 고대의 학생들은 동일한 점을 비교하고 그 예시를 많이 하였고, 정밀하고 은미한 뜻은 여기에 깃들어 있었으니, 이치를 지극히 탐구하는 것이 아니라면 누가 이처럼 할 수 있겠는가?

① 有之以爲利[又]無之以爲用.

補註 老子曰: "三十輻共一轂, 當其無, 有車之用. 埏埴以爲器, 當其無, 有器之用. 鑿戶牖以爲室, 當其無, 有室之用. 故有之以爲利, 無之以爲用." 註云: "三者, 實有之利, 而所以爲用, 賴虛中也."

번역 『노자』에서 "30개의 바퀴살이 1개의 바퀴통에 모여 있는데, 그것의 비어있음으로 인해 수레의 쓰임이 생긴다. 진흙을 이겨서 그릇을 만드는데, 그것의 비어있음으로 인해 그릇의 쓰임이 생긴다. 방문과 들창을 뚫어서 방을 만드는데, 그것의 비어있음으로 인해 방의 쓰임이 생긴다. 그렇기 때문에 있음을 이로움으로 삼지만 없음을 쓰임으로 삼는다."라고 했고, 주에서는 "세 가지는 실제로 있음을 이로움으로 삼는데, 그것이 쓸모 있게 되는 것은 빈 것에 힘입는다."라고 했다.

「학기」 27장

君子曰: "大德不官, 大道不器, ①大信不約, 大時不齊. 察於此
四者, 可以有志於本矣."

번역 군자가 말하길, "큰 덕은 하나의 직무에만 국한되지 않고, 큰 도리는 하나에만
제한되지 않으며, 큰 신의는 굳이 기약을 하지 않고, 자연의 시간은 하나로 통일시
킬 수 없다. 이러한 네 가지 것들을 살핀다면, 근본에 뜻을 둘 수 있다."라고 했다.

① **大信不約.**

補註 通解曰: 此謂如天地四時, 不言而信者也.

번역 『통해』에서 말하길, 이것은 천지와 사계절이 말을 하지 않아도 믿게 되
는 것과 같다는 뜻이다.

「학기」 28장

三王之祭川也, 皆①先河而後海, 或源也, 或委也. 此之謂務本.

번역 삼왕은 하천에 제사를 지낼 때, 모든 경우에 우선적으로 강에 제사를 지내고, 그 이후에 바다에 제사를 지냈으니, 강물은 근원이 되고, 바닷물은 강물이 쌓인 것이기 때문이다. 이러한 것을 근본에 힘쓴다고 말한다.

① ○先河而後海.

補註 陽村曰: 先傳以近小, 而後敎以遠大. 自灑掃 · 應對, 而至於精義 · 入神, 是先河後海之意.

번역 양촌이 말하길, 먼저 친근하고 작은 것을 전수하고, 그런 이후에 원대한 것을 가르친다. 물 뿌리고 청소하며 응대하는 것으로부터 뜻을 정밀히 하고 신묘한 경지에 들어감에 이르는 것이 선하후해(先河後海)의 뜻이다.

禮記補註卷之十八

『예기보주』 18권

「악기(樂記)」 제19편

補註　語類曰: 儒行・樂記, 非聖人之書, 乃戰國賢士爲之.
번역　『어류』에서 말하길, 『예기』「유행(儒行)」편과 「악기(樂記)」편은 공자의 기록이 아니니, 전국시대 현사들이 만든 것이다.

補註　○辨疑曰: 平巖葉氏曰, "樂記, 子夏所作."
번역　○『변의』에서 말하길, 평암섭씨¹⁾는 "「악기」편은 자하가 지은 것이다."라고 했다.

참고─大全

臨川吳氏曰: 禮經之僅存者, 猶有今儀禮十七篇. 樂經則亡矣, 其經疑多是聲音樂舞之節, 少有辭句, 可讀誦記識, 故秦火之後無傳, 諸儒不過能言樂之義而已, 而劉向所得樂記二十三篇, 又與河間獻王所撰二十四卷不同, 其①二十三篇內之十一合爲一篇者, 蓋亦刪取要略, 非全文也.

번역　임천오씨가 말하길, 『예경』 중 겨우 남아 있는 것은 오늘날의 『의례』 17편이다. 『악경』은 망실되었는데, 그 경전은 아마도 대부분 소리와 악무의 악절을 기록하고 있고, 몇 마디의 말이 기록되어 있어서, 읽고 암송할 수 있었을 것이다. 그렇기 때문에 진(秦)나라의 분서갱유를 거친 이후 전수하는 자가 없어서, 유학자들은

---

1) 섭채(葉采, ?~A.D.1260): =평암섭씨(平巖葉氏). 송대(宋代) 때의 학자이다. 자(字)는 중규(仲圭)이고 호는 평암(平巖)이다. 저서로는 『근사록집해(近思錄集解)』 등이 있다.

음악의 뜻에 대해서만 말을 할 수 있었을 뿐이다. 그런데 유향2)이 습득한 『악기』 23편은 또한 하간헌왕3)이 수집한 24권의 기록과도 같지 않았고, 23편 중 11편은 하나의 편이 되니, 아마도 이 기록 또한 산정해서 그 요점만을 수록한 것으로, 전문은 아닐 것이다.

① 二十三篇內[止]一篇.

補註 疏曰: 十一篇合爲一篇, 謂樂本·樂論·樂施·樂言·樂禮·樂情·樂化·樂象·賓牟賈·師乙·魏文侯, 而今之章次, 與此少異. 其餘十二篇, 其名猶在, 卽奏樂·樂器·樂作·意始·樂穆·說律·季札·樂道·樂義·昭本·昭頌·竇公也.

번역 소에서 말하길, 11개 편을 합쳐서 1개의 편으로 만들었으니, 「악본(樂本)」·「악론(樂論)」·「악시(樂施)」·「악언(樂言)」·「악례(樂禮)」·「악정(樂情)」·「악화(樂化)」·「악상(樂象)」·「빈무고(賓牟賈)」·「사을(師乙)」·「위문후(魏文侯)」편을 뜻하는데, 현재의 장(章) 순서는 이것과 조금 차이를 보인다. 나머지 12개 편은 편명만 남아있는데, 「주악(奏樂)」·「악기(樂器)」·「악작(樂作)」·「의시(意始)」·「악목(樂穆)」·「설률(說律)」·「계찰(季札)」·「악도(樂道)」·「악의(樂義)」·「소본(昭本)」·「소송(昭頌)」·「두공(竇公)」편에 해당한다.

---

2) 유향(劉向, B.C77~A.D.6) : 전한(前漢) 때의 학자이다. 자(字)는 자정(子政)이다. 유흠(劉歆)의 부친이다. 비서성(秘書省)에서 고서들을 정리하였다. 저서로는 『설원(說苑)』·『신서(新序)』·『열녀전(列女傳)』·『별록(別錄)』 등이 있다.

3) 하간헌왕(河間獻王, ?~B.C. 130) : =유덕(劉德). 전한(前漢) 때의 인물이다. 성(姓)은 유(劉)이고, 이름은 덕(德)이다. 경제(景帝)의 아들이다. B.C.155년에 하간(河間) 지역의 왕으로 분봉을 받았기 때문에, '하간헌왕'이라고 부르는 것이다. 학문을 좋아하였고, 유학(儒學) 뿐만 아니라, 다른 학문에 대해서도 박학하였다. 민간으로부터 많은 서적들을 수집하였고, 학자들을 불러 모아서 많은 서적들을 편찬하였다.

「악기」 1장

①凡音之起, 由人心生也. 人心之動, 物使之然也. 感於物而動,
故形於聲. 聲相應, 故生變. 變成方, 謂之音. 比音而樂之, 及干
戚羽旄, 謂之樂.

번역 무릇 음악의 기원은 사람의 마음으로부터 생겨났다. 사람의 마음이 움직이게
된 것은 외부 사물이 그렇게 시켜서 된 것이다. 즉 마음이 외부 사물을 느껴서 움직
이기 때문에, 그것이 소리로 형용화된다. 소리의 말과 뜻이 서로 호응하기 때문에,
변화가 생겨난다. 변화는 곧 법칙과 형태를 이루니, 이것을 '음(音)'이라고 부른다.
음을 견주어서 악기로 연주하고, 방패나 도끼 또는 깃털과 꼬리털을 들고 춤을 추
게 되면, 이것을 '악(樂)'이라고 부른다.

① 首章.

補註 按: 疏說此以下至王道備矣, 爲論樂本.
번역 살펴보니, 소에서는 이 문장으로부터 그 이하로 "왕도가 모두 갖춰지게
된다."[1]라는 구문까지는 「악본(樂本)」편을 논의한 것이라고 했다.

---

1) 『예기』「악기(樂記)」: 是故先王之制禮樂, 人爲之節. 衰麻哭泣, 所以節喪紀也.
鐘鼓干戚, 所以和安樂也. 昏姻冠笄, 所以別男女也. 射鄕食饗, 所以正交接也.
禮節民心, 樂和民聲, 政以行之, 刑以防之. 禮樂刑政, 四達而不悖, 則王道備矣.

「악기」 2장

참고-經文

樂者, 音之所由生也, 其本在人心之感於物也. 是故其哀心感者, ①其聲噍以殺; 其樂心感者, 其聲②嘽以緩; 其喜心感者, 其聲發以散; 其怒心感者, 其聲粗以厲; 其敬心感者, 其聲直以廉; 其愛心感者, 其聲和以柔. 六者非性也, 感於物而后動.

번역 악(樂)이라는 것은 음(音)을 통해 생겨나는 것이니, 그 근본은 사람의 마음이 외부 대상에 대해서 느끼는 것에 달려 있다. 이러한 까닭으로 슬픈 마음이 느껴지게 되면, 그 소리는 건조하여 윤기가 없고 줄어들게 된다. 또 즐거운 마음이 느껴지게 되면, 그 소리는 분명하며 완곡하고 급하지 않다. 또 기뻐하는 마음이 느껴지게 되면, 그 소리는 발산하여 끊임없이 생겨나서 흩어지게 된다. 또 성난 마음이 느껴지게 되면, 그 소리는 높고 다급하여 난폭하게 된다. 또 공경하는 마음이 느껴지게 되면, 그 소리는 곧게 나와서 구분이 생긴다. 또 사랑하는 마음이 느껴지게 되면, 그 소리는 조화롭고 유순하게 된다. 이러한 여섯 가지 것들은 본성에 따른 것이 아니니, 마음이 외부 대상에게 느낀 이후에야 마음이 움직여서 생긴 정감에 해당한다.

① ○其聲噍以殺.

補註 鄭註: "言人聲在所見, 非有常也. 噍, 跋也." 疏曰: "此聲皆據人心感於物而爲聲, 故知是人聲也."

번역 정현의 주에서 말하길, "사람의 소리는 보는 대상에 달려 있는 것이며, 고정됨이 있지 않다는 뜻이다."라고 했다. 소에서 말하길, "이러한 소리들은 모두 사람의 마음이 외부 대상에게 느껴서 입을 통해 소리로 나온 것이니, 이것이 사람의 소리에 해당한다는 사실을 알 수 있다."라고 했다.

② 嘽以緩.

補註 鄭註: 嘽, 寬綽貌.

번역 정현의 주에서 말하길, '탄(嘽)'자는 관대하고 너그러운 모습을 뜻한다.

補註 ○按: 本註, 噍嘽之訓, 與鄭異, 而但下文"嘽諧慢易繁文簡節之音", 陳註嘽寬也. 上下不相符合, 當從鄭註.

번역 ○살펴보니, 진호의 주에서 초(噍)자와 탄(嘽)자를 풀이한 것은 정현의 주와 차이를 보이는데, 아래문장에서 "관대하면서도[嘽] 조화롭고[諧] 느리면서[慢] 평이하며[易] 문채가 많이 나고[繁文] 가락이 간략한[簡節] 음"[1]이라고 한 문장에 대해 진호의 주에서는 탄(嘽)자를 관대하다고 풀이했다. 앞뒤의 풀이가 부합하지 않는데, 마땅히 정현의 주에 따라야 한다.

方氏曰: 人之情, 得所欲則樂, 喪所欲則哀; 順其心則喜, 逆其心則怒; 於所畏則敬, 於所悅則愛. 噍則竭而無澤, 殺則減而不隆, 蓋心喪其所欲, 故形於聲者如此. 嘽則闡而無餘, 緩則紆而不迫, 蓋心得其所欲, 故形於聲者如此. 發則生而不窮, 散則施而無積, 蓋順其心, 故形於聲者如此. ①直則無委曲, 廉則有分際, 蓋心有所畏, 故形於聲者如此. 和則不乖, 柔則致順, 蓋心有所悅, 故形於聲者如此.

번역 방씨가 말하길, 사람의 정감은 바라던 것을 얻으면 즐거워하고, 바라던 것을 잃으면 슬퍼하며, 그 마음에 따르면 기뻐하고, 그 마음을 거스르면 성을 내며, 외경하는 대상에 대해서는 공경하고, 좋아하는 대상에 대해서는 사랑하게 된다. 소리가 다급하면 말라서 윤기가 없고, 깎으면 줄어들어 높지 않으니, 마음이 바라던 것을 잃었기 때문에 소리를 통해 이처럼 나타나는 것이다. 소리가 밝아지면 분명하여 드러내지 않는 것이 없고, 느리면 완곡하여 급하지 않으니, 마음이 바라던 것을 얻었

---

1) 『예기』「악기(樂記)」: 嘽諧慢易繁文簡節之音作, 而民康樂.

기 때문에 소리를 통해 이처럼 나타나는 것이다. 소리가 발산하면 생겨남에 끝이 없고, 흩어지면 퍼져서 남겨둠이 없게 되니, 그 마음에 따랐기 때문에 소리를 통해 이처럼 나타나는 것이다. 소리가 곧으면 완곡함이 없고, 낮춰서 물리면 구분이 생기니, 마음에 외경하는 것이 있기 때문에 소리를 통해 이처럼 나타나는 것이다. 소리가 조화로우면 어그러지지 않고, 유순하면 순종함을 다하니, 마음에 좋아하는 것이 있기 때문에 소리를 통해 이처럼 나타나는 것이다.

① 直則無委曲.

補註 疏曰: 直, 不邪也.

번역 소에서 말하길, '직(直)'자는 사사롭지 않다는 뜻이다.

「악기」 3장

劉氏曰: ①愼其政之所以感人心者, 故以禮而道其志之所行, 使必中節; 以樂而和其聲之所言, 使無乖戾. 政以敎不能而一 其行, 刑以罰不率而防其姦. 禮樂刑政四者之事雖殊, 而其致 則一歸於愼其所以感之者, 所以同民心而出治道也.

번역 유씨가 말하길, 징치가 사람의 마음을 느끼게 하는 것에 대해 신중히 하기 때문에, 예(禮)로써 그 뜻이 시행하는 바를 선도하여 반드시 절도에 맞게 하는 것이고, 악(樂)으로써 그 소리가 말하고자 하는 바를 조화롭게 하여 어그러짐이 없도록 하는 것이다. 정치를 시행하여 잘하지 못하는 자들을 교화하여 그 행동을 일치시키고, 형벌을 시행하여 통솔되지 않는 자들을 벌하여 간사함을 방지한다. 예·악·형·정이라는 네 가지 것들은 그 사안이 비록 다르지만, 그 지극함에 있어서는 느끼게 하는 것에 대해 신중히 한다는 것으로 귀결되니, 이것은 백성들의 마음을 합치시키고 다스림의 도리를 창출하는 방법이 된다.

① ○愼其政[止]人心者.

補註 按: 經文愼所以感之者, 卽下文禮樂刑政也. 註愼其政之政字, 是總言也, 非指刑政之政.

번역 살펴보니, 경문의 '신소이감지(愼所以感之)'라는 것은 그 뒤에 나오는 예악과 형정을 가리킨다. 주에서 '신기정(愼其政)'이라고 할 때의 정(政)은 총칭하는 말이니, 형정(刑政)이라고 할 때의 정(政)을 가리키는 말이 아니다.

劉氏曰: 五聲之本, 生於黃鍾之律, 其長九寸, 每寸九分, 九九八十一, 是爲宮聲之數. 三分損一以下生徵, 則去二十七, 得五十四也. 徵三分益一以上生商, 則加十八, 得七十二也. 商三分損一以下生羽, 則去二十四, 得四十八也. 羽三分益一以上生角, 則加十六, 得六十四也. 角聲之數, 三分之不盡一筭, 其數不行, 故聲止於五. 此其相生之次也. ①宮屬土, 絃用八十一絲爲最多, 而聲至濁, 於五聲獨尊, 故爲君象. 商屬金, 絃用七十二絲, 聲次濁, 故次於君而爲臣象. 角屬木, 絃用六十四絲, 聲半淸半濁, 居五聲之中, 故次於臣而爲民象. 徵屬火, 絃用五十四絲, 其聲淸, 有民而後有事, 故爲事象. 羽屬水, 絃用四十八絲爲最少, 而聲至淸, 有事而後用物, 故爲物象. 此其大小之次也. ②五聲固本於黃鍾爲宮, 然還相爲宮, 則其餘十一律皆可爲宮. 宮必爲君而不可下於臣, 商必爲臣而不可上於君, 角民·徵事·羽物, 皆以次降殺. 其有臣過君, 民過臣, 事過民, 物過事者, 則不用正聲而③以半聲應之. 此八音所以克諧而無相奪倫也. 然聲音之道與政相通, 必君臣民事物五者, 各得其理而不亂, 則聲音和諧而無怗懘也. 怗懘者, 敝敗也.

번역 유씨가 말하길, 오성(五聲)의 근본은 십이율 중 황종(黃鍾)에서 생기니, 그 길이는 9촌(寸)으로, 매 촌(寸)마다 9등분으로 하면, 9 곱하기 9는 81이 되는데, 이것이 궁(宮)음의 수에 해당한다. 이 수에서 3등분을 하여 그 중 1만큼을 덜어내면 그 아래로 치(徵)음이 생기니, 27을 제거하면 54라는 수가 나온다. 치(徵)음의 수를 3등분하여, 그 중 1만큼을 더하면 그 위로 상(商)음이 생기니, 18을 더하면 72라는 수가 나온다. 상(商)음의 수를 3등분하여, 그 중 1만큼을 덜어내면 그 아래로 우(羽)음이 생기니, 24를 제거하면 48이라는 수가 나온다. 우(羽)음의 수를 3등분하여, 그 중 1만큼을 더하면 그 위로 각(角)음이 생기니, 16을 더하면 64라는 수가 나온다. 각(角)음의 수인 64를 3등분하면 딱 떨어지지 않으니, 수를 나누는 것이 더 이상 진행되지 않기 때문에, 오성은 이 다섯 가지에서 멈추게 된다. 이것은 음률 중 서로 생겨나게 하는 순서에 해당한다. 궁(宮)음은 오행(五行)에 배분하면 토(土)에 해당하고, 그 음을 내는 현악기의 줄은 81가닥의 끈을 엮어서 만들어 가장 많으므로 소리가 매우 탁하고, 오성 중에서 독보적으로 존귀하므로 군주의 상이 된다. 상(商)음은 금(金)에 해당하고, 그 음을 내는 현악기의 줄은 72가닥의 끈을 엮어서 만들어 그 소리가 궁(宮)음 다음으로 탁하다. 그렇기 때문에 군주 다음 순번이 되는 신하의 상이 된다. 각(角)음은 목(木)에 해당하고, 그 음을 내는 현악기의 줄은 64가닥의 끈을 엮어서 만드는데, 그 소리는 맑고 탁한 정도가 중간에 해당하여, 오성 중에서도 가운데 위치한다. 그렇기 때문에 신하 다음 순번이 되는 백성의 상이 된다. 치(徵)음은 화(火)에 해당하고, 그 음을 내는 현악기의 줄은 54가닥의 끈을 엮어서 만드는데, 그 소리가 맑고 백성이 있는 뒤에 사안이 생기기 때문에 사안의 상이 된다. 우(羽)음은 수(水)에 해당하고, 그 음을 내는 현악기의 줄은 48가닥의 끈을 엮어서 만들어 가장 적고, 그 소리는 매우 맑고 사안이 생긴 뒤에 물건이 쓰이게 되므로 물건의 상이 된다. 이것은 크기에 따른 순서에 해당한다. 오성은 진실로 황종을 궁(宮)음으로 삼는데 근본을 두고 있지만, 그러나 순환하여 서로 궁(宮)음이 되니,[1] 나머지 11개 율(律) 모두 궁(宮)음이 될 수 있다. 궁(宮)음은 반드시 군주가 되어 신하보다 낮출 수 없고, 상(商)음은 반드시 신하가 되어 군주보다 높일 수 없으며, 각(角)음에 해당하는 백성, 치(徵)음에 해당하는 사안, 우(羽)음에 해당하는 물건들도 모두 각각의 순서에 따라 높이고 낮추게 된다. 신하에 해당하는 상(商)음이 군주에 해당하는 궁(宮)음을 넘어서거나 백성에 해당하는 각(角)음이 신하에 해당하는 상(商)음을 넘어서거나 사안에 해당하는 치(徵)음이 백성에 해당하는 각(角)음을 넘어서거나 물건에 해당하는 우(羽)음이 사안에 해당하는 치(徵)음을 넘어서는 일이 생기면, 정성(正聲)을 사용하지 않고 반성(半聲)으로 호응한다. 이것은 팔음(八音)이 지극히 조화로워서 서로 질서를 어기는 일이 없는 이유이다. 그러나 소리와 음(音)의 도는 정치와 서로 통하니, 반드시 군주·신하·백성·사안·물건에 해당하는 다섯 가지 것들이 각각 그 이치를 얻어서 문란하지 않는다면, 소리와 음(音)이 조화롭게 되어 어긋나는 일이 없게 된다. '첩체(怗懘)'라는 것은 서로 맞지 않아 어긋난다는 뜻이다.

---

1) 『예기』「예운(禮運)」 : 五聲·六律·十二管, 還相爲宮也.

① ○宮屬土[止]一絲.

補註 楊梧曰: 獨擧絲音, 蓋以例其餘也.

번역 양오가 말하길, 현의 가닥과 음만 제시했는데, 이를 통해 그 나머지 경우도 예시한 것이다.

② 五聲固本[止]相爲宮.

補註 按: 此詳見禮運註.

번역 살펴보니, 이것에 관한 상세한 설명은 『예기』「예운(禮運)」편의 주에 나온다.

③ 以半聲應之.

補註 語類曰: 黃鍾之律最長, 應鍾之律最短, 長者聲濁, 短者聲淸. 十二律旋相爲宮, 宮爲君, 商爲臣. 樂中最忌臣凌君, 如應鍾爲宮, 其聲最短而淸. 或蕤賓爲商, 則商聲高似宮聲, 不可用, 遂用蕤賓減半律爲淸聲以應之, 雖減半律, 然只是此律, 故亦自能相應也.

번역 『어류』에서 말하길, 황종의 율이 가장 길고 응종의 율이 가장 짧은데, 긴 것은 소리가 탁하고 짧은 것은 소리가 맑다. 12율은 순환하며 서로의 궁음이 되는데, 궁음은 군주가 되고 상음은 신하가 된다. 음악에서는 신하가 군주를 능멸하는 것은 가장 꺼리니, 예를 들어 응종이 궁음이 되었을 때 그 소리는 가장 짧으면서도 맑다. 만약 유빈이 상음이 된다면, 상음의 소리가 높아서 마치 궁음처럼 들리니 사용할 수 없다. 그래서 결국 유빈을 반으로 줄인 율을 사용하여 맑은 소리를 내게 해서 그에 호응하게 하는데, 비록 율의 반을 줄였지만 여전히 해당 율이 되기 때문에 그 자체로 서로 호응할 수 있다.

補註 ○按: 朱子說, 詳見書·舜典八音克諧註.

번역 ○살펴보니, 주자의 설명은 자세한 내용이 『서』「순전(舜典)」편의 "팔음(八音)이 조화로워서 서로 질서를 빼앗지 않는다."2)라고 한 문장의 주에 나온다.

---

2) 『서』「우서(虞書)・순전(舜典)」: 夔, 命汝典樂, 敎胄子, 直而溫, 寬而栗, 剛而無虐, 簡而無傲, 詩言志, 歌永言, 聲依永, 律和聲, 八音克諧, 無相奪倫, 神人以和.

「악기」 6장

宮亂則荒, 其君驕; ①商亂則陂, ②其臣壞; 角亂則憂, 其民怨; 徵亂則哀, ③其事勤; 羽亂則危, 其財匱. ④五者皆亂, 迭相陵, 謂之慢. 如此則國之滅亡無日矣.

번역 궁(宮)음이 문란하다면 소리가 거칠게 되니, 그 이유는 군주가 교만하기 때문이다. 상(商)음이 문란하다면 소리가 치우치게 되니, 그 이유는 신하가 도리를 무너뜨렸기 때문이다. 각(角)음이 문란하다면 소리가 근심스럽게 되니, 그 이유는 백성들이 원망하기 때문이다. 치(徵)음이 문란하다면 그 소리가 슬프게 되니, 그 이유는 사안이 괴롭기 때문이다. 우(羽)음이 문란하다면 그 소리가 위태롭게 되니, 그 이유는 재화가 모자라기 때문이다. 이 다섯 가지가 모두 문란하여, 교대로 상대를 침범하는 것을 교만하다고 부른다. 이처럼 된다면 그 나라는 얼마 가지 않아서 멸망하게 될 것이다.

① 商亂則陂.

補註 鄭註: 陂, 傾也.

번역 정현의 주에서 말하길, '피(陂)'자는 "기울다[傾]."는 뜻이다.

② 其臣壞.

補註 按: 臣, 古經及通解皆作官, 蓋於羽亦變物爲財, 則商之變臣爲官無惟, 其義則官字長.

번역 살펴보니, '신(臣)'자를 『고경』과 『통해』에서는 모두 관(官)자로 기록하고 있는데, 우(羽)음에 대해서도 물(物)자를 바꿔 재(財)라고 기록했다면, 상(商)음에서 신(臣)자를 바꿔 관(官)자로 기록했다는데 의심할 것이 없고, 의미에 따라서도 관(官)자로 쓰는 것이 더 낫다.

③ 其事勤.

補註 疏曰: 勤, 勤勞也.

번역 소에서 말하길, '근(勤)'자는 고들프게 일한다는 뜻이다.

④ 五者皆亂迭相陵.

補註 按: 諺讀迭下句絶, 誤.

번역 살펴보니, 『언독』에서는 질(迭)자 뒤에서 구문을 끊었는데, 잘못되었다.

陳氏曰: 五聲含君臣民事物之象, 必得其理, 方調得律呂, 否則有臣陵君, 民過臣, 而謂之奪倫矣. 此却不比漢儒附會效法之言, 具有此事, 毫髮不可差, 設或樂聲奪倫, 卽其國君臣民物必有不盡分之事. 如①州鳩師曠皆能以此知彼, 正是樂與政通.

번역 진씨가 말하길, 오성(五聲)은 군주·신하·백성·사안·물건의 상을 포함하고 있으니, 반드시 해당하는 이치를 얻어야만 음률도 조화롭게 할 수 있다. 그렇지 않다면 신하가 군주를 업신여기고 백성이 신하를 뛰어넘게 되니, 이러한 것을 두고 인륜을 없앴다고 말한다. 이러한 것들에 대해서는 한(漢)나라 때의 유학자들이 만들어낸 견강부회의 설명들을 붙이지 않더라도, 문장 자체에 이러한 일들이 포함되어 있으니, 조금도 어긋나게 할 수 없다. 만약 악(樂)과 소리가 질서를 잃어버렸다면, 그 나라의 군주·신하·백성·물건에는 반드시 본분을 다하지 못한 일이 있는 것이다. 예를 들어 악관인 주구(州鳩)와 사광(師曠)과 같은 자들도 모두 음악을 통해서 정치의 실정을 알 수 있었으니, 이것이 바로 음악이 정치와 통한다는 뜻을 나타낸다.

① 州鳩師曠.

補註 按: 左傳昭二十一年, 周景王將鑄無射, 伶州鳩曰: "王其以心疾死乎." 師曠, 晉樂師名, 字子野. 如下章註辨靡靡之樂, 及左傳所載知南風不競等事, 是也.

번역 살펴보니, 『좌전』 소공 21년에 주나라 경왕이 무역(無射)음을 내는 종을 주조하려고 했는데, 악공 주구는 "왕은 마음의 병으로 돌아가실 것이다."라고 했다.[1] '사광(師曠)'은 진나라 악사의 이름이며 자는 자야이다. 아래 문장의 주에서 음이 가녀린 음악이라고 변별한 것과 『좌전』에서 남방의 악곡은 음이 강하지 못함을 알았다[2]는 등의 사안이 그 일화에 해당한다.

---

1) 『춘추좌씨전』「소공(昭公) 21년」: 二十一年春, 天王將鑄無射, 泠州鳩曰, "王其以心疾死乎! 夫樂, 天子之職也. 夫音, 樂之輿也; 而鐘, 音之器也. 天子省風以作樂, 器以鍾之, 輿以行之. 小者不窕, 大者不摦, 則和於物. 物和則嘉成. 故和聲入於耳而藏於心, 心億則樂. 窕則不咸, 摦則不容, 心是以感, 感實生疾. 今鐘摦矣, 王心弗堪, 其能久乎!"

2) 『춘추좌씨전』「양공(襄公) 18년」: 師曠曰, "不害. 吾驟歌北風, 又歌南風, 南風不競, 多死聲. 楚必無功."

「악기」7장

此慢字, 承上文謂之慢而言. 比, 近也. 桑間濮上, 衛地, 濮水之上, 桑林之間也. 史記言衛靈公適晉, 舍濮上, ①夜聞琴聲, 召師涓聽而寫之. 至晉, 命涓爲平公奏之. 師曠曰: "此師延靡靡之樂. 武王伐紂, 師延投濮水死. 故聞此聲, 必於濮水之上也." 政散故民罔其上, 民流故行其淫蕩之私也.

번역 이곳의 '만(慢)'자는 앞 문장에서 "교만하다고 부른다."[1]라고 했을 때의 '만(慢)'자를 이어서 한 말이다. '비(比)'자는 "가깝다[近]."는 뜻이다. '상간복상(桑間濮上)'은 위(衛)나라의 땅으로, 복수(濮水)가의 뽕나무 숲 사이를 뜻한다. 『사기(史記)』에서는 위나라 영공(靈公)이 진(晉)나라에 가다가 복수가에 머물렀는데, 밤에 금(琴)을 타는 소리를 들어서, 사연(師涓)을 불러다가 그 음악을 듣고 베끼도록 했다. 그리고 진나라에 도착하자 사연에게 명하여, 평공(平公)을 위해 연주하도록 했다. 그러자 사광(師曠)은 "이것은 사연(師延)이 지은 음이 가녀린 음악입니다. 무왕(武王)이 주(紂)임금을 정벌하여, 사연은 복수에 몸을 던져 죽었습니다. 그렇기 때문에 이 소리를 들은 것은 분명 복수가였을 것입니다."라고 했다. 정치의 도리가 흩어졌기 때문에 백성들이 위정자를 속이는 것이며, 백성들이 정처 없이 떠돌기 때문에 사사롭게 음탕한 행위를 하는 것이다.

① ○夜聞琴聲.

補註 按: 師延, 紂樂官. 紂使延作靡靡之樂, 此見史記 · 樂書, 而聲下有 "問左右皆對曰不聞" 八字.

번역 살펴보니, '사연(師延)'은 주임금의 악관이다. 주임금은 사연으로 하여

---

1) 『예기』「악기(樂記)」: 宮亂則荒, 其君驕; 商亂則陂, 其臣壞; 角亂則憂, 其民怨; 徵亂則哀, 其事勤; 羽亂則危, 其財匱. 五者皆亂, 迭相陵, 謂之慢. 如此則國之滅亡無日矣.

금 음이 가녀린 악곡을 짓도록 했는데, 이 일화는 『사기』「악서(樂書)」편에
나오며, '성(聲)'자 뒤에 "좌우에 물어보니, 모두들 들어보지 못했다고 대답했
다."라는 8글자가 기록되어 있다.

참고-集說

張子曰: 鄭衛地濱大河, ①沙地土薄, 故其人氣輕浮; 其地平下,
故②其質柔弱; ③其地肥饒, 不費耕耨, 故其人心怠惰. 其人情
性如此, 其聲音亦然. 故聞其樂, 使人如此懈慢也.

번역 장자가 말하길, 정나라와 위나라의 땅은 황하에 닿아 있고 모래로 깔려 있으며
토지가 좁기 때문에, 사람들의 기풍이 경박하며, 그 땅은 평평하고 낮기 때문에 사람들
의 본바탕이 유약하고, 그 땅은 비옥하여 경작하는 일에 힘을 쓰지 않기 때문에 사람들
의 마음이 나태해진다. 사람의 정감과 본성이 이와 같아서 그 소리와 음(音) 또한
이와 같은 것이다. 그래서 그 음악을 듣게 되면 이처럼 사람들을 나태하게 만든다.

① 沙地土薄.

補註 按: 詩·衛風作其地土薄, 而恐沙字爲是.

번역 살펴보니, 『시』「위풍(衛風)」에서는 '기지토박(其地土薄)'이라고 기록
했는데, 사(沙)자로 기록하는 것이 옳은 것 같다.

② 其質柔弱.

補註 按: 詩本文, 質上有人字.

번역 살펴보니, 『시』의 본문에는 '질(質)'자 앞에 인(人)자가 기록되어 있다.

③ 其地肥饒.

補註 按: 肥饒, 與上文土薄有異, 而竊恐, 土薄云者, 土性輕浮之謂, 與

肥饒不相妨與.

번역 살펴보니, '비요(肥饒)'는 앞 문장에 나온 토박(土薄)과 차이점이 있는데, 내가 생각하기에 토박(土薄)이라고 말한 것은 토양의 성질이 가볍고 영양분이 없다는 뜻으로, 비요의 뜻과 저애가 되지 않는 것 같다.

凡音者, 生於人心者也. 樂者, 通倫理者也. 是故知聲而不知音
者, 禽獸是也. 知音而不知樂者, 衆庶是也. 唯君子爲能知樂.
是故審聲以知音, 審音以知樂, 審樂以知政, 而治道備矣. 是故
不知聲者, 不可與言音; 不知音者, 不可與言樂. ①知樂則幾於
禮矣. ②禮樂皆得, 謂之有德. 德者, 得也.

번역 무릇 음(音)이라는 것은 사람의 마음에서 생겨난다. 악(樂)이라는 것은 사물
들이 각각 가지고 있는 이치에 통한다. 이러한 까닭으로 소리[聲]는 알되 음(音)을
모르는 자는 짐승에 해당한다. 또 음(音)은 알되 악(樂)을 모르는 자는 일반 대중에
해당한다. 오직 군자만이 악(樂)을 알 수 있다. 그렇기 때문에 소리를 살펴서 음
(音)을 알고, 음(音)을 살펴서 악(樂)을 알며, 악(樂)을 살펴서 정치를 하니, 다스
림의 도리가 거기에 모두 갖춰지게 된다. 이러한 까닭으로 소리를 알지 못하는 자
와는 함께 음(音)에 대해서 말을 할 수 없고, 음(音)을 알지 못하는 자와는 함께
악(樂)에 대해서 말을 할 수 없다. 악(樂)을 안다면, 예(禮) 또한 거의 알 수 있게
된다. 예(禮)와 악(樂)을 모두 얻게 되면, 이러한 자를 유덕한 자라고 부른다. '덕
(德)'자는 얻는다는 뜻이다.

① 知樂則幾於禮.

補註 鄭註: "幾, 近也." 疏曰: "知樂, 則能正君·臣·民·事·物, 故云近
於禮."

번역 정현의 주에서 말하길, "'기(幾)'자는 가깝다는 뜻이다."라고 했다. 소에
서 말하길, "음악에 대해 안다면 군주·신하·백성·사안·물건을 바르게
할 수 있다. 그렇기 때문에 예(禮)에 가깝다고 말한 것이다."라고 했다.

補註 ○陽村曰: 幾, 應氏謂辨析精微之極, 愚恐幾當訓近.

번역 ○양촌이 말하길, '기(幾)'자에 대해 응씨는 매우 세밀하게 분석하는

것이라 했는데, 내가 생각하기에 기자는 마땅히 근(近)자로 풀이해야 할 것
같다.

② 禮樂皆得.

補註 按: 諺讀禮樂下隱吐, 誤.

번역 살펴보니, 『언독』에서는 예악(禮樂) 뒤에 은[隱]토를 붙였는데, 잘못되
었다.

참고─集說

方氏曰: 凡耳有所聞者皆能知聲, 心有所識者則能知音, 道有
所通者乃能知樂. 若①瓠巴鼓瑟, 流魚出聽; 伯牙鼓琴, 六馬仰
秣, 此禽獸之知聲者也. 魏文侯好鄭衛之音, 齊宣王好世俗之
樂, 此衆庶之知音者也. 若孔子在齊之所聞, 季札聘魯之所觀,
此君子之知樂者也.

번역 방씨가 말하길, 무릇 귀로 들리는 것이 있다면 모두 그 소리[聲]를 알 수 있
고, 마음에 알고 있는 것이 있다면 음(音)을 알 수 있으며, 도(道)에 대해서 통달한
점이 있는 자는 곧 악(樂)을 알 수 있다. 호파(瓠巴)라는 자가 슬(瑟)을 연주하자
물고기가 뛰어올라 그 소리를 들었고, 백아라는 자가 금(琴)을 연주하자 여섯 마리
의 말이 머리를 치켜들고 꼴을 먹었다고 한 경우는 바로 짐승도 소리를 알아듣는
것을 뜻한다. 위문후가 정나라와 위나라의 음악을 좋아했고,[1] 제선왕이 세속의 음
악을 좋아했던 경우[2]는 대중들이 음(音)을 알아듣는 것을 뜻한다. 공자가 제나라

---

1) 『예기』 「악기(樂記)」: 魏文侯問於子夏曰, "吾端冕而聽古樂, 則唯恐臥; 聽鄭衛
之音, 則不知倦. 敢問古樂之如彼何也? 新樂之如此何也?" 子夏對曰, "今夫古樂,
進旅退旅, 和正以廣, 弦匏笙簧, 會守拊鼓, 始奏以文, 復亂以武, 治亂以相, 訊疾
以雅. 君子於是語, 於是道古, 修身及家, 平均天下, 此古樂之發也."
2) 『맹자』 「양혜왕하(梁惠王下)」: 他日, 見於王曰, "王嘗語莊子以好樂, 有諸?" 王變

에서 음악을 들었던 경우3)와 계찰이 노나라에 빙문으로 찾아와서 음악을 살펴보았던 경우4)는 군자가 악(樂)을 알아듣는 것을 뜻한다.

① 瓠巴鼓瑟[止]仰秣.

補註 荀子文.
번역 『순자』의 기록이다.5)

金華邵氏曰: 惟君子知樂, 故審噍殺之聲, 則知其爲志微噍殺之音, 審嘽緩之聲, 則知其爲嘽諧慢易繁文簡節之音. 如此之類, 所謂審聲以知音也. 審寬裕肉好順成和動之音, 則知和樂興焉. 審流辟邪散狄成滌蕩之音, 則知淫樂興焉. 若此之類, 所謂審音以知樂也. 審樂之和, 則知其政之和, 審樂之乖, 則知其政之乖. 若此之類, 所謂審樂以知政也. ①吾能自知音, 以至於知政倫理貫通, 則於爲治音樂不敢缺一, 苟一有缺, 則聲與音音與樂必形見於此矣, 故不知聲不可與言音, 不知音不可與言樂. 苟能知樂, 則於禮爲幾, 蓋禮者理也, 樂通倫理, 故於禮爲幾. 論至於此, 則禮樂豈二理哉?

번역 금화소씨6)가 말하길, 오직 군자만이 악(樂)을 안다. 그렇기 때문에 급하고 빠

乎色, 曰, "寡人非能好先王之樂也, 直好世俗之樂耳."

3) 『논어』「술이(述而)」: 子在齊聞韶, 三月不知肉味, 曰, "不圖爲樂之至於斯也."

4) 이 일화는 『춘추좌씨전』「양공(襄公) 29년」에 기록되어 있다.

5) 『순자』「권학(勸學)」: 昔者瓠巴鼓瑟, 而流魚出聽; 伯牙鼓琴, 而六馬仰秣. 故聲無小而不聞, 行無隱而不形.

6) 금화소씨(金華邵氏, ?~?): =소연(邵淵)·소만종(邵萬宗). 남송(南宋) 때의 유학자

른 소리를 살펴보면 미약하고 급하며 빠른 음(音)이 됨을 알 수 있고, 느릿느릿한 소리를 살펴보면 완만하고 느긋하며 문채가 다양하지만 절도에 맞게 연주되는 음(音)이 됨을 알 수 있다. 이와 같은 부류를 이른바 "소리를 살펴서 음(音)을 안다." 고 부른다. 관대하고 여유로우며 널리 은혜가 묻어나고 순차에 따라 문채를 이루며 조화롭게 움직이는 음(音)을 살펴보면 조화로운 악(樂)이 흥성하게 될 것을 알 수 있고, 편벽되게 흐르고 음탕하고 산만하며 너무 급박하고 순서에 따르지 않는 음(音)을 살펴보면 음란한 악(樂)이 흥성하게 될 것을 알 수 있다. 이와 같은 부류를 이른바 "음(音)을 살펴서 악(樂)을 안다."고 부른다. 악(樂)이 조화롭다는 것을 살펴본다면 정치가 조화롭다는 사실을 알 수 있고, 악(樂)이 어그러졌다는 것을 살펴본다면 정치가 어그러졌다는 사실을 알 수 있다. 이와 같은 부류를 이른바 "악(樂)을 살펴서 성지를 안다."고 부른다. 스스로 음(音)을 아는 깃으로부터 정치와 윤리가 하나로 연결되어 있다는 사실을 아는 경지에 도달하게 되면, 정치를 시행하는 일에 있어서 음(音)과 악(樂)에 대해서 감히 하나라도 빠트릴 수가 없으니, 만약 하나라도 빠지게 된다면 소리와 음(音) 또는 음(音)과 악(樂)은 반드시 이러한 결점들을 통해 나쁜 방향으로 나타날 것이다. 그렇기 때문에 소리를 알지 못하는 자와는 음(音)에 대해서 말을 할 수 없고, 음(音)을 알지 못하는 자와는 악(樂)에 대해서 말할 수 없는 것이다. 진실로 악(樂)을 알 수 있어야만 예(禮)에 대해서도 거의 알 수 있게 되니, 무릇 예(禮)라는 것은 이치이고 악(樂)은 윤리를 관통하고 있다. 그렇기 때문에 예(禮)에 대해서도 거의 가깝다. 그 의론이 이와 같은데 예(禮)와 악(樂)에 어찌 각기 다른 두 가지 이치가 있겠는가?

① 吾能自知音.

補註 吾, 恐若之誤.

번역 '오(吾)'자는 아마도 약(若)자의 오자인 것 같다.

이다. 이름은 연(淵)이고, 자(字)는 만종(萬宗)이다. 『주자문집(朱子文集)』에는 장사박사(長沙博士)로 기록되어 있다. 『예기』의 「곡례(曲禮)」, 「왕제(王制)」, 「악기(樂記)」, 「대학(大學)」, 「중용(中庸)」에 대해 해설하였다.

是故樂之隆, 非極音也. 食饗之禮, 非致味也. 清廟之瑟, ①朱
絃而疏越, 壹倡而三歎, ②有遺音者矣. 大饗之禮, 尚玄酒而俎
腥魚, 大羹不和, ②有遺味者矣. 是故先王之制禮樂也, 非以極
口腹耳目之欲也, 將以敎民平好惡而反人道之正也.

번역 이러한 까닭으로 악(樂)의 융성함은 음(音)을 지극히 하는 것이 아니다. 또 사향(食饗)의 예(禮)는 음식의 맛을 지극히 하는 것이 아니다. 청묘(淸廟)라는 시를 슬(瑟)로 연주할 때에는 주색의 현을 매달고 바람이 구멍을 통하게 하며, 한 사람이 선창하면 세 사람이 화답하니, 다 표현하지 않은 음들이 있는 것이다. 대향(大饗)의 예(禮)에서는 현주(玄酒)를 숭상하고, 조리하지 않은 물고기를 도마에 올리며, 대갱(大羹)에는 조미를 가미하지 않으니, 다 표현하지 않은 맛들이 있는 것이다. 이러한 까닭으로 선왕이 예(禮)와 악(樂)을 제정한 것은 단순히 사람의 입·배·귀·눈이 바라는 것을 지극히 충족시키기 위해서가 아니며, 장차 이러한 것들을 통해서 백성들이 좋아함과 싫어함에 대해서 균평하도록 하고, 인도의 올바름으로 되돌리도록 가르치기 위해서이다.

① 朱絃而疏越.

補註 語類曰: 朱絃, 練絲絃, 疏越, 下面闊.

번역 『어류』에서 말하길, '주현(朱絃)'은 누인 실로 만든 현을 뜻하고, '소월(疏越)'은 밑면의 넓은 부분이다.

補註 ○按: 越, 古經與通解及儀禮·鄕飮酒拚越之越, 皆無他音, 與大路越席之越音活者, 自不同, 而詩·周頌·淸廟小註戶括反, 恐或錯看, 語類下面闊, 而因取闊音耶. 闊字, 正釋疏字, 下面二字, 指越也. 朱子於詩引此文, 又引鄭註曰"越, 瑟底孔也." 然則越, 是瑟底孔, 而音當如字, 明矣.

번역 ○살펴보니, '월(越)'자에 있어서 『고경』과 『통해』 및 『의례』「향음주례(鄕飮酒禮)」편에서 "월에 손을 넣는다."[1]라고 했을 때의 월(越)자에는 모두 다른 음이 없고, "대로에는 부들자리를 깐다."[2]라고 했을 때 '越'자의 음이 '活(활)'인 것과는 그 자체로 다른 것인데, 『시』「주송(周頌)·청묘(淸廟)」편의 소주에서 '戶(호)'자와 '括(괄)'자의 반절음이라고 한 것은 아마도 착각을 했던 것 같으며, 『어류』에서 '하면활(下面闊)'이라고 하여 이로 인해 '활(闊)'자의 음에 따른 것 같다. '활(闊)'자는 소(疏)자의 뜻을 풀이한 것이고, '하면(下面)'이라는 2글자는 월(越)을 가리킨다. 주자는 『시』의 주에서도 이곳 문장을 인용하고, 재차 정현의 주에서 "'월(越)'은 슬(瑟)의 바닥에 있는 구멍이다."라고 한 말을 인용했다. 그렇다면 '월(越)'은 슬의 바닥에 있는 구멍을 뜻하며, 그 음은 마땅히 글자대로 풀이해야 한다는 것이 분명하다.

② **有遺音[又]有遺味.**

補註 按: 陳註, 與小註邵說不同, 未知孰是.

번역 살펴보니, 진호의 주는 소주에 나온 소씨의 주장과 다른데 누가 옳은지는 모르겠다.

참고-大全 金華邵氏曰: 禮樂皆得而謂之德者, 豈自外來哉? 得之於我, 而非强探力索, 始可謂德耳. 是以樂之隆, 雖鐘鼓管磬干戚羽籥莫不具陳, 而非得乎樂者, 故非極音. 食饗之禮, 雖籩豆簠簋籩薦饗餕莫不畢備, 而非得乎禮者, 故非致味. 至文王淸廟之瑟, 聲濁而遲, 倡者一而和者三, 其音蓋有遺矣, 而後世必貴焉者, 以文王之瑟有得於樂, 故音雖不足, 而德則有餘也. 大饗之禮, 玄酒腥魚, 大羹其味, 蓋有遺矣, 而後世必重焉者, 以大饗之禮, 有得於禮, 故味雖不足, 而德則有餘也. 然則禮樂之理,

---

1) 『의례』「향음주례(鄕飮酒禮)」: 工四人, 二瑟, 瑟先. 相者二人, 皆左何瑟, 後首, <u>挎越</u>, 內弦, 右手相.

2) 『춘추좌씨전』「환공(桓公) 2년」: 君人者, 將昭德塞違, 以臨照百官, 猶懼或失之, 故昭令德以示子孫, 是以淸廟茅屋, <u>大路越席</u>, 大羹不致, 粢食不鑿, 昭其儉也.

豈假於外? 亦貴其自得於吾身而已.

번역 금화소씨가 말하길, 예(禮)와 악(樂)의 이치를 모두 터득한 것을 '덕 (德)'이라고 부르는데, 이것이 어찌 외부로부터 온 것이겠는가? 자신에게서 터득한 것이며 억지로 찾아서 얻은 것이 아니니, 이처럼 되어야만 비로소 덕 (德)이라고 부를 수 있을 따름이다. 이러한 까닭으로 악(樂) 중 융성한 것은 비록 종이나 북 또는 관악기나 석경(石磬) 등의 악기나 방패나 도끼 또는 깃털과 피리 등의 무용도구들이 갖춰지지 않은 것이 없지만, 그것들은 악 (樂)의 뜻에 부합되는 않는다. 그렇기 때문에 음(音)을 지극히 하는 것이 아니다. 사향(食饗)의 예(禮)에는 비록 변(籩)·두(豆)·보(簠)·궤(簋) 등의 제기와 체천(體薦)[3]이나 옹희 등의 음식들이 갖춰지지 않은 것이 없지만, 그것들은 예(禮)의 뜻에 부합되는 것이 아니다. 그렇기 때문에 맛을 지극히 하는 것이 아니다. 문왕에 대한 청묘(清廟)라는 시를 슬(瑟)로 연주함에 있어서, 그 소리는 탁하고 느리며, 선창하는 것이 하나이고 화답하는 것도 셋 이니, 그 음(音)에는 다 표현하지 않고 남긴 것이 있는데, 후세에서 이것을 기어코 존귀하게 높인 이유는 문왕에 대해 연주한 슬(瑟)에는 악(樂)의 뜻에 부합되는 점이 있기 때문에, 음(音)에 비록 부족한 점이 있더라도, 덕(德)의 측면에서는 풍부하게 된다. 대향(大饗)의 예(禮)에서 현주(玄酒)를 숭상하고 조리하지 않은 물고기를 바치며, 대갱(大羹)에 조미를 가미하지 않는데, 무릇 맛을 다 내지 않은 점이 있지만, 후세에서 기어코 존귀하게 높인 이유는 대향의 예(禮)는 예(禮)의 뜻에 부합되는 점이 있기 때문에, 맛에 비록 부족한 점이 있지만, 덕(德)의 측면에서는 풍부하게 된다. 그렇다면 예(禮)와 악(樂)의 이치를 어찌 외부에서 빌려오는 것이겠는가? 이 또한 자신에게서 스스로 터득함을 존귀하게 여길 따름이다.

---

3) 체천(體薦)은 제사나 연회 때, 희생물의 몸체를 반으로 갈라서 큰 도마에 올리고, 이것을 통해 제수를 바치는 것을 뜻한다.

「악기」 10~11장

참고—經文

①人生而靜, 天之性也. 感於物而動, 性之欲也. 物至知知, 然後好惡形焉. 好惡無節於內, 知誘於外, ②不能反躬, 天理滅矣. 夫③物之感人無窮, 而人之好惡無節, 則是物至而人化物也. 人化物也者, 滅天理而窮人欲者也. 於是有悖逆詐僞之心, 有淫泆作亂之事. 是故强者脅弱, 衆者暴寡, 知者詐愚, 勇者苦怯, 疾病不養, 老幼孤獨不得其所, 此大亂之道也.

번역 사람은 태어나면서부터 고요하니, 하늘이 부여한 본성에 해당한다. 마음은 외부 사물을 느껴서 움직이게 되니, 본성에서 나타난 욕망이다. 외부 사물이 다다르면, 지각 능력이 그것을 알게 되며, 그런 뒤에 좋고 싫어함이 나타나게 된다. 좋고 싫어함에 대해 내적으로 절제함이 없고, 지각 능력이 외부 사물의 꾐에 넘어가서, 스스로 돌이켜서 그 이치를 따져볼 수 없다면, 천리(天理)가 없어지게 된다. 무릇 사물이 사람의 마음을 느끼게 함에는 끝이 없는데, 사람의 좋고 싫어함에 절제함이 없다면, 이것은 사물이 다다라서 사람이 사물에게 이끌려 사물화 되는 것이다. 사람이 사물에게 이끌려 사물화 되는 자는 천리를 없애고 인욕을 끝없이 다하는 자이다. 여기에서 어그러지고 거짓된 마음이 생겨나고, 음란하고 난리를 일으키는 일이 생긴다. 이러한 까닭으로 강자는 약한 자를 위협하고, 다수는 소수에게 난폭하게 대하며, 똑똑한 자는 아둔한 자를 속이고, 용맹한 자는 겁이 많은 자를 괴롭히니, 병에 걸린 자들은 부양을 받지 못하고, 노인이나 어린이 또 고아나 홀아비는 자신의 자리를 얻지 못한다. 이것이 바로 크게 혼란스럽게 되는 도이다.

① ○人生而靜[及]然後好惡二章.

補註 陽村曰: 經言心, 自虞書始, 言性, 自湯誥始, 言欲自仲虺始, 言心‧言性, 又並擧天理‧人欲而對言之者, 唯此篇而已. 虞書之道, 心卽是天理, 然學者, 猶未知吾心之道卽天之理也. 湯誥言上帝降衷, 若有恒

性, 則天與人猶二也. 仲虺之言, 人但見其有欲, 而未見其有理也. 此章
曰人生而靜, 天之性也, 則吾心之理, 卽天之性, 是合天人而一之也. 其
下分言天理人欲, 而要反躬, 其所以發明虞書・湯誥之意, 而開示後學
者, 可謂深切而著明矣.

번역 양촌이 말하길, 경전에서 심(心)을 말한 것은 『서』「우서(虞書)」로부터
시작되었고, 성(性)을 말한 것은 『서』「탕고(湯誥)」로부터 시작되었는데, 심
과 성을 말하고 아울러 천리(天理)와 인욕(人欲)을 제시하며 대비해서 말한
것은 「악기」편 밖에 없다. 「우서」에 나타난 도리는 심은 곧 천리라는 것인
데, 배우는 자들은 여전히 내 마음의 도가 하늘의 이치임을 깨닫지 못했다.
「탕고」에서는 상제가 참된 마음을 내려주어 항상된 성(性)을 갖췄다고 말했
는데, 하늘과 사람은 여전히 별개의 존재가 된다. 『서』「중훼지고(仲虺之誥)
」에서는 사람은 욕망을 가지고 있음만 보고 아직 이치가 있음을 보지 못했
다고 했다. 이곳에서는 "사람은 태어나면서부터 고요하니, 하늘이 부여한 성
에 해당한다."라고 했으니, 내 마음의 이치는 곧 하늘의 성에 해당하여, 하늘
과 사람이 합해 하나가 된 것이다. 그 뒤에서는 천리와 인욕을 나눠서 설명
하여 스스로 돌이켜보도록 했으니, 「우서」와 「탕고」의 뜻을 드러내어 후학
들에게 보여주었는데, 매우 깊고 절실하며 밝게 드러낸다고 평할 수 있다.

② **不能反躬.**

補註 語類曰: 反躬, 是回頭省察.
번역 『어류』에서 말하길, '반궁(反躬)'은 돌이켜서 성찰한다는 뜻이다.

③ **物之感人[止]無節.**

補註 語類曰: 此說得工夫極密, 兩邊都有些罪過. 物之誘人固無窮, 然
亦是自家好惡無節, 所以被物誘去. 若自有箇主宰, 如何被他誘去? 此
處極好玩味, 且語意渾粹.
번역 『어류』에서 말하길, 이것은 공부의 지극히 정밀함을 말한 것인데, 양쪽

모두에는 허물이 있다. 사물이 사람을 유혹하는 것에는 진실로 다함이 없지만, 이것은 또한 스스로 좋아하고 싫어함에 절제함이 없어서 사물의 유혹을 받은 것이다. 만약 스스로 주재할 수 있다면 어떻게 사물에게 유혹을 당하겠는가? 이것은 잘 음미해야 하며 또 말에 나타난 의미도 순수하다.

「악기」 12장

是故先王之制禮樂, ①人爲之節. 衰麻哭泣, 所以節喪紀也. 鐘
鼓干戚, 所以和安樂也. 昏姻冠笄, 所以別男女也. ②射鄕食饗,
所以正交接也. 禮節民心, 樂和民聲, 政以行之, 刑以防之. 禮
樂刑政, 四達而不悖, 則王道備矣.

번역 이러한 까닭으로 선왕이 예(禮)와 악(樂)을 제정하여, 사람들은 그것을 절도
로 삼았다. 즉 상복 및 상례제도를 두어서 상을 치르는 기간에 대해서 조절을 한
것이다. 또 종이나 북 방패나 도끼 등 음악과 관련된 제도를 만들어서 안정되고 즐
거워하는 마음을 조화롭게 한 것이다. 또 혼인 및 관례(冠禮)나 계례(笄禮) 등의
의식을 두어서, 남녀사이에 구별을 둔 것이다. 또 사례(射禮)나 향음주례(鄕飮酒
禮) 및 사향(食饗) 등의 의식을 두어서, 서로 교류하는 일을 올바르게 바로잡은 것
이다. 따라서 예(禮)는 백성들의 마음을 조절하고, 악(樂)은 백성들의 소리를 조화
롭게 만들며, 정치는 이를 통해 시행하고, 형벌은 이를 통해 나쁜 것을 방지한다.
예(禮)·악(樂)·형벌·정치가 사방에 두루 시행되어 어그러지지 않는다면, 왕도
가 모두 갖춰지게 된다.

① ○人爲之節.

補註 通解曰: 人爲之節, 言人人皆爲之節也.

번역 『통해』에서 말하길, '인위지절(人爲之節)'은 사람들이 모두 그것을 절
도로 삼았다는 뜻이다.

② 射鄕.

補註 鄭註: 大射·鄕飮酒也.

번역 정현의 주에서 말하길, '사(射)'자와 '향(鄕)'자는 대사례(大射禮)[1]와
향음주례(鄕飮酒禮)[2]를 뜻한다.

劉氏曰: 先王之制禮樂, 因人情而爲之節文. 因其哀死而①喪期無數, 故爲衰麻哭泣之數以節之. 因其好逸樂而不能和順於義理, 故爲鐘鼓干戚之樂以和之. 因其有男女之欲而不知其別, 故爲昏姻冠笄之禮以別之. 因其有交接之事而或失其正, 故爲射鄕食饗之禮以正之. 節其心, 所以使之行而無過不及; 和其聲, 所以使之言而無所乖戾; 爲之政以率其怠倦, 而使禮樂之敎無不行; 爲之刑以防其恣肆, 而使禮樂之道無敢廢. 禮樂刑政四者通行於天下, 而民無悖違之者, 則王者之治道備矣.

---

1) 대사례(大射禮)는 제사를 지낼 때, 제사를 돕는 자들을 채택하기 위해 시행하는 활쏘기 대회이다. 천자의 경우에는 '교외 및 종묘[郊廟]'에서 제사를 지낼 때, 제후 및 군신(群臣)들과 미리 활쏘기를 하여, 적중함이 많은 자를 채택하고, 채택된 자로 하여금 천자가 주관하는 제사에 참여하도록 하는 의례(儀禮)이다. 『주례』「천관(天官)·사구(司裘)」편에는 "王大射, 則共虎侯, 熊侯, 豹侯, 設其鵠."이라는 기록이 있는데, 이에 대한 정현의 주에서는 "大射者, 爲祭祀射. 王將有郊廟之事, 以射擇諸侯及群臣與邦國所貢之士可以與祭者. …… 而中多者得與於祭."라고 풀이하였다. 한편 각 계급에 따라 '대사례'의 예법에는 차등이 있었는데, 예를 들어 천자가 시행하는 '대사례'에서는 표적으로 호후(虎侯), 웅후(熊侯), 표후(豹侯)가 사용되었고, 표적지에는 곡(鵠)을 설치했다. 그리고 제후가 시행하는 '대사례'에서는 웅후(熊侯), 표후(豹侯)가 사용되었고, 표적지에 곡(鵠)을 설치했다. 경(卿)과 대부(大夫)의 경우에는 미후(麋侯)를 사용하였고, 표적지에 곡(鵠)을 설치했다.

2) 향음례(鄕飮禮)는 '향음주례(鄕飮酒禮)'라고도 부른다. 주(周)나라 때에는 향학(鄕學)에서 3년마다 대비(大比)라는 시험을 치러서, 선발된 자들을 천거하였다. 이러한 행사를 실시할 때 향대부(鄕大夫)는 음주 연회의 자리를 만들어서, 선발된 자들에게 빈례(賓禮)에 따라 대접을 하며, 그들에게 술을 따라주었는데, 이 의식을 '향음례' 또는 '향음주례'라고 불렀다. 『의례』「향음주례(鄕飮酒禮)」편에 대한 가공언(賈公彦)의 소(疏)에서는 정현의 『삼례목록(三禮目錄)』을 인용하여, "諸侯之鄕大夫三年大比, 獻賢者能於其君, 以賓禮待之, 與之飮酒. 於五禮屬嘉禮."라고 풀이했다. 또한 일반적으로 음주를 즐기며 연회를 하는 것을 뜻하기도 한다.

번역 유씨가 말하길, 선왕이 예(禮)와 악(樂)을 제정함에, 사람의 정감에 따라서 그것에 대한 격식과 제도를 만들었다. 죽은 자를 애도할 때 그 기한에 끝이 없음에 연유했기 때문에, 상복이나 곡(哭)을 하며 우는 것들에 대해 정해진 수치를 두어서 조절을 했다. 또 안일하고 안락함을 좋아하여 의리에 순종하거나 조화롭게 되지 못함에 연유했기 때문에, 종·북 등의 악기와 방패·도끼 등의 무용도구를 두어 이러한 악(樂)을 제정해서 조화롭게 했다. 또 남녀 간의 욕망으로 인해 그 구별됨을 알지 못함에 연유했기 때문에, 혼인 및 관례(冠禮)와 계례(笄禮)의 규정을 두어 구별을 한 것이다. 또 서로 교류하는 사안에 있어서 간혹 올바름을 잃어버리는 일이 있음에 연유했기 때문에, 사례(射禮)·향음주례(鄕飮酒禮)·사향(食饗) 등의 예법을 제정하여 바르게 했던 것이다. 그 마음을 조절하는 것은 그들로 하여금 시행하되 지나치거나 미치지 못함이 없게끔 하는 것이다. 그 소리를 조화롭게 하는 것은 그들로 하여금 말을 함에 어긋나는 것이 없게끔 하는 것이다. 그들을 위해 정치를 시행하여 태만한 마음을 이끌어, 예(禮)와 악(樂)의 가르침을 시행하지 못하는 일이 없게끔 한 것이다. 그들을 위해 형벌을 시행하여 방자한 마음을 방지해서, 예(禮)와 악(樂)의 도리를 감히 저버리는 일이 없게끔 한 것이다. 예(禮)·악(樂)·형벌[刑]·정치[政]라는 네 가지가 천하에 통행되어, 백성들 중 어그러트리거나 위배하는 자가 없다면, 왕의 다스리는 도리가 모두 갖춰지게 된다.

① 喪期無數.

補註 易·繫辭文.

번역 『역』「계사전(繫辭傳)」의 기록이다.[3]

---

3) 『역』「계사하(繫辭下)」: 古之葬者, 厚衣之以薪, 葬之中野, 不封不樹, <u>喪期无數</u>, 後世聖人易之以棺椁, 蓋取諸大過.

「악기」13장

참고-經文

①樂者爲同, 禮者爲異. 同則相親, 異則相敬. 樂勝則流, 禮勝則離. 合情飾貌者, 禮樂之事也. 禮義立, 則貴賤等矣. 樂文同, 則上下和矣. 好惡著, 則賢不肖別矣. 刑禁暴, 爵擧賢, 則政均矣. 仁以愛之, 義以正之, 如此則民治行矣.

번역 악(樂)이라는 것은 동일하게 만들고, 예(禮)라는 것은 다르게 만든다. 동일하게 되면 서로 친애하게 되고, 다르게 되면 서로 공경하게 된다. 악(樂)이 예(禮)보다 지나치면 방탕한 곳으로 빠지고, 예(禮)가 악(樂)보다 지나치면 서로 떠나게 된다. 정감을 합치고 모양을 꾸미는 것은 예(禮)와 악(樂)에 해당하는 일들이다. 예(禮)의 뜻이 확립되면, 귀천의 등급이 고르게 된다. 악(樂)의 격식이 동일하게 되면, 상하 계층이 화합하게 된다. 좋고 싫어함이 드러나면 현명하고 불초한 자들이 구별된다. 형벌로 난폭함을 금하고, 작위로써 현명한 자를 등용하면, 정치가 균평하게 시행된다. 인(仁)으로써 서로를 사랑하고, 의(義)로써 바르게 하니, 이처럼 한다면, 백성들을 다스리는 일이 시행된다.

① 樂者爲同.

補註 按: 疏自此至此所與民同也, 爲樂論.

번역 살펴보니, 소에서는 이 문장으로부터 "이것은 백성들도 모두 알고 있는 것들이다."[1]라고 한 구문까지는 「악론(樂論)」편이 된다고 했다.

---

1) 『예기』「악기(樂記)」: 論倫無患, 樂之情也; 欣喜歡愛, 樂之官也; 中正無邪, 禮之質也; 莊敬恭順, 禮之制也. 若夫禮樂之施於金石, 越於聲音, 用於宗廟社稷, 事乎山川鬼神, 則此所與民同也.

「악기」 14장

①樂由中出, 禮自外作. 樂由中出故静, 禮自外作故文. 大樂必易, 大禮必簡. 樂至則無怨, 禮至則不爭. 揖讓而治天下者, 禮樂之謂也. 暴民不作, 諸侯賓服, 兵革不試, 五刑不用, 百姓無患, 天子不怒, 如此則樂達矣. 合父子之親, 明長幼之序, 以敬四海之内, 天子如此, 則禮行矣.

번역 악(樂)은 마음으로부터 나오고, 예(禮)는 외부로부터 만들어진다. 악(樂)은 마음으로부터 나오기 때문에 고요하며, 예(禮)는 외부로부터 만들어지기 때문에 문채가 난다. 큰 악(樂)은 반드시 쉽고, 큰 예(禮)는 반드시 간략하다. 악(樂)이 지극해지면 원망함이 없고, 예(禮)가 지극해지면 다투지 않는다. 옛날의 선왕이 인사를 하고 겸양을 하는 것만으로도 천하를 다스릴 수 있었다는 말은 바로 예(禮)와 악(樂)이 지극했음을 뜻한다. 난폭한 백성이 생기지 않고, 제후들이 복종하며, 병장기가 사용되지 않고, 오형(五刑)이 사용되지 않으며, 백성들에게 근심이 없고, 천자가 성내지 않게 되니, 이처럼 한다면 악(樂)이 두루 통하게 된다. 천자가 부자관계의 친애함을 합하여 널리 시행하고, 장유관계에서의 질서를 밝혀서, 이를 통해 천하의 모든 사람들을 공경하니, 천자가 이처럼 한다면, 예(禮)가 시행된다.

① ○樂由中[止]故文.

補註 農巖曰: "樂, 陽也. 禮, 陰也. 陽動而陰静, 故樂有發越動盪意, 禮有收斂静密意. 此固易見, 然記中又却言樂由中出故静, 禮自外作故文. 此則樂又似乎陰而禮又似乎陽, 何也? 仁體剛而用柔, 義體柔而用剛, 似與此一理." 又曰: "樂由中出故静, 禮自外作故文. 禮樂同出人心, 而此以內外對言者, 禮雖本於恭敬退讓之實, 其進退周旋升降節度, 皆因人之親疎貴賤, 事之輕重大小而爲之制焉, 故謂之自外作. 若樂則直是心中有所喜樂, 自然流出於外, 其發於詠歌, 形於舞蹈, 播於金石絲竹, 動

於干戚羽旄者, 蓋有不期然而然, 不容人安排, 故謂之由中出. 禮之爲
文, 固易見, 而樂之言靜者, 蓋其聲容之盛, 雖若發越動盪, 而其中却自
有雍容閑暇深遠意思, 無許多造作勞攘意."

번역 농암이 말하길, "악은 양에 해당한다. 예는 음에 해당한다. 양은 동하고
음은 정하기 때문에 악에는 두루 퍼지고 출렁이는 뜻이 있고, 예에는 수렴하
고 고요한 뜻이 있다. 이러한 점들은 진실로 쉽게 알 수 있지만, 『예기』에서
는 악은 안으로부터 나오기 때문에 정하고 예는 밖으로부터 만들어지기 때
문에 문하다고 했다. 이 말은 악은 또한 음과 유사하고 예는 또한 양과 유사
하다는 말인데, 어째서인가? 인의 본체는 강하고 쓰임은 유하며, 의의 본체
는 유하고 쓰임은 강한데, 이와 같은 이치인 것 같다."라고 했다. 또 말하길,
"악은 안으로부터 나오기 때문에 정하고 예는 밖으로부터 만들어지기 때문
에 문하다고 했다. 예와 악은 모두 사람의 마음으로부터 나온 것인데, 여기
에서는 내외를 대비시켜 말했다. 그 이유는 예가 비록 공손과 겸양의 실질에
근본을 두고 있지만, 나아가고 물러남, 몸을 돌림, 오르고 내림 등의 절도는
모두 사람의 친소관계 및 귀천의 등급, 사안의 경중과 대소를 바탕으로 하여
그것을 제도화한 것이다. 그렇기 때문에 밖으로부터 만들어진다고 했다. 악
의 경우에는 단지 마음에 있는 기쁘고 즐거운 것들이 자연히 밖으로 흘러나
와서, 노래로 드러나고 춤사위로 형상화되며 금·석·사·죽 등의 악기로
연주되고 간·척·우·모 등의 무구를 통해 움직여지니, 이것들은 기약하지
않아도 그렇게 되는 점이 있고, 사람의 안배를 용인하지 않는다. 그렇기 때
문에 안으로부터 나온다고 했다. 예의 문은 진실로 쉽게 확인할 수 있는데,
악에 대해 정이라고 말한 것은 소리와 모습의 융성함에는 비록 두루 퍼지고
출렁이는 것처럼 보이지만, 그 마음에는 화락하고 고요하며 한가롭고 심원
한 뜻이 있으며, 잡다한 조작이나 분란의 뜻이 없기 때문이다.

劉氏曰: 欣喜歡愛之和出於中, 進退周旋之序著於外. 和則情意安舒, 故靜; 序則威儀交錯, 故文. 大樂與天地同和, 如①乾以易知而不勞; 大禮與天地同節, 如①坤以簡能而不煩. 樂至則人皆得其所而無怨, 禮至則人各安其分而不爭. 如帝世揖讓而天下治者, 禮樂之至也. 達者, 徹於彼之謂. 行者, 出於此之謂. 行者達之本, 達者行之效. 天子自能合其父子之親, 明其長幼之序, 則家齊族睦矣. 又能親吾親以及人之親, 長吾長以及人之長, 是謂以敬四海之內, 則禮之本立而用行矣. 禮之用行, 而後樂之效達. 故於樂但言天子無可怨者, 而於禮則言天子如此. 是樂之達, 乃天子行禮之效也. 周子曰, "萬物各得其理而後和, 故禮先而樂後", 是也.

번역 유씨가 말하길, 기뻐하며 사랑하는 조화로움은 마음에서 비롯되고, 나아가고 물러나며 움직이는 질서들은 외부로 드러난다. 조화롭다면 정감과 뜻이 편안하게 된다. 그렇기 때문에 고요하다. 질서를 지키면 위엄을 갖춘 의례들이 교차하게 된다. 그렇기 때문에 문채가 난다. 큰 악(樂)은 천지와 조화로움을 함께 하니, 건(乾)이 평이함으로 주장하여 수고롭지 않음과 같고, 큰 예(禮)는 천지와 절도를 함께 하니, 곤(坤)이 간략함으로써 능하여 번잡하지 않음과 같다. 악(樂)이 지극해지면 사람들은 모두 제자리를 얻어서 원망함이 없게 되고, 예(禮)가 지극해지면 사람들은 각각 본분을 편안하게 여겨서 다투지 않는다. 예를 들어 오제(五帝)시기에는 인사를 하고 겸양만 하더라도 천하가 다스려졌는데, 이것은 예(禮)와 악(樂)이 지극했기 때문이다. '달(達)'이라는 말은 저곳에도 통한다는 뜻이다. '행(行)'이라는 말은 이곳에서 나온다는 뜻이다. 행(行)은 달(達)의 근본이며 달(達)은 행(行)을 통한 효과이다. 천자가 스스로 부자관계에서 지켜야 하는 친애함에 합할 수 있고, 장유관계에서의 질서를 밝힐 수 있다면, 집안이 다스려지고 친족이 화목하게 된다. 또 자신의 부모를 친애하는 마음을 미루어서 남의 부모에게까지 미칠 수 있고, 자신의 어른들을 어른으로 섬기는 마음을 미루어서 남의 어른에게까지 미치는 것을 바로 "이를 통해 천하의 모든 사람들을 공경한다."라고 부르니, 이처럼 한다면, 예(禮)의 근본이 확립되고 그 쓰임이 시행된 것이다. 예(禮)의 쓰임이 시행된 이후에 악(樂)의 효과도 두루 통하게 된다. 그렇기 때문에 악(樂)에 대해서는 단지 "천자에게 성낼만한 것이 없다."라고 말하고, 예(禮)에 대해서는 "천자가 이처럼 한다."라고 말한 것이다. 이것은 곧 악(樂)이 두루 통하는 것은 천자가 예(禮)를 시행한 효과에 해당한다는 뜻이다. 주자는 "만물은 각각 그 이치를 얻은 이후에 조화롭게 된다. 그렇기 때문에 예(禮)가 먼저이고, 악(樂)이 뒤이다."라고 했다.

① 乾以易知坤以簡能.

補註 易・繫辭文.
번역 『역』「계사전(繫辭傳)」의 기록이다.[1]

---

1) 『역』「계사상(繫辭上)」: 乾以易知, 坤以簡能, 易則易知, 簡則易從, 易知則有親, 易從則有功, 有親則可久, 有功則可大, 可久則賢人之德, 可大則賢人之業.

「악기」 15장

大樂與天地同和, 大禮與天地同節. 和故百物不失, 節故①祀
天祭地. 明則有禮樂, 幽則有鬼神. 如此則四海之內合敬同愛
矣. 禮者殊事合敬者也. 樂者異文合愛者也. 禮樂之情同, 故明
王以相沿也. 故事與時並, 名與功偕.

번역 큰 악(樂)은 천지와 조화로움을 함께 하고, 큰 예(禮)는 천지와 절제함을 함
께 한다. 조화롭기 때문에 모든 사물이 그들의 본성을 잃지 않고, 절제하기 때문에
천지에 대한 제사를 지내는 것이다. 밝은 인간 세상에는 예(禮)와 악(樂)이 있고,
그윽한 저 세상에는 작용인 귀(鬼)와 신(神)이 있다. 이와 같다면 천하 사람들은
공경함을 함께 하고 사랑함을 동일하게 따른다. 예(禮)라는 것은 그 사안을 제각각
구별하지만 공경함에 합치되도록 하는 것이다. 악(樂)이라는 것은 그 격식을 다르
게 하지만 사랑함에 합치되도록 하는 것이다. 예(禮)와 악(樂)의 실정이 같기 때문
에, 성왕들은 이를 통해서 서로 그 본질을 따랐다. 그렇기 때문에 사안은 때와 함께
시행되었고, 이름과 공덕은 함께 어울리게 되었다.

① 祀天祭地.

補註 楊梧曰: 禮莫重於祭, 祭莫重於天地也.
번역 양오가 말하길, 예 중에는 제사보다 중대한 것이 없고, 제사 중에는 천
지에 대한 것보다 중대한 것이 없다.

朱子曰: 禮主減, 樂主盈, 鬼神亦止是屈伸之義. 禮樂鬼神一理.
又曰: 在聖人制作處便是禮樂, 在造化功用處便是鬼神. ①禮有

經禮·曲禮之事殊, 而敬一; 樂有五聲·六律之文異, 而愛一.
所以能使四海之內合敬同愛者, 皆大樂·大禮之所感化也. 禮
樂之制, 在明王雖有損益, 而情之同者, 則相因述也. 惟其如
此, 是以王者作典, 事與時並, 如唐虞之時, 則有揖讓之事. 夏
殷之時, 則有放伐之事. 名與功偕者, 功成作樂, 故歷代樂名,
皆因所立之功而名之也.

번역 주자가 말하길, 예(禮)는 줄이는 것을 위주로 하고 악(樂)은 채우는 것을 위주로 한다. '귀신(鬼神)'이라는 말 또한 단지 굽히고 펴는 뜻에 해당할 따름이다. 예(禮)와 악(樂) 및 귀(鬼)와 신(神)은 그 이치가 동일하다. 또 말하길, 성인이 만든 것이 바로 예(禮)와 악(樂)이고, 그것이 만들어지고 변화하며 쓰이는 것은 곧 귀(鬼)와 신(神)이다. 예(禮)에는 경례(經禮)와 곡례(曲禮)처럼 다른 사안이 있지만, 공경함의 측면에서는 동일하다.[1] 악(樂)에는 오성(五聲)이나 육률(六律)처럼 격식이 다른 점이 있지만, 사랑함의 측면에서는 동일하다. 천하 사람들로 하여금 공경함에 합치시키고 사랑함을 동일하게 따르게 할 수 있는 것은 모두 큰 악(樂)과 큰 예(禮)에 따라 감화된 것이다. 예(禮)와 악(樂)을 제정한 것은 성왕 때인데, 비록 각 시대마다 덜고 더한 점이 있지만, 정감의 측면에서는 동일하니, 서로 그에 따라서 조술을 했기 때문이다. 오직 이와 같아야만 천자가 일어남에 그 사안이 때와 병행되는 것으로, 예를 들어 당우(唐虞)[2]의 시대에는 읍(揖)과 겸양을 통해 제위를 양보한 일이 있었다. 또 하(夏)나라와 주(周)나라 때에는 정벌을 하여 제위에 오른 일이 있었다. "이름과 공덕이 함께 한다."는 말은 공덕이 이루어지면 악(樂)을 만들기 때문에[3] 역대 악(樂)의 이름은 모두 수립한 공덕에 따라서 명명한 것이다.

---

1) 『예기』「예기(禮器)」: 故經禮三百, 曲禮三千, 其致一也.

2) 당우(唐虞)는 당요(唐堯)와 우순(虞舜)을 병칭하는 용어이다. 요순(堯舜)시대를 가리키며, 의미상으로는 태평성세(太平盛世)를 뜻한다. 『논어』「태백(泰伯)」편에는 "唐虞之際, 於斯爲盛."이라는 용례가 있다.

3) 『예기』「악기」: 王者功成作樂, 治定制禮, 其功大者其樂備, 其治辯者其禮具. 干戚之舞, 非備樂也; 執亨而祀, 非達禮也. 五帝殊時, 不相沿樂; 三王異世, 不相襲禮. 樂極則憂, 禮粗則偏矣. 及夫敦樂而無憂, 禮備而不偏者, 其唯大聖乎!

① 禮有經禮曲禮.

補註 按: 此以下通解·語類俱無之, 恐或陳氏所自爲說歟.

번역 살펴보니, 이로부터 그 이하의 기록은 『통해』와 『어류』에 모두 없는데, 아마도 진호가 직접 설명한 부분일 것이다.

「악기」 17장

①樂者天地之和也. 禮者天地之序也. 和故百物皆化, 序故群
物皆別. 樂由天作, 禮以地制. ②過制則亂, 過作則暴. 明於天
地, 然後能興禮樂也.

번역 악(樂)이라는 것은 천지의 조화로움에 해당한다. 예(禮)라는 것은 천지의 질
서에 해당한다. 조화롭기 때문에 만물은 모두 조화롭게 되는 것이고, 질서가 있기
때문에 만물은 모두 구별되는 것이다. 악(樂)은 하늘로부터 만들어지고, 예(禮)는
땅으로부터 제정된다. 잘못 제정되면 어지럽게 되고, 잘못 만들어지면 난폭하게 된
다. 천지에 대해서 해박하게 안 뒤에야 예(禮)와 악(樂)을 흥성하게 만들어서 천지
의 작용을 도울 수 있다.

① 樂者天地[止]以地制.

補註 楊梧曰: 此節或統言天地, 自其理同者言也. 或分屬天地, 自其所
切者言也. 理一而位殊, 言異而意同也.
번역 양오가 말하길, 이곳 문단에서 천지를 통괄해서 말한 것은 이치가 같다
는 측면에서 말한 것이다. 또 천과 지를 나눈 것은 구분한 측면에서 말한
것이다. 이치는 동일한데 자리가 다른 것이고, 말은 다르지만 의미가 동일한
것이다.

② 過制.

補註 鄭註: 過, 誤也.
번역 정현의 주에서 말하길, '과(過)'자는 "잘못되다[誤]."는 뜻이다.

「악기」 18장

참고-經文

論倫無患, 樂之情也; 欣喜歡愛, 樂之官也; 中正無邪, 禮之質
也; 莊敬恭順, 禮之制也. 若夫禮樂之施於金石, ①越於聲音,
用於宗廟社稷, 事乎山川鬼神, 則此所與民同也.

번역 노래에 가사가 있고, 율려(律呂)가 있어서 근심이 없게 되는 것은 악(樂)의
실정에 해당한다. 기뻐하고 사랑하게 함은 악(樂)의 기능에 해당한다. 중도에 맞고
올바르며 사벽함이 없는 것은 예(禮)의 본질에 해당한다. 장엄하고 공경하며 공손
하고 순종하는 것은 예(禮)가 제재하는 것에 해당한다. 이러한 것들은 파악하기 어
려우니 오직 군자만이 알 수 있다. 그런데 예(禮)와 악(樂)을 쇠나 돌로 된 악기로
연주하고 소리나 음(音)으로 표현하여, 종묘와 사직의 제사에서 사용하고 산천과
귀신들을 섬기는 것들은 백성들도 모두 알고 있는 것들이다.

① ○越於聲音.

補註 按: 越, 卽播之之義.
번역 살펴보니, '월(越)'자는 퍼트린다는 뜻이다.

「악기」 19장

①王者②功成作樂, ②治定制禮, 其功大者其樂備, 其治辯者
其禮具. 干戚之舞, 非備樂也; 孰亨而祀, 非達禮也. 五帝殊時,
不相沿樂; 三王異世, 不相襲禮. ③樂極則憂, 禮粗則偏矣. 及
夫敦樂而無憂, 禮備而不偏者, 其唯大聖乎!

번역 천자가 된 자는 공덕을 이루면 악(樂)을 만들고, 다스림의 도리가 안정되면
예(禮)를 제정하니, 그 공덕이 큰 경우에는 음악도 제대로 갖춰지고, 그 다스림의
도리가 두루 미친 경우에는 예(禮)도 온전히 갖춰진다. 방패나 도끼를 들고 추는
춤은 제대로 갖춰진 악(樂)이 아니며, 희생물을 익혀서 제사를 지내는 것은 두루
달통하는 예(禮)가 아니다. 오제(五帝) 때에는 때가 달랐으므로, 악(樂)에 대해서
서로 따르지 않았던 것이며, 삼왕(三王) 때에는 세대가 달라졌으므로, 예(禮)에 대
해서 서로 답습만하지 않았던 것이다. 악(樂)이 지나치게 지극해지면 근심스럽게
되고, 예(禮)가 너무 소략하게 되면 치우치게 된다. 무릇 악(樂)을 후하게 하더라도
근심이 없게 되고, 예(禮)가 갖춰져서 치우치지 않는 경우는 오직 위대한 성인만이
가능할 것이다!

① ○王者功成作樂.

補註 按: 疏自此至禮樂云, 爲樂禮.

번역 살펴보니, 소에서는 이 문장으로부터 "예악을 뜻한다고 말한 것이다."[1]
라는 구문까지는 「악례(樂禮)」편이 된다고 했다.

---

1) 『예기』「악기(樂記)」: 及夫禮樂之極乎天, 而蟠乎地, 行乎陰陽, 而通乎鬼神, 窮
高極遠而測深厚. 樂著太始而禮居成物. 著不息者, 天也. 著不動者, 地也. 一動
一靜者, 天地之間也. 故聖人曰禮樂云.

② 功成[又]治定.

補註 鄭註: 功成‧治定, 同時耳. 功主於王業, 治主於敎民.

번역 정현의 주에서 말하길, 공덕이 완성되고 다스림이 안정되는 것은 같은 시기에 진행되는 일일 따름이다. 공덕은 천자의 과업에 주안점을 두고, 다스림은 백성들을 교화하는데 주안점을 둔다.

③ 樂極則憂禮粗則偏.

補註 農巖曰: 樂者, 所以舒暢志意, 故人恒樂其葆大. 禮者, 所以檢束身心, 故人恒苦其細密. 是以於樂則戒其極, 於禮則戒其粗, 亦進反之義也.

번역 농암이 말하길, 악은 마음과 뜻을 펼쳐서 통하게 하는 것이다. 그렇기 때문에 사람들은 항상 높고 큰 것을 좋아하는 것이다. 예는 몸과 마음을 검속하는 것이다. 그렇기 때문에 사람들은 항상 세밀한 것을 괴로워한다. 이러한 까닭으로 악에 대해서는 지극해지는 것을 경계한 것이고, 예에 대해서는 거칠어지는 것을 경계한 것이니, 여기에는 또한 나아가며 돌이키는 뜻이 있다.

참고─集說

干戚之舞, 武舞也. 不如韶樂之盡善盡美, 故云非備樂也. 熟烹牲體而薦, 不如古者血腥之祭爲得禮意, 故云非達禮也. 若奏樂而欲極其聲音之娛樂, 則樂極悲來, 故云樂極則憂; 行禮粗略而不能詳審, 則節文之儀, 必有偏失而不擧者, 故云禮粗則偏矣. 惟大聖人則道全德備, ①雖敦厚於樂, 而無樂極悲來之憂; 其禮儀備具, 而無偏粗之失也.

번역 방패와 도끼를 들고 추는 춤은 무무(武舞)에 해당한다. 소(韶)라는 악곡처럼 진선과 진미를 다한 것만 못하기 때문에,[2] "모든 것이 갖춰진 음악이 아니다."라고 말한 것이다. 희생물을 익혀서 바치는 것은 고대에 피와 생고기를 바쳐서 제사를 지내어 예(禮)의 뜻을 다할 수 있었던 것만 못하기 때문에,3) "달통한 예(禮)가 아니다."라고 말한 것이다. 만약 음악을 연주하여 소리와 음(音)에 따른 즐거움을 지극히 하고자 한다면, 악(樂)이 지나치게 되어 슬픈 감정이 찾아오게 된다. 그렇기 때문에 "악(樂)이 너무 지극해지면 근심스럽게 된다."라고 말한 것이다. 또 예(禮)를 시행하며 지나치게 소략하고 세심하게 살필 수 없다면, 절도와 격식에 따른 의례에 반드시 치우치거나 실수를 범한 점이 생겨 거행하지 못하는 경우가 발생한다. 그렇기 때문에 "예(禮)가 너무 거칠게 되면 치우친다."라고 말한 것이다. 오직 위대한 성인만이 도(道)를 온전히 하고 덕(德)을 모두 갖춰서, 비록 악(樂)에 대해 후하게 하더라도 악(樂)을 너무 지나치게 해서 슬픈 감정이 도래하는 근심이 없을 수 있고, 그 예의(禮儀)에 대해서는 모두 갖춰서 치우치거나 소략하게 되는 실수가 없게 된다.

① 雖敦厚於樂.

補註 按: 敦厚, 故不至於憂. 備具, 故不失於偏. 陳註著雖字, 恐誤.

번역 살펴보니, 두텁기 때문에 근심하는 지경에는 이르지 않고, 갖췄기 때문에 치우치는 잘못을 범하지 않는다. 진호의 주에서 '수(雖)'자를 기록한 것은 아마도 잘못한 것 같다.

---

2) 『논어』「팔일(八佾)」: 子謂韶, "盡美矣, 又盡善也." 謂武, "盡美矣, 未盡善也."

3) 『예기』「교특생(郊特牲)」: 大路繁纓一就, 先路三就, 次路五就. 郊血, 大饗腥, 三獻爓, 一獻孰, 至敬不饗味而貴氣臭也.

「악기」 20장

①天高地下, 萬物散殊, 而禮制行矣. 流而不息, 合同而化, 而樂興焉. 春作夏長, 仁也. 秋斂冬藏, 義也. 仁近於樂, 義近於禮. 樂者敦和, 率神而從天; 禮者別宜, 居鬼而從地. 故聖人作樂以應天, 制禮以配地. 禮樂明備, 天地官矣.

번역 하늘은 높고 땅은 낮으며, 만물은 그 사이에 흩어지고 달라지며, 예(禮)에 따른 절제함이 시행된다. 두루 흘러 그치지 않고, 합하고 같아져서 변화를 하여 악(樂)이 흥성하게 된다. 봄은 만들고 여름은 장성하게 하니, 인(仁)에 해당한다. 가을은 거둬들이고 겨울은 보관하니, 의(義)에 해당한다. 인(仁)은 악(樂)에 가깝고, 의(義)는 예(禮)에 가깝다. 악(樂)이라는 것은 조화로움을 돈독히 하고, 신(神)에 따라 하늘을 따르며, 예(禮)라는 것은 마땅함을 변별하고, 귀(鬼)에 머물며 땅을 따른다. 그렇기 때문에 성인은 악(樂)을 만들어서 하늘에 호응하고, 예(禮)를 제정하여 땅에 부합한다. 예(禮)와 악(樂)이 밝아지고 갖춰지니, 천지가 주관하는 것이다.

① 天高[止]興焉.

補註 農巖曰: 天高地下, 萬物散殊, 卽小德之川流也. 流而不息, 合同而化, 卽大德之敦化也.

번역 농암이 말하길, "하늘은 높고 땅은 낮으며, 만물은 그 사이에 흩어지고 달라진다."는 것은 작은 덕이 냇물처럼 흐르는 것이다. "두루 흘러 그치지 않고, 합하고 같아져서 변화한다."는 것은 큰 덕이 조화를 두텁게 함이다.[1]

---

1) 『중용』「30장」: 萬物並育而不相害, 道並行而不相悖, <u>小德川流, 大德敦化</u>, 此天地之所以爲大也.

物各賦物而不可以强同, 此造化示人以自然之禮制也. ①絪縕
化醇而不容以獨異, 此造化示人以自然之樂情也. 合同者, 春
夏之仁, 故曰仁近於樂. 散殊者, 秋冬之義, 故曰義近於禮. 敦
和, 厚其氣之同者. 別宜, 辨其物之異者. 率神, 所以循其氣之
伸; 居鬼, 所以斂其氣之屈. 伸陽而從天, 屈陰而從地也. 由是
言之, 則聖人禮樂之精微寓於制作者, 旣明且備, 可得而知矣.
官, 猶主也. 言天之生物, 地之成物, 各得其職也.

번역 만물은 각각 만물로서의 본성과 형질을 부여받아 억지로 동화시킬 수 없으니, 이것이 창조하고 화육함에 사람들에게 자연의 예제(禮制)를 보인 이유이다. 천지가 얽히고설킴에 만물이 변화하여 엉기고, 홀로만 다른 것을 용납하지 않으니, 이것이 창조하고 화육함에 자연의 악정(樂情)을 보인 이유이다. 합치하고 같아지는 것은 봄과 여름이 인(仁)에 해당하기 때문에, "인(仁)은 악(樂)에 가깝다."라고 말한 것이다. 흩어지고 달라지는 것은 가을과 겨울의 의(義)에 해당하기 때문에, "의(義)는 예(禮)에 가깝다."라고 말한 것이다. 조화로움을 돈독히 하는 것은 기운의 같아지는 작용을 두텁게 하는 것이다. 마땅함을 구별하는 것은 사물의 차이점을 구별하는 것이다. 신(神)에 따른다는 것은 기운의 펼쳐지는 작용에 따르는 것이다. 귀(鬼)에 머문다는 것은 기운의 굽혀지는 작용에 따라 거둬들이는 것이다. 양기(陽氣)를 펼쳐서 하늘에 따르고 음기(陰氣)를 굽혀서 땅에 따른다. 이것을 통해 말해보자면, 성인이 만든 예(禮)와 악(樂)의 정미한 뜻은 제정과 만드는 작업 속에 깃드니, 그것이 이미 밝아지고 갖춰진 것임을 알 수 있다. '관(官)'자는 "주관한다[主]."는 뜻이다. 즉 하늘이 만물을 낳고 땅이 만물을 완성시킴에 각각 그 직무를 얻게 한다는 뜻이다.

① 絪縕化醇.

補註 易·繫辭: 天地絪縕, 萬物化醇.
번역 『역』「계사전(繫辭傳)」에서 말하길, 천지가 얽히고설킴에 만물이 변화하여 엉긴다.[2]

①朱子曰: 天高地下, 萬物散殊一段, 意思極好, 非孟子以下所
能作. 其文如中庸, 必子思之辭. 左傳子太叔亦論此, 夫禮, 天
之經, 地之義, 民之行. 天地之經, 而民實則之. 舊見伯恭愛敎
人看, 只是說得粗, 又意不溜亮, 不如此說之純粹通暢. 他只是
說人做這箇去合那天之度數, 如云爲六畜·五牲·三犧以奉
五味云云之類, 都是做這箇去合那天, 都無自然之理. 如云天
高地下, 萬物散殊, 而禮制行矣, 流而不息, 合同而化, 而樂興
焉, 皆是自然合當如此.

번역 주자가 말하길, "하늘은 높고 땅은 낮으며, 만물이 그 사이에 흩어지고 달라진
다."고 한 단락은 그 뜻이 매우 좋으니, 맹자(孟子)로부터 그 이후의 사람들이 지을
수 있는 글이 아니다. 그 문장은 『중용』의 기록과 같으니, 분명 자사(子思)의 말일
것이다. 『좌전』에서도 자태숙(子太叔) 또한 이러한 논의를 하여, "무릇 예(禮)는
하늘의 질서이며 땅의 뜻이고 백성들이 시행하는 것이다. 천지의 질서를 백성들은
진실로 본받아 따른다."3)라고 했는데, 옛날에 여조겸이 사람들을 사랑하고 가르친
다고 했던 말을 보면, 그 설명이 거칠고 또 그 뜻도 분명하지 못하니, 이곳의 기록
이 순수하고 거리낌 없이 두루 통하는 것만 못하다. 그는 단지 사람들이 이러한 하
늘의 법칙에 부합되는 것만을 설명했으니, "육축(六畜)·오생(五牲)4)·삼희(三
犧)5)로 오미(五味)를 갖춘다."6)고 말하는 부류들은 모두 이러한 것들을 하늘에 껴

---

2) 『역』「계사하(繫辭下)」: 天地絪縕, 萬物化醇, 男女構精, 萬物化生.

3) 『춘추좌씨전』「소공(昭公) 25년」: 吉也聞諸先大夫子産曰, "大禮, 天之經也, 地之
義也, 民之行也." 天地之經, 而民實則之. 則天之明, 因地之性, 生其六氣, 用其
五行.

4) 오생(五牲)은 고대 제사 때 사용되었던 다섯 가지 동물들을 뜻한다. 소[牛], 양(羊),
돼지[豕], 개[犬], 닭[雞]을 가리킨다. 『춘추좌씨전』「소공(昭公) 11년」편에는 "五牲
不相爲用."이라는 기록이 있는데, 이에 대한 두예(杜預)의 주에는 "五牲, 牛, 羊,
豕, 犬, 雞."라고 풀이하였다.

5) 삼희(三犧)는 제사에 사용된 희생물로, 기러기[鴈], 오리[鶩], 꿩[雉]을 가리킨다. 『춘
추좌씨전』「소공(昭公) 25년」에는 "爲六畜·五牲·三犧, 以奉五味."라는 기록이

맞춘 것이니, 자연의 이치가 포함되어 있지 않다. 그러나 이곳에서 말한 것처럼 "하늘은 높고 땅은 낮으며, 만물은 그 사이에 흩어지고 달라지고, 예(禮)에 따른 절제함이 시행된다. 두루 흘러 그치지 않고, 합하고 같아져서 변화를 하여 악(樂)이 흥성하게 된다."라는 말들은 모두 이처럼 자연의 이치에 합당하다.

① **朱子曰[止]合當如此.**

補註 按: 此見語類. 所謂其文如中庸. 及此說純粹通暢者, 專指此一節而言, 而類編於樂記篇題, 引此兩句, 有若並論全篇者, 然大非朱子之意, 此篇中末以後, 多偏駁之語, 何可盡許之以純粹通暢, 文如中庸乎?

번역 살펴보니, 이것은 『어류』에 보인다. "그 문장은 『중용』의 기록과 같다."라고 한 대목과 "이곳의 기록이 순수하고 거리낌 없이 두루 통한다."라고 한 말은 전적으로 이곳 한 문단을 가리켜서 말한 것인데, 『유편』에서는 「악기」편의 제목을 설명하는 가운데 이 두 구문을 인용하여 마치 「악기」편 전체에 대해 논의한 것처럼 설명했는데, 이것은 주자의 뜻이 결코 아니다. 「악기」편의 중반 말미부터 그 이하의 기록들은 대부분 치우치고 순수하지 못한 말들인데, 어떻게 순수하고 거리낌 없이 두루 통한다거나 그 문장이 『중용』과 같다고 인정할 수 있겠는가?

있는데, 이에 대한 공영달(孔穎達)의 소(疏)에서는 복건(服虔)의 주장을 인용하여, "三犧, 鴈·鶩·雉."라고 풀이했다. 일설에는 소[牛], 양(羊), 돼지[豕]를 가리킨다고도 주장한다. 왕인지(王引之)는 『경의술문(經義述聞)』에서 "今案五牲, 牛羊豕犬雞也; 三犧, 牛羊豕也."라고 풀이했다.

6) 『춘추좌씨전』「소공(昭公) 25년」: 是故爲禮以奉之, <u>爲六畜·五牲·三犧, 以奉五味</u>; 爲九文·六采·五章, 以奉五色; 爲九歌·八風·七音·六律, 以奉五聲.

참고-經文

地氣上齊, 天氣下降, 陰陽相摩, 天地相蕩, 鼓之以雷霆, 奮之
以風雨, 動之以四時, ①煖之以日月, 而百化興焉. 如此則樂者
天地之和也.

번역 땅의 기운은 위로 오르고, 하늘의 기운은 아래로 내려오며, 음양은 서로 부딪
치고, 천지의 기운이 흘러 움직이니, 우레와 천둥으로 두드리고, 바람과 비로 휘두
르며, 사계절을 통해 움직이고, 해와 달로 따뜻하게 하여, 만물의 화육과 생장이 흥
성하게 된다. 이와 같다면 악(樂)은 천지의 조화로움에 해당한다.

① 煖之以日月.

補註 字彙: 煖, 音暄, 曝也. 又乃管切, 與煗同.

번역 『자휘』에서 말하길, '煖'자의 음은 '暄(훤)'이니, 따뜻하다는 뜻이다. 또
한 '乃(내)'자와 '管(관)'자의 반절음도 되니, '난(煗)'자와 같다.

「악기」 23장

①化不時則不生, 男女無辨則亂升, 天地之情也.

번역 조화가 때에 맞지 않다면 만물이 생장하지 않고, 남녀 사이에 구별됨이 없다면, 혼란함이 기승을 부리니, 이것이 천지의 실정이다.

① ○化不時[止]亂升.

補註 疏曰: 化不時者, 謂天地化養, 不得其時, 則不生物也. 此明樂之所以調和變化. 男女無辨則亂升者, 升, 成也. 若男女雜亂無別, 則亂成也. 此明禮之所以別男女.

번역 소에서 말하길, 조화가 때에 맞지 않다는 것은 천지가 만물을 화육함에 그 때를 얻지 못한다면, 만물을 생장시키지 못한다는 뜻이다. 이것은 악이 조화를 이루고 변화를 시키는 것이기 때문임을 나타낸다. 남녀 사이에 구별됨이 없다면 혼란함이 생긴다고 했는데, '승(升)'자는 "이루다[成]."는 뜻이다. 만약 남녀관계가 뒤섞여 혼란하여 구별이 없다면 문란하게 된다. 이것은 예가 남녀사이를 구별하는 것이기 때문임을 나타낸다.

補註 ○楊梧曰: 以男女一事盡者, 有夫婦然後, 有父子·君臣等也.

번역 ○양오가 말하길, 남녀관계만을 들어서 말한 것은 부부가 있은 뒤에야 부자관계나 군신관계 등이 생기기 때문이다.

補註 ○按: 易·序卦, "有男女然後, 有夫婦, 有夫婦然後, 有父子, 有父子然後, 有君臣, 有君臣然後, 有上下, 有上下然後, 禮義有所措." 楊說本此.

번역 ○살펴보니, 『역』「서괘전(序卦傳)」에서는 "남녀가 있은 뒤에야 부부가 생기고, 부부가 있은 뒤에야 부자가 생기며, 부자가 있은 뒤에야 군신이 생기고, 군신이 있은 뒤에야 상하가 생기며, 상하가 있은 뒤에야 예의를 둘 곳이 생긴다."[1]라고 했는데, 양오의 주장은 여기에 근거한 것이다.

---

1) 『역』「서괘전(序卦傳)」: 有天地然後, 有萬物, 有萬物然後, 有男女, <u>有男女然後,</u> <u>有夫婦, 有夫婦然後, 有父子, 有父子然後, 有君臣, 有君臣然後, 有上下, 有上下</u> <u>然後, 禮義有所錯.</u>

「악기」 28장

①及夫禮樂之極乎天, 而蟠乎地, 行乎陰陽, 而通乎鬼神, 窮高極遠而測深厚. ②樂著太始而禮居成物. ③著不息者, 天也. ③著不動者, 地也. 一動一靜者, ④天地之間也. 故聖人曰禮樂云.

번역 무릇 예(禮)와 악(樂)이 하늘에 두루 미치고, 땅에 두루 퍼지며, 음양에 두루 시행되고, 귀신의 현묘한 작용에 두루 통함에 있어서, 높고 먼 곳까지 두루 통하고 깊고 두터운 것을 헤아린다. 악(樂)은 큰 시작에 있고, 예(禮)는 만물을 이루는데 있다. 뚜렷하게 쉬지 않음은 천(天)에 해당한다. 뚜렷하게 움직이지 않음은 지(地)에 해당한다. 한 번 움직이고 한 번 고요함은 천지 사이에 있는 만물에 해당한다. 그렇기 때문에 성인은 "예악을 뜻한다."라고 말한 것이다.

① ○及夫禮樂之章.

補註 語類: 問, "禮樂極乎天蟠乎地, 行乎陰陽而通乎鬼神, 窮高極遠而測深厚, 此是言一氣之和無所不通否?" 曰, "此亦以理言. 有是理, 卽有是氣. 亦如說天高地下, 萬物散殊, 而禮制行矣." 文蔚曰, "疏却引甘露降, 醴泉出等語." 曰, "大綱亦是如此. 緣先有此理, 便有這徵驗."

번역 『어류』에서 말하길, 묻기를 "예악은 하늘에 두루 미치고 땅에 두루 퍼지며, 음양에 두루 시행되고 귀신의 현묘한 작용에 두루 통함에 있어서, 높고 먼 곳까지 두루 통하고 깊고 두터운 것을 헤아린다고 했는데, 이것은 한 기운의 조화에 통하지 않음이 없다는 말입니까?"라고 하자 "이 또한 이치를 기준으로 말한 것이다. 이 이치가 있으면 곧 이 기운이 있는 것이다. 이것은 또한 하늘은 높고 땅은 낮으며, 만물은 그 사이에 흩어지고 달라지며, 예에 따른 절제함이 시행된다는 말과 같다."라고 대답했다. 문울이 "공영달의 소에는 감미로운 이슬이 내려주고 달콤한 샘물을 내어준다는 등의 말이 있습니다."라고 하자 "큰 강령은 또한 이와 같다. 앞으로 거슬러 올라가더라도 이 이치가 있고, 곧 이러한 징험이 나타나는 것이다."라고 했다.

補註 ○陽村曰: "此篇自人生而靜以下至此節, 其言多與繫辭相表裏, 人生而靜, 卽寂然不動者也, 感物而動, 卽感而遂通者也. 但易所謂感, 主理之用而言, 此所謂感, 主情之欲而言, 亦所以互相發明也. 天之性者, 成之者性也. 禮樂之易簡, 卽乾坤之德也. 明則有禮樂, 幽則有鬼神, 卽幽明之故也. 天高地下, 萬物散殊, 流而不息, 合同而化者, 卽天地絪縕萬物化醇之意. 春作夏長仁也者, 顯諸仁之謂也. 秋斂冬藏義也者, 藏諸用之謂也. 著太始者, 乾之所知, 居成物者, 坤之所作. 至以動靜言天地而明禮樂者, 尤爲精切, 一篇奧旨無不脗合, 豈特天尊地卑二節爲略同哉? 是非記者援引傅會之辭明矣. 愚恐此上是樂記之經, 此下卽其傳文也." 又曰: "篇首言心, 次言性. 心者, 樂之所由生, 性者, 禮之所由制, 能以性之理而節其心之欲, 然後禮樂皆得其道, 而叅贊之功, 亦可馴致矣. 是心性二字, 一篇之體要, 而明有禮樂, 幽有鬼神者, 又一篇之蘊奧也. 夫人之精神與天地陰陽, 相流通, 故心之所感有邪正, 而音之所發有美惡, 身之所行有得失, 而氣之所應有休咎, 天人一理, 幽明一致, 而其感召之機, 只在吾方寸間, 可不愼哉?"

번역 ○양촌이 말하길, "「악기」편에서 '사람은 태어나면서부터 고요하다.'[1]라고 한 구문으로부터 이곳 문장까지 그 말들은 대체로 『역』「계사전(繫辭傳)」의 기록과 표리관계를 이루는데, '사람은 태어나면서부터 고요하다.'라는 것은 '고요히 움직이지 않는다.'는 말에 해당하고, '마음은 외부 사물을 느껴서 움직이게 된다.'는 것은 '느껴서 드디어 통한다.'는 말에 해당한다.[2] 다만 『역』에서 말한 '감(感)'이라는 것은 이치의 작용을 위주로 말한 것이며, 여기에서 말한 '감(感)'은 정감의 욕망을 위주로 말한 것인데, 이것은 또한

---

1) 『예기』「악기(樂記)」: 人生而靜, 天之性也. 感於物而動, 性之欲也. 物至知知.

2) 『역』「계사상(繫辭上)」: 易无思也, 无爲也, <u>寂然不動</u>, <u>感而遂通</u>天下之故. 非天下之至神, 其孰能與於此.

상호 그 뜻을 드러내는 것이다. '하늘이 부여한 본성이다.'라는 것은 '이룬 것이 성이다.'3)는 말에 해당한다. 예악이 쉽고 간략하다는 것4)은 건곤의 덕에 해당한다. '밝은 인간 세상에는 예(禮)와 악(樂)이 있고, 그윽한 저 세상에는 작용인 귀(鬼)와 신(神)이 있다.'5)는 것은 '그윽하고 밝음의 원인'6)에 해당한다. '하늘은 높고 땅은 낮으며, 만물은 그 사이에 흩어지고 달라지며, 두루 흘러 그치지 않고, 합하고 같아져서 변화한다.'는 것은 '천지가 얽히고설킴에 만물이 변화하여 엉킨다.'7)는 뜻에 해당한다. '봄은 만들고 여름은 장성하게 하니, 인(仁)에 해당한다.'는 것은 '인을 드러낸다.'는 것을 뜻한다. '가을은 거둬들이고 겨울은 보관하니, 의(義)에 해당한다.'는 것8)은 '용(用)을 감춘다.'는 것을 뜻한다.9) '큰 시작에 있다.'는 것은 건이 주관하는 것이고 '만물을 이루는데 있다.'는 것은 곤이 이루는 것이다.10) 동정으로 천지를 설명하고 예악을 드러내는 것은 더욱 정밀하며, 한 편 전체의 깊은 뜻에 부합되지

---

3) 『역』「계사상(繫辭上)」: 繼之者善也, <u>成之者性也</u>.

4) 『예기』「악기(樂記)」: 樂由中出, 禮自外作. 樂由中出故靜, 禮自外作故文. <u>大樂必易, 大禮必簡</u>. 樂至則無怨, 禮至則不爭. 揖讓而治天下者, 禮樂之謂也. 暴民不作, 諸侯賓服, 兵革不試, 五刑不用, 百姓無患, 天子不怒, 如此則樂達矣. 合父子之親, 明長幼之序, 以敬四海之內, 天子如此, 則禮行矣.

5) 『예기』「악기(樂記)」: 大樂與天地同和, 大禮與天地同節. 和故百物不失, 節故祀天祭地. <u>明則有禮樂, 幽則有鬼神</u>. 如此則四海之內合敬同愛矣. 禮者殊事合敬者也. 樂者異文合愛者也. 禮樂之情同, 故明王以相沿也. 故事與時並, 名與功偕.

6) 『역』「계사상(繫辭上)」: 仰以觀於天文, 俯以察於地理, 是故, 知<u>幽明之故</u>, 原始反終, 故, 知死生之說, 精氣爲物, 游魂爲變, 是故, 知鬼神之情狀.

7) 『역』「계사하(繫辭下)」: <u>天地絪縕, 萬物化醇</u>, 男女構精, 萬物化生.

8) 『예기』「악기(樂記)」: <u>天高地下, 萬物散殊</u>, 而禮制行矣. <u>流而不息, 合同而化</u>, 而樂興焉. <u>春作夏長, 仁也. 秋斂冬藏, 義也</u>. 仁近於樂, 義近於禮. 樂者敦和, 率神而從天; 禮者別宜, 居鬼而從地. 故聖人作樂以應天, 制禮以配地. 禮樂明備, 天地官矣.

9) 『역』「계사상(繫辭上)」: <u>顯諸仁, 藏諸用</u>, 鼓萬物而不與聖人同憂, 盛德大業, 至矣哉.

10) 『역』「계사상(繫辭上)」: 乾知大始, 坤作成物.

않는 것이 없는데, 어떻게 '하늘은 높고 땅은 낮다.'[11]는 두 구절만 대략적으로 동일하다 하겠는가? 이것은 『예기』를 기록한 자가 억지로 끌어다가 맞춘 말이 아님을 분명히 나타낸다. 내가 생각하기에, 이 구문 앞의 내용은 「악기」편의 경문에 해당하고, 이 구문 뒤의 내용은 그 전문에 해당한다."라고 했다. 또 말하길, "편의 첫 부분에서는 심에 대해 말했고, 그 다음에는 성에 대해 말했다. 심은 악이 그것으로부터 말미암아 생겨나게 된 것이고, 성은 예가 그것으로부터 말미암아 제작된 것인데, 성의 이치로 심의 욕망을 절제할 수 있은 뒤에야 예와 악이 모두 그 도리를 얻게 되고, 천지의 작용에 참여하여 화육을 돕는 공덕 또한 이르게 할 수 있다. 심과 성이라는 두 글자는 「악기」편 전체의 요체가 되고, '밝은 인간 세상에는 예(禮)와 악(樂)이 있고, 그윽한 저 세상에는 작용인 귀(鬼)와 신(神)이 있다.'는 말은 또한 「악기」편에 온축된 깊은 뜻이다. 사람에게 있는 정신은 천지의 음양과 서로 유통하기 때문에 마음이 느끼는 것에는 삿된 것도 있고 바른 것도 있으며, 음이 발생하는 것에는 아름다운 것도 있고 추한 것도 있으며, 몸이 행동하는 것에는 도리에 맞는 것도 있고 맞지 않는 것도 있으며, 기가 호응하는 것에는 길한 것도 있고 흉한 것도 있는데, 하늘과 사람은 이치가 같고 그윽한 저 세상과 밝은 인간 세상은 일치되지만, 그것을 느껴서 불러오는 기틀은 단지 내 마음에 달려 있는 것이니, 신중히 하지 않을 수 있겠는가?"라고 했다.

② 樂著太始.

補註 按: 著, 陸音, "直略切." 鄭註, "著之言處也." 陳註本此, 而王肅及小註邵說, 皆以著而明之爲訓.

번역 살펴보니, '著'자에 대해 육덕명의 『음의』에서는 "'直(직)'자와 '略(략)'

---

11) 『예기』「악기(樂記)」: 天尊地卑, 君臣定矣. 卑高以陳, 貴賤位矣. 動靜有常, 小大殊矣. 方以類聚, 物以群分, 則性命不同矣. 在天成象, 在地成形, 如此則禮者天地之別也. / 『역』「계사상(繫辭上)」: 天尊地卑, 乾坤定矣, 卑高以陳, 貴賤位矣, 動靜有常, 剛柔斷矣, 方以類聚, 物以群分, 吉凶生矣, 在天成象, 在地成形, 變化見矣.

자의 반절음이다."라고 했고, 정현의 주에서는 "'착(著)'자는 '~에 처하다[處].' 는 뜻이다."라고 했다. 진호의 주도 여기에 근거를 둔 것인데, 왕숙과 소주에 나온 소씨의 주장은 모두 드러나 밝다는 뜻으로 풀이했다.

③ 著不息[又]著不動.

補註 按: 兩著字, 陳註如字者, 亦本於鄭註.

번역 살펴보니, 2개의 '著'자에 대해서 진호의 주에서는 글자대로 풀이했는데, 이 또한 정현의 주에 근거한 것이다.

④ 天地之間.

補註 鄭註: 謂百物也.

번역 정현의 주에서 말하길, 모든 사물들을 뜻한다.

참고-集說

①朱子曰: 乾知太始, 坤作成物. 知者, 管也. 乾管却太始, 太始卽物生之始, 乾始物而坤成之也.

번역 주자가 말하길, 건(乾)은 큰 시작을 주관하고 곤(坤)은 만물을 이룬다고 했다. 이때의 '지(知)'자는 "주관하다[管]."는 뜻이다. 즉 건(乾)은 큰 시작을 주관하는데, 큰 시작은 곧 만물이 생겨나는 시작이 되어, 건(乾)은 만물을 시작시키고 곤(坤)을 그것을 완성시킨다.

① 朱子曰[止]坤成之也.

補註 按: 此易·繫辭乾知大始坤作成物章本義, 而陳氏引之, 以明大始成物之意.

번역 살펴보니, 이것은 『역』「계사전(繫辭傳)」의 "건은 큰 시작을 주관하고 곤은 물건을 이룬다."[12]라고 한 장의 『본의』에 해당하는데, 진호가 이 말을 인용하여 대시(大始)와 성물(成物)의 뜻을 밝힌 것이다.

應氏曰: 及, 至也. 言樂出於自然之和, 禮出於自然之序, 二者之用, 充塞流行, 無顯不至, 無幽不格, 無高不屆, 無深不入, 則樂著乎乾知太始之初, 禮居乎坤作成物之位. 而昭著不息者, 天之所以爲天; 昭著不動者, 地之所以爲地. 著不動者, ①藏諸用也. 著不息者, ①顯諸仁也. 天地之間, 不過一動一靜而已. 故聖人昭揭以示人, 而名之曰禮樂也. 或曰, 不息不動, 分著於天地. 而一動一靜, 循環無端者, 天地之間也. 動靜不可相離, 則禮樂不容或分. 故聖人言禮樂必合而言之, 未嘗析而言之也. 以上言成功之所合.

번역 응씨가 말하길, '급(及)'자는 "~에 이르다[至]."는 뜻이다. 즉 악(樂)은 자연의 조화로움에서 도출되고 예(禮)는 자연의 질서에서 도출되는데, 예악의 쓰임이 충만하고 두루 유행하여, 밝은 곳에도 이르지 않음이 없고 그윽한 곳에도 도달하지 않음이 없으며, 높은 곳에도 다다르지 않음이 없고 깊은 곳에도 들어가지 않음이 없으니, 악(樂)은 건(乾)이 큰 시작을 주관하는 처음에 자리하고, 예(禮)는 곤(坤)이 만물을 이루는 위치에 있다. 뚜렷하게 쉬지 않는 것은 하늘이 하늘이 되는 까닭이며, 뚜렷하게 움직이지 않는 것은 땅이 땅이 되는 까닭이다. "뚜렷하게 움직이지 않는다[著不動]."는 말은 쓰임을 감춘다는 뜻이다. "뚜렷하게 쉬지 않는다."는 말은 인(仁)을 드러낸다는 뜻이다. 천지의 사이에 있는 만물은 한 번 움직이고 한 번 고요한 데에 불과할 따름이다. 그렇기 때문에 분명히 제시해서 사람들에게 보여주고, 그 명칭을 '예(禮)'와 '악(樂)'이라고 한 것이다. 혹자는 "불식(不息)과 부동(不

---

12) 『역』「계사상(繫辭上)」: 乾知大始, 坤作成物.

動)은 천(天)과 지(地)에 각각 나뉘어 드러난다. 한 번 움직이고 한 번 고요하여 두루 순환하며 끝이 없는 것은 천지의 사이에 있는 만물이다. 움직임과 고요함은 서로 떨어질 수 없으니, 예(禮)와 악(樂)도 나눠질 수 없다. 그렇기 때문에 성인은 '예악(禮樂)'이라고 하여 반드시 함께 언급을 했으며, 일찍이 둘을 나눠서 말한 적이 없다. 이상의 내용은 공을 이루는 것과 부합되는 것을 언급한 것이다."라고 했다.

① 藏諸用[又]顯諸仁.

補註 易‧繫辭文.

번역 『역』「계사전(繫辭傳)」의 기록이다.[13]

---

13) 『역』「계사상(繫辭上)」: <u>顯諸仁, 藏諸用</u>, 鼓萬物而不與聖人同憂.

「악기」 29장

①昔者, 舜作五絃之琴以歌南風, ②夔始制樂以賞諸侯. 故天
子之爲樂也, 以賞諸侯之有德者也. 德盛而敎尊, 五穀時熟,
然後賞之以樂. 故其治民勞者, 其③舞行綴遠; 其治民逸者, 其
③舞行綴短. 故觀其舞, 知其德; 聞其謚, 知其行也.

번역 예전에 순임금은 오현의 금(琴)을 만들어서 남풍(南風)을 연주하였고, 그의
신하였던 기(夔)는 명령에 따라 악곡을 만들어서 제후에게 상으로 건네었다. 그렇
기 때문에 천자가 악곡을 만드는 것은 제후 중 유덕한 자에게 상으로 하사하기 위
해서이다. 따라서 덕성이 융성하고 교화가 존귀하게 높여지며, 오곡이 때에 맞게
익은 뒤에야 그에게 악곡을 상으로 내려준다. 그러므로 백성들을 다스리는데 노력
하는 자라면, 하사받은 음악이 융성하므로 무희들의 대열이 길고, 백성들을 다스리
는데 태만했던 자라면, 하사받은 음악도 보잘것없어 무희들의 대열이 짧다. 따라서
무희들의 대열을 살펴보면 군주의 덕성을 알 수 있고, 그의 시호를 듣는다면 그의
행적을 알 수 있다.

① 昔者舜作五絃.

補註 按: 疏自此至著其敎焉, 爲樂施.

번역 살펴보니, 소에서는 이 문장으로부터 "가르침을 드러낸다."[1]라는 구문
까지는 「악시(樂施)」편이 된다고 했다.

---

[1] 『예기』「악기(樂記)」: 夫豢豕爲酒, 非以爲禍也. 而獄訟益繁, 則酒之流生禍也.
是故先王因爲酒禮. 壹獻之禮, 賓主百拜, 終日飮酒而不得醉焉. 此先王之所以
備酒禍也. 故酒食者, 所以合歡也. 樂者, 所以象德也. 禮者, 所以綴淫也. 是故先
王有大事, 必有禮以哀之; 有大福, 必有禮以樂之. 哀樂之分, 皆以禮終. 樂也者,
聖人之所樂也, 而可以善民心. 其感人深, 其移風易俗, 故先王著其敎焉.

② 夔始制樂以賞諸侯.

補註 陽村曰: 此節多誣, 乃記者之附會也. 律呂之制, 肇自軒轅, 此篇上文亦言五帝不相沿樂, 而此乃謂夔始制樂, 非也.

번역 양촌이 말하길, 이 문단은 그 내용에 있어 대부분 거짓되니, 『예기』를 기록한 자가 견강부회한 것이다. 율려의 제도는 헌원씨(軒轅氏)[2]로부터 비롯되었고, 「악기」편의 앞 문장에서도 오제 때에는 악에 대해 서로 따르지 않았다고 했는데,[3] 이곳에서는 기가 처음으로 악을 제정했다고 했으니, 잘못된 말이다.

③ 舞行綴遠[又]舞行綴短.

補註 鄭註: "民勞則德薄, 鄧相去遠, 舞人少也. 民逸則德盛, 鄧相去近, 舞人多也." 疏曰: "鄧, 舞人行位之處, 立表鄧以識之."

번역 정현의 주에서 말하길, "백성들이 수고롭다면 그 나라의 제후는 덕성이 옅은 것이니, 무희들의 대열 간 거리가 먼 것은 무희들의 수가 적기 때문이다. 백성들이 편안하게 여긴다면 그 나라의 제후는 덕성이 융성한 것이니, 무희들의 대열 간 거리가 가까운 것은 무희들의 수가 많기 때문이다."라고 했다. 소에서 말하길, "'찬(鄧)'자는 무용수들이 대오를 짜서 위치하는 장소에 찬(鄧)을 표석으로 세워서 인지하게끔 한 것이다."라고 했다.

---

2) 헌원씨(軒轅氏)는 황제(黃帝)를 뜻한다. 헌원(軒轅)은 '황제'의 이름이 된다. 『사기 (史記)』「오제본기(五帝本紀)」편에는 "黃帝者, 少典之子, 姓公孫, 名曰軒轅."이라는 기록이 있다. 즉 '황제'는 소전(少典)의 아들로, 성(姓)은 공손(公孫)이고, 이름은 '헌원'이다. 또한 황제가 '헌원'이라는 언덕에 거처했기 때문에, 이러한 이름이 생겼다는 주장도 있다.

3) 『예기』「악기(樂記)」: 王者功成作樂, 治定制禮, 其功大者其樂備, 其治辯者其禮具. 干戚之舞, 非備樂也; 執羽而祀, 非達禮也. 五帝殊時, 不相沿樂; 三王異世, 不相襲禮. 樂極則憂, 禮粗則偏矣. 及夫敦樂而無憂, 禮備而不偏者, 其唯大聖乎!

補註 ○按, 鄭註之意, 與應說相反, 應說恐長.

번역 ○살펴보니, 정현의 주에 나타난 뜻은 응씨의 주장과는 상반되는데, 응씨의 주장이 아마도 나은 것 같다.

참고-集說 應氏曰: 勤於治民, 則德盛而樂隆, 故舞列遠而長; 怠於治民, 則德薄而樂殺, 故舞列近而短.

번역 응씨가 말하길, 백성을 다스리는데 수고롭게 일했다면, 덕이 융성하고 음악 또한 융성하기 때문에, 무희들의 대열이 멀고도 길게 늘어선다. 백성들을 다스리는데 태만하게 굴었다면, 덕이 얕고 음악 또한 줄어들기 때문에, 무희들의 대열이 가깝고도 짧다.

「악기」 30장

疏曰: 堯樂謂之大章者, 言堯德章明於天下也. 咸, 皆也. 池, 施也. 黃帝樂名咸池, 言德皆施被於天下, 無不周徧, 是爲備具矣. 韶, 繼也者, 言舜之道德繼紹於堯也. 夏, 大也. 禹樂名夏者, 言能光大堯舜之德也. 殷周之樂, 謂①湯之大濩, 武王之大武也. 盡矣, 言於人事盡極矣.

번역 소에서 말하길, 요임금에 대한 악곡을 '대장(大章)'이라고 부르는 것은 요임금의 덕이 천하에 밝게 드러남을 뜻한다. '함(咸)'자는 모두[皆]라는 뜻이다. '지(池)'자는 "베푼다[施]."는 뜻이다. 황제에 대한 악곡 명칭은 '함지(咸池)'이니, 그 덕이 모두 천하에 베풀어져서 두루 펼쳐지지 못함이 없으니, 이것은 모든 것을 갖췄다는 의미이다. "소(韶)는 계승한다는 뜻이다."라는 말은 순임금의 도와 덕은 요임금에게서 계승했다는 뜻이다. '하(夏)'자는 "크다[大]."는 뜻이다. 우임금의 악곡을 '하(夏)'라고 부르는 것은 요임금과 순임금의 덕을 빛나게 하고 크게 넓힐 수 있음을 뜻한다. 은나라와 주나라 때의 악곡은 탕임금에 대한 대호(大濩)와 무왕에 대한 대무(大武)를 뜻한다. "다했다."는 말은 인간에 대한 사안에 있어서 지극함을 다했다는 뜻이다.

① ○湯之[止]大武.

補註 楊梧曰: 濩, 救護生民. 武, 底定武功.

번역 양오가 말하길, '호(濩)'는 백성들을 구호했다는 뜻이다. '무(武)'는 무공을 이루어 세상을 안정시켰다는 뜻이다.

補註 ○按: 此本疏義.

번역 ○살펴보니, 이것은 소의 주장에 근거한 말이다.

「악기」31장

참고-經文

天地之道, 寒暑不時則疾, 風雨不節則饑. 敎者民之寒暑也, 敎
不時則傷世; 事者民之風雨也, 事不節則無功. 然則先王之爲
樂也, ①以法治也, ②善則行象德矣.

번역 천지의 도에 있어서, 추위와 더위가 때에 맞지 않으면 질병이 유행하고, 바람과 비가 절기에 맞지 않으면 기근이 든다. 가르침은 비유하자면 백성들에게 있어 추위와 더위 같은 대상이니, 가르침이 때에 맞지 않다면 세상에 피해를 입힌다. 또 각각의 해당 사안들은 비유하자면 백성들에게 있어서 바람과 비 같은 대상이니, 사안이 절도에 맞지 않는다면 공이 없다. 그러므로 선왕이 악(樂)을 제정함은 법으로써 다스리는 것이니, 그것이 선하다면 백성들의 행동 또한 군주의 덕을 본받게 된다.

① 以法治也.

補註 鄭註: 以樂爲治之法.

번역 정현의 주에서 말하길, 악을 다스림의 법도로 삼는다는 뜻이다.

② 善則行象德矣.

補註 按: 此訓當從小註輔說. 象德, 以下文"樂者所以象德也"觀之, 其指樂而言, 可知.

번역 살펴보니, 이 구문에 대해서는 마땅히 소주에 나온 보씨의 주장에 따라 풀이해야 한다. '상덕(象德)'은 아래문장에서 "악은 덕을 본뜨기 위한 수단이다."[1]라고 한 말로 살펴보면, 악을 가리켜서 말한 것임을 알 수 있다.

---

1) 『예기』「악기(樂記)」: 夫豢豕爲酒, 非以爲禍也. 而獄訟益繁, 則酒之流生禍也. 是故先王因爲酒禮. 壹獻之禮, 賓主百拜, 終日飮酒而不得醉焉. 此先王之所以 備酒禍也. 故酒食者, 所以合歡也. 樂者, 所以象德也. 禮者, 所以綴淫也. 是故先

補註 ○徐志修曰: 以法治之義, 亦輔說爲長. 但行字, 或如下章樂行而 倫淸, 當如字讀.

번역 ○서지수가 말하길, '이법치(以法治)'에 대한 뜻 또한 보씨의 주장이 더 낫다. 다만 '행(行)'자에 있어서는 아래문장의 "악이 시행되고 인륜이 맑 아진다."[2]라고 했을 때의 행(行)자와 같이 보기도 하는데, 마땅히 글자대로 풀이해야 한다.

참고-大全 慶源輔氏曰: 寒暑不時, 風雨不節, 天地之禮樂失矣. 敎不時, 事不節, 人之禮樂失矣. 敎時事節, 固禮樂之事也. 天地之道, 寒暑時 而風雨節矣, 故先王因而作樂, 以象法其治. 善, 謂作樂之善也. 行象 德, 則如大章韶夏是矣. 若不顧其德而求備於鐘鼓管磬之間, 則不可謂 之善矣.

번역 경원보씨가 말하길, 추위와 더위가 때에 맞지 않고 바람과 비가 절기에 맞지 않은 것은 천지의 예악이 실추된 것이다. 가르침이 때에 맞지 않고 해 당 사안이 절도에 맞지 않은 것은 사람의 예악이 실추된 것이다. 가르침이 때에 맞고 사안이 절도에 맞는 것은 진실로 예악에 대한 사안을 뜻한다. 천 지의 도는 추위와 더위가 때에 맞고 바람과 비가 절기에 맞는 것이다. 그렇 기 때문에 선왕이 그에 따라 악(樂)을 제정해서, 이를 통해 다스림의 법령과 교령으로 삼았다. '선(善)'은 음악을 잘 만들었다는 뜻이다. 행동이 덕을 본 받는다는 것은 대장(大章)·소(韶)·하(夏) 등의 악곡이 여기에 해당한다. 만약 덕을 살펴보지 않고, 종·북·피리·경(磬) 등의 악기만을 갖추게 된다 면, 그것을 선하다고 평가할 수 없다.

王有大事, 必有禮以哀之; 有大福, 必有禮以樂之. 哀樂之分, 皆以禮終. 樂也者, 聖人之所樂也, 而可以善民心. 其感人深, 其移風易俗, 故先王著其敎焉.

2) 『예기』「악기(樂記)」: 然後發以聲音, 而文以琴瑟, 動以干戚, 飾以羽旄, 從以簫 管, 奮至德之光, 動四氣之和, 以著萬物之理. 是故淸明象天, 廣大象地, 終始象 四時, 周還象風雨, 五色成文而不亂, 八風從律而不姦, 百度得數而有常, 小大相 成, 終始相生, 倡和淸濁, 迭相爲經. 故樂行而倫淸, 耳目聰明, 血氣和平, 移風易 俗, 天下皆寧.

「악기」 32장

참고─經文

夫①豢豕爲酒, 非以爲禍也. 而獄訟益繁, 則酒之流生禍也. 是
故先王因爲酒禮. 壹獻之禮, 賓主百拜, 終日飮酒而不得醉焉.
此先王之所以備酒禍也. 故酒食者, 所以合歡也. 樂者, 所以象
德也. 禮者, 所以綴淫也. 是故先王有大事, 必有禮以哀之; 有大
福, 必有禮以樂之. 哀樂之分, 皆以禮終. 樂也者, 聖人之所樂也,
而可以善民心. 其感人深, 其移風易俗, 故先王著其敎焉.

번역 무릇 돼지를 키우고 술을 만드는 것은 본래 제사나 연회를 위한 것이지, 재앙을 불러들이기 위해서가 아니다. 그런데도 다툼이 빈번하게 일어난다면, 술이 지나쳐서 재앙을 초래한 것이다. 이러한 까닭으로 선왕은 그에 따라 술에 대한 예법을 만들었다. 한 차례 술을 따르는 의례에서도 빈객과 주인은 수없이 절을 하여, 종일토록 술을 마시더라도 취하지 않았다. 이것은 선왕이 술로 인한 재앙을 대비한 것이다. 그러므로 술과 음식이라는 것은 기쁨을 함께 하기 위한 수단이다. 악(樂)은 덕을 본뜨기 위한 수단이다. 예(禮)는 방탕함을 그치게 하는 수단이다. 이러한 까닭으로 선왕은 상사(喪事) 등의 일이 있을 때, 반드시 그에 해당하는 예(禮)를 제정하여 그 사안을 슬퍼하였고, 크게 경사스러운 일이 있을 때, 반드시 그에 해당하는 예(禮)를 제정하여 그 사안을 즐거워하였다. 슬픔과 즐거움이 나뉘는 분기점에서 이 모두를 예(禮)에 따라 마무리를 짓는다. 악(樂)이라는 것은 성인이 즐거워했던 것이고, 이를 통해서 백성들의 마음을 선하게 할 수 있다. 사람들을 감응시킴이 깊고, 풍속을 좋은 쪽으로 바꾸기 때문에, 선왕은 그 가르침을 드러낸 것이다.

① ○豢豕[止]益繁.

補註 鄭註: 以穀食犬豕曰豢. 爲, 作也. 言豢豕作酒, 本以饗祀養賢, 而小人飮之善酗, 以致獄訟.

번역 정현의 주에서 말하길, 곡물을 개나 돼지에게 먹이는 것을 '환(豢)'이라고 부른다. '위(爲)'자는 "만든다[作]."는 뜻이다. 즉 돼지에게 사료를 먹이고 술을 만드는 것은 본래 향례나 제사를 통해 현명한 자들을 기르기 위한 것인데, 소인들이 술을 마시게 되면 주정을 잘 부려서 다툼을 발생시킨다.

참고-集說

一獻之禮, 士之饗禮惟一獻也. 綴, 止也. 大事, 死喪之事也. 大福, 吉慶之事也. 以大福對大事而言, 則大事爲禍矣. 哀樂皆以禮終, 則不至於過哀過樂矣. 此章言禮處多, 而末亦云樂者, 明禮樂非二用也. ①應氏本漢志俗下增易字, 音以豉反.

번역 일헌(一獻)의 의례는 사 계층의 향례(饗禮)에서 오직 한 차례 술을 따르는 것을 뜻한다. '철(綴)'자는 "그치다[止]."는 뜻이다. '대사(大事)'는 상사(喪事)를 뜻한다. 대복(大福)은 길하거나 경사스러운 일을 뜻한다. 대복을 통해 대사와 대비해서 말을 했다면 대사는 재앙이 된다. 슬프고 즐거운 일들을 모두 예(禮)를 통해서 마무리 짓는다면, 슬픔이 지나치거나 즐거움이 지나치는 지경에 이르지 않는다. 이곳 문장에서는 예(禮)에 대한 언급이 대부분이지만, 끝에서는 또한 악(樂)에 대해서 언급했으니, 예(禮)와 악(樂)이 별개의 쓰임이 아니라는 사실을 밝혔다. 응씨는 『한서(漢書)』「예악지(禮樂志)」의 기록에 근본을 두어 '속(俗)'자 뒤에 '易'자를 첨가했는데,[1] 그 음은 '以(이)'자와 '豉(시)'자의 반절음이다.

① 應氏本漢志[止]易字.

補註 通解曰: 當以漢書爲正.

번역 『통해』에서 말하길, 『한서』의 기록을 올바른 것으로 삼아야 한다.

---

1) 『한서(漢書)』「예악지(禮樂志)」: 樂者, 聖人之所樂也, 而可以善民心. 其感人深, 其移風易俗易, 故先王著其敎焉.

「악기」 33~38장

①夫民有血氣心知之性, 而無哀樂喜怒之常, 應感起物而動, 然後心術形焉. 是故②志微噍殺之音作, 而民思憂. 嘽諧慢易繁文簡節之音作, 而民康樂. 粗厲猛起奮末廣賁之音作, 而民剛毅. 廉直勁正莊誠之音作, 而民肅敬. 寬裕肉好順成和動之音作, 而民慈愛. 流辟邪散狄成滌濫之音作, 而民淫亂.

번역 무릇 백성들은 혈기와 마음 및 지각 능력을 가지고 있지만, 슬픔·즐거움·기쁨·성냄 등에 대해서 항상됨이 없으니, 외부 사물을 느끼는 것으로부터 움직이게 되고, 그런 뒤에야 속마음이 드러나게 된다. 이러한 까닭으로 다급하고[志] 작으며[微] 쇠하고[噍] 줄어드는[殺] 음(音)들이 연주되면, 백성들은 슬퍼하며 근심하는 것이다. 크면서도[嘽] 조화롭고[諧] 느리면서[慢] 평이하며[易] 문채가 많이 나고[繁文] 가락이 간략한[簡節] 음(音)들이 연주되면, 백성들은 안심하면서도 즐거워하는 것이다. 거칠며[粗] 사납고[厲] 맹렬하게[猛] 처음을 일으키며[起] 진동하며[奮] 빠르게 끝나고[末] 크고[廣] 성내는[賁] 음(音)들이 연주되면, 백성들이 강직하고 굳센 것이다. 반듯하고[廉] 강직하며[直] 굳세고[勁] 바르며[正] 장엄하고[莊] 성실한[誠] 음(音)들이 연주되면, 백성들이 정숙하고 공손한 것이다. 관대하고[寬] 너그러우며[裕] 옥처럼 매끄럽게 빛이 나고[肉好] 순조롭게 이루며[順成] 조화롭게 움직이는[和動] 음(音)들이 연주된다면, 백성들이 자애로운 것이다. 방탕하게 흐르고[流] 편벽되며[辟] 사벽하고[邪] 흩어지며[散] 한 곡조가 너무 길게 끝나고[狄成] 씻어내지만 범람하는[滌濫] 음(音)들이 연주된다면, 백성들이 음란한 것이다.

① 夫民有血氣.

補註 按: 疏自此至君子賤之也, 爲樂言.

번역 살펴보니, 소에서는 이 문장으로부터 "군자는 이러한 것들을 천시한다."[1]라는 구문까지는 「악언(樂言)」편이 된다고 했다.

② 志微噍殺[止]民淫亂.

補註 鄭註: "志微, 意細也." 疏曰: "'民有血氣'以下至'淫亂'以上, 論人心無常, 隨感而變. 蓋樂之善惡, 初則從民心而興, 後乃合成爲樂. 樂又下感於人, 善樂感, 則人化爲善, 惡樂感, 則人隨爲惡. 是樂出於人, 而還感人也. 如雨出於山而還雨山, 火出於木而還燔木."

번역 정현의 주에서 말하길, "지미(志微)는 뜻이 작다는 뜻이다."라고 했다. 소에서 말하길, "'백성들에게는 혈기가 있다.'라고 한 문장으로부터 그 이하로 '음란하게 된다.'는 문장까지는 사람의 마음에는 일정함이 없어서 느끼는 것에 따라 변화됨을 논의하고 있다. 음악의 선악은 애초부터 백성들의 마음으로부터 생겨난 것인데, 이후에는 합쳐져서 하나의 음악을 이룬다. 음악은 또한 밑으로 백성들에 대해 느끼게 하니, 선한 음악이 사람들을 느끼게 한다면 사람들은 변화하여 선하게 되고, 악한 음악이 사람들을 느끼게 한다면 사람들은 그에 따라 악하게 된다. 이것은 음악이 사람으로부터 도출되지만 다시 사람을 느끼게 함을 뜻한다. 마치 비가 산으로부터 생겨나지만 다시금 산에 비를 내려 적시게 함과 같고, 불이 나무로부터 생겨나지만 다시 나무를 불태우는 것과 같다."라고 했다.

補註 ○按: 劉氏疑志當作急者, 恐是.

번역 ○살펴보니, 유씨는 '지(志)'자는 급(急)자로 기록해야 할 것 같다고 했는데, 그 말이 맞는 것 같다.

補註 ○又按: 上文其哀心感者, 其聲噍而殺, 乃人有是心而動於聲也. 此段急微噍殺之音作, 而民思憂, 乃樂之音如此, 而民之聞而感之者, 如此也, 意各不同. 而劉說引上文釋此段, 乃曰其民之哀思憂愁可知, 恐未然. 下並同.

---

1) 『예기』「악기(樂記)」: 土敝則草木不長, 水煩則魚鱉不大, 氣衰則生物不遂, 世亂則禮慝而樂淫. 是故其聲哀而不莊, 樂而不安; 慢易以犯節, 流湎以忘本, 廣則容姦, 狹則思欲; 感條暢之氣, 而滅平和之德. 是以君子賤之也.

번역 ○또 살펴보니, 앞 문장에서 "슬픈 마음이 느껴지게 되면, 그 소리는 건조하여 윤기가 없고 줄어들게 된다."²⁾라고 했는데, 이것은 사람에게 이러한 마음이 있으면 이것은 소리를 통해 나타난다는 뜻이다. 이곳 문단에서는 "다급하고 작으며 쇠하고 줄어드는 음이 연주되고 백성들이 슬퍼하고 근심한다."라고 했는데, 이것은 악의 음이 이와 같아서 백성들이 그것을 듣고 느끼게 된 것도 이와 같다는 뜻이니, 의미가 각각 다르다. 그런데 유씨의 주장에서는 앞 문장을 인용하여 이곳 단락을 풀이하며, "그 나라의 백성들 마음에는 슬프고 그리워하며 근심스럽고 우울한 감정이 있는 것임을 알 수 있다."라고 했는데, 아마도 그렇지 않은 것 같다. 아래문장에 대한 풀이도 모두 이와 같다.

補註 ○又按: 疏說尤明. 小註馬說亦然.
번역 ○또 살펴보니, 소의 주장이 더욱 명확하다. 소주에 나온 마씨의 주장 또한 그러하다.

참고-大全 馬氏曰: 論樂之所始, 則起於心之所感, 而後發於聲音. 論樂之所成, 則反以感人心者也. 是故自哀心感者, 其聲噍以殺, 至於愛心感者, 其聲和以柔, 此言其音起於心之所感也. 至於所謂志微噍殺之音作, 而民思憂, 以至於狄成滌濫之音作, 而民淫亂, 此言其樂之所以感於人心也. 先王之爲樂, 尤愼其所以感之之始.
번역 마씨가 말하길, 악(樂)이 시작되는 것을 논의한다면, 마음이 느끼는 것에서부터 비롯되고 그 이후에 소리[聲]와 음(音)으로 나타난다. 악(樂)이 완성되는 것을 논의한다면, 반대로 이것을 통해 사람의 마음을 감동시킨다. 이러한 까닭으로 "슬픈 마음이 느껴지게 되면, 그 소리는 건조하여 윤기가 없

---

2) 『예기』 「악기(樂記)」: 樂者, 音之所由生也, 其本在人心之感於物也. 是故其哀心感者, 其聲噍以殺; 其樂心感者, 其聲嘽以緩; 其喜心感者, 其聲發以散; 其怒心感者, 其聲粗以厲; 其敬心感者, 其聲直以廉; 其愛心感者, 其聲和以柔. 六者非性也, 感於物而后動.

고 줄어들게 된다."는 말로부터 "사랑하는 마음이 느껴지게 되면, 그 소리는
조화롭고 유순하게 된다."는 말까지는[3] 마음에서 느끼는 것에서 음(音)이
비롯됨을 뜻한다. 이른바 "다급하고 작으며 쇠하고 줄어드는 음(音)들이 연
주되면, 백성들은 슬퍼하며 근심하는 것이다."[4]는 말로부터 "한 곡조가 너무
길게 끝나고 범람하는 음(音)들이 연주된다면, 백성들이 음란한 것이다."는
말까지는 악(樂)이 사람들의 마음을 감동시키는 것을 뜻한다. 선왕이 악(樂)
을 만들었을 때에는 감동시키는 초입에 대해서 더욱 신중을 기했다.

---

3) 『예기』「악기」: 樂者, 音之所由生也, 其本在人心之感於物也. 是故其哀心感者,
其聲噍以殺; 其樂心感者, 其聲嘽以緩; 其喜心感者, 其聲發以散; 其怒心感者,
其聲粗以厲; 其敬心感者, 其聲直以廉; 其愛心感者, 其聲和以柔. 六者非性也,
感於物而后動.
4) 『예기』「악기」: 夫民有血氣心知之性, 而無哀樂喜怒之常, 應感起物而動, 然後
心術形焉. 是故志微噍殺之音作, 而民思憂.

「악기」 39장

참고-經文

是故先王本之情性, 稽之度數, 制之禮義, 合生氣之和, 道五常
之行, 使之陽而不散, ①陰而不密, 剛氣不怒, 柔氣不懾, 四暢
交於中, 而發作於外, 皆安其位而不相奪也. 然後立之學等, 廣
其節奏, 省其文采, 以繩德厚, 律小大之稱, 比終始之序, 以象
事行, 使親疏貴賤長幼男女之理, 皆形見於樂. 故曰, "樂觀其
深矣."

번역 이러한 까닭으로 선왕은 음악을 만들 때, 인간의 성정에 근본을 두고, 법칙을
살펴보았으며, 예의(禮義)를 제정하고, 생기(生氣)의 조화로움에 합치되도록 했으
며, 오상(五常)의 행실을 인도하여, 양(陽)에 해당하는 것들이 흩어지지 않게끔 하
고, 음(陰)에 해당하는 것들이 숨지 않도록 했으며, 굳센 기운이 성냄에 이르지 않
도록 했고, 부드러운 기운이 겁냄에 이르지 않도록 했으며, 이러한 네 가지 것들이
가운데에서 사귀며 펴져서 밖으로 나타나도록 하여, 이 모두가 그 자리를 편안하게
여기고 서로 그 순서를 빼앗지 않게끔 했다. 그런 뒤에 학제와 등차를 세우고, 학생
들이 익혀야 할 것들을 늘리며, 악곡을 자세히 살피게 하여, 이를 통해 덕이 두터워
지도록 바로잡았고, 작고 큼이 각각 알맞도록 조율했으며, 시작과 끝의 순서가 합치
되도록 했고, 이를 통해 각 사안의 행실을 본받아, 친소·귀천·장유·남녀의 이치
를 모두 악(樂)에서 드러나도록 했다. 그렇기 때문에 "악(樂)을 살펴보니, 그 뜻이
매우 깊구나."라고 말한 것이다.

① ○陰而不密.

補註 鄭註: 密之言閉也.

번역 정현의 주에서 말하길, '밀(密)'자는 "막히다[閉]."는 뜻이다.

此承上文聲音之應感而言. 本之情性, 卽民有血氣心知之性,
喜怒哀樂之情也. 度數, 十二律上生下生損益之數也. 禮義·
貴賤·隆殺·淸濁·高下各有其義也. 生氣之和, 造化發育之
妙也. 五常之行, 仁義禮知信之德也. 言聖人之作樂, 本於人心
七情所感之音, 而稽考於五聲·十二律之度數, 而制之以淸
濁·高下·尊卑·隆殺之節, 而各得其宜, 然後用之以合天地
生氣之和, 而使其陽之動而不至於散, 陰之靜而不至於密, 道
人心五常之行, 而使剛者之氣不至於怒, 柔者之氣不至於懾.
天地之陰陽, 人心之剛柔, 四者各得其中而和暢焉, 則交暢於
中而發形於外, 於是宮君商臣角民徵事羽物, 皆安其位而不相
奪倫也. 此言聖人始因人情而作樂, 有度數禮儀之詳, 而以之
和天地之氣, 平天下之情, 及天氣人情感而太和焉, 則樂無怗
懘之音矣, 然後推樂之敎以化民成俗也. 立之學, 若①樂師掌
國學之政, 大胥掌學士之版是也. 立之等, 若十三舞勺, 成童舞
象之類是也. 廣其節奏, 增益學者之所習也. 省其文采, 省察其
音曲之辭, 使五聲之相和相應, 若五色之雜以成文采也. 厚, 如
②書"惟民生厚"之厚. 以繩德厚, 謂檢約其固有之善而使之成
德也. 律, 以法度整齊之也. 比, 以次序聯合之也. 宮音至大, 羽
音至小, 律之使各得其稱, 始於黃鍾之初九, 終於仲呂之上六,
比之使各得其序. 以此法象而寓其事之所行, 如宮爲君, 宮亂
則荒之類, 故曰以象事行也. 人倫之理, 其得失皆可於樂而見
之, 是樂之所觀, 其義深奧矣. 此古有是言, 記者引以爲證.

번역 이 문장은 앞에서 "소리가 느낌에 호응한다."는 것을 이어서 한 말이다. "성정
에 근본한다."는 말은 백성들은 혈기와 마음 및 지각 능력이라는 본성[性]을 가지
고 있고, 기쁨·성냄·슬픔·즐거움 등의 감정[情]을 가지고 있음을 뜻한다. '도수
(度數)'는 십이율이 위로 파생되고 아래로 파생되며 덜고 더하는 법칙을 뜻한다.
예의(禮義)·귀천(貴賤)·융쇄(隆殺)·청탁(淸濁)·고하(高下)에는 각각 해당하

는 뜻이 있다. '생기(生氣)의 조화로움'은 생겨나게 하고 변하게 하며 발생하게 하고 양육하는 오묘함을 뜻한다. '오상(五常)의 행실'은 인(仁)·의(義)·예(禮)·지(知)·신(信)의 덕을 뜻한다. 즉 성인이 악(樂)을 제정할 때, 인심의 칠정(七情)에 따라 느끼게 되는 음(音)들에 근본을 두고, 오성(五聲)·십이율(十二律)의 법칙을 살펴보고, 청탁(淸濁)·고하(高下)·존비(尊卑)·융쇄(隆殺) 등의 절도로써 제정하여, 각각 그 합당함을 얻도록 했으며, 그런 뒤에야 그것을 사용하여 천지 생기의 조화로움에 합치시켜서, 양(陽)의 움직임이 흩어지는 지경에 이르지 않도록 했고, 음(陰)의 고요함이 숨게 되는 지경에 이르지 않도록 하며, 인심에 있는 오상의 행실을 인도하여, 굳센 기운이 성냄에 이르지 않도록 하고, 부드러운 기운이 겁냄에 이르지 않도록 했다는 뜻이다. 천지의 음(陰)·양(陽)과 인심의 굳셈[剛]·부드러움[柔]에 있어서, 이 네 가지는 각각 그 알맞음을 얻어서 조화롭게 펴지니, 안에서 사귀고 통하여 밖으로 발산하여 나타나니, 이에 군주에 해당하는 궁(宮)음, 신하에 해당하는 상(商)음, 백성에 해당하는 각(角)음, 사물에 해당하는 치(徵)음, 만물에 해당하는 우(羽)음들은 모두 그 자리를 편안하게 여기어, 서로 그 순서를 빼앗지 않는다. 이것은 성인이 처음에는 인정에 연유하여 악(樂)을 만들었는데, 법칙 및 예의(禮儀) 등의 상세함을 갖춰서, 이를 통해 천지의 기운을 조화롭게 하고, 천하의 정감을 평탄하게 했으니, 천기와 인정의 감응이 크게 조화롭게 되면, 악(樂)에는 어우러지지 않는 음(音)이 없게 되니, 그런 뒤에야 악(樂)의 가르침을 미루어서 백성들을 교화하고 풍속을 완성할 수 있음을 뜻한다. "학제를 세운다."는 말은 마치 악사(樂師)가 국학의 정무를 담당하고,[1] 대서(大胥)가 학사들의 호적을 담당하는 부류와 같다.[2] "등위를 세운다."는 말은 13세 때에는 작(勺)이라는 춤을 추고, 성동(成童)이 상(象)이라는 춤을 추는 부류와 같다.[3] "음의 가락을 넓힌다."는 말은 학생들이 익히는 것들을 더하여 늘린다는 뜻이다. "문채를 살핀다."는 말은 악곡의 가사를 살펴서, 오성이 서로 화합하고 호응하게 만든다는 뜻으로, 마치 오색(五色)이 섞여서 문채를 이루는 것과 같다. '후(厚)'자는 『서』에서 "백성들이 태어날 때에는 본성이 두텁다."라고 할 때의 '후(厚)'자와 같다. "덕이 두텁게 되도록 바로잡는다."는 말은 본래부터 가지고 있는 선함을 단속하여 덕을 이루게끔 한다는 뜻이다. '율(律)'자는 법도로 바로잡는다는 뜻이다. '비(比)'자는 순서에 따라 연결되고 합치되도록 한다는 뜻이다. 궁(宮)음은 매우 크고 우(羽)음은 매우 작은데, 법도로 바로잡

---

1) 『주례』「춘관(春官)·악사(樂師)」: <u>樂師掌國學之政</u>, 以敎國子小舞.

2) 『주례』「춘관(春官)·대서(大胥)」: <u>大胥掌學士之版</u>, 以待致諸子.

3) 『예기』「내칙(內則)」: <u>十有三年</u>, 學樂, 誦詩, <u>舞勺. 成童</u>, 舞象, 學射御.

아서 그것들로 하여금 각각 해당되는 것을 얻도록 하니, 『주역』과 연계시킨다면 황종(黃鍾)에 해당하는 초구(初九)에서 시작하여, 중려(仲呂)에 해당하는 상육(上六)에서 마치도록 하는데, 순서에 따라 합치되도록 하여 그것들로 하여금 각각 해당 순서를 얻도록 한다. 이처럼 본받고 본뜬 것으로 각각의 사안에서 시행되는 것에 깃들게 하니, 예를 들어 궁(宮)음은 군주가 되어, 궁(宮)음이 문란하게 되면 소리가 거칠게 되는 부류와 같다.4) 그렇기 때문에 "이로써 사안의 행실을 본받다."라고 말한 것이다. 인륜의 이치에 있어서 그 득실은 모두 악(樂)을 통해서 확인할 수 있으니, 이것이 악(樂)을 살펴보니 그 의미가 매우 깊다고 한 이유이다. 이 말은 고대에 이러한 말이 있어서, 『예기』를 기록한 자가 이 말을 인용해서 증명한 것이다.

① 樂師[止]學士之版.

補註 樂師 · 大胥, 並春官之屬. 本註: "版, 籍也."
번역 악사(樂師)와 대서(大胥)는 모두 『주례』「춘관(春官)」에 속한 관리이다. 본래의 주에서는 "판(版)은 호적이다."라고 했다.

② 書惟民生厚.

補註 君陳文. 本註: "斯民之生, 其性本厚."
번역 『서』「군진(君陳)」편의 기록이다.5) 본래의 주에서는 "백성들이 태어날 때 그 본성은 본래부터 두텁다."라고 했다.

---

4) 『예기』「악기(樂記)」: 宮亂則荒, 其君驕; 商亂則陂, 其臣壞; 角亂則憂, 其民怨; 徵亂則哀, 其事勤; 羽亂則危, 其財匱. 五者皆亂, 迭相陵, 謂之慢. 如此則國之滅亡無日矣.
5) 『서』「주서(周書) · 군진(君陳)」: 惟民生厚, 因物有遷, 違上所命, 從厥攸好.

「악기」 41장

참고─經文

①凡姦聲感人而逆氣應之, 逆氣成象而淫樂興焉; 正聲感人而
順氣應之, 順氣成象而和樂興焉. 倡和有應, ②回邪曲直各歸
其分, 而萬物之理, 各以類相動也.

번역 무릇 간사한 소리[聲]가 사람을 느끼게 해서 거스르는 기운이 호응하니, 거스
르는 기운이 형상을 이루어 음란한 악(樂)이 나타난다. 바른 소리[聲]가 사람을 느
끼게 해서 따르는 기운이 호응하니, 따르는 기운이 형상을 이루어 화락한 악(樂)이
나타난다. 느끼게 함과 그에 따라 기운이 일어나는 것에는 각각의 호응함이 있고,
어그러짐과 사벽함 굽음과 곧음은 각각 그 구분에 따라 되돌아가며, 만물의 이치도
각각 그 부류에 따라 서로 움직이게 된다.

① 凡姦聲感人.

補註 按: 疏自此至贈諸侯也, 爲樂象.

번역 살펴보니, 소에서는 이 문장으로부터 "제후에 대해서 선물로 하사한
다."[1]라는 구문까지는 「악상(樂象)」편이 된다고 했다.

② 回邪曲直.

補註 楊梧曰: 猶言吉凶悔吝, 蓋天下之理, 正者常少, 不正者常多.

번역 양오가 말하길, 길·흉·뉘우침·인색함이라 말하는 것[2]과 같으니, 천
하의 이치에 바른 것은 항상 적고 바르지 않은 것은 항상 많기 때문이다.

---

1) 『예기』「악기(樂記)」: 所謂大輅者, 天子之車也. 龍旂九旒, 天子之旌也. 青黑緣
　者, 天子之寶龜也. 從之以牛羊之群, 則所以贈諸侯也.
2) 『역』「계사하(繫辭下)」: 吉凶悔吝者, 生乎動者也.

참고-經文

①然後發以聲音, 而文以琴瑟, 動以干戚, 飾以羽旄, 從以簫管, 奮至德之光, 動四氣之和, 以著萬物之理. 是故淸明象天, 廣大象地, 終始象四時, 周還象風雨, 五色成文而不亂, ②八風從律而不姦, 百度得數而有常, 小大相成, 終始相生, ③倡和淸濁, 迭相爲經. 故④樂行而倫淸, 耳目聰明, 血氣和平, 移風易俗, 天下皆寧.

번역 그런 뒤에 소리[聲]와 음(音)을 통해서 나타내고, 금(琴)과 슬(瑟)을 통해서 격식을 나타내며, 방패와 도끼를 통해서 활동적으로 표현하고, 깃털과 꼬리털로 꾸미며, 소(簫)와 피리로 따르게 하여, 지극한 덕의 빛남을 떨치고, 사계절의 조화로운 기운을 움직여서, 이를 통해 만물의 이치를 드러낸다. 그렇기 때문에 맑고 밝음은 하늘을 형상화하고, 넓고 큼은 땅을 형상화하며, 끝과 시작은 사계절을 형상화하고, 나아가고 물러나는 등의 행위는 바람과 비를 형상화하니, 오색이 무늬를 이루어 문란하지 않고, 팔풍(八風)1)이 율력에 따라서 간사하지 않으며, 모든 도수가 해당

---

1) 팔풍(八風)은 팔방(八方)에서 풀어오는 바람으로, 각 문헌에 따라서 명칭이 조금씩 다르다. 『여씨춘추(呂氏春秋)』에 따르면, 동북풍(東北風)은 염풍(炎風), 동풍(東風)은 도풍(滔風), 동남풍(東南風)은 훈풍(熏風), 남풍(南風)은 거풍(巨風), 서남풍(西南風)은 처풍(淒風), 서풍(西風)은 료풍(飂風), 서북풍(西北風)은 려풍(厲風), 북풍(北風)은 한풍(寒風)이다. 『회남자(淮南子)』에 따르면, 동북풍(東北風)은 염풍(炎風), 동풍(東風)은 조풍(條風), 동남풍(東南風)은 경풍(景風), 남풍(南風)은 거풍(巨風), 서남풍(西南風)은 량풍(涼風), 서풍(西風)은 료풍(飂風), 서북풍(西北風)은 려풍(麗風), 북풍(北風)은 한풍(寒風)이다. 『설문해자(說文解字)』에 따르면, 동풍(東風)은 명서풍(明庶風), 동남풍(東南風)은 청명풍(淸明風), 남풍(南風)은 경풍(景風), 서남풍(西南風)은 량풍(涼風), 서풍(西風)은 창합풍(閶闔風), 서북풍(西北風)은 부주풍(不周風), 북풍(北風)은 광막풍(廣莫風), 동북풍(東北風)은 융풍(融風)이다. 『경전석문(經典釋文)』에 따르면, 동풍(東風)은 곡풍(谷風), 동남풍(東南風)은 청명풍(淸明風), 남풍(南風)은 개풍(凱風), 서남풍(西南風)은 량풍(涼

수치를 얻어 항상됨이 있으니, 작고 큼이 서로를 이루어주고, 끝과 시작이 서로를 생겨나게 하며, 이끌고 화답함 맑고 탁함이 갈마들며 서로의 기준이 된다. 그렇기 때문에 악(樂)이 시행되고 인륜이 맑아지며, 귀와 눈이 청명해지고, 혈기가 화평하게 되며, 풍속이 좋게 바뀌니, 천하가 모두 편안하게 된다.

① ○然後發以聲音章.

補註 楊梧曰: 發以聲音五句, 樂備聲容之器, 奮至德三句, 樂達天人之蘊, 淸明四句, 樂法造化之象, 五色七句, 樂盡常變之妙.

번역 "소리와 음을 통해서 나타난다."라고 하는 등의 5개 구문은 악이 소리와 형상으로 표현하는 기구를 갖추는 것이며, "지극한 덕을 떨친다."라고 하는 등의 3개 구문은 악이 하늘과 사람의 온축된 뜻을 통달한 것이고, '맑고 밝음' 등의 4개 구문은 악이 조화의 상을 본받은 것이며, 오색 등의 7개 구문은 악이 항상됨과 변화됨의 묘리를 다하는 것이다.

② 八風從律而不姦.

補註 楊梧曰: "風爲十二月之氣, 而律之作, 所以候氣. 律有十二月之管, 而音之和, 莫不由於管. 氣候於管, 音和於律, 故八風從十二月之律也."

風), 서풍(西風)은 창합풍(閶闔風), 서북풍(西北風)은 부주풍(不周風), 북풍(北風)은 광막풍(廣莫風), 동북풍(東北風)은 융풍(融風)이다. 『여씨춘추(呂氏春秋)』「유시(有始)」편에서는 "何謂八風. 東北曰炎風, 東方曰滔風, 東南曰熏風, 南方曰巨風, 西南曰淒風, 西方曰飂風, 西北曰厲風, 北方曰寒風."이라고 하였고, 『회남자(淮南子)』「추형훈(墜形訓)」편에서는 "東北曰炎風, 東方曰條風, 東南曰景風, 南方曰巨風, 西南曰涼風, 西方曰飂風, 西北曰麗風, 北方曰寒風."이라고 하였으며, 『설문(說文)』「풍부(風部)」편에서는 "風, 八風也. 東方曰明庶風, 東南曰淸明風, 南方曰景風, 西南曰涼風, 西方曰閶闔風, 西北曰不周風, 北方曰廣莫風, 東北曰融風."이라고 하였고, 『춘추좌씨전』「은공(隱公) 5년」편에는 "夫舞所以節八音, 而行八風."이라는 기록이 있는데, 이에 대한 육덕명(陸德明)의 『경전석문(經典釋文)』에서는 "八方之風, 謂東方谷風, 東南淸明風, 南方凱風, 西南涼風, 西方閶闔風, 西北不周風, 北方廣莫風, 東北方融風."이라고 풀이하였다.

又曰: "析之, 二風從三律, 合之, 八風從十二律."

번역 양오가 말하길, "바람은 12개월의 기운이 되는데, 율을 만든 것은 기후를 측정하기 위한 것이다. 율에는 12개월에 해당하는 율관이 있고, 음의 조화는 율관으로부터 비롯되지 않는 것이 없다. 기후는 율관을 통해 측정하며, 음은 율을 통해 조화롭게 된다. 그렇기 때문에 팔풍은 12개월의 율에 따르는 것이다."라고 했다. 또 말하길, "구분을 하면 2풍은 3율에 따르는 것이고, 종합하자면 8풍은 12율에 따르는 것이다."라고 했다.

補註 ○按: 姦, 恐如邪氣姦其間之姦, 干犯之義.

번역 ○살펴보니, '간(姦)'자는 "사벽한 기운이 그 사이를 어지럽힌다."라고 했을 때의 간(姦)과 같으니, 참견하고 범한다는 의미이다.

③ 倡和淸濁迭相爲經.

補註 疏曰: 律先發聲者爲倡, 後應聲者爲和. 黃鍾至仲呂爲濁, 蕤賓至應鍾爲淸.

번역 소에서 말하길, 먼저 소리를 내는 것은 창(倡)이 되고, 뒤이어 호응하는 소리는 화(和)가 된다. 황종(黃鐘)으로부터 중려(仲呂)에 이르는 음들은 탁한 음이 되고, 유빈(蕤賓)으로부터 응종(應鐘)에 이르는 음들은 맑은 음이 된다.

④ 樂行而倫淸.

補註 鄭註: 倫, 謂人道也.

번역 정현의 주에서 말하길, '윤(倫)'은 사람의 도리를 뜻한다.

大章之章, 咸池之備, 韶之繼, 皆聖人極至之德發於樂者, 其輝
光猶若可見也. 書言"光被四表", "光天之下", 皆所謂至德之光
也. 四氣之和, 四時之和氣也. 小大終始, 卽前章小大之稱, 終
始之序也. 迭相爲經, 卽①<u>前篇還相爲宮之說也</u>.

번역 대장(大章)이라는 악곡이 밝힌다는 뜻을 나타내고, 함지(咸池)라는 악곡이
갖췄다는 뜻을 나타내며, 소(韶)라는 악곡이 계승한다는 뜻을 나타내는 것²⁾들은
모두 성인의 지극한 덕이 악(樂)으로 드러난 것이니, 휘황찬란하게 나타남을 살펴
볼 수 있다. 『서』에서는 "빛이 사방에 펼쳐졌다."³⁾라고 말하고, "하늘 아래에 빛나
게 한다."⁴⁾라고 말했는데, 이 모두는 지극한 덕의 빛남을 뜻한다. 네 기운의 조화로
움은 사계절의 조화로운 기운을 뜻한다. 작고 큰 끝과 시작은 곧 앞에서 말한 '작고
큰의 알맞음'과 '끝과 시작의 순서'를 의미한다.⁵⁾ '질상위경(迭相爲經)'은 곧 앞 편
에서 "순환하여 서로의 궁(宮)이 된다."는 말에 해당한다.

① 前篇還相爲宮之說.

補註 按: 前篇, 指禮運.

번역 살펴보니, '전편(前篇)'은 『예기』「예운(禮運)」편을 가리킨다.⁶⁾

---

2) 『예기』「악기(樂記)」: <u>大章, 章之也. 咸池, 備矣. 韶, 繼也.</u> 夏, 大也. 殷周之樂盡
矣.

3) 『서』「우서(虞書)·요전(堯典)」: 曰放勳, 欽明文思安安, 允恭克讓, <u>光被四表</u>, 格
于上下.

4) 『서』「우서(虞書)·익직(益稷)」: 禹曰, 兪哉, <u>帝光天之下</u>, 至于海隅蒼生, 萬邦黎
獻, 共惟帝臣, 惟帝時擧, 敷納以言, 明庶以功, 車服以庸, 誰敢不讓, 敢不敬應,
帝不時, 敷同日奏罔功.

5) 『예기』「악기(樂記)」: 是故先王本之情性, 稽之度數, 制之禮義, 合生氣之和, 道
五常之行, 使之陽而不散, 陰而不密, 剛氣不怒, 柔氣不懾, 四暢交於中, 而發作
於外, 皆安其位而不相奪也. 然後立之學等, 廣其節奏, 省其文采, 以繩德厚, 律
<u>小大之稱</u>, 比終始之序, 以象事行, 使親疏貴賤長幼男女之理, 皆形見於樂. 故曰,
"樂觀其深矣."

①疏曰: 八風, 八方之風也. 律, 十二月之律也. 距冬至四十五日條風至, 條者, 生也. 四十五日明庶風至, 明庶者, 迎衆也. 四十五日淸明風至, 淸明者, 芒也. 四十五日景風至, 景者, 大也, 言陽氣長養也. 四十五日涼風至, 涼, 寒也, 陰氣行也. 四十五日閶闔風至, 閶闔者, 咸收藏也. 四十五日不周風至, 不周者, 不交也, 言陰氣未合化也. 四十五日廣莫風至, 廣莫者, 大莫也, 開陽氣也.

번역 소에서 말하길, 팔풍(八風)은 여덟 방위에서 불어오는 바람을 뜻한다. '율(律)'은 12개월에 따른 율(律)을 뜻한다. 동지로부터 45일이 지나면 조풍(條風)이 불어오는데, '조(條)'자는 "생기다[生]."는 뜻이다. 또 45일이 지나면 명서풍(明庶風)이 불어오는데, '명서(明庶)'라는 말은 무리를 맞이한다는 뜻이다. 또 45일이 지나면 청명풍(淸明風)이 불어오는데, '청명(淸明)'이라는 말은 "무성하게 하다[芒]."는 뜻이다. 또 45일이 지나면 경풍(景風)이 불어오는데, '경(景)'자는 "크게 하다[大]."는 의미로, 양기가 장성하게 길러준다는 뜻이다. 또 45일이 지나면 양풍(涼風)이 불어오는데, '양(涼)'자는 "춥다[寒]."는 의미로, 음기가 움직인다는 뜻이다. 또 45일이 지나면 창합풍(閶闔風)이 불어오는데, '창합(閶闔)'이라는 말은 모두 거두어 보관한다는 뜻이다. 또 45일이 지나면 부주풍(不周風)이 불어오는데, '부주(不周)'라는 말은 사귀지 않는다는 의미로, 음기가 아직 합치되어 변화되지 않았다는 뜻이다. 또 45일이 지나면 광막풍(廣莫風)이 불어오는데, '광막(廣莫)'이라는 말은 막대하다는 의미로, 양기를 열어준다는 뜻이다.

① 疏曰[止]開陽氣也.

補註 按: 此出白虎通, 卽一年八節之風. 八節, 立春·春分·立夏·夏至·立秋·秋分·立冬·冬至也. 艮爲條風, 震爲明庶風, 巽爲淸明風, 离爲景風, 坤爲涼風, 兌爲閶闔風, 乾爲不周風, 坎爲廣莫風.

---

6) 『예기』「예운(禮運)」: 五聲·六律·十二管, <u>還相爲宮也</u>.

번역 살펴보니, 이것은 『백호통』에서 도출된 것으로, 1년 중 8절기에 부는 바람을 뜻한다. 8절기는 입춘·춘분·입하·하지·입추·추분·입동·동지를 뜻한다. 간은 조풍(條風)이 되고, 진은 명서풍(明庶風)이 되며, 손은 청명풍(淸明風)이 되고, 리는 경풍(景風)이 되며, 곤은 양풍(凉風)이 되고, 태는 창합풍(閶闔風)이 되며, 건은 부주풍(不周風)이 되고, 감은 광막풍(廣莫風)이 된다.

「악기」 46장

참고-經文

德者, 性之端也. 樂者, 德之華也. 金石絲竹, 樂之器也. 詩, 言
其志也. 歌, 咏其聲也. 舞, 動其容也. 三者本於心, 然後樂器從
之. 是故情深而文明, ①氣盛而化神, 和順積中而英華發外, 惟
樂不可以爲僞.

번역 덕은 본성의 단서이다. 악(樂)은 덕이 아름답게 나타난 것이다. 쇠·돌·실·
대나무 등으로 만든 악기는 악(樂)의 기구이다. 시는 그 뜻을 말로 나타낸다. 노래
는 그 소리를 길게 내뺀다. 춤은 그 모습을 움직이게 한다. 이 세 가지는 마음에
근본을 두고 있고, 그런 뒤에 악기가 뒤따르게 된다. 이러한 까닭으로 정감이 깊어
서 나타나는 것도 밝고, 기운이 왕성해서 변화도 신묘하며, 조화와 순종이 내부에
쌓여서 영화로움이 밖으로 나타나니, 오직 악(樂)만은 거짓으로 만들 수 없다.

① 氣盛而化神.

補註 疏曰: 氣盛, 謂不知手舞足蹈是也. 而化神, 謂動天地, 感鬼神, 經
夫婦, 成孝敬也.

번역 소에서 말하길, 기운이 융성하다는 말은 "자신도 모르게 손이 너울거리
고, 발로 춤사위를 밟는다."는 뜻에 해당한다. 변화가 신묘하다는 말은 "천지
를 움직이고 귀신을 느끼며 부부를 바르게 하고 효와 공경을 이룬다."는 뜻
에 해당한다.

補註 ○楊梧曰: 言有是情自有一段勃鬱不可遏之氣, 便可以格神祇和上
下, 至百獸率舞之神化, 故說氣盛而化神.

번역 ○양오가 말하길, 이러한 정감이 있으면 저절로 일단의 융성하여 저지
할 수 없는 기운이 생기고, 이것으로 천신과 지신을 이르게 하며 상하를 조
화롭게 하여 온갖 짐승들이 서로 따르며 춤을 추는 신묘한 변화를 일으킬

수 있다는 뜻이다. 그렇기 때문에 기운이 왕성해서 변화가 신묘하게 된다고
했다.

補註 ○按: 劉氏以天地之氣化爲言, 恐未當.

번역 ○살펴보니, 유씨는 천지의 기운이 변화된다는 것으로 설명했는데, 아
마도 타당하지 못한 해석인 것 같다.

참고-集說 劉氏曰: 性之端, 和順積中者也. 德之華, 英華發外者也. 三者,
謂志也, 聲也, 容也. 志則端之初發者. 聲容則華之旣見者. 志動而形於
詩, 詩成而永歌其聲, 永歌之不足, 則不知手舞足蹈而動其容焉. 三者皆
本於心之感物而動, 然後被之八音之器, 以及干戚羽旄也. 情之感於中
者深, 則文之著於外者明. 如天地之氣盛於內, 則化之及於物者, 神妙不
測也. 故曰和順積中而英華發外也. 由是觀之, 則樂之爲樂, 可以矯僞爲
之乎?

번역 유씨가 말하길, 본성의 단서는 조화와 순종이 안에 쌓인 것을 뜻한다.
덕의 아름다움은 영화로움이 밖으로 나타난 것이다. 세 가지는 곧 뜻·소
리·모습을 뜻한다. 뜻은 단서가 처음 나타난 것이다. 소리와 모습은 영화로
움으로 드러난 것이다. 뜻이 움직여서 시를 통해 나타나고, 시가 완성되어
그 소리를 통해 노래로 부르며, 노래로도 부족하다면 자신도 모르게 손과 발
이 저절로 들썩이며 그 모습을 움직이게 한다. 세 가지는 모두 마음이 대상
을 느껴서 움직이는 것에 근본을 두고, 그런 뒤에 그것을 팔음(八音)의 악기
로 나타내며, 방패와 도끼 및 깃털과 꼬리털 등의 무용도구로 나타낸 것이
다. 정감이 안에서 느끼는 것이 깊다면 수식을 통해 외적으로 나타난 것도
밝다. 예를 들어 천지의 기운이 내적으로 융성하게 되면 변화를 이루어 사물
에게 미치는 것도 신묘하여 헤아릴 수 없다. 그렇기 때문에 "조화와 순종이
안에서 쌓이고 영화로움이 밖으로 나타난다."고 말한 것이다. 이를 통해 살
펴본다면 악(樂)의 악(樂)됨을 거짓으로 말들 수 있겠는가?

「악기」47장

樂者, 心之動也. 聲者, 樂之象也. 文采節奏, 聲之飾也. 君子動
其本, ①樂其象, 然後治其飾. 是故先鼓以警戒, 三步以見方,
再始以著往, 復亂以飭歸, ②奮疾而不拔, 極幽而不隱, ①獨樂
其志, 不厭其道, 備擧其道, 不私其欲. 是故情見而義立, 樂終
而德尊, 君子以好善, 小人以聽過. 故曰, "生民之道, 樂爲大焉."

번역 악(樂)은 마음이 감동하여 나타난 것이다. 소리[聲]는 악(樂)의 형상이다. 수식을 꾸미고 음악의 가락을 만드는 것은 소리[聲]의 꾸밈이다. 군자는 근본에 해당하는 마음을 감동시키고, 형상을 통해 악(樂)을 나타내며, 그런 뒤에 악(樂)에 꾸밈을 더한다. 이러한 까닭으로 먼저 북을 울려서 모여 있는 사람들에게 주의를 주고, 춤을 출 때에는 먼저 세 걸음을 떼어서 방식을 드러내며, 재차 시작하여 나아가고자 함을 드러내며, 재차 마쳐서 되돌아가는 무용수들이 되돌아가는 것을 신중히 하도록 만드는데, 무용수들은 신속히 움직이지만 지나치게 빠르지 않고, 음악은 지극히 그윽하지만 숨김이 없으니, 군자는 홀로 그 뜻을 즐거워하며, 그 도에 대해서 싫증을 느끼지 않고, 그 도를 제대로 갖춰서 시행하며, 그에 대한 욕구를 자기 것으로만 하지 않는다. 이러한 까닭으로 정감이 드러나서 도의가 성립되며, 악(樂)이 마쳐서 덕이 존숭되니, 군자는 음악을 통해 선을 좋아하고, 소인은 음악을 통해서 과실을 깨닫는다. 그렇기 때문에 "백성들에 대한 도의 중에서 악(樂)이 매우 크다."고 말했다.

① ○樂其象[又]獨樂其志.

補註 通解曰: 樂其‧獨樂之樂, 並去聲.
번역 『통해』에서 말하길, '樂其'와 '獨樂'에서의 樂자는 모두 거성인 '요'로 읽는다.

② 奮疾[止]不隱.

補註 鄭註: 奮疾, 謂舞者也. 極幽, 謂歌者也.

번역 정현의 주에서 말하길, '분질(奮疾)'은 무용수들에 대한 내용이다. '극유(極幽)'는 노래를 부르는 자들에 대한 내용이다.

참고−集說

動其本, 心之動也. 心動而有聲, 聲出而有文采節奏, 則樂飾矣. 樂之將作, 必先擊鼓以聳動衆聽, 故曰先鼓以警戒. 舞之將作, 必先三擧足以示其舞之方法, 故曰三步以見方. 再始, 謂一節終而再作也. 往, 進也. 亂, 終也. 如云①<u>關雎之亂</u>. 歸, 舞畢而退就位也. 再始以著往者, 再擊鼓以明其進也. 復亂以飭歸者, 復擊鐃以謹其退也. 此兩句, 言舞者周旋進退之事. 拔, 如拔來赴往之拔, 言舞之容, 雖若奮迅疾速, 而不過於疾也. 樂之道雖曰幽微難知, 而不隱於人也. 是故君子以之爲己, 則和而平, 故獨樂其志. 不厭其道, 言學而不厭也. 以之爲人, 則愛而公, 故備擧其道. 不私其欲, 言誨人不倦也. 情見於樂之初, 而見其義之立; 化成於樂之終, 而知其德之尊. 君子聽之而好善, 感發其良心也. 小人聽之而知過, 蕩滌其邪穢也. 故曰以下, 亦引古語結之. 此章諸家皆以爲論大武之樂, 以明伐紂之事, 且以再始爲十一年觀兵, 十三年伐紂, 此誤久矣. 愚謂此特通論樂與舞之理如此耳, 故曰生民之道, 樂爲大焉. 豈可以生民之道, 莫大於戰伐哉?

번역 "근본을 움직인다."는 말은 마음이 동한다는 뜻이다. 마음이 동하여 소리[聲]가 생기고, 소리가 나와서 문채와 가락이 생긴다면 악(樂)의 수식이 된다. 악(樂)을 연주하려고 할 때에는 반드시 가장 먼저 북을 울려서 대중들을 일깨워야 한다. 그렇기 때문에 "먼저 북을 쳐서 경계를 시킨다."고 말했다. 춤을 추려고 할 때에는 반드시 가장 먼저 세 걸음을 떼어서 춤사위의 방향과 법식을 나타내야 한다. 그렇기 때문에 "세 걸음을 걸어서 방식을 나타낸다."라고 말했다. '재시(再始)'는 한 악절이 끝나서 재차 시작한다는 뜻이다. '왕(往)'자는 "나아간다[進]."는 뜻이다. '난(亂)'자는 마침[終]을 뜻한다. 예를 들어 '관저(關雎)편의 마지막 장'이라고 말하는 것과 같다. '귀(歸)'자는 춤이 끝나서 무용수들이 물러나 자신의 자리로 돌아간다는 뜻이다. "재차 시작하여 나아감을 드러낸다."고 한 말은 재차 북을 울려서 나아가게 됨을 드러낸다는 뜻이다. "재차 끝내서 되돌아감을 삼간다."는 말은 다시 징을 쳐서 물러나는 행동을 신중히 하도록 만든다는 뜻이다. 이 두 구문은 무용수들이 선회하며 나아가고 물러나는 등의 사안을 뜻한다. '발(拔)'자는 "갑작스럽게 오고 갑작스럽게 떠난다."[1]고 할 때의 '발(拔)'자와 같으니, 무용수들의 모습이 비록 신속하고 빠른 것 같지만 지나치게 빠르지 않다는 뜻이다. 악(樂)의 도에 대해서 비록 그윽하고 은미하며 알기 어렵다고 하지만 사람들에게 숨기는 것이 없다. 이러한 까닭으로 군자가 음악을 자신의 것으로 삼는다면 조화롭고 평이하게 된다. 그렇기 때문에 홀로 그 뜻을 즐거워하는 것이다. "그 도를 싫증내지 않는다."는 말은 배우되 싫증을 내지 않는다는 뜻이다. 음악을 남을 위한 것으로 삼는다면 친애하게 되고 공공의 것으로 삼기 때문에 그 도를 갖춰서 실행한다. "그 욕망을 사사롭게 하지 않는다."는 말은 남을 가르침에 게을리 하지 않는다는 뜻이다.[2] 정감은 악(樂)의 처음에 나타나므로 그 뜻이 확립되는 것을 보며, 변화는 악(樂)의 끝에서 완성되므로 덕의 존귀함을 안다. 군자는 음악을 듣고 선을 좋아하게 되며 양심을 느껴서 나타내게 한다. 소인은 음악을 듣고 과실을 알아서 사벽하고 더러운 잘못을 씻어내게 된다. '고왈(故曰)'로부터 그 이하의 말은 또한 옛 말을 인용하여 결론을 맺은 것이다. 이곳 문단에 대해서 여러 학자들은 모두 대무(大武)의 악(樂)을 논의한 것이라고 여겨서, 이를 통해 주(紂)를 정벌했던 사안을 나타냈으며, 또한 재차 시작하는 것이 11년에 관병식을 하고, 13년에 주임금을 정벌한 것이라고 여겼으니, 매우 오래전부터 잘못 이해한 것이다. 내가 생각하기에 이 문단은 단지 악(樂)과 춤의 이치가 이와 같다는 사실을 통괄적으로 논의할 것일 뿐이다. 그렇기 때문에 "백성들에 대한 도리 중 악(樂)이 매우 크다."라고 말한 것이다. 따라서 어떻게 백성들에 대한 도리에 있어서 전쟁과 정벌보다 큰 것이 없을 수 있겠는가?

---

1) 『예기』「소의(少儀)」: 毋拔來, 毋報往.
2) 『논어』「술이(述而)」: 子曰, "黙而識之, 學而不厭, 誨人不倦, 何有於我哉?"

① 關雎之亂.

補註 論語·泰伯文.
번역 『논어』「태백(泰伯)」편의 기록이다.3)

---

3) 『논어』「태백(泰伯)」: 子曰, "師摯之始, <u>關雎之亂</u>, 洋洋乎, 盈耳哉!"

「악기」 49장

所謂大輅者, 天子之車也. 龍旂九斿, 天子之旌也. ①青黑緣者, 天子之寶龜也. 從之以②牛羊之群, 則所以贈諸侯也.

번역 이른바 '대로(大輅)'라는 것은 천자가 하사한 수레이다. 용기(龍旂)에 9개의 깃술을 단 것은 천자가 하사한 깃발이다. 청색과 흑색으로 가선에 장식을 한 것은 천자가 하사한 보귀(寶龜)이다. 소와 양의 무리를 뒤딸려 보낸다면, 이것은 찾아온 제후에 대해서 선물로 하사한 것이다.

① 青黑緣.

補註 楊梧曰: 裏寶龜者, 以青黑爲緣飾也.

번역 양오가 말하길, 보귀를 감쌀 때에는 청색과 흑색으로 가선의 장식을 한다.

② 牛羊之群.

補註 楊梧曰: 以備燕饗牢俎之實.

번역 양오가 말하길, 이를 통해 연회를 할 때 도마에 올릴 희생물의 고기를 갖추도록 한 것이다.

「악기」 50장

참고─經文

①樂也者, 情之不可變者也. 禮也者, 理之不可易者也. 樂統同, 禮辨異. 禮樂之說, 管乎人情矣.

번역 악(樂)은 정감 중 변할 수 없는 것을 나타낸다. 예(禮)는 이치상 바뀔 수 없는 것을 나타낸다. 악(樂)은 같음을 통솔하고 예(禮)는 다름을 변별한다. 예악에 대한 해설은 사람의 정감을 통괄한다.

① ○樂也者情之不可變.

補註 按: 疏自此至有制於天下也, 爲樂情.

번역 살펴보니, 이 문장으로부터 "천하에 예악을 제정할 수 있다."[1]라는 구문까지는 「악정(樂情)」편이 된다고 했다.

---

1) 『예기』 「악기」: 樂者, 非謂黃鍾大呂弦歌干揚也, 樂之末節也, 故童者舞之. 鋪筵席, 陳尊俎, 列籩豆, 以升降爲禮者, 禮之末節也, 故有司掌之. 樂師辨乎聲詩, 故北面而弦; 宗祝辨乎宗廟之禮, 故後尸; 商祝辨乎喪禮, 故後主人. 是故德成而上, 藝成而下, 行成而先, 事成而後. 是故先王有上有下, 有先有後, 然後可以有制於天下也.

「악기」 51장

①窮本知變, 樂之情也. ②著誠去僞, 禮之經也. 禮樂偵天地之情, 達神明之德, ③降興上下之神, 而凝是精粗之體, 領父子君臣之節.

번역 근본을 지극히 하고 변화를 아는 것은 악(樂)의 정감에 해당한다. 진실됨을 드러내고 거짓됨을 제거하는 것은 예(禮)의 기준에 해당한다. 예악은 천지의 정감에 따르고, 신명의 덕을 두루 통하게 하며, 상하의 신들이 오게끔 하고, 정밀하고 거친 본체를 응축하며, 부자 및 군신관계의 법도를 다스린다.

① ○窮本知變.

補註 語類曰: 窮本知變, 如樂窮極到本原處, 而其變生無窮.

번역 『어류』에서 말하길, '궁본지변(窮本知變)'은 악에 대한 연구를 다하여 본원까지 도달하게 된다면, 그 변화가 무궁해진다는 말과 같다.

② 著誠去僞.

補註 語類曰: 禮有誠有僞, 須以誠克去僞, 則誠著.

번역 『어류』에서 말하길, 예에는 진실됨과 거짓됨이 있는데, 진실됨으로 거짓됨을 이겨서 제거해야만 진실됨이 드러난다.

③ 降興[止]之體.

補註 語類: 問, "降興上下之神, 是說樂, 凝是精粗之體, 是說禮否?" 曰, "不消如此分. 禮也有降興上下之神時節, 如祭肝祭心之類."

번역 『어류』에서 말하길, "상하의 신들이 오게끔 하는 것은 악을 말한 것이고, 정밀하고 거친 본체를 응축하는 것은 예를 말한 것입니까?"라고 묻자 "이

처럼 나누는 것은 합당하지 못하다. 예에도 상하의 신들이 오게끔 하는 때가
있으니, 희생물의 간이나 심장으로 제사를 지내는 부류와 같은 것들이다."라
고 대답했다.

「악기」 52장

是故大人擧禮樂, 則天地將爲昭焉. 天地訢合, 陰陽相得, 煦嫗
覆育萬物, 然後草木茂, ①區萌達, 羽翼奮, 角觡生, 蟄蟲昭蘇,
羽者嫗伏, 毛者孕鬻, 胎生者不殰, 而卵生者②不殈, 則③樂之
道歸焉耳.

번역 이러한 까닭으로 대인이 예악을 제정하면, 천지의 화육하는 도리가 밝게 드러
난다. 천지가 교감하고, 음양이 서로를 얻어서, 만물을 따뜻하게 덮어주고 품어서
길러주니, 그런 뒤에야 초목이 무성하게 자라나고, 싹들이 돋아나며, 날개를 가진
짐승들이 날개를 퍼덕이고, 뿔을 가진 짐승들이 생장하며, 칩거했던 곤충들이 다시
나타나고, 날개를 가진 짐승들은 새끼를 품고, 털을 가진 짐승들은 잉태를 하여 자
식을 낳으며, 잉태하여 낳는 것들은 뱃속에서 죽지 않고, 알로 태어나는 것들은 알
이 깨지지 않으니, 악(樂)의 도로 귀결될 따름이다.

① ○區萌.

補註 音註, 句, 當作勾.

번역 『음주』에서는 "'區'자의 음은 '句(구)'라고 했는데, 구(勾)자로 기록해야
한다.

② 不殈.

補註 按: 殈, 音註, 吁闃反. 吁, 本休居反. 然則殈音革.

번역 살펴보니, '殈'자에 대해 『음주』에서는 "'吁(우)'자와 '闃(격)'자의 반절
음이다."라고 했다. 그런데 '吁'자는 본래 '休(휴)'자와 '居(거)'자의 반절음이
다. 따라서 '殈'자의 음은 '革(혁)'이다.

③ 樂之道歸焉耳.

補註 按: 註說未穩, 當以樂之成功歸宿於此爲解.

번역 살펴보니, 주의 설명은 타당하지 못하니, "악이 공을 이룸은 여기로 돌아온다."라고 풀이해야 한다.

「악기」 53장

樂者, 非謂黃鍾大呂弦歌①干揚也, 樂之末節也, 故童者舞之.
鋪筵席, 陳尊俎, 列籩豆, 以升降爲禮者, 禮之末節也, 故有司
掌之. 樂師辨乎聲詩, 故北面而弦; 宗祝辨乎宗廟之禮, 故後
尸; 商祝辨乎喪禮, 故後主人. 是故德成而上, 藝成而下, 行成
而先, 事成而後. 是故先王有上有下, ②有先有後, 然後可以有
制於天下也.

번역 악(樂)의 본질은 황종(黃鍾)·대려(大呂)와 같음 음들을 뜻하지 않고, 현악기를 연주하거나 노래를 부르는 등의 기예를 뜻하지 않으며, 방패나 도끼 등의 기물들을 뜻하는 것이 아니니, 이러한 것들은 악(樂) 중에서도 말단에 해당한다. 그렇기 때문에 어린아이들도 그것을 익혀서 춤을 추는 것이다. 자리를 깔고, 술동이나 도마를 진설하고, 변(籩)이나 두(豆)를 진열하며, 오르고 내리는 것을 예(禮)로 삼는 것들은 예(禮) 중에서도 말단에 해당한다. 그렇기 때문에 유사(有司)가 그 일을 담당하는 것이다. 악사(樂師)는 소리와 시가를 변별하는데, 이것들은 말단에 해당하기 때문에 북쪽을 바라보며 현악기로 연주를 한다. 종축(宗祝)은 종묘에서 진행되는 의례를 변별하는데, 이것들은 말단에 해당하기 때문에 시동 뒤에 위치한다. 상축(商祝)은 상례를 변별하는데, 이것들은 말단에 해당하기 때문에 상주 뒤에 위치한다. 이러한 까닭으로 덕을 이룬 자는 위에 위치하고 기예를 이룬 자는 아래에 위치하며, 행실을 이룬 자는 앞에 위치하고 실무를 이룬 자는 뒤에 위치한다. 그러므로 선왕은 위와 아래, 앞과 뒤의 차례를 정한 뒤에야 천하에 예악을 제정할 수 있다.

① ○干揚.

補註 按: 揚, 鉞也, 卽詩干戈戚揚之揚.
번역 살펴보니, '양(揚)'자는 큰 도끼를 뜻하니, 『시』에서 "방패와 창이며 도끼와 큰 도끼이다."[1]라고 했을 때의 양(揚)에 해당한다.

② 有先有後然後.

補註 按: 諺讀有後下著於也吐, 而然後下反無吐, 恐誤.

번역 살펴보니, 『언독』에서는 '유후(有後)' 뒤에 어야[於也]토를 붙였지만, '연후(然後)' 뒤에는 도리어 토를 붙이지 않았는데, 아마도 잘못된 것 같다.

참고-集說

禮樂之事, 有道有器, 前經皆言禮樂之道, 此以器言, 謂道之精者, 非習藝習事者所能知也. 干·揚, 皆舞者所執. 商祝, 習知殷禮者. 殷尚質, 喪禮以質爲主, 故兼用殷禮也. 北面, 位之卑也. 宗廟之敬在尸, 喪禮之哀在主人, 在尸與主人之後, 其輕可知也. 德行①在君尸主人, 童子有司習於藝, 宗祝商祝習於事, 故上下先後之序如此.

번역 예악의 사안에는 도(道)적인 측면이 있고 기(器)적인 측면이 있는데, 앞의 경문에서는 모두 예악의 도를 언급했고 이곳 문장에서는 기를 언급했으니, 정밀한 도는 기예를 익히고 실무를 익힌 자가 알 수 있는 대상이 아님을 뜻한다. 방패[干]와 도끼[揚]는 모두 무용수들이 들게 되는 무용도구이다. '상축(商祝)'은 은나라 때의 예법을 익힌 자이다. 은나라 때에는 질박함을 숭상했고 상례에서는 질박함을 위주로 한다. 그렇기 때문에 은나라의 예법도 함께 사용한다. "북쪽을 바라본다."는 말은 지위가 낮다는 뜻이다. 종묘에서 공경함을 받는 대상은 시동이며 상례에서 슬픔을 나타내는 대상은 상주이니, 시동과 주인의 뒤에 있는 자는 그 비중이 상대적으로 가볍다는 사실을 알 수 있다. 덕행은 군주·시동·주인에게 달려 있고, 어린아이는 기예를 익히며 종축(宗祝)·상축은 실무를 익힌다. 그렇기 때문에 상하·선후의 순서가 이와 같다.

---

1) 『시』「대아(大雅)·공유(公劉)」: 篤公劉, 匪居匪康, 廼場廼疆, 廼積廼倉. 廼裹餱糧, 于橐于囊, 思輯用光. 弓矢斯張, 干戈戚揚, 爰方啓行.

① 在君尸主人.

補註 按: 當句.

번역 살펴보니, 여기에서 구문을 끊어야 한다.

①石梁王氏曰: 德成而上. 註云, 德, 三德也. 漢儒訓解, 每以三
德爲德.

번역 석량왕씨가 말하길, "덕이 완성되어 위에 있다."는 말에 대해서, 정현의 주에
서는 "덕(德)은 삼덕(三德)2)을 뜻한다."라고 했다. 한나라 때 학자들은 풀이를 할

---

2) 삼덕(三德)은 세 종류의 덕(德)을 가리키는데, 문헌에 따라 해당하는 덕성(德性)들
   에는 차이가 나타난다. 『서』「주서(周書)·홍범(洪範)」편에는 "三德, 一曰正直, 二
   曰剛克, 三曰柔克."이라는 기록이 있다. 즉 『서』에서는 '삼덕'을 정직(正直), 강극
   (剛克), 유극(柔克)으로 풀이하고 있다. 그리고 이 문장에 대한 공영달(孔穎達)의
   소(疏)에서는 "此三德者, 人君之德, 張弛有三也. 一曰正直, 言能正人之曲使直,
   二曰剛克, 言剛強而能立事, 三曰柔克, 言和柔而能治."라고 풀이한다. 즉 '정직'은
   사람들의 바르지 못한 점을 바로잡아서, 정직하게 만드는 능력을 뜻한다. '강극'은
   강건한 자세로 사업을 수립하고, 그런 일들을 추진할 수 있는 능력을 뜻한다. '유극'
   은 화락하고 유순한 태도로 다스릴 수 있는 능력을 뜻한다. 다음으로 『주례』「지관
   (地官)·사씨(師氏)」편에는 "以三德敎國子, 一曰至德, 以爲道本, 二曰敏德, 以
   爲行本, 三曰孝德, 以知逆惡."이라는 기록이 있다. 즉 『주례』에서는 '삼덕'을 지덕
   (至德), 민덕(敏德), 효덕(孝德)으로 풀이하고 있다. '지덕'은 도(道)의 근본이 되는
   것이며, '민덕'은 행실의 근본이 되는 것이고, '효덕'은 나쁘고 흉악한 것들을 알아내
   는 능력을 뜻한다. 다음으로 『국어(國語)』「진어사(晉語四)」편에는 "晉公子善人
   也, 而衛親也, 君不禮焉, 棄三德矣."라는 기록이 있다. 이에 대한 위소(韋昭)의
   주에서는 "三德, 謂禮賓, 親親, 善善也."라고 풀이한다. 즉 위소가 말하는 '삼덕'은
   예빈(禮賓), 친친(親親), 선선(善善)이다. '예빈'은 빈객들에게 예법(禮法)에 따라
   대접하는 것이며, '친친'은 부모를 친애하는 것이고, '선선'은 착한 사람을 착하게
   대하는 것이다.

때 매번 삼덕을 덕이라고 여겼다.

① 石梁王氏曰[止]爲德.

補註 鄭註: 德, 三德也. 行, 三行也.

번역 정현의 주에서 말하길, '덕(德)'은 삼덕(三德)을 뜻한다. '행(行)'은 삼행(三行)³⁾을 뜻한다.

補註 ○周禮 · 師氏: 以三德敎國子, 一曰至德, 二曰敏德, 三曰孝德. 敎三行, 一曰孝行, 二曰友行, 三曰順行.

번역 ○『주례』「사씨(師氏)」편에서 말하길, 삼덕으로 국자들을 가르치니 첫 번째는 지덕이고 두 번째는 민덕이며 세 번째는 효덕이다. 삼행을 가르치니 첫 번째는 효행이고 두 번째는 우행이며 세 번째는 순행이다.⁴⁾

---

3) 삼행(三行)은 세 종류의 덕행(德行)을 뜻하며, 효행(孝行), 우행(友行), 순행(順行)을 가리킨다. '효행'은 부모를 섬기는 덕행이고, '우행'은 현명하고 어진 사람을 존귀하게 받드는 덕행이며, '순행'은 스승과 어른을 섬기는 덕행이다.

4) 『주례』「지관(地官) · 사씨(師氏)」: 以三德敎國子: 一曰至德, 以爲道本; 二曰敏德, 以爲行本; 三曰孝德, 以知逆惡. 敎三行: 一曰孝行, 以親父母; 二曰友行, 以尊賢良; 三曰順行, 以事師長.

「악기」54장

참고−經文

①魏文侯問於子夏曰, "吾端冕而聽古樂, 則唯恐臥; 聽鄭衛之音, 則不知倦. 敢問古樂之如彼何也? 新樂之如此何也?" 子夏對曰, "今夫古樂, 進旅退旅, 和正以廣, 弦匏笙簧, ②會守拊鼓, 始奏以文, 復亂以武, ③治亂以相, ④訊疾以雅. 君子⑤於是語, 於是道古, 修身及家, 平均天下, 此古樂之發也."

번역 위문후가 자하에게 묻기를, "나는 단면1)을 하고 고대의 음악을 들으면, 졸리기만 하여 잠이 들까 염려되며, 반대로 정(鄭)나라나 위(衛)나라의 음악같이 오늘날의 음악을 들으면, 신이 나서 피로한 줄도 모릅니다. 제가 감히 묻겠습니다. 고대의 음악은 왜 이처럼 저에게는 마음에 들지 않는 것이며, 오늘날의 음악은 왜 이처럼 마음에 드는 것입니까?"라고 했다. 그러자 자하가 대답하길, "현재 고대의 음악에 대해 말씀을 드리자면, 무용수들은 한꺼번에 나아가고 물러나며, 조화롭게 바른 소리로써 울려 퍼지게 하며, 현(弦)·포(匏)·생(笙)·황(簧) 등의 악기들도 제멋대로 연주되는 것이 아니라, 반드시 대기하고 있다가 부(拊)와 고(鼓)의 박자에 맞춰서 연주가 되니, 음악을 처음 연주할 때에는 북소리에 맞추고, 재차 한 악절을 끝낼 때에는 징소리에 맞추며, 악절의 끝을 맞출 때에는 부(拊) 소리에 맞추고, 춤사위가 지나치게 빠르지 않도록 조절하는 것은 아(雅) 소리에 맞춥니다. 따라서 군자는 이러한 고대의 음악을 통해서 설명을 하니, 이러한 음악을 통해서 고대 음악의 도리를 말하며, 자신을 수양하여 가정에 미치고, 천하를 균평하게 합니다. 이것이 바로 고대 음악의 도리가 나타난 것입니다."라고 했다.

---

1) 단면(端冕)은 검은색의 옷과 면류관을 뜻한다. 즉 현면(玄冕)을 의미한다. '단(端)'자는 검은색의 옷을 뜻하는데, 면복(冕服)에 대해서, '단'자로 지칭하는 것은 면복 자체가 정폭(正幅)으로 제작되기 때문에, '단'자를 붙여서 부르는 것이다. 『예기』「악기(樂記)」편에서는 "吾端冕而聽古樂, 則唯恐臥; 聽鄭衛之音, 則不知倦."이라는 기록이 있는데, 이에 대한 정현의 주에서는 "端, 玄衣也."라고 풀이했고, 공영달(孔穎達)의 소(疏)에서는 "云'端, 玄衣也'者, 謂玄冕也. 凡冕服, 皆其制正幅, 袂二尺二寸, 袪尺二寸, 故稱端也."라고 풀이했다.

① 魏文侯問於子夏.

補註 按: 疏自此至有所合之也, 爲魏文侯.

번역 살펴보니, 소에서는 이 문장으로부터 "합치되는 점이 있다."[2]라는 구문 까지는 「위문후(魏文侯)」편이 된다고 했다.

② 會守拊鼓.

補註 鄭註: 周禮大師職, "大祭祀, 師瞽登歌, 合奏擊拊, 下管播樂器, 合奏鼓棘."

번역 정현의 주에서 말하길, 『주례』 「대사(大師)」편의 직무 기록에서는 "큰 제사를 시행하면 악공들을 인솔하여 당에 올라가서 노래를 부르고, 합주를 하며 부(拊)를 울리고, 당 아래에서는 피리를 불며 악기들을 연주하여, 합주를 하며 작은 북을 울린다."[3]라고 했다.

補註 ○楊梧曰: 拊, 亦鼓類. 堂上絃以琴瑟, 則拊爲之節, 堂下匏與笙簧, 則鼓爲之節.

번역 ○양오가 말하길, '부(拊)' 또한 북의 종류이다. 당상에서 현악기로 금슬을 사용하면, 부로 그것의 절도를 맞추며, 당하에서 포와 생황 등이 연주된다면 북으로 그것의 절도를 맞춘다.

補註 ○按: 拊, 卽明堂位所謂拊搏也. 棘, 音胤, 謂小鼓, 在大鼓之下.

번역 ○살펴보니, '부(拊)'는 『예기』 「명당위(明堂位)」편에서 말한 부박(拊搏)에 해당한다.[4] '棘'자의 음은 '胤(윤)'으로, 작은 북을 뜻하며, 큰 북 밑에

---

2) 『예기』 「악기(樂記)」: 鼓鼙之聲讙, 讙以立動, 動以進衆. 君子聽鼓鼙之聲, 則思將帥之臣. 君子之聽音, 非聽其鏗鏘而已也, 彼亦<u>有所合之也</u>.

3) 『주례』 「춘관(春官)·대사(大師)」: 大祭祀, 帥瞽登歌, 令奏擊拊, 下管播樂器, 令奏鼓棘.

4) 『예기』 「명당위(明堂位)」: <u>拊搏</u>·玉磬·揩擊·大琴·大瑟·中琴·小瑟, 四代之樂器也.

놓이게 된다.

③ 治亂以相.

補註 鄭註: 相, 卽拊也. 拊者, 以韋爲表, 裝之以穅. 穅, 一名相, 因以名焉, 今齊人或謂穅爲相.

번역 정현의 주에서 말하길, '상(相)'은 부(拊)를 뜻한다. 부(拊)는 가죽으로 표면을 만들고 겨[穅]를 그 속에 채운다. '강(穅)'은 상(相)이라고도 부르므로, 이러한 이유에 따라 명칭을 정한 것인데, 오늘날 제나라 지역 사람들은 간혹 강(穅)을 상(相)이라고 부르는 경우도 있다.

補註 ○按: 此與明堂位拊搏註, 小異.

번역 ○살펴보니, 이것은 「명당위」편의 '부박(拊搏)'에 대한 주와 작은 차이가 난다.

④ 訊疾以雅.

補註 鄭註: "雅, 亦樂器, 狀如漆桶, 中有椎." 疏曰: "周禮・笙師掌舂牘・應・雅."

번역 정현의 주에서 말하길, "'아(雅)' 또한 악기의 명칭이니, 그 모양이 옻칠을 한 대통과 같고, 그 가운데 뭉치를 두어 울린다."라고 했다. 소에서 말하길, "『주례』「생사(笙師)」에서는 '독(牘)・응(應)・아(雅)를 찧어서 연주하는 일을 담당한다.'5)라고 했다."라고 했다.

⑤ 於是語於是道古.

補註 按: 以下章觀之, 小註周氏所解, 似長.

---

5) 『주례』「춘관(春官)・생사(笙師)」: 笙師; 掌敎龡竽・笙・塤・籥・簫・篪・篴・管, 舂牘・應・雅, 以敎祴樂.

번역 살펴보니, 아래문장을 통해 살펴보면 소주에 나온 주씨의 풀이가 더 나은 것 같다.

참고-大全 延平周氏曰: 進退以旅者, 言其齊而有儀. 和正以廣者, 言其美. 弦匏笙簧, 會守拊鼓者, 言其序. 始奏以文者, 本乎仁. 復亂以武者, 制以義. 相雅, 皆樂器名也. 以其節樂而能治其亂, 則有相之道, 是以謂之相, 以其趨樂之節奏而不失於雅, 是以謂之雅. 古樂之作也如此, 故君子樂終而語今則有倫, 道古則不悖. 修身及家平均天下, 此其所以爲古樂也.

번역 연평주씨가 말하길, "나아가고 물러나길 무리로써 한다."는 말은 가지런하며 위엄에 따른 격식이 있다는 의미이다. "조화롭게 바르게 하여 넓힌다."는 말은 아름다움을 의미한다. "현(弦)·포(匏)·생(笙)·황(簧)은 부(拊)와 고(鼓)가 연주되길 기다린다."는 말은 질서가 잡혀있다는 뜻이다. "처음 연주하길 문(文)으로써 한다."는 말은 인(仁)에 근본을 둔다는 뜻이다. "다시 마치기를 무(武)로써 한다."는 말은 의(義)로써 제재한다는 뜻이다. '상(相)'과 '아(雅)'는 모두 악기의 이름이다. 음악에 절도를 맞춰서 마침을 다스릴 수 있다면 서로 돕게 되는 도가 있기 때문에, 그 악기를 '상(相)'이라고 부르며, 음악의 가락을 쫓으면서도 바름에서 벗어나지 않도록 하기 때문에, 그 악기를 '아(雅)'라고 부른다. 고악의 연주가 이와 같기 때문에 군자가 음악이 마치고서 오늘날에 대해 말을 하면 질서가 포함되어 있고, 고대에 대해서 말을 하면 어그러지지 않는다. 자신을 수양하여 가정에 미치고 천하가 균평하게 되는 것은 바로 고악이 되는 이유이다.

「악기」 55장

今夫新樂, 進俯退俯, 姦聲以濫, 溺而不止, 及優侏儒, ①獶雜
子女, 不知父子. ②樂終不可以語, 不可以道古. 此新樂之發也.

번역 계속하여 자하가 대답하며, "오늘날의 새로운 음악은 무용수들이 나아가고 물러나며 몸을 숙이고 꺾는 등의 행위가 뒤섞여 혼잡하고, 간사한 소리가 범람하며, 음탕한 음들이 지속되며 그치지 않고, 광대인 난쟁이 배우들은 남녀사이에 뒤섞여서 원숭이처럼 날뛰니, 부자관계의 노리를 일지 못히게 됩니다. 따라서 악(樂)이 끝나더라도 말할 것이 없고, 고대의 도리를 말할 수도 없습니다. 이것이 바로 신악의 폐해가 나타난 것입니다."라고 했다.

① ○獶雜子女.

補註 鄭註: "獶, 獼猴也, 言舞者如獼猴戲也." 疏曰: "漢書檀長卿爲獼猴舞."
번역 정현의 주에서 말하길, "'노(獶)'자는 원숭이를 뜻한다. 즉 무용수들이 원숭이처럼 날뛴다는 의미이다."라고 했다. 소에서 말하길, "『한서』에서 단장경은 원숭이 춤을 추었다[1]고 했다."라고 했다.

補註 ○按: 陳註文勢欠穩.
번역 ○살펴보니, 진호의 주는 문맥의 흐름이 다소 온당하지 못하다.

② 樂終.

補註 按: 此下當有厓吐.
번역 살펴보니, 이 구문 뒤에는 마땅히 에[厓]토가 있어야 한다.

---

1) 『한서(漢書)』「개제갈류정손관장하전(蓋諸葛劉鄭孫㽞將何傳)」: 酒酣樂作, 長信
少府檀長卿起舞, 爲沐猴與狗鬥, 坐皆大笑.

「악기」 56장

"今君之所問者樂也, 所好者音也. 夫樂者, 與音相近而不同." 文侯曰, "敢問何如?" 子夏對曰, "夫古者天地順而四時當, 民有德而五穀昌, 疾疢不作而無妖祥, 此之謂大當. 然後聖人作爲父子君臣以爲紀綱, 紀綱旣正, 天下大定, 天下大定, 然後正六律, 和五聲, ①弦歌詩頌. 此之謂德音, 德音之謂樂. 詩云, '②莫其德音, 其德克明. 克明克類, 克長克君. 王此大邦, 克順克俾. ③俾于文王, 其德靡悔. 旣受帝祉, 施于孫子.' 此之謂也."

번역 계속하여 자하가 대답하길, "현재 군주께서 물어보신 내용은 악(樂)에 대한 것인데, 좋아하신다고 한 것은 음(音)에 해당합니다. 무릇 악(樂)이라는 것은 음(音)과 유사하지만 엄밀하게 따지면 의미가 다릅니다."라고 했다. 그러자 위문후는 "감히 묻노니, 어떻게 다른 것입니까?"라고 했다. 자하는 대답하길, "무릇 고대에 천지는 순조롭고 사시는 때에 마땅하여, 백성들에게는 덕이 있었고 오곡도 잘 여물어서, 질병이 발생하지 않았고 재앙도 없었으니, 이것을 '대당(大當)'이라고 부릅니다. 그런 뒤에 성인은 부자 및 군신관계에서 지켜야 하는 예법을 제정하여 기강으로 삼았으니, 기강이 바르게 되자 천하가 크게 안정되었고, 천하가 크게 안정된 연후에 육률(六律)을 바로잡고, 오성(五聲)을 조화롭게 했으며, 『시』의 송(頌) 등을 연주하고 노래로 불렀습니다. 이것을 '덕음(德音)'이라고 하며, 덕음을 바로 '악(樂)'이라고 부릅니다. 『시』에서는 '그 덕음을 고요히 하니, 그 덕이 밝아졌도다. 밝히고 선악을 분류하니, 어른노릇을 하고 군주노릇을 하도다. 이 큰 나라에 왕노릇을 하니, 따르고 친근하게 하도다. 문왕과 견주니, 그 덕에 부끄러울 것이 없도다. 이미 상제의 복을 받아, 자손에게 베풀도다.'라고 했는데, 바로 이러한 내용을 뜻합니다."라고 했다.

① ○弦歌詩頌.

補註 楊梧曰: 或以琴瑟弦詩頌, 或以人聲歌詩頌.

번역 양오가 말하길, 어떤 경우에는 금슬로 『시』의 송(頌)을 연주하고, 어떤 경우에는 사람의 목소리로 『시』의 송을 노래로 불렀다는 뜻이다.

② 莫其德音.

補註 楊梧曰: 詩意本言王季名譽, 此引之者, 斷章取義也.

번역 양오가 말하길, 『시』의 의미는 본래 왕계의 명예를 기리는 것인데, 이곳에서 이 문장을 인용한 것은 단장취의를 한 것이다.

③ 俾于文王.

補註 按: 俾, 當依詩作比.

번역 살펴보니, '비(俾)'자는 『시』에 따라 비(比)자로 기록해야 한다.

四時當, 謂不失其序也. 妖祥, 祥亦妖也. 書言"①亳有祥". 大當, 大化之均調也. "作爲父子君臣以爲紀綱", 是一句讀, 言聖人立父子君臣之禮, 爲三綱六紀之目也. 綱, 維網大繩. 紀, 附綱小繩. 網目則附於紀也. ②三綱, 謂君爲臣綱, 父爲子綱, 夫爲妻綱也. 六紀, 謂諸父有善, 諸舅有義, 族人有敍, 昆弟有親, 師長有尊, 朋友有舊也. 先序之以禮, 乃可和之以樂, 故然後有正六律以下之事. 周子曰, "古者聖王制禮法, 修教化, 三綱正, 九疇敍, 百姓大和, 萬物咸若, 乃作樂以宣八風之氣, 以平天下之情." 意蓋本此. 詩, 大雅皇矣之篇. 莫, 靜也. 德音, 名譽也. 俾, 當依詩作比. 子夏引詩以證德音之說.

번역 "사계절이 마땅하다."는 말은 질서를 잃지 않았다는 뜻이다. '요상(妖祥)'이라고 했는데, '상(祥)'자 또한 괴이[妖]를 뜻한다. 『서』에서는 "박(亳) 땅에 재앙이 있다."[1]고 했다. '대당(大當)'은 큰 조화의 균평함을 뜻한다. "부자·군신의 법도를 제정하여 기강으로 삼다."는 말은 하나의 구문으로 해석하니, 성인이 부자·군신관계에서 지켜야 하는 예법을 제정하여, 삼강과 육기의 덕목으로 삼았다는 뜻이다. '강(綱)'자는 벼리인 큰 줄을 뜻한다. '기(紀)'자는 벼리에 붙는 작은 줄을 뜻한다. '망목(網目)'은 기(紀)에 붙는 것이다. '삼강(三綱)'은 군주는 신하의 기강이 되고, 부친은 자식의 기강이 되며, 남편은 아내의 기강이 된다는 뜻이다. '육기(六紀)'는 백부나 숙부 등에게는 선함이 있고, 외삼촌들에게는 의로움이 있으며, 족인들 사이에는 질서가 있고, 형제들 사이에는 친애힘이 있으며, 사부와 연장자에게는 존귀함이 있고, 벗들에게는 오래됨이 있다는 뜻이다. 먼저 예(禮)로써 질서를 잡으면 악(樂)으로써 조화롭게 할 수 있다. 그렇기 때문에 그런 뒤에는 "육률(六律)을 바르게 한다."는 등의 여러 사안들이 있는 것이다. 주렴계는 "고대에 성왕이 예법을 제정하고, 교화를 실천하여, 삼강이 올바르게 되고, 구주(九疇)[2]에 질서가 생겼으며, 백성들이 크게 조화롭게 되고, 만물이 모두 자신의 본성을 따르게 되자 곧 악(樂)을 만들어서 팔풍(八風)의 기운을 드러내고, 이를 통해 천하의 정감을 균평하게 했다."라고 했다. 이 말의 뜻은 아마도 이 문장에 근본을 두고 있는 것 같다. 『시』는 「대아(大雅)·항의(皇矣)」편이다. '막(莫)'자는 "고요하다[靜]."는 뜻이다. '덕음

---

1) 『서』「상서(商書)·함유일덕(咸有一德)」: 伊陟相大戊, <u>亳有祥桑穀共生于朝</u>, 伊陟贊于巫咸, 作咸乂四篇.

2) 구주(九疇)는 천하를 다스리는 아홉 가지의 큰 규범을 뜻한다. '주(疇)'자는 부류[類]를 뜻한다. 전설상으로는 천제가 우(禹)임금에게 「낙서(洛書)」를 내려주어 이러한 아홉 가지의 큰 규범을 실천하도록 했다고 전혀진다. 첫 번째는 오행(五行)이고, 두 번째는 공경을 실천함에 오사(五事)를 실천하는 것이며, 세 번째는 농사에 팔정(八政)을 사용하는 것이고, 네 번째는 화합시킴에 오기(五紀)를 사용하는 것이며, 다섯 번째는 세움에 있어 황극(皇極)을 사용하는 것이고, 여섯 번째는 다스림에 삼덕(三德)을 사용하는 것이며, 일곱 번째는 밝힘에 계의(稽疑)를 사용하는 것이고, 여덟 번째는 상고를 할 때 서징(庶徵)을 사용하는 것이며, 아홉 번째는 향함에 오복(五福)을 사용하고, 위엄을 세움에 육극(六極)을 사용하는 것이다. 『서』「주서(周書)·홍범(洪範)」편에는 "初一日五行, 次二日敬用五事, 次三日農用八政, 次四日協用五紀, 次五日建用皇極, 次六日乂用三德, 次七日明用稽疑, 次八日念用庶徵, 次九日嚮用五福威用六極."이라는 기록이 있고, 이에 대한 공안국(孔安國)의 전(傳)에서는 "天與禹, 洛出書, 神龜負文而出, 列於背, 有數至於九. 禹遂因而第之, 以成九類."라고 풀이했다.

(德音)'은 명예를 뜻한다. '비(俾)'자는 마땅히 『시』의 기록에 따라 '비(比)'자가 되어야 한다. 자하는 『시』를 인용해서 덕음에 대한 주장을 증명하였다.

① 亳有祥.

補註 按: 十三經逸書有曰: "伊陟相太戊, 亳有祥桑穀共生于朝, 伊陟贊于巫咸, 作咸乂四篇." 孔傳云: "祥, 妖怪."

번역 살펴보니, 십삼경의 『일서』에는 "이척이 태무를 보좌하자 박에 괴이한 현상이 발생하여 상(桑)나무와 곡(穀)나무가 조정에서 자라나 이척이 이러한 일을 무함에게 일러주었고, 「함예」 4편을 지었다."라고 했고, 공안국의 전문에서는 "상(祥)은 요상하고 괴이한 일을 뜻한다."라고 했다.

② 三綱謂[止]朋友有舊.

補註 按: 此本禮緯文, 而疏引之, 陳註因之也.

번역 살펴보니, 이것은 본래 『예기』의 위서 기록인데, 소에서 이 문장을 인용하여, 진호의 주에서도 그에 따른 것이다.

「악기」57장

참고─經文

"今君之所好者, 其溺音乎." 文侯曰, "敢問溺音何從出也?" 子
夏對曰, "鄭音①好濫淫志, 宋音燕女溺志, 衛音②趨數煩志, 齊
音敖辟喬志. 此四者皆淫於色而害於德, 是以祭祀弗用也."

번역 계속하여 자하가 대답하길, "현재 군주께서 좋아하는 것은 음란하고 사람을
빠져들게 하는 음(音)일 것입니다."라고 했다. 그러자 위문후는 "감히 묻노니, 음란
하고 사람을 빠져들게 하는 음(音)은 어디로부터 나온 것입니까?"라고 했다. 자하
는 대답을 하며, "정(鄭)나라의 음(音)은 넘치기를 좋아하여 뜻을 음란하게 만듭니
다. 송(宋)나라의 음(音)은 여자들을 편안하게 만들며 그 뜻이 탐닉에 빠지도록 만
듭니다. 위(衛)나라의 음(音)은 급박하고 너무 빨라서 뜻을 번잡하게 만듭니다. 제
(齊)나라의 음(音)은 거만하고 편벽되어 뜻을 교만하게 만듭니다. 이 네 가지는 모
두 색에 음란하게 빠져서 덕을 해치는 것이니, 이러한 이유로 제사에서 사용하지
않는 것입니다."라고 했다.

① 好濫淫志.

補註 疏曰: 濫竊, 非己儔匹, 別相淫竊. 燕女, 謂己之妻妾燕安而已.
번역 소에서 말하길, 넘치고 탐내는 것은 자신의 배필이 아닌데도 별도로 서
로 음란하게 탐내는 것이며, 여자를 편안하게 하는 것은 자신의 처와 첩들이
편안하게 여긴다는 뜻일 뿐이다.

② 趨數.

補註 按: 趨, 當讀促, 而數, 則音朔, 不必讀曰速.
번역 살펴보니, '趨'자는 촉(促)자로 풀이해야 하고, '數'자는 그 음이 '朔(삭)'
이니, 빠르다는 의미로 풀이할 필요는 없다.

「악기」 58장

詩云, "肅雝和鳴, 先祖是聽." 夫①肅, 肅敬也. 雝, 雝和也. 夫敬
以和, 何事不行?

번역 계속하여 자하가 대답하길, "시에서는 '엄숙하고 조화롭게 울리니, 선조께서
이에 들으시다.'라고 했습니다. '숙(肅)'은 엄숙하고 공경스럽다는 뜻입니다. '옹
(雝)'은 화락하고 조화롭다는 뜻입니다. 공경을 하여 조화롭게 되는데, 어떤 일이
시행되지 않겠습니까?"라고 했다.

① ○肅肅敬也雝雝和也.

補註 按: 諺讀上肅上雝皆句絶, 恐誤.
번역 살펴보니, 『언독』에서는 앞의 '숙(肅)'자와 앞의 '옹(雝)'자에서 모두 구
문을 끊었는데, 아마도 잘못된 것 같다.

「악기」 60장

然後聖人作爲鞉・鼓・椌・楬・壎・篪. 此六者, 德音之音也.
然後鐘・磬・竽・瑟以和之, 干・戚・旄・狄以舞之. 此所以
祭先王之廟也, ①所以獻酬酳酢也, 所以官序貴賤各得其宜也,
所以示後世有尊卑長幼之序也.

번역 계속하여 자하가 대답하길, "그런 뒤에 성인은 도(鞉)・고(鼓)・강(椌)・갈
(楬)・훈(壎)・지(篪) 등의 악기를 만들었습니다. 이러한 여섯 가지 악기는 덕음
(德音)을 내는 악기입니다. 그런 뒤에 종(鐘)・경(磬)・우(竽)・슬(瑟) 등의 악기
로 조화를 이루도록 했고, 방패와 도끼, 꼬리털과 깃털 등의 무용도구로 춤을 추도
록 했습니다. 이것은 선왕의 종묘에서 제사를 지냈던 것이며, 술을 따르고 권하며,
입가심하는 술을 따르고 돌리는 절차이고, 관직의 서열과 나이에 따른 서열에 각각
합당함을 얻게끔 하는 것이며, 후세에 서열과 나이의 차례가 있음을 보여주는 것입
니다."라고 했다.

① ○所以獻酬[止]之序.

補註 疏曰: 獻酬酳酢, 如賓入奏肆夏, 卒爵樂闋之類. 官序貴賤, 如天子
八佾, 諸侯六佾之類. 又聞樂知德, 及施于子孫, 是示後世也. 君臣上下
同聽, 莫不和敬, 宗族長幼同聽, 莫不和順, 父子兄弟同聽, 莫不和親,
是尊卑・長幼之序也.

번역 소에서 말하길, 헌수윤초(獻酬酳酢)는 빈객이 대문으로 들어서게 되어
사하(肆夏)를 연주하고, 술잔을 비우면 음악을 그친다고 한 부류와 같은 것이
다. 관서귀천(官序貴賤)은 천자가 팔일무를 추도록 하고 제후가 육일무를
추도록 한 부류와 같은 것이다. 또 음악을 들으면 덕을 알고 그것들을 자손
에게까지 베푸는 것이 바로 후세에 보여주는 것이다. 군주와 신하 및 상하계
층이 함께 듣게 된다면 조화롭게 공경하지 않는 자가 없게 되고, 종족 중 나
이가 많거나 어린 자들이 함께 듣는다면 조화롭게 따르지 않는 자가 없게

되며, 부자 및 형제가 함께 듣는다면 조화롭게 친애하지 않는 자가 없게 되니, 이것이 바로 존비와 장유의 질서이다.

참고-集說

鞉, 如鼓而小, 持柄搖之, 旁耳自擊. 椌‧楬, 柷‧敔也. 壎, 六孔, 燒土爲之. 篪, 大者長尺四寸, 小者尺二寸, 竹也. 六者皆質素之聲, 故云德音. 旣用質素爲本, 然後用鐘磬竽瑟四者華美之音以贊其和. 干, 楯也. 戚, 斧也. 武舞所執. 旄, 旄牛尾也. 狄, 翟雉羽也. 文舞所執. ①此則宗廟之樂也. ②酳, 說見前篇. 有事於宗廟, 則有獻酬酳酢之禮也. 宗廟朝廷無非禮樂之用, 所以貴賤之官序, 長幼之尊卑, 自今日而垂之後世也.

번역 '도(鞉)'는 북[鼓]과 같지만 크기가 보다 작은 것으로, 손잡이를 잡고서 흔들면 측면에 있는 귀가 울림판을 쳐서 소리를 낸다. '강(椌)'과 '갈(楬)'은 축(柷)과 어(敔)이다. '훈(壎)'은 여섯 개의 구멍이 있으며, 흙을 구워서 만든다. '지(篪)' 중에서 크기가 큰 것은 그 길이가 1척(尺) 4촌(寸)이며, 작은 것은 1척(尺) 2촌(寸)으로, 대나무로 만든 피리이다. 이 여섯 가지 악기들은 질박하고 소박한 소리를 내는 악기들이다. 그렇기 때문에 '덕음(德音)'이라고 말한 것이다. 이미 질박하고 소박한 것을 근본으로 삼았으니, 그런 뒤에 종(鐘)과 경(磬), 우(竽)와 슬(瑟) 등의 아름다운 소리를 내는 네 악기를 사용하여 조화를 이루도록 도왔다. '간(干)'은 방패[楯]이다. '척(戚)'은 도끼[斧]이다. 이것들은 무무(武舞)를 출 때 잡는 무용도구이다. '모(旄)'는 소의 꼬리털이다. '적(狄)'은 꿩의 깃털이다. 이것들은 문무(文舞)를 출 때 잡는 무용도구이다. 이러한 것들은 종묘에서 사용하는 악기에 해당한다. '윤(酳)'에 대해서는 그 설명이 앞 편에 나온다. 종묘에서 제사를 지내게 된다면, 술을 따르고 돌리며 입가심하는 술을 따르고 권하는 의례 절차가 있다. 종묘와 조정에서는 예악이 사용되지 않은 적이 없으니, 귀천의 관직 등급과 나이에 따른 서열의 차이는 현재로부터 후세에까지 전해지도록 하는 것이다.

① 此則宗廟之樂也.

補註 按: 此字總指上諸器也, 對上註不可用之宗廟而言.

번역 살펴보니, '차(此)'자는 앞에 나온 여러 기물들을 총괄적으로 가리키는 것이니, 앞의 주에서 "종묘에서 사용할 수 없다."라고 한 것과 대비해서 말한 것이다.

② 酳說見前篇.

補註 按: 前篇, 指曾子問.

번역 살펴보니, '전편(前篇)'은 『예기』「증자문(曾子問)」편을 가리킨다.

長樂陳氏曰: 聖人作樂, 以發諸聲音者, 寓之象, 以稽諸度數者, 寓之器. 是故作革以爲鞉鼓, 而鞉所以兆奏鼓者也. 作木以爲柷敔, 而敔所以止合樂者也. 作土爲壎, 而始有所倡, 作竹爲籈, 而①絲有所和, 則播鞉而鼓從之, 中聲以發焉, 擊柷而敔止之, 中聲以節焉, 吹壎而籈應之, 中聲以和焉. 蓋弦歌詩頌, 中聲之所止也, 而謂之德音, 則鞉鼓柷敔壎籈, 中聲之所出也. 謂之德音之音, 不亦宜乎? 聖人旣作爲六者之器, 以寓德音之樂, 抑又越之金石以爲鐘磬, 宣之匏絲以爲竽瑟, 所以諧其聲, 舞武以干戚, 文以旄狄, 所以動其容, 則八音克諧, 無相奪倫, 而神人奚適不和哉? 此所以祭先王之廟, 而幽足以交於神, 獻酬酳酢, 而明足以交於人, 行之當時, 而官序貴賤莫不得其宜, 示之後世, 而尊卑長幼莫不得其序也.

번역 장락진씨가 말하길, 성인은 악기를 만들고 이를 통해 소리와 음으로 나타내서 그것을 상(象)에 깃들이게 했고, 법칙을 살펴서 그것을 기(器)에 깃들이게 했다. 이러한 까닭으로 가죽으로 도(鞉)와 고(鼓)를 만들었으니, 도(鞉)는 북의 연주를 시작하도록 하는 것이다. 또 나무로 강(控)와 갈(楬)을 만들었으니, 갈(楬)은 합주를 그치게 하는 것이다. 흙으로 훈(壎)을 만들어서 처음 이끄는 것이 있게끔 했고, 대나무로 지(篪)를 만들어서 끝에 조화로움이 있게끔 했으니, 도(鞉)를 연주하고 고(鼓)가 뒤따라 연주되어 알맞은 소리가 나타나게 되었고, 강(控)을 치고 갈(楬)로 그쳐서 알맞은 소리가 절도를 지키게끔 했으며, 훈(壎)을 불고 지(篪)가 호응하도록 하여 알맞은 소리가 조화롭도록 했다. 무릇 시와 송(頌)을 현악기로 연주하고 노래를 부르는 것은 알맞은 소리가 머무는 것인데, 그것을 두고 '덕음(德音)'이라고 불렀다면, 도(鞉)·고(鼓)·강(控)·갈(楬)·훈(壎)·지(篪)는 알맞은 소리가 나타나는 것이다. 이것을 두고 덕음을 내는 악기라고 부르는 것은 또한 마땅한 일이 아니겠는가? 성인은 이미 이러한 여섯 종류의 악기를 만들어서 덕음의 음악에 깃들이게 했고, 또한 쇠와 돌로 만든 종(鐘)과 경(磬)으로 드날리고, 박과 실로 만든 우(竽)와 슬(瑟)로 드러냈으니, 그 소리를 조화롭게 하는 것이고, 무무(武舞)는 방패와 도끼로 추게 하고, 문무(文舞)는 꼬리털과 깃털로 추게 하여, 동작을 나타내도록 했으니, 팔음이 조화롭게 되어 서로 질서를 어그러트리지 않는데, 신과 사람이 어떻게 조화를 이루지 않겠는가? 이것이 선왕의 종묘에서 제사를 지내서, 그윽한 저 세상에 대해서는 신과 교감할 수 있도록 하고, 술을 따르고 권하며 입가심하는 술을 따르고 돌리는 절차를 시행하여, 밝은 인간 세상에 대해서는 사람과 교감할 수 있도록 했으며, 당시에 시행하여 관직 및 신분의 질서가 합당함을 얻지 못한 것이 없게 되었고, 후세에 보여주어 존비 및 장유의 도리가 그 질서를 얻지 못한 것이 없게 되었다.

① 絲有所和.

補註 絲, 當作終.

번역 '사(絲)'자는 마땅히 종(終)자로 기록해야 한다.

「악기」 66장

①賓牟賈侍坐於孔子, 孔子與之言及樂, 曰, "夫武之備戒之已久, 何也?" 對曰, "②病不得其衆也."

번역 빈무고가 공자를 모시고 앉아 있을 때, 공자는 그와 더불어 말을 하다가 그 주제가 악(樂)에까지 이르렀다. 그래서 공자는 "저 대무(大武)라는 악무는 북을 쳐서 사람들에게 주의를 주는데, 그 뒤에도 한참을 기다린 뒤에 춤을 추기 시작하는 것은 어떤 이유 때문입니까?"라고 물었다. 그러자 빈무고는 "무왕이 군사들의 마음을 얻지 못할 것을 염려했기 때문에, 당시에 출정을 하며 북을 친 뒤, 오랜 시간이 지난 뒤에 군사를 움직였던 것을 상징합니다."라고 대답했다.

① **賓牟賈侍坐.**

補註 按: 疏自此至不亦宜乎, 爲賓牟賈.

번역 살펴보니, 소에서는 이 문장으로부터 "또한 마땅한 일이 아니겠는가?"라는 구문까지는 「빈무고(賓牟賈)」편이 된다고 했다.

② **病不得其衆.**

補註 陽村曰: 武之遲久, 是遵養時晦俟天休命之意. 當時八百諸侯不期而會, 寧有病不得衆以待其至者乎? 賈之答, 失之矣.

번역 양촌이 말하길, 대무의 악곡을 오래도록 시연하는 것은 도를 따르고 뜻을 배양하며 시세에 따르고 삼가하며 하늘이 아름다운 명령을 내려주길 기다리는 뜻에 해당한다. 당시 팔백여 명의 제후들은 기약을 하지 않았는데도 모였는데, 어떻게 군사들의 마음을 얻지 못할까를 염려하여 도착할 때까지 기다릴 수 있겠는가? 빈무고의 답변은 잘못되었다.

「악기」 67장

참고─經文

“咏歎之, 淫液之, 何也?” 對曰, “①恐不逮事也.”

번역 계속해서 공자가 질문하길, “대무(大武)의 악곡에 있어서, 소리를 길게 내서 노래하고, 물이 흐르듯 소리가 연속되어 끊이지 않는 것은 어째서입니까?”라고 하자, 빈무고가 대답하길, “제후들이 정벌에 참여하지 못할 것을 염려했기 때문입니다.”라고 했다.

① ○恐不逮事.

補註 陽村曰: 此答亦非詠歎淫液, 是言其從容不迫之意, 雖於征伐之中, 唐虞揖遜氣象依然若存也.

번역 양촌이 말하길, 이 답변 또한 소리를 길게 내서 노래하고 물이 흐르듯 소리가 끊이지 않는 것에 대한 대답이 아니며, 차분하며 급박하게 하지 않는다는 뜻을 말한 것으로, 비록 정벌 중에 있지만 당우의 겸양하는 기상이 그대로 남아있는 것 같다는 의미이다.

「악기」 70장

"聲淫及商, 何也?" 對曰, "非武音也." 子曰, "若非武音, 則何音也?" 對曰, "有司失其傳也. 若非有司失其傳, 則武王之志荒矣." ①子曰, "唯. 丘之聞諸萇弘, 亦若吾子之言, 是也."

번역 계속해서 공자가 질문하길, "대무(大武)의 악곡에서 그 소리가 탐욕스러워서 상나라를 취하고자 함이 나타나는 것은 어째서입니까?"라고 하자, 빈무고는 "이것은 대무의 음악 소리가 아닙니다."라고 대답했다. 또 공자는 "만약 이것이 대무의 음악 소리가 아니라면, 어떤 악곡의 음입니까?"라고 물었고, 빈무고는 "음악을 담당했던 관리가 전수과정에서 잘못을 범한 것입니다. 만약 관리가 전수과정에서 잘못을 범한 것이 아니라면, 무왕의 뜻이 매우 잘못된 것이 됩니다."라고 대답했다. 그러자 공자는 "알았습니다. 내가 장홍에게서 들었던 내용도 또한 그대가 말한 것과 같으니, 그대의 말이 옳습니다."라고 했다.

① ○子曰唯[止]是也.

補註 楊梧曰: 唯字一截, 丘之聞諸萇弘亦若吾子之言一截, 是也一截. 唯只指此節而言, 聲淫非武音, 誠有所見也.

번역 양오가 말하길, '유(唯)'자에서 끊고, '구지문저장홍역약오자지언(丘之聞諸萇弘亦若吾子之言)'에서 끊으며, '시야(是也)'에서 끊는다. 유(唯)자는 단지 이 문단을 가리켜서 말한 것이며, 탐욕스러운 소리가 대무의 음이 아니라는 것은 진실로 본 바가 있는 것이다.

「악기」71장

賓牟賈起, 免席而請曰, "夫武之備戒之已久, 則旣聞命矣, 敢問①遲之, 遲而又久, 何也?" 子曰, "居! 吾語汝. 夫樂者, 象成者也. ②總干而山立, 武王之事也. 發揚蹈厲, 太公之志也. 武亂皆坐, 周召之治也."

번역 빈무고가 일어나 자리를 피하며 청해서 묻기를, "대무(大武)에 있어서 북을 울려 대중들을 경각시키고 오랜 시간 동안 대기하는 것에 대해서는 이미 그 이유를 들어서 알게 되었습니다. 감히 묻겠습니다. 이처럼 오래도록 기다리는데, 무용수들이 대열에 서서 오랜 시간 기다리는 것은 어째서입니까?"라고 했다. 그러자 공자는 "앉으십시오. 내가 당신께 설명을 하겠습니다. 무릇 악(樂)이라는 것은 과업을 이룬 것을 나타내는 것입니다. 무용수들이 방패를 잡고서 산처럼 우뚝 서서 움직이지 않는 것은 무왕이 주임금을 정벌하기 때, 제후들이 도착하기를 기다리는 일을 나타냅니다. 또 무용수들이 손과 발을 힘차게 내뻗고 내딛는 것은 태공의 매와 같은 용맹한 뜻을 나타냅니다. 또 대무의 마지막 장이 끝날 때, 무용수들이 모두 무릎을 꿇는 것은 문(文)으로써 무(武)를 그치게 했던 주공과 소공의 다스림을 나타냅니다."라고 했다.

① ○遲之遲而又久.

補註 農巖曰: 此似通指武之一成而言. 觀夫子所答, 歷敍武王偃武修文之事, 而斷之曰, 武之遲久, 不亦宜乎? 其意可見. 註說只以久立於綴爲遲久之事, 恐未然.

번역 농암이 말하길, 이것은 아마도 대무의 악곡 전체를 가리켜서 말한 것 같다. 공자가 답변한 말을 살펴보면, 무왕이 전쟁을 끝내고 문을 닦았던 일을 차례대로 서술하고 결론을 내리면서 "대무가 더디고 오래 걸린다고 말한 것이 또한 마땅하지 않은가?"라고 했으니, 그 뜻을 확인할 수 있다. 주에서는 단지 대오에서 오래도록 서 있는 것을 지구(遲久)의 사안으로 여겼는데, 아마도 잘못된 설명인 것 같다.

② 總干[止]周召之治.

補註 楊梧曰: 總干山立象武王者, 言雖三千同心, 八百協力, 而武王猶不輕擧, 但持盾以正其罪, 如紂聞而卽改, 其師止矣. 註云待諸侯之至, 恐碍下文.

번역 양오가 말하길, 방패를 잡고 산처럼 우뚝 서 있는 것이 무왕을 상징한다는 것은 비록 삼천여 명이 같은 마음을 품고 팔백여 명이 협력을 하였더라도 무왕은 여전히 경솔하게 행동하지 않고 단지 방패를 지니고서 그 죄를 올바르게 다스렸다는 뜻으로, 만약 주임금이 그 소식을 듣고 곧바로 잘못을 고쳤다면 군대도 멈추게 했다는 의미이다. 주에서 제후들이 도착하기를 기다렸다고 풀이했는데, 이처럼 해석하면 아마도 아래문장과 맞지 않는 것 같다.

補註 ○陽村曰: 總干而山立, 武王之事, 言武王遲久, 不忍動兵. 發揚蹈厲, 太公之志, 言太公奮揚, 以贊急於應天. 武亂皆坐, 周·召之治, 言武陰屬右, 故致右, 所以偃武. 文陽屬左, 故軒左, 所以修文也.

번역 ○양촌이 말하길, "방패를 잡고 산처럼 우뚝 서 있는 것은 무왕의 일을 나타낸다."고 했는데, 무왕이 더디고 오랜 시간을 끈 것은 차마 병사를 움직일 수 없었기 때문이라는 뜻이다. "손과 발을 힘차게 내뻗고 내딛는 것은 태공의 뜻을 나타낸다."고 했는데, 태공이 떨쳐 일어나 하늘의 명에 호응하는 일에 서두르도록 도왔다는 뜻이다. "무용수들이 모두 무릎을 꿇는 것은 주공과 소공의 다스림을 나타낸다."고 했는데, 무는 음에 해당하여 우측에 속한다. 그렇기 때문에 우측 무릎을 대는 것은 무를 억누르기 위한 것이다. 문은 양에 해당하여 좌측에 속한다. 그렇기 때문에 좌측 발을 세우는 것은 문을 닦기 위한 것이라는 뜻이다.

참고─集說

成者, 曲之一終. 書云, "簫韶九成." 孔子又言武之舞也, 初自南第一位而北至第二位, 故云始而北出也. 此是一成. 再成, 則舞者從第二位至第三位, 象滅商也. 三成, 則舞者從第三位至第四位, ①極於北而反乎南, 象克殷而南還也. 四成, 則舞者從北頭第一位却至第二位, 象伐紂之後, 疆理南方之國也. 五成, 則舞者從第二位至第三位乃分爲左右, 象周公居左, 召公居右也. 綴, 謂南頭之初位也. 六成, 則舞者從第三位而復于南之初位, 樂至六成而復初位, 象武功成而歸鎬京, 四海皆崇武王爲天子矣.

번역 '성(成)'은 악곡이 한 차례 끝났다는 뜻이다. 『서』에서는 "소소(簫韶)의 악곡은 아홉 차례 연주한다."[1]라고 했다. 공자는 또한 대무(大武)의 춤에 대해서 설명한 것인데, 첫 악곡에서는 남쪽의 첫 번째 자리에서 북쪽으로 이동하여 두 번째 자리로 옮겨가게 된다. 그렇기 때문에 "시작하며 북쪽으로 나온다."라고 했다. 이것은 첫 번째 악곡이 끝날 때까지의 춤을 뜻한다. 두 번째 악곡이 끝나게 되면, 무용수들은 그 동안 두 번째 자리로부터 세 번째 자리로 옮겨가니, 이것은 은나라를 멸망시켰던 일을 상징한다. 세 번째 악곡이 끝나게 되면, 무용수들은 그 동안 세 번째 자리에서 네 번째 자리로 옮겨가니, 북쪽 자리 중 끝까지 움직이게 되어 반대로 남쪽으로 돌아오게 되므로, 이것은 은나라를 이기고 남쪽으로 되돌아온 일을 상징한다. 네 번째 악곡이 끝나게 되면, 무용수들은 그 동안 북쪽의 끝에 있는 첫 번째 자리로부터 떠나서 두 번째 자리로 옮겨가니, 주임금을 정벌한 이후 남쪽의 나라들을 영토로 확장하여 다스렸던 일을 상징한다. 다섯 번째 악곡이 끝나게 되면, 무용수들은 그 동안 두 번째 자리로부터 세 번째 자리로 옮겨가고, 곧 좌우로 나뉘게 되니, 주공이 좌측 영토를 담당하고 소공이 우측 영토를 담당했던 일을 상징한다. '철(綴)'

---

1) 『서』「우서(虞書)·익직(益稷)」: 夔曰, 憂擊鳴球, 搏拊琴瑟以詠, 祖考來格, 虞賓在位, 群后德讓, 下管鼗鼓, 合止柷敔, 笙鏞以間, 鳥獸蹌蹌, 簫韶九成, 鳳皇來儀.

자는 남쪽 끝에 있는 최초의 자리를 뜻한다. 여섯 번째 악곡이 끝나게 되면 무용수들은 그 동안 세 번째 자리로부터 다시 남쪽에 있는 최초의 자리로 돌아가니, 악(樂)은 여섯 번째 악곡을 끝내게 되면 다시 최초의 자리로 돌아가므로, 이것은 무왕이 공적을 이루고서 호경으로 되돌아와 천하의 사람들이 모두 무왕을 천자로 추숭했음을 상징한다.

① ○極於北而反乎南.

補註 按: 反, 非謂還至他位也. 恐是向北窮去, 而便回旋向南而立也.

번역 살펴보니, '반(反)'은 방향으로 돌려서 다른 자리로 간다는 뜻이 아니다. 아마도 이것은 북쪽을 향해 끝까지 가서 재차 방향을 돌려 남쪽을 향해서 있다는 의미인 것 같다.

「악기」73~74장

①夾振之而駟伐, 盛威於中國也. ①分夾而進, 事蚤濟也. ①久立於綴, 以待諸侯之至也.

번역 공자가 계속해서 말해주길, "대무(大武)를 출 때, 두 사람이 무용수를 양쪽에서 끼고 목탁을 두드리고, 무용수들이 창으로 네 차례 치고 때려서, 무왕의 군대가 중국에 위엄을 성대하게 떨쳤음을 나타냅니다. 목탁을 두드리는 자는 무용수들의 자리에서 양 옆에서 끼고 나아가서, 무왕의 과업이 조기에 성취됨을 상징합니다. 무용수들이 대열의 자리에서 오래도록 서 있는 것은 이를 통해 무왕이 제후들이 모일 때까지 기다렸던 일을 상징합니다."라고 했다.

① 夾振之[又]分夾[又]久立於綴.

補註 農巖曰: 此三節, 似是倒文, 久立於綴, 當爲第一節, 卽武王待諸侯之象也. 分夾而進, 當爲第二節, 卽武王興師東出之象也. 夾振之而駟伐, 當爲第三節, 卽武王牧野肆伐之象也. 如此看方與事理協矣.

번역 농암이 말하길, 이 세 구절은 아마도 문장의 순서가 바뀐 것 같으니, '구립어철(久立於綴)'이 첫 번째 구절이 되어야 하며, 무왕이 제후들을 기다렸던 것을 상징한다. '분협이진(分夾而進)'은 두 번째 구절이 되어야 하니, 무왕이 병사를 일으켜 동쪽으로 출정했던 것을 상징한다. '협진지이사벌(夾振之而駟伐)'은 세 번째 구절이 되어야 하니, 무왕이 목야에서 신속히 정벌을 했던 일을 상징한다. 이처럼 보아야만 사리에 부합한다.

此又申言武始北出以下事. 二人夾舞者而振鐸以爲節, 則舞者以戈矛四次擊刺, 象伐紂也. ①駟, 讀爲四. 伐, 如泰誓四伐五伐之伐. 此象武王之兵所以盛威於中國也. ②一說, 引君執干戚就舞位, 讀天子連下句, 但③舊註以崇訓克, 則未可通耳. 四伐, 或象四方征伐, 武勝殷而滅國者五十, 則亦有東征西討南征北伐之事矣.

번역 이 내용은 또한 대무(大武)를 출 때 처음에는 북쪽으로 나온다는 것으로부터 그 이하의 일들에 대해서 거듭 설명한 것이다. 두 사람이 무용수를 양쪽에서 끼고 목탁을 울리며 절도를 맞추면, 무용수들은 창으로 네 차례 치고 찌르니, 주임금을 정벌했던 일들을 상징하기 때문이다. '사(駟)'자는 '사(四)'자로 풀이한다. '벌(伐)'자는 『서』「태서(泰誓)」편에서 "네 번 치고 찌르며, 다섯 번 치고 찌른다."[1]고 했을 때의 '벌(伐)'자와 같다. 이것은 무왕의 군대가 중국에서 위엄을 융성하게 떨쳤음을 상징한다. 일설에는 군주가 직접 방패와 도끼를 들고 무용수들의 대열로 나아간다고 주장하여, 앞 문장에 나온 '천자(天子)'라는 두 글자를 이곳 구문에 연결해서 해석한다. 다만 옛 주석에서는 '숭(崇)'자를 '충(充)'자로 풀이했으니, 이러한 해석은 뜻이 소통되지 못할 따름이다. '사벌(四伐)'은 혹여 사방을 정벌했던 것을 상징할 수도 있으니, 무왕은 은나라를 정벌하고 멸망시킨 제후국이 오십 여개에 이르렀으니, 또한 동서남북으로 정벌했던 일이 있었던 것이다.

① 駟讀爲四.

補註 按: 此本鄭註, 家語亦作四.
번역 살펴보니, 이것은 정현의 주에 근거한 말이며, 『가어』에서도 '사(四)'자로 기록했다.

② 一說[止]連下句.

補註 按: 一說, 卽疏也. 君執干戈就舞位, 卽祭統文, 而疏引之也. 陳註

---

1) 『서』「주서(周書)·목서(牧誓)」: 不愆于四伐五伐六伐七伐, 乃止齊焉. 勗哉, 夫子.

以天子屬上文者, 恐長. 此本王肅說, 而肅引家語六成而復綴, 以崇其爲天子焉, 以證之.

번역 살펴보니, '일설(一說)'은 공영달의 소에 해당한다. "군주가 방패와 도끼를 잡고서 무용수들의 대열로 나아간다."는 말은 『예기』「제통(祭統)」편의 기록인데,[2] 소에서 이 말을 인용하고 있다. 진호의 주에서는 '천자(天子)'를 앞의 문장에 연결시켰는데, 아마도 이 해석이 더 나은 것 같다. 이것은 왕숙의 주장에 근거한 것인데, 왕숙은 『가어』에서 "6성(成)을 하고 대열로 복귀하여 천자가 되었음을 존숭한다."[3]라고 한 말을 인용하여 증명하였다.

③ 舊註以崇訓克.

補註 克, 當作充.

번역 '극(克)'자는 마땅히 충(充)자로 기록해야 한다.

補註 ○鄭註本文: 崇, 充也. 凡六奏以充武樂也.

번역 ○정현의 주 본문에서 말하길, '숭(崇)'자는 "완전하다[充]."는 뜻이다. 모두 여섯 차례 악곡을 연주하여, 대무의 악곡을 온전히 갖춘다는 뜻이다.

---

2) 『예기』「제통(祭統)」: 及入舞, <u>君執干戚就舞位</u>. 君爲東上, 冕而摠干, 率其群臣以樂皇尸. 是故天子之祭也, 與天下樂之. 諸侯之祭也, 與竟内樂之. 冕而摠干, 率其群臣以樂皇尸, 此與竟内樂之之義也.

3) 『공자가어』「변악해(辯樂解)」: 且夫武始成而北出, 再成而滅商, 三成而南反, 四成而南國是疆, 五成而分陝, 周公左, 邵公右, <u>六成而復綴, 以崇其天子焉</u>.

「악기」74장

分夾而進, ①事蚤濟也. 久立於綴, ②以待諸侯之至也.

번역 공자가 계속해서 말해주길, "목탁을 두드리는 자는 무용수들의 자리에서 양옆에서 끼고 나아가서, 무왕의 과업이 조기에 성취됨을 상징합니다. 무용수들이 대열의 자리에서 오래도록 서 있는 것은 이를 통해 무왕이 제후들이 모일 때까지 기다렸던 일을 상징합니다."라고 했다.

① 事蚤濟也.

補註 鄭註: 象用兵務於早成也.

번역 정현의 주에서 말하길, 병사를 부림에 과업을 일찍 이루는데 힘씀을 상징한다.

② 以待諸侯之至.

補註 陽村曰: 以待諸侯之至者, 必是記者之誤, 不期而會者八百, 豈待而後至哉? 武成曰俟天休命, 是陣牧野, 不急往攻, 以待紂師之至, 而後戰, 故史臣以爲俟天休命, 以形容雍容之氣象, 久立於綴, 當是此意. 上文賓牟賈之答, 旣失其意, 此章記者之言, 亦誤也.

번역 양촌이 말하길, "이를 통해 무왕이 제후들이 모일 때까지 기다렸던 일을 상징한다."는 말은 분명 『예기』를 기록한 자의 잘못이니, 기약하지도 않았는데 모인 자가 팔백여 명에 이르렀는데 어떻게 기다린 이후에야 도착했다고 하겠는가? 『서』「무성(武成)」편에서 "하늘의 아름다운 명령을 기다린다."[1]라고 했는데, 이것은 목야에 진을 치고 가서 공격하는데 급급하지 않았

---

1) 『서』「주서(周書)·무성(武成)」: 惟爾有神, 尙克相予, 以濟兆民, 無作神羞. 旣戊

고 주임금이 군대를 이끌고 올 때까지 기다린 뒤에 전쟁을 했다. 그렇기 때문에 사관이 이것을 두고 하늘의 아름다운 명령을 기다린다고 여긴 것이고, 이것을 통해 조화롭고 차분한 기상을 형용하였으니, 무용수들이 대오에서 오래도록 서 있는 것은 바로 이러한 뜻에 해당한다. 앞 문장에 나온 빈무고의 답변이 이미 그 본지를 놓치고 있으며, 이곳 문장에서 『예기』를 기록한 자가 한 말 또한 잘못되었다.

午, 師渡孟津, 癸亥, 陳于商郊, <u>俟天休命</u>. 甲子昧爽, 受率其旅若林, 會于牧野. 罔有敵于我師, 前徒倒戈, 攻于後以北, 血流漂杵. 一戎衣, 天下大定. 乃反商政, 政由舊. 釋箕子囚, 封比干墓, 式商容閭. 散鹿臺之財, 發鉅橋之粟, 大賚于四海, 而萬姓悅服.

「악기」 75장

且女獨未聞牧野之語乎? 武王①克殷反商, 未及下車而封黃帝
之後於薊, 封帝堯之後於祝, 封帝舜之後於陳; 下車而封夏后
氏之後於杞, ②投殷之後於宋, 封王子比干之墓, 釋箕子之囚,
③使之行商容而復其位. 庶民弛政, 庶士倍祿.

번역 공자가 계속해서 말해주길, "또한 그대는 아직 목야에서 일어난 일들을 들어
보지 못했습니까? 무왕께서는 은나라 군대를 물리치고 그 수도에 이르러서, 아직
수레에서 내리기도 전에 황제의 후손을 계(薊)에 분봉하셨고, 요임금의 후손을 축
(祝)에 분봉하셨으며, 순임금의 후손을 진(陳)에 분봉하셨습니다. 또 수레에서 내
리셔서는 하후씨의 후손을 기(杞)에 분봉하셨고, 은나라의 후손을 송(宋)으로 옮기
셨으며, 왕자인 비간의 묘에 봉분을 쌓으셨고, 감금된 기자를 석방하셔서, 그로 하
여금 상용(商容)으로 가도록 하여 그 지위를 회복시켜주셨습니다. 또 백성들에 대
해서는 잔혹한 정치를 느슨히 풀어주시고, 말단 관리들에 대해서는 녹봉을 올려주
셨습니다."라고 했다.

① ○克殷反商.

補註 按: 陳註, 反讀爲及者, 本於鄭註, 而恐未穩. 家語作克殷而反商之政.
번역 살펴보니, 진호의 주에서는 '반(反)'자를 급(及)자로 풀이했는데, 이것
은 정현의 주에 근거한 것이지만 아마도 타당하지 않은 것 같다. 『가어』에
서는 "은나라의 군대를 물리치고 은나라의 잘못된 정치를 되돌렸다."[1]라고
기록했다.

---

1) 『공자가어』「변악해(辯樂解)」: 今汝獨未聞牧野之語乎, 武王克殷而反商之政, 未
及下車, 則封黃帝之後於薊, 封帝堯之後於祝, 封帝舜之後於陳. 下車又封夏后
氏之後於杞, 封殷之後於宋, 封王子比干之墓, 釋箕子之囚, 使人行商容之舊, 以
復其位, 庶民弛政, 庶士倍祿.

補註 ○又按: 武成, "乃反商政, 政由舊." 註曰, "反紂之虐政, 由商先王之舊政." 以此觀之, 反, 如字讀, 是.

번역 ○또 살펴보니, 『서』「무성(武成)」편에서는 "이에 은나라의 정치를 되돌려, 정치는 옛 것에 따르게 되었다."[2]라고 했고, 주에서는 "주임금의 잔혹한 정치를 되돌려서 은나라 선왕들의 옛 정치에 따르도록 한 것이다."라고 했다. 이를 통해 살펴보면, 반(反)자는 글자대로 읽는 것이 옳은 것 같다.

② 投殷之後於宋.

補註 投, 家語 · 史記, 皆作封.

補註 '투(投)'자를 『가어』와 『사기』에서는 모두 봉(封)자로 기록했다.

補註 ○陽村曰: 武王伐紂之後, 初封紂子武庚, 以奉殷祀, 及武王崩, 武庚與三叔反, 周公東征致辟而後, 成王乃封微子於宋. 此以爲下車之初, 卽封殷後於宋, 亦是記者之誤矣. 疏云武王徙微子於宋.

補註 ○양촌이 말하길, 무왕이 주임금을 정벌한 이후 애초에는 주임금의 자식인 무경을 분봉하여 은나라 선왕에 대한 제사를 모시도록 했는데, 무왕이 죽자 무경은 관숙(管叔) · 채숙(蔡叔) · 곽숙(霍叔)과 함께 반란을 일으켜서, 주공이 동쪽으로 정벌을 하여 그들을 주살한 뒤에 성왕은 송나라에 미자를 분봉하였다. 여기에서는 수레에서 내린 초기에 곧바로 은나라의 후손을 송나라에 분봉했다고 했으니, 이 또한 『예기』를 기록한 자가 잘못 말한 것이다. 소에서는 무왕이 미자를 송나라로 옮겨가도록 했다고 말했다.

---

2) 『서』「주서(周書) · 무성(武成)」: 惟爾有神, 尙克相予, 以濟兆民, 無作神羞. 旣戊午, 師渡孟津, 癸亥, 陳于商郊, 俟天休命. 甲子昧爽, 受率其旅若林, 會于牧野. 罔有敵于我師, 前徒倒戈, 攻于後以北, 血流漂杵. 一戎衣, 天下大定. 乃反商政, 政由舊. 釋箕子囚, 封比干墓, 式商容閭. 散鹿臺之財, 發鉅橋之粟, 大賚于四海, 而萬姓悅服.

③ 使之行[止]復其位.

補註 鄭註: "行, 猶視也. 使箕子視商禮樂之官, 賢者所處, 皆令反其位也." 疏曰: "謂容爲禮樂者, 漢書・儒林傳, 徐生善爲容, 是善禮樂者謂之容也. 武成云式商容閭, 商容人名, 鄭不見古文尚書, 故謂禮樂也."

번역 정현의 주에서 말하길, "'행(行)'자는 살펴본다는 뜻이다. 기자로 하여금 은나라 예악을 담당했던 관부를 살펴보게 하여, 현명한 자가 머물러 있다면, 그들 모두에 대해서 본래의 자리로 되돌아가도록 했다."라고 했다. 소에서 말하길, "용(容)은 예악을 뜻한다고 했는데, 『한서』「유림전(儒林傳)」편에서 '서생이 예용을 잘 꾸몄다.'[3]라고 했으니, 이것은 예악을 잘하는 것에 대해서 '용(容)'이라고 부른다는 사실을 나타낸다. 『서』「무성(武成)」편에서는 '상용(商容)의 마을에 식(式)을 했다.'[4]고 했는데, 이때의 '상용(商容)'은 사람의 이름이다. 정현은 『고문상서』를 보지 않았기 때문에, 예악을 뜻한다고 했다."라고 했다.

補註 ○沙溪曰: 或云釋箕子之囚, 使之行商國之容儀也. 愚意, 恐有闕文.

번역 ○사계가 말하길, 혹자는 "감금되었던 기자를 풀어주어, 그로 하여금 은나라의 예법에 따른 행실을 시행토록 했다."고 풀이한다. 내가 생각하기에 여기에는 아마도 빠진 문장이 있는 것 같다.

補註 ○農巖曰: 行字當句, 商容上恐本有式字或他字而脫落也. 使之行者, 時箕子方被拘, 故解釋之, 任其所往, 蓋亦不臣之也.

번역 ○농암이 말하길, '행(行)'자에서 구문을 끊어야 하며, '상용(商容)'이라는 말 앞에는 아마도 본래 식(式)자나 다른 글자가 있었는데 누락된 것 같다. '사지행(使之行)'은 당시 기자는 구금되어 있었기 때문에 그를 풀어주고

---

3) 『한서』「유림전(儒林傳)」: 漢興, 魯高堂生傳士禮十七篇, 而魯徐生善爲頌. 孝文時, 徐生以頌爲禮官大夫, 傳子至孫延・襄.

4) 『서』「주서(周書)・무성(武成)」: 釋箕子囚, 封比干墓, <u>式商容閭</u>. 散鹿臺之財, 發鉅橋之粟, 大賚于四海, 而萬姓悅服.

가고 싶은 대로 놔두었다는 뜻이니, 그를 신하로 대하지 않았기 때문이다.

補註 ○按: 下文小註應氏以爲使箕子行而訪之, 類編則以爲使人訪之, 而家語使之作使人, 與類編合.

번역 ○살펴보니, 아래문장의 소주에서 응씨는 기자를 시켜서 먼저 찾아가 방문하도록 시켰다는 뜻으로 보았고, 『유편』에서는 사람을 시켜서 방문하도록 했다는 뜻으로 보았으며, 『가어』에서는 '사지(使之)'를 사인(使人)으로 기록했는데, 『유편』의 뜻과 부합한다.

「악기」 76장

①濟河而西, 馬散之華山之陽而弗復乘, 牛散之桃林之野而弗
復服, 車甲釁而藏之府庫而弗復用, 倒載干戈, 包之以虎皮,
將帥之士, 使爲諸侯, 名之曰'建橐'. 然後天下知武王之不復用
兵也.

번역 공자가 계속해서 말해주길, "황하를 건너 서쪽으로 가서 전쟁에 사용한 말은
화산의 양지바른 곳에 풀어주어, 다시 수레에 멍에를 매지 않았고, 전쟁에 사용한
소는 도림의 들판에 풀어주어 다시 부리지 않았으며, 수레와 갑옷은 피칠을 하여
무기고에 보관하고 재차 사용하지 않았고, 방패와 창은 거꾸로 싣고서 호랑이 가죽
으로 감쌌으며, 공로를 세운 장수는 제후로 분봉을 시켰으니, 병장기를 감싸서 보관
하는 것을 '건고(建橐)'라고 불렀습니다. 그런 뒤에야 천하 사람들이 무왕이 재차
전쟁을 일으키지 않으리라는 것을 알았습니다."라고 했다.

① ○濟河而西章.

補註 陽村曰: 此用武成之文而演之. 然重民五敎惇信明義等事, 最武王
德業之大者, 而今皆不及, 是演其粗而遺其精也.

번역 양촌이 말하길, 이것은 『서』「무성(武成)」편의 글을 이용하여 부연 설
명한 것이다. 그런데 "백성들에 대한 다섯 가지 가르침을 중요하게 여겼고,
신의를 돈독히 하고 도의를 밝혔다."[1]는 등의 사안들은 무왕의 덕업 중에서
도 가장 큰 것이다. 그런데 이들 모두에 대해서는 언급하지 않았으니, 이것
은 지엽적인 것만 설명하고 정수는 빼놓은 것이다.

---

1) 『서』「주서(周書)·무성(武成)」: 列爵惟五, 分土惟三, 建官惟賢, 位事惟能. 重民
五敎, 惟食喪祭, 惇信明義, 崇德報功, 垂拱而天下治.

「악기」 77장

散軍而郊射, 左射①狸首, 右射②騶虞, 而貫革之射息也. 裨
冕搢笏, 而虎賁之士說劍也. 祀乎明堂, 而民知孝. 朝覲, 然後
諸侯③知所以臣. 耕藉, 然後諸侯④知所以敬. 五者天下之大
敎也.

번역 공자가 계속해서 말해주길, "군대를 해산하고 교외의 학교에서 활쏘기를 익힘
에, 동학(東學)에서 활쏘기를 할 때에는 이수(狸首)의 시가에 절도를 맞추고, 서학
(西學)에서 활쏘기를 할 때에는 추우(騶虞)의 시가에 절도를 맞춰서, 갑옷을 뚫는
군대에서의 활쏘기는 그치게 되었습니다. 또 비면(裨冕)을 착용하고 홀을 꼽아서,
용맹한 군사들은 허리에 차고 있던 칼을 풀어놓게 되었습니다. 명당(明堂)에서 제
사를 지내서, 백성들은 효를 알게 되었습니다. 조근(朝覲)의 의례를 시행하니, 그런
뒤에야 제후들은 자신들이 신하로서 시행해야 할 것들을 알았습니다. 천자가 경작
을 시행하니, 그런 뒤에야 제후들이 공경을 실천해야 할 것들을 알았습니다. 이 다
섯 가지는 천하의 큰 가르침입니다."라고 했다.

① ○狸首.

補註 逸詩篇名, 見射義.

번역 『일시』에 속한 편명으로, 자세한 내용은 『예기』「사의(射義)」편에 나
온다.

② 騶虞.

補註 詩 · 召南篇名.

번역 『시』「소남(召南)」에 속한 편명이다.

③ 知所以臣.

補註 楊梧曰: 當商之季, 朝儀久曠, 至此而後, 知所以臣.
번역 양오가 말하길, 은나라 말기에 해당하여 조정의 의례가 오래도록 폐지되어 있었는데, 이 시기를 거친 이후에야 신하로서 따라야 할 것들을 안 것이다.

④ 知所以敬.

補註 按: 耕籍, 將以供粢盛也. 此敬字, 當以敬神之義看.
번역 살펴보니, '경적(耕籍)'은 자성(粢盛)을 공급하기 위한 것이다. 이곳의 '경(敬)'자는 마땅히 신을 공경한다는 뜻으로 보아야 한다.

「악기」 78장

①食三老五更於大學, 天子袒而割牲, 執醬而饋, 執爵而酳, 冕而總干, 所以敎諸侯之弟也. 若此, 則周道四達, 禮樂交通, 則夫武之遲久, 不亦宜乎?

번역 공자가 계속해서 말해주길, "대학에서 삼로와 오경에게 사례(食禮)를 대접함에, 천자는 직접 옷을 걷어 한쪽 어깨를 드러내고서 희생물을 자르며, 장을 들고서 그들에게 수고, 술잔을 잡고서 입가심하는 술을 따라주며, 면류관을 쓰고 방패를 들고서 춤을 추고, 이것은 제후들에게 공경함을 가르치는 방법입니다. 이처럼 하게 된다면, 주나라의 도가 사방에 두루 통하게 되고, 예악이 서로 통하게 되니, 대무(大武)의 악곡을 오래도록 시연함이 또한 마땅한 일이 아니겠습니까?"라고 했다.

① ○食三老五更章.

補註 按: 自上章祀乎明堂至此章, 敎諸侯之悌也. 又見祭義, 而文少異.

번역 살펴보니, 앞 문장 중 "명당에서 제사를 지낸다."[1]라고 한 것으로부터 이곳 문장까지는 제후에게 공손함을 가르치는 것이다. 이 내용은 또한 『예기』「제의(祭義)」편에도 나오는데,[2] 문장은 약간의 차이가 있다.

---

1) 『예기』「악기(樂記)」: 散軍而郊射, 左射貍首, 右射騶虞, 而貫革之射息也. 裨冕搢笏, 而虎賁之士說劒也. 祀乎明堂, 而民知孝. 朝覲, 然後諸侯知所以臣. 耕藉, 然後諸侯知所以敬. 五者天下之大敎也.

2) 『예기』「제의(祭義)」: 食三老・五更於大學, 天子袒而割牲, 執醬而饋, 執爵而酳, 冕而總干, 所以敎諸侯之弟也. 是故鄕里有齒, 而老窮不遺, 强不犯弱, 衆不暴寡, 此由大學來者也.

「악기」 79장

①君子曰, "禮樂不可斯須去身." 致樂以治心, 則易直子諒之心油然生矣. 易直子諒之心②生則樂, 樂則安, 安則久, ③久則天, 天則神. 天則不言而信, 神則不怒而威, 致樂以治心者也.

번역 군자는 "예악은 자신에게서 잠시도 떨어뜨려 놓을 수 없다."라고 했다. 악(樂)을 지극히 연구하여 마음을 다스린다면, 온화하고 곧으며 자애롭고 참된 마음이 융성하게 생겨난다. 온화하고 곧으며 자애롭고 참된 마음이 생겨나면 즐겁게 되고, 즐거우면 편안하게 되며, 편안하면 오래할 수 있고, 오래할 수 있으면 하늘의 이치를 깨달으며, 하늘의 아치를 깨달으면 신묘하게 된다. 하늘의 이치를 깨닫게 되면 말을 하지 않아도 사람들이 믿고, 신묘하게 되면 화를 내지 않아도 저절로 위엄이 생기니, 이것이 바로 악(樂)을 지극히 연구하여 마음을 다스린다는 것이다.

① ○君子曰禮樂章.

補註 按: 疏自此至可謂盛矣, 爲樂化.
번역 살펴보니, 소에서는 이 문장으로부터 "성대하다고 평할 수 있다."[1]라는 구문까지는 「악화(樂化)」편이 된다고 했다.

補註 ○陽村曰: 此下數節文義皆精, 與篇首相類, 疑亦出於孔門歟.
번역 ○양촌이 말하길, 이 문장으로부터 그 이하의 여러 구절들은 문맥의 뜻이 매우 정밀하여, 「악기」편의 첫 부분에 나오는 기록들과 비슷한 부류가 되니, 아마도 이 또한 공자의 문하에서 나온 기록일 것이다.

---

1) 『예기』「악기(樂記)」: 夫樂者, 先王之所以飾喜也. 軍旅鈇鉞者, 先王之所以飾怒也. 故先王之喜怒, 皆得其儕焉. 喜則天下和之, 怒則暴亂者畏之. 先王之道, 禮樂可謂盛矣.

② 生則樂.

補註 樂, 音洛, 下同.

번역 '樂'자의 음은 '洛(락)'이며, 뒤에 나오는 글자도 그 음이 이와 같다.

③ 久則天天則神.

補註 通解曰: 天, 謂體性自然, 神, 謂神妙不測.

번역 『통해』에서 말하길, '천(天)'은 본성을 체현하여 자연스럽게 된다는 뜻이며, '신(神)'은 신묘하여 헤아릴 수 없다는 뜻이다.

「악기」 82장

樂也者, 動於內者也. 禮也者, 動於外者也. 故禮主其減, 樂主
其盈. 禮減而進, ①以進爲文; 樂盈而反, ①以反爲文. 禮減而
不進則銷, 樂盈而不反則放, 故②禮有報而樂有反. 禮得其報
則樂, 樂得其反則安. 禮之報, 樂之反, 其義一也.

번역 악(樂)이라는 것은 내적으로 움직이게 하는 것이다. 예(禮)라는 것은 외적으
로 움직이게 하는 것이다. 그러므로 예(禮)는 줄임을 위주로 하고 악(樂)은 채움을
위주로 한다. 예(禮)는 줄이되 나아가니 나아감을 형식으로 삼고, 악(樂)은 채우되
되돌리니 되돌림을 형식으로 삼는다. 예(禮)가 줄이기만 하고 나아가지 않는다면
사라지게 되고, 악(樂)이 채우기만 하고 되돌리지 않는다면 방만하게 된다. 그렇기
때문에 예(禮)에는 보답함이 있고 악(樂)에는 되돌림이 있다. 예(禮)가 보답함을
얻는다면 즐겁게 되고, 악(樂)이 되돌림을 얻는다면 편안하게 된다. 예(禮)의 보답
함과 악(樂)의 되돌림은 의미가 동일하다.

① ○以進爲文以反爲文.

補註 鄭註: 文, 美也, 善也.

번역 정현의 주에서 말하길, '문(文)'자는 "아름답다[美]."는 뜻이며, "선하다
[善]."는 뜻이다.

② 禮有報.

補註 按: 鄭註"報讀曰襃, 猶進也", 而陳不從, 故云如字. 上文進與反相
對, 而此則又報與反相對, 報字之訓, 則劉說似長.

번역 살펴보니, 정현의 주에서는 "'보(報)'자는 포(襃)자로 풀이하니, 나아간
다는 뜻이다."라고 했지만, 진호는 그 주장에 따르지 않았기 때문에 글자대
로 풀이한다고 했다. 앞에 나온 진(進)자와 반(反)자는 서로 대비되고, 이곳

에 나온 보(報)자도 반(反)자와 대비되는데, 보(報)자에 대한 풀이는 유씨의
주장이 더 나은 것 같다.

참고-集說

馬氏曰: 以體言之, 禮減樂盈; 以用言之, 禮進樂反. 樂動於內,
故其體主盈, 蓋樂由中出, 而爲人心之所喜; 禮動於外, 故其體
主減, 蓋禮自外作, 而疑先王有以强世也. 禮主減, 故勉而作
之, 而以進爲文; 樂主盈, 故反而抑之, 而以反爲文. 故①七介
以相見, 不然則已慤; 三辭三讓而至, 不然則已蹙. ②一獻之禮,
而賓主百拜, ③日莫人倦而齊莊正齊, 此皆勉而進之者也. ④
進旅退旅, 以示其和; ④弦匏笙簧, 會守拊鼓, 以示其統. ④治
亂則以相, 訊疾則以雅, 作之以柷, 止之以敔, 此皆反而抑之者
也. 減而不進, 則幾於息矣, 故銷; 盈而不反, 則至於流矣, 故
放. 先王知其易偏, 故禮則有報, 樂則有反. 禮有報者, 資於樂
也. 樂有反者, 資於禮也.

번역 마씨가 말하길, 본체로써 말을 하면 예(禮)는 줄이고 악(樂)은 채우며, 작용으
로써 말을 하면 예(禮)는 나아가고 악(樂)은 되돌아온다. 악(樂)은 내적으로 움직
이게 하기 때문에 그 본체는 채움을 위주로 하니, 무릇 악(樂)은 마음으로부터 도출
되어, 사람의 마음에 기뻐하는 대상이 된다. 예(禮)는 외적으로 움직이게 하기 때문
에 그 본체는 줄임을 위주로 하니, 무릇 예(禮)는 외부로부터 작용해서, 아마도 선
왕은 이를 통해 세상의 기초를 굳세게 다질 수 있었을 것이다.[1] 예(禮)는 줄임을
위주로 하기 때문에 독려하고 진작시켜 나아감을 형식으로 삼고, 악(樂)은 채움을

---

1) 『예기』「악기(樂記)」: 樂由中出, 禮自外作. 樂由中出故靜, 禮自外作故文. 大樂
必易, 大禮必簡. 樂至則無怨, 禮至則不爭. 揖讓而治天下者, 禮樂之謂也. 暴民
不作, 諸侯賓服, 兵革不試, 五刑不用, 百姓無患, 天子不怒, 如此則樂達矣. 合父
子之親, 明長幼之序, 以敬四海之內, 天子如此, 則禮行矣.

위주로 하기 때문에 되돌리고 억눌러서 되돌림을 형식으로 삼는다. 그러므로 7명의 부관을 거느리고 서로 만나보는 것이니, 그렇게 하지 않는다면 너무 소박하게 되며, 세 차례 사양을 하고 양보를 하여 도달하게 되니, 그렇게 하지 않는다면 너무 재족하게 된다. 한 차례 술을 바치는 의례에서라도 빈객과 주인은 수차례 절을 하고, 해가 저물어서 사람들이 피로해져도 장엄하게 단정한 자세를 취하니, 이러한 것들은 모두 독려하여 나아가게 하는 것들이다. 단체로 나아가고 물러나서 이를 통해 조화로움을 드러내고, 현(弦)·포(匏)·생(笙)·황(簧) 등의 악기들을 부(拊)와 고(鼓)의 박자에 맞춰서 연주하여, 이를 통해 통솔됨을 드러낸다. 악절의 끝을 맞출 때에는 부(拊) 소리에 맞추고, 춤사위가 지나치게 빠르지 않도록 조절하는 것은 아(雅) 소리에 맞추며, 축(柷)을 통해 동시에 연주하고, 어(敔)를 통해 동시에 그치니, 이러한 것들은 모두 되돌려서 억누르는 것들이다. 줄이되 나아가지 않는다면 거의 그치게 된다. 그렇기 때문에 사라진다. 채우되 되돌리지 않으면 방탕한 곳으로 흐른다. 그렇기 때문에 방만해진다. 선왕은 쉽게 치우치게 될 것임을 알았기 때문에 예(禮)를 통해 보답함을 두었고 악(樂)을 통해 되돌림을 두었다. 예(禮)에 보답함이 있는 것은 악(樂)에 힘입는다. 악(樂)에 되돌림이 있는 것은 예(禮)에 힘입는다.

① 七介[止]已蹙.

補註 禮器文.
번역 『예기』「예기(禮器)」편의 기록이다.[2]

② 一獻[止]百拜.

補註 本篇上文.
번역 본 편의 앞에 나온 기록이다.[3]

---

2) 『예기』「예기(禮器)」: 是故, 君子之於禮也, 非作而致其情也, 此有由始也. 是故, 七介以相見也, 不然則已慤; 三辭三讓而至, 不然則已蹙.

3) 『예기』「악기(樂記)」: 夫豢豕爲酒, 非以爲禍也. 而獄訟益繁, 則酒之流生禍也. 是故先王因爲酒禮. 壹獻之禮, 賓主百拜, 終日飮酒而不得醉焉. 此先王之所以備酒禍也. 故酒食者, 所以合歡也. 樂者, 所以象德也. 禮者, 所以綴淫也. 是故先

③ 日莫[止]正齊.

補註 聘義文.

번역 『예기』「빙의(聘義)」편의 기록이다.[4]

④ 進旅退旅[又]弦匏笙簧會守拊鼓[又]治亂[止]以雅.

補註 並見上文.

번역 이 모두 앞 문장에 나온다.[5]

참고-集說

①劉氏曰: 禮之儀動於外, 必謙卑退讓以自牧, 故主於減殺; 樂之德動于中, 必和順充積而後形, 故主於盈盛. 蓋樂由陽來, 故盈; 禮自陰作, 故減也. 然禮之體雖主於退讓, 而其用則貴乎行之以和, 故以進爲文也; 樂之體雖主於充盛, 而其用則貴乎抑之以節, 故以反爲文也. 禮若過於退讓而不進, 則威儀銷沮, 必有禮勝則離之失; 樂過於盛滿而不反, 則意氣放肆, 必有樂勝則流之弊. 故禮必有和以爲減之報. 報者, 相濟之意也. 樂必有節以爲盈之反. 反者, 知止之謂也. 禮減而得其和以相濟, 則從

王有大事, 必有禮以哀之; 有大福, 必有禮以樂之. 哀樂之分, 皆以禮終. 樂也者, 聖人之所樂也, 而可以善民心. 其感人深, 其移風易俗, 故先王著其敎焉.

4) 『예기』「빙의(聘義)」 : 聘射之禮, 至大禮也. 質明而始行事, …… <u>日莫人倦, 齊莊正齊</u>, 而不敢解惰. 以成禮節, 以正君臣, 以親父子, 以和長幼.

5) 『예기』「악기(樂記)」 : 魏文侯問於子夏曰, "吾端冕而聽古樂, 則唯恐臥; 聽鄭衛之音, 則不知倦. 敢問古樂之如彼何也? 新樂之如此何也?" 子夏對曰, "今夫古樂, <u>進旅退旅</u>, 和正以廣, <u>弦匏笙簧, 會守拊鼓</u>, 始奏以文, 復亂以武, <u>治亂以相</u>, 訊疾<u>以雅</u>. 君子於是語, 於是道古, 修身及家, 平均天下, 此古樂之發也."

容欣愛而樂矣, 此樂以和禮也. 樂盈而得其節以知止, 則優柔
平中而安矣, 此禮以節樂也. 禮樂相須並用, 而一歸於無過無
不及之中, 而合其事理之宜, 故曰禮之報, 樂之反, 其義一也.

번역 유씨가 말하길, 예(禮)에 따른 의례 절차는 외적으로 시행되니, 반드시 겸손
하게 낮추고 물러나 사양하여 스스로 다스려야 한다. 그렇기 때문에 줄임을 위주로
한다. 악(樂)의 덕은 마음에서 움직이니, 반드시 온화하고 순종하며 가득 채운 이후
에야 형체를 드러낸다. 그렇기 때문에 채움을 위주로 한다. 무릇 악(樂)은 양(陽)으
로부터 도래하기 때문에 채운다. 예(禮)는 음(陰)으로부터 만들어지기 때문에 줄인
다.[6] 그러나 예(禮)의 본체가 비록 물러나고 사양하는 것을 위주로 하지만, 그 활
용은 조화로움으로써 시행하는 것을 존귀하게 여긴다. 그렇기 때문에 나아감을 형
식으로 삼는다. 악(樂)의 본체가 비록 채움을 위주로 하지만, 그 활용은 절도로써
억누르는 것을 존귀하게 여긴다. 그렇기 때문에 되돌림을 형식으로 삼는다. 예(禮)
가 만약 물러나고 사양하는 것에 지나쳐서 나아가지 못한다면, 격식에 맞는 행동과
위엄이 사라지게 되어, 반드시 예(禮)가 지나쳐 사이가 멀어지는 잘못을 범하게 된
다. 악(樂)이 만약 채우는 것에 지나쳐서 되돌리지 못한다면, 뜻과 기운이 방만해져
서, 반드시 악(樂)이 지나쳐서 방탕한 데로 흐르는 폐단이 발생한다.[7] 그렇기 때문
에 예(禮)에서는 반드시 조화로움을 두어 이것을 줄임에 대한 보답으로 삼는다. '보
(報)'라는 것은 서로 구제한다는 뜻이다. 또 악(樂)은 반드시 절도를 두어서 이것을
채움에 대한 되돌림으로 삼는다. '반(反)'이라는 것은 그칠 줄 안다는 뜻이다. 예
(禮)에 따라 줄이더라도 조화로움을 얻어 이를 통해 서로 구제한다면, 차분하고 기
뻐하며 좋아하고 즐겁게 되니, 이것은 악(樂)을 통해 예(禮)를 조화롭게 하는 것이
다. 악(樂)에 따라 채우더라도 절도를 얻어 이를 통해 그칠 줄 안다면, 여유롭고
화평하며 알맞아서 편안하게 되니, 이것은 예(禮)를 통해 악(樂)을 조절하는 것이

---

6) 『예기』「교특생(郊特牲)」: 賓入大門而奏肆夏, 示易以敬也, 卒爵而樂闋. 孔子屢
歎之. 奠酬而工升歌, 發德也. 歌者在上, 匏竹在下, 貴人聲也. <u>樂由陽來者也, 禮
由陰作者也</u>, 陰陽和而萬物得.

7) 『예기』「악기(樂記)」: 樂者爲同, 禮者爲異. 同則相親, 異則相敬. <u>樂勝則流, 禮勝
則離</u>. 合情飾貌者, 禮樂之事也. 禮義立, 則貴賤等矣. 樂文同, 則上下和矣. 好惡
著, 則賢不肖別矣. 刑禁暴, 爵擧賢, 則政均矣. 仁以愛之, 義以正之, 如此則民治
行矣.

다. 예악은 서로를 필요로 하며 함께 사용되고, 한결같이 지나치거나 모자람도 없는 알맞음으로 귀결되어, 사리의 합당함에 맞기 때문에, "예(禮)의 보답함과 악(樂)의 되돌림은 그 의미가 동일하다."라고 했다.

① 劉氏曰[止]其義一也.

補註 按: 劉說勝似馬氏, 但以和釋進爲未穩. 鄭註, "進, 謂自勉强也. 反, 謂自抑止也." 當從之.

번역 살펴보니, 유씨의 주장이 마씨의 주장보다 나은 것 같다. 다만 화(和)로 진(進)을 풀이한 것은 타당하지 않은 것 같다. 정현의 주에서는 "나아감은 스스로 노력하고 굳세게 힘씀을 뜻한다. 되돌림은 스스로 억누르고 그친다는 뜻이다."라고 했는데, 이 주장에 따라야 한다.

「악기」 83장

참고-經文

夫樂者樂也, 人情之所不能免也. ①樂必發於聲音, 形於動靜,
人之道也. 聲音動靜, ②性術之變盡於此矣. 故人不耐無樂, 樂
不耐無形. 形而不爲道, 不耐無亂. 先王恥其亂, 故制雅頌之聲
以道之, 使其聲足樂而不流, ③使其文足論而不息, 使其④曲
直繁瘠廉肉節奏, 足以感動人之善心而已矣, 不使放心邪氣得
接焉. 是先王立樂之方也.

번역 무릇 악(樂)이라는 것은 즐거움이니, 사람의 정감상 없을 수 없는 것이다. 즐
겁다면 반드시 소리와 음을 통해서 나타나고, 움직이거나 가만히 있는 동작을 통해
나타나니, 이것이 사람의 도리이다. 소리와 음 및 움직이거나 가만히 있는 것은 성
정의 변화가 여기에 모두 나타난 것이다. 그렇기 때문에 사람에게는 즐거운 마음이
없을 수 없고, 즐겁다면 형체로 나타나지 않을 수가 없다. 형체로 나타나되 도리에
맞게끔 인도할 수 없다면, 혼란이 없을 수 없다. 선왕은 혼란하게 될 것을 염려했기
때문에, 아(雅)와 송(頌) 등의 음악을 제정하여 인도를 해서, 소리는 충분히 즐겁되
방탕하게 흐르지 않게끔 했고, 형식은 충분히 논의를 할 수 있되 그치지 않게끔 했
으며, 아울러 소리에 있어서는 부드럽고 강직하며, 섞이고 순일하며, 맑고 탁하며,
절제하고 합주하도록 하여, 사람의 선한 마음을 감동시킬 수 있도록 했을 뿐이며,
방만한 마음과 사벽한 기운이 접촉하지 못하도록 했다. 이것이 바로 선왕이 악(樂)
을 세운 방도이다.

① 樂必發於聲音.

補註 樂, 音洛, 下三樂同.
번역 '樂'자의 음은 '洛(락)'이며, 뒤에 나오는 3개의 '樂'자도 그 음이 이와
같다.

② 性術之變盡於此矣.

補註 楊梧曰: 性術之變, 盡見而無隱藏也.

번역 양오가 말하길, 성정의 변화가 모두 드러나 숨기는 것이 없다는 뜻이다.

③ 使其文足論.

補註 鄭註: 文, 篇辭也.

번역 정현의 주에서 말하길, '문(文)'자는 문장을 뜻한다.

補註 ○按: 劉氏釋以文理, 不如鄭註.

번역 ○살펴보니, 유씨는 문리에 따라 풀이했는데 정현의 주만 낫다.

④ 曲直繁瘠廉肉節奏.

補註 鄭註: 曲直, 歌之曲折也. 繁瘠·廉肉, 聲之鴻殺也. 節奏, 関作進止所應也.

번역 정현의 주에서 말하길, '곡직(曲直)'은 노래의 곡절을 뜻한다. '번척(繁瘠)'과 '염육(廉肉)'은 소리의 거칠고 큰 것 및 미세하고 작은 것을 뜻한다. '절주(節奏)'는 끝과 시작 및 나아감과 그침이 호응하는 것이다.

補註 ○按: 節奏, 總言樂之節奏, 而方氏以節爲徵音, 誤. 劉氏解是.

번역 ○살펴보니, '절주(節奏)'는 음악의 규칙적인 흐름을 총괄적으로 말한 것인데, 방씨는 절(節)자를 치(徵)음으로 여겼으니 잘못된 해석이다. 유씨의 해석이 옳다.

참고-集說 劉氏曰: 人情有所樂而發於詠歌, 詠歌之不足而不知手舞足蹈, 則性情之變盡於此矣. 故人情不能無樂, 樂於中者不能不形於外而爲歌舞. 形於歌舞而不爲文辭以道之於禮義, 則必流於荒亂矣. 先王恥其然, 故制爲雅頌之聲詩以道迪之, 使其聲音足以爲娛樂, 而不至於流放; 使

其文理足以爲講明, 而不至於怠息; 使其樂律之淸濁高下, 或宛轉而曲, 或徑出而直, 或豊而繁, 或殺而瘠, 或稜隅而廉, 或圓滑而肉, 或止而節, 或作而奏, 皆足以感發人之善心, 而不使放肆之心邪僻之氣, 得接於吾身焉. 是乃先王立樂之方法也.

번역 유씨가 말하길, 사람의 정감에 즐거워하는 점이 있으면 노래로 나타나고, 노래로도 부족하면 자신도 모르게 손과 발이 제멋대로 움직이니, 성정의 변화는 이곳에서 모두 드러나게 된다. 그렇기 때문에 사람의 정감에는 즐거움이 없을 수 없고 마음에 있는 즐거움은 겉으로 형체를 드러내지 않을 수가 없어서 노래를 부르고 춤을 추게 된다. 노래와 춤으로 나타났지만 형식과 제도를 만들어서 예의(禮義)로 인도하지 못한다면, 반드시 황망하고 문란한 지경으로 흐르게 된다. 성인은 그렇게 될 것을 염려했기 때문에, 아(雅)와 송(頌) 등의 음악 및 시를 제정하여 인도를 해서, 소리와 음이 충분히 즐거움이 될 수 있도록 하되 방만한 곳으로 흐르지 않도록 했고, 형식이 충분히 강론하여 밝힐 수 있도록 하되 태만하고 없어지는 지경에 이르지 않도록 했으며, 음률의 맑고 탁함 높고 낮음으로 하여금 어떤 경우에는 완곡하게 흘러 부드럽게 했고 어떤 경우에는 곧바로 나와서 곧게 했으며 어떤 경우에는 풍부하게 해서 섞이게 했고 어떤 경우에는 줄여서 순일하게 했으며 어떤 경우에는 모가 나게 해서 꺾이게 했고 어떤 경우에는 매끄럽게 해서 둥글게 했으며 어떤 경우에는 그쳐서 절도에 맞게끔 했고 어떤 경우에는 진작시켜 연주를 하도록 했으니, 이 모두는 사람의 선한 마음을 감동시키고 나타나게 하고, 방만한 마음과 사벽한 기운이 나 자신에게 접촉되지 않게끔 할 수 있다. 이것은 곧 선왕이 악(樂)을 제정한 방도이다.

「악기」 84장

是故樂在宗廟之中, 君臣上下同聽之, 則莫不和敬; 在族長鄉
里之中, 長幼同聽之, 則莫不和順; 在閨門之內, 父子兄弟同聽
之, 則莫不和親. 故樂者①審一以定和, 比物以飾節, 節奏合以
成文, 所以合和父子君臣附親萬民也. 是先王立樂之方也.

번역 이러한 까닭으로 종묘 안에서 악(樂)을 연주하여, 군주와 신하 및 상하계층이
함께 듣게 된다면, 조화롭고 공경하지 않는 자가 없게 된다. 또 족장이나 향리 등의
마을 안에서 악(樂)을 연주하여, 어른과 젊은이들이 함께 듣게 된다면, 조화롭고
순종하지 않는 자가 없게 된다. 또 한 집안 안에서 악(樂)을 연주하여, 부모와 자식
및 형제들이 함께 듣게 된다면, 조화롭게 친애하지 않는 자가 없게 된다. 그러므로
악(樂)이라는 것은 모두가 가지고 있는 한결같은 마음을 자세히 살펴서, 조화롭도
록 정하고, 사물에 견주어 절도를 꾸미며, 음의 가락을 합주하여 문채를 완성하니,
이러한 것들은 부자 및 군신관계를 화합시키고, 모든 백성들을 친애하는 방법이 된
다. 이것이 바로 선왕이 음악을 세운 방도이다.

① ○審一[止]飾節.

補註 農巖曰: 一卽所謂聲氣之元者, 言先定黃鍾中聲, 以定諸律之和也.
物, 卽金·石·絲·竹·羽·旄·干·戚之類, 言雜比諸器, 以飾節奏也.
번역 농암이 말하길, '일(一)'은 바로 소리와 기운의 으뜸을 뜻하니, 먼저 황
종인 중성을 정하여 여러 율을 조화롭게 정한다는 뜻이다. '물(物)'은 금·
석·사·죽·우·모·간·척 등의 악기와 무구의 부류를 뜻하니, 여러 도구
들을 뒤섞고 견주어서 절주를 꾸민다는 뜻이다.

「악기」 85장

故聽其雅頌之聲, 志意得廣焉. 執其干戚, 習其俯仰詘伸, 容貌
得莊焉. 行其綴兆, ①要其節奏, 行列得正焉, 進退得齊焉. 故
樂者, 天地之命, 中和之紀, 人情之所不能免也.

번역 그러므로 아(雅)와 송(頌)의 소리를 들으면 뜻이 넓어진다. 무용도구인 방패
와 도끼를 들고 숙이며 치켜들고 굽히며 펴는 동작을 익히면 그 모습이 장중하게
된다. 무용수들의 대열 속에서 움직이고 음악의 가락에 맞추면, 대열이 올바르게
되고 나아가고 물러나는 동작이 가지런하게 된다. 그렇기 때문에 악(樂)은 천지의
명령이며, 중화의 기틀이 되어, 사람의 정감이 벗어날 수 없는 것이다.

① ○要其節奏.

補註 鄭註: 要, 會也.

번역 정현의 주에서 말하길, '요(要)'자는 "회합하다[會]."는 뜻이다.

補註 ○楊梧曰: 要, 協也.

번역 ○양오가 말하길, '요(要)'자는 "화합하다[協]."는 뜻이다.

補註 ○按: 楊說較明.

번역 ○살펴보니, 양씨의 주장이 비교적 명확하다.

「악기」 86장

夫樂者, 先王之所以飾喜也. 軍旅鈇鉞者, 先王之所以飾怒也. 故先王之喜怒, ①皆得其儕焉. 喜則天下和之, 怒則暴亂者畏之. 先王之道, 禮樂可謂盛矣.

번역 무릇 악(樂)이라는 것은 선왕이 공적인 기쁨을 꾸며서 나타낸 것이다. 군대나 도끼들은 선왕이 공적인 성냄을 꾸며서 나타낸 것이다. 그러므로 선왕의 기쁨과 성냄은 모두 해당하는 부류를 얻게 되었다. 따라서 선왕이 기뻐하게 되면 천하가 조화롭게 되었고, 성내게 되면 난폭하고 혼란을 일으키는 자가 두려워하였다. 선왕의 도 중에 예악은 성대하다고 평할 수 있다.

① ○皆得其儕焉.

補註 疏曰: 非喜不作樂, 是喜得其儕類焉, 非怒不可橫施鈇鉞, 是怒得其儕類焉.

번역 소에서 말하길, 기쁘지 않은 것에 대해서는 악(樂)을 제정하지 않는데, 이것은 기쁨이 해당하는 부류에 맞음을 의미한다. 공적인 분노가 아니라면 병장기를 마음대로 사용할 수 없는데, 이것은 성냄이 해당하는 부류에 맞음을 의미한다.

補註 ○按: 儕音柴, 乃本音也. 又音牋西切, 今俗通行之.

번역 ○살펴보니, '儕'자의 음은 '柴(자)'인데, 이것은 본음에 해당한다. 또한 그 음은 '牋(전)'자와 '西(서)'자의 반절음도 되는데, 현재 세속에서는 통용해서 사용한다.

「악기」 87장

참고-經文

①子貢見師乙而問焉, 曰, "賜聞聲歌各有宜也. 如賜者宜何歌也?" 師乙曰, "乙, 賤工也, 何足以問所宜? 請誦其所聞, 而吾子自執焉. ②寬而靜, 柔而正者, 宜歌頌. 廣大而靜, 疏達而信者, 宜歌大雅. 恭儉而好禮者, 宜歌小雅. 正直而靜, 廉而謙者, 宜歌風. 肆直而慈愛者, 宜歌商. 溫良而能斷者, 宜歌齊. 夫歌者, 直己而陳德也, 動己而天地應焉, 四時和焉, 星辰理焉, 萬物育焉.

번역 자공이 악사인 을을 보고 묻기를, "저는 소리와 노래에 각각 합당하는 부류가 있다고 들었습니다. 저와 같은 자는 어떤 노래를 불러야 합니까?"라고 했다. 그러자 악사 을은 "저는 미천한 악공에 지나지 않는데, 어떻게 저에게 합당한 것들에 대해 물어보실 수 있겠습니까? 다만 청컨대 제가 들었던 내용을 조술하겠으니, 그대께서 직접 고르시기 바랍니다. 관대하고 정적이며 부드럽고 올바른 자는 마땅히 송(頌)에 해당하는 시가를 노래로 불러야 합니다. 광대하고 고요하며 두루 통하고 신의가 있는 자는 마땅히 대아(大雅)에 해당하는 시가를 노래로 불러야 합니다. 공손하고 예법을 좋아하는 자는 마땅히 소아(小雅)에 해당하는 시가를 노래로 불러야 합니다. 정직하고 고요하며 검소하고 겸손한 자는 마땅히 풍(風)에 해당하는 시가를 노래로 불러야 합니다. 너그러우면서도 강직하고 자애로운 자는 마땅히 상(商)에 해당하는 시가를 노래로 불러야 합니다. 온순하고 어질며 결단을 할 수 있는 자는 마땅히 제(齊)에 해당하는 시가를 노래로 불러야 합니다. 무릇 시가라는 것은 자신을 바르게 하고 덕을 펼치는 것이며, 자신의 본성을 두루 퍼지게 하여 천지가 호응하도록 하며, 사계절이 조화롭게 되고, 별들의 운행이 이치에 맞게 되며, 만물이 자라나게 되는 것을 나타냅니다."라고 했다.

① ○子貢見師乙.

補註 按: 疏自此至篇終, 爲師乙.

번역 살펴보니, 소에서는 이 문장으로부터 「악기」편의 끝까지는 「사을(師乙)」편이 된다고 했다.

補註 ○陽村曰: 師乙總言風, 而不別陳二南, 爲可恨爾. 然所謂正直而靜者, 卽是二南之意也. 十三國獨言齊者, 鷄鳴女曰等篇, 庶幾有二南之遺風, 抑或師乙是齊人也歟.

번역 ○양촌이 말하길, 악사 을은 풍(風)에 대해서 총괄적으로 설명을 하였지만, 주남(周南)과 소남(召南)에 대해서는 별도로 진술하지 않았는데, 이것은 매우 한스러운 일이다. 그러나 "정직하며 고요하다."라고 말한 것은 주남과 소남의 뜻에 해당한다. 13개의 제후국 중에서 유독 제나라에 대해서만 언급한 것은 「계명」이나 「여왈」 등의 편들은 주남과 소남의 유풍이 남아있기 때문이며, 그것이 아니라면 악사 을이 제나라 사람이기 때문일 것이다.

② 寬而靜[止]肆直而慈.

補註 按: 此四十八字, 古經誤在"故商者, 五帝之遺聲也"下, 鄭玄始正之.

번역 살펴보니, 48개 글자를 『고경』에서는 "그러므로 상(商)이라는 것은 오제 때 있었던 시가이다."[1]라고 한 구문 뒤에 잘못 기록하였는데, 정현이 처음으로 바로잡았다.

子贛, 孔子弟子端木賜也. 樂師名乙. 各有宜, 言取詩之興趣以理其情性, 使合於宜也. 有此德而宜此歌, 是正直己身而敷陳

---

1) 『예기』「악기(樂記)」: <u>故商者, 五帝之遺聲也</u>, 商人識之, 故謂之商. 齊者, 三代之遺聲也, 齊人識之, 故謂之齊. 明乎商之音者, 臨事而屢斷; 明乎齊之音者, 見利而讓. 臨事而屢斷, 勇也. 見利而讓, 義也. 有勇有義, 非歌孰能保此?

其德也, 故曰直己而陳德. 動己, ①性天之流行也. 動天地, 感
鬼神, 莫近於詩, 故有四者之應.

번역 '자공(子贛)'은 공자의 제자인 단목사(端木賜)이다. 악사(樂師)의 이름이 '을
(乙)'이다. "각각 합당한 것이 있다."는 말은 시가에 나타나는 흥과 멋에 따라 성정
을 다스려서, 합당함에 맞도록 한다는 뜻이다. 이러한 덕을 가지고 있으면 마땅히
이러한 시가를 부르는 것이 자신을 정직하게 하여 그 덕을 넓게 펼치는 것이다. 그
렇기 때문에 "자신을 바르게 하고 덕을 펼친다."라고 했다. '동기(動己)'는 천성이
두루 흐르는 것을 뜻한다. 천지를 움직이게 하고 귀신을 감동시키는 것은 시가보다
가까운 것이 없다. 그렇기 때문에 이 네 가지의 호응이 포함되어 있다.

① 性天之流行也.

補註 按: 性天, 淺見錄作法天, 而愚意, 此乃動己之解, 性天屬己, 流行
屬動, 不當改.

번역 살펴보니, '성천(性天)'을 『천견록』에서는 법천(法天)으로 기록하였는
데, 내가 생각하기에 이 말은 동기(動己)를 풀이한 것으로, 성천(性天)은 기
(己)에 해당하고 유행(流行)은 동(動)에 해당하니, 고쳐서는 안 된다.

참고─集說

①方氏曰: 肆, 寬大而舒緩也. 商音剛決, 故性之柔緩者宜歌之,
而變其柔爲剛斷. 齊音柔緩, 故性剛決者宜歌之, 而終至於柔
遜. 蓋各濟其所偏, 而融會之於平和之地也.

번역 방씨가 말하길, '사(肆)'자는 관대하면서도 여유롭다는 뜻이다. 상(商)음은 굳
세고 결단력이 있어서, 성품이 부드럽고 여유로운 자는 마땅히 이것을 노래로 불러
서, 부드러운 성질을 굳세고 결단력이 있게 변화시켜야 한다. 제(齊)음은 부드럽고
여유롭기 때문에, 성품이 굳세고 과감한 자는 마땅히 이것을 노래로 불러서, 끝내

부드럽고 자신을 겸손하게 낮추는 경지에 도달해야 한다. 무릇 각각 한쪽으로 치우친 점을 바로잡아서 균평하고 조화로운 경지로 융합시켜야 한다.

① 方氏曰[止]地也.

補註 楊梧曰: 肆直而濟以慈愛者, 德之剛中者也. 商音剛決, 豈不宜歌商乎? 溫良而濟以能斷者, 德之柔中者也. 齊音柔緩, 豈不宜歌齊乎?

번역 양오가 말하길, 정직하여 자애로움으로 보완하는 자는 덕이 굳센 자이다. 상음은 굳세고 결단력이 있는데 어찌 상음을 노래하는 것이 마땅하지 않겠는가? 온순하고 선량하여 결단력으로 보완하는 자는 덕이 부드러운 자이다. 제음은 부드럽고 여유가 있는데 어찌 제음을 노래하는 것이 마땅하지 않겠는가?

補註 ○按: 此歌詩, 皆從其性之所合, 而方氏謂濟其偏, 恐不然, 楊梧說爲是.

번역 ○살펴보니, 이것은 시가를 노래할 때 모두 자신의 본성에 부합하는 것에 따르는데, 방씨는 치우친 점을 보완하는 것이라고 했으니, 아마도 잘못된 말인 것 같으며, 양오의 주장이 옳다.

「악기」 88장

참고—經文

故商者, 五帝之遺聲也, ①商人識之, 故謂之商. 齊者, 三代之
遺聲也, 齊人識之, 故謂之齊. 明乎商之音者, 臨事而屢斷; 明
乎齊之音者, 見利而讓. 臨事而屢斷, 勇也. 見利而讓, 義也. 有
勇有義, 非歌孰能保此?

번역 계속하여 악사 을이 대답하길, "그러므로 상(商)이라는 것은 오제 때 있었던
시가이며, 은나라의 후예들이 기억하고 있으므로 '상(商)'이라고 부릅니다. '제
(齊)'라는 것은 삼대 때 있었던 시가이며, 제나라 사람들이 기억하고 있으므로 '제
(齊)'라고 부릅니다. 상의 시가에 밝은 자는 어떤 사안에 임하여 누차 결단을 하며,
제의 시가에 밝은 자는 이로움을 보면 사양을 합니다. 일에 임하여 누차 결단을 하
는 것은 용기에 해당합니다. 이로움을 보고 사양을 하는 것은 의로움에 해당합니다.
용맹함이 있고 의로움이 있더라도, 해당하는 시가가 아니라면 그 누가 이것들을 편
안하게 여길 수 있겠습니까?"라고 했다.

① 商人識之.

補註 按: 此上古經有"商之遺聲也"五字, 鄭玄云衍字, 故刪之.
번역 살펴보니, 『고경』에는 이 구문 앞에 '상지유성야(商之遺聲也)'라는 다
섯 글자가 기록되어 있었는데, 정현이 잘못 들어간 글자라고 했기 때문에 삭
제한 것이다.

「악기」89장

참고—經文

"故歌者, 上如抗, 下如隊, 曲如折, 止如槀木, 倨中矩, 句中鉤,
纍纍乎端如貫珠. 故歌之爲言也, 長言之也. ①說之, 故言之;
言之不足, 故長言之; 長言之不足, 故嗟嘆之; 嗟嘆之不足, 故
不知手之舞之足之蹈之也." ②子貢問樂.

번역 계속하여 악사 을이 대답하길, "그러므로 시가라는 것을 부를 때, 높은 음은
마치 무언가를 늘어 올리듯 위로 피지고, 낮은 음은 마치 무언가를 떨어트리듯 밑
에서 울리며, 꺾이는 음은 마치 무언가가 꺾어지듯 퍼지고, 그치는 것은 마치 고사
한 나무처럼 멈추며, 조금 완곡한 것은 곱자가 휘어진 것 같고, 크게 완곡한 것은
갈고리가 휘어진 것 같으며, 끝없이 이어져 단정한 것은 마치 구슬을 꿰어놓은 것
과 같습니다. 그래서 시가라는 말은 길게 말을 한다는 뜻입니다. 기뻐하기 때문에
말을 하게 되고, 말하는 것으로는 부족하기 때문에 길게 말하게 되며, 길게 말하는
것으로는 부족하기 때문에 탄식을 하게 되고, 탄식을 하는 것으로는 부족하기 때문
에, 손을 너울거리고 발로 춤사위를 밟는데도 스스로 깨닫지 못하는 것입니다."라
고 했다. 여기까지는 「자공문악」편이다.

① ○說之故言之.

補註 按: 說之下諺讀著爲古吐, 誤.

번역 살펴보니, '열지(說之)'라는 말 뒤에 『언독』에서는 하괴[爲古]토를 붙였
는데 잘못되었다.

② 子貢問樂.

補註 按: 此蓋摠結上文之題目, 文王世子多此例. 小註邵說, 恐太曲.

번역 살펴보니, 이것은 아마도 앞 문장의 내용을 총괄적으로 결론을 맺는 제
목인 것 같으니, 『예기』「문왕세자(文王世子)」편에 이러한 용례가 많이 나

타난다. 소주에 나온 소씨의 주장은 너무 왜곡된 해석인 것 같다.

참고-大全 金華邵氏曰: 歌之爲義, 長其言之謂也. 方其人有所悅乎中則言之, 言不足以盡其悅, 故長言之, 至於長言不足, 而聲嗟氣嘆, 嗟嘆不足, 而手舞足蹈, 樂至於此, 蓋有非歌之所能盡者, 故終之曰子貢問樂.

번역 금화소씨가 말하길, 노래라는 뜻은 말을 길게 부른다는 뜻이다. 그 사람에게 속으로 기뻐하는 점이 있으면 말을 하게 되고, 말로는 그 기쁨을 다 드러내기에 부족하기 때문에, 말을 길게 내빼서 노래를 부르며, 노래를 부르는 것으로도 부족하면, 소리를 탄식하듯 내뱉게 되고, 탄식으로도 부족하여, 손과 발로 춤을 추듯 움직이니, 악(樂)이 이러한 상황에 이르게 되는 것은 아마도 노래로는 다할 수 없는 점이 있을 것 같기 때문에, 끝에서 "자공이 음악에 대해서 물었다."라고 했다.

①朱子曰: 看樂記大段形容得樂之氣象, 當時許多名物度數, 人人曉得, 不須說出, 故止說樂之理如此其妙. 今許多度數都沒了, 只有許多樂之意思是好, 只是沒頓放處. 又曰: 今禮樂之書皆亡, 學者但言其義, 至於器數, 則不復曉, 蓋失其本矣.

번역 주자가 말하길, 「악기」편을 살펴보면, 대체로 악(樂)의 기상에 대해서 형용하고 있는데, 당시에 수많은 명칭 · 사물 · 법칙 등에 대해서는 사람들이 모두 깨우치고 있었으므로, 별도로 설명할 필요가 없었다. 그렇기 때문에 단지 악(樂)의 이치가 이처럼 오묘하다고 설명한 것이다. 현재는 그 수많은 법칙들에 대한 내용이 모두 없어졌는데, 악(樂)의 뜻에 대한 많은 기록이 남아 있는 것은 그나마 다행이지만, 그것들을 실천할 방법이 없어졌다. 또 말하길, 현재 예악에 대한 기록들이 모두 없어져서, 학자들은 단지 그 의미만을 언급하고 구체적인 기물과 법칙에 대해서는 깨우칠 수 없으니, 근본을 잃어버린 것이다.

① 朱子曰[止]頓放處.

補註 語類又曰: 如有帽, 却無頭, 有箇鞋, 却無脚. 雖則是好, 自無頓放處.
번역 『어류』에서 또 말하길, 예를 들어 모자는 있지만 머리가 없고, 신발은 있지만 발이 없는 경우와 같다. 비록 좋기는 하지만 실천할 방법이 없어졌다.

| 저자 소개 |

김재로金在魯, 1682~1759

· 조선 후기 때의 학자
· 본관은 청풍(清風)이고 자는 중례(仲禮)이며 호는 청사(清沙)·허주자(虛舟子)이
  고 시호는 충정(忠靖)이다.

| 역자 소개 |

정병섭鄭秉燮

· 1979년 출생
· 2002년 성균관대학교 유교철학과 졸업
· 2004년 성균관대학교 대학원 유학과 석사
· 2013년 성균관대학교 대학원 유학과 철학박사
· 『역주 예기집설대전』을 완역하였다.
· 『의례』, 『주례』, 『대대례기』 번역과 한국유학자들의 예학 관련 저작들의 번역을
  계획 중이다.

譯註
禮記補註 ❻ 明堂位·喪服小記·大傳·少儀·學記·樂記

초판 인쇄   2018년 3월 2일
초판 발행   2018년 3월 15일

저   자 ┃ 김 재 로(金在魯)
역   자 ┃ 정 병 섭(鄭秉燮)
펴 낸 이 ┃ 하 운 근
펴 낸 곳 ┃ 學古房

주   소 ┃ 경기도 고양시 덕양구 통일로 140 삼송테크노밸리 A동 B224
전   화 ┃ (02)353-9908 편집부(02)356-9903
팩   스 ┃ (02)6959-8234
홈페이지 ┃ hakgobang.co.kr
전자우편 ┃ hakgobang@naver.com, hakgobang@chol.com
등록번호 ┃ 제311-1994-000001호

ISBN   978-89-6071-736-7 94150
            978-89-6071-718-3 (세트)

값 : 37,000원

이 도서의 국립중앙도서관 출판예정도서목록(CIP)은 서지정보유통지원시스템 홈페이지
(http://seoji.nl.go.kr)와 국가자료공동목록시스템(http://www.nl.go.kr/kolisnet)에서 이용
하실 수 있습니다. (CIP제어번호 : CIP2018005085)

※ 파본은 교환해 드립니다.